Wahrscheinlichkeitsrechnung und Induktive Statistik

Reinhold Kosfeld · Hans-Friedrich Eckey ·
Matthias Türck

Wahrscheinlichkeits-
rechnung und
Induktive Statistik

Grundlagen – Methoden – Beispiele

3. Auflage

 Springer Gabler

Reinhold Kosfeld
Universität Kassel
Kassel, Deutschland

Hans-Friedrich Eckey
Wirtschaftswissenschaften
Universität Kassel Fachbereich 07
Kassel, Deutschland

Matthias Türck
Wirtschaftswissenschaften
Universität Kassel Fachbereich 07
Kassel, Deutschland

ISBN 978-3-658-28712-2   ISBN 978-3-658-28713-9   (eBook)
https://doi.org/10.1007/978-3-658-28713-9

Die Deutsche Nationalbibliothek verzeichnet diese Publikation in der Deutschen Nationalbibliografie; detaillierte bibliografische Daten sind im Internet über http://dnb.d-nb.de abrufbar.

Springer Gabler
© Springer Fachmedien Wiesbaden GmbH, ein Teil von Springer Nature 2005, 2011, 2019

Springer Gabler ist ein Imprint der eingetragenen Gesellschaft Springer Fachmedien Wiesbaden GmbH und ist ein Teil von Springer Nature.
Die Anschrift der Gesellschaft ist: Abraham-Lincoln-Str. 46, 65189 Wiesbaden, Germany

Vorwort zur 3. Auflage

Für die 3. Auflage wurde der Text der „Wahrscheinlichkeitsrechnung und Induktiven Statistik" kritisch durchgesehen und überarbeitet. Hierbei wurden Druckfehler korrigiert und Ungenauigkeiten beseitigt. Die didaktisch bewährte Grundkonzeption des Lehrbuchs ist in der Neuauflage fortgeführt worden.

Dem Wunsch vieler Studierender entsprechend sind in allen Kapiteln Übungsaufgaben zu den behandelten statistischen Methoden aufgenommen worden. Die eigenständige Bearbeitung der Aufgaben ist für das Verständnis und die erfolgreiche Absolvierung von Prüfungen unverzichtbar. Zur Kontrolle der Lösungswege und Rechenschritte haben wir Musterlösungen zu den ausgewählten Aufgaben aufgenommen.

Für die Rückmeldungen von Studierenden, die die „Wahrscheinlichkeitsrechnung und Induktive Statistik" bei ihrem Lernprozess und der Prüfungsvorbereitung begleitend verwendet haben, bedanken wir uns herzlich. Unser Dank gilt insbesondere Herrn cand. ing. Jarand Gebauer, der die Aufgaben und Lösungen gesichtet und bearbeitet hat.

Schließlich danken wir Isabella Hanser vom Verlag Springer Gabler für die gute Zusammenarbeit.

Kassel, September 2019

Reinhold Kosfeld
Hans-Friedrich Eckey
Matthias Türck

Vorwort zur 1. Auflage

Das Lehrbuch vermittelt anwendungsorientiert den Lehrinhalt der Wahrscheinlichkeitsrechnung und Induktiven Statistik, wie er in den Wirtschafts- und Sozialwissenschaften an Universitäten und Fachhochschulen vermittelt wird. Erfahrungen in der Lehre zeigen, dass viele Studierende die Inhalte erst verstehen, wenn sie wenig formal dargestellt sind. Insofern wurde auf manche mathematische Ableitung verzichtet und stattdessen mehr Wert auf Beispiele und die Interpretation gelegt.

Um das Auf- und Nacharbeiten zusätzlich zu vereinfachen, sind verschiedene Darstellungsweisen gewählt worden:

- Normal geschrieben ist der Text, der zum Verständnis der Inhalte unerlässlich ist. Er sollte auf jeden Fall gelesen und verarbeitet werden.
- Besonders wichtige Aussagen sind in einem Kasten dargestellt.
- Grau unterlegt sind weiterführende Erläuterungen, deren Kenntnis zwar wünschenswert, für das Verständnis aber nicht unbedingt erforderlich ist. Hierzu zählen etwa mathematische Ableitungen und Beweise.
- Das Lehrbuch enthält zahlreiche Beispiele. Diese sind durchnummeriert und ihr Ende ist durch das Zeichen „♦" angezeigt. Die Beispiele eignen sich zum selbstständigen Durchrechnen und für die Klausurvorbereitung. Die Ergebnisse sind in der Regel auf drei Nachkommastellen gerundet.

Fortgeschrittene Studierende und Praktiker, beispielsweise aus der Markt- und Meinungsforschung und dem Controlling, die sich über die Berechnung und Interpretation von Konfidenzintervallen oder statistischen Tests informieren wollen, können hierfür den umfangreichen Index verwenden. Mit Hilfe des Symbolverzeichnisses lassen sich bei Vorkenntnissen auch einzelne Abschnitte im Text ohne Kenntnis der vorangegangenen Kapitel problemlos erschließen.

Insbesondere wurde darauf Wert gelegt, den Inhalt auf einem aktuellen Stand zu halten. So ist beispielsweise der p-Wert in das Kapital der parametrischen Tests aufgenommen worden, da diese Größe fast ausschließlich von Computerprogrammen verwendet wird. Bei den nichtparametrischen Tests haben wir deshalb u. a. den U-Test einbezogen, der weit verbreitet und in praktisch alle Statistikprogramme integriert ist.

Das Buch ging aus den Manuskripten zu der Lehrveranstaltung „Statistik II" sowie dem Lehrbuch „Hans-Friedrich Eckey/Reinhold Kosfeld/Christian Dreger 2002: Statistik. Grundlagen – Methoden – Beispiele, 3. Aufl., Wiesbaden" hervor. Erfahrungen in der Lehre sowie neue Möglichkeiten der Computertechnik (bessere grafische Darstellungsmöglichkeiten etc.) haben eine vollständige Neubearbeitung des genannten Lehrbuchs erforderlich gemacht. Insbesondere wurden die Teile „Deskriptive Statistik" sowie „Wahrscheinlichkeitsrechnung und Induktive Statistik" getrennt, was der Zweiteilung der Statistikausbildung an den meisten Universitäten entspricht. Die „Wahrscheinlichkeitsrechnung und Induktive Statistik" setzt zwar das im gleichen Verlag erschienene Lehrbuch zur Deskriptiven Statistik fort, seine Inhalte sind aber auch problemlos ohne Kenntnis der Methoden zur Deskriptiven Statistik zu verstehen.

Weiterführende Informationen zum Buch – Folien, Übungsaufgaben, Errata – sind unter

http://www.wirtschaft.uni-kassel/Eckey/StatistikII.html

hinterlegt. Angaben zu den im Buchhandel erschienenen Aufgabensammlungen sind ebenso wie Nachweise von alternativen Statistik-Lehrbüchern im Literaturverzeichnis zu finden.

Ein besonderer Dank gilt Frau Iris Tolle, die einen großen Teil des Manuskripts in eine druckfertige Form umgesetzt hat. Mit ihren Anregungen haben die Herren Dr. Christian Dreger und Dr. Jürgen Senger zum erfolgreichen Gelingen der Neubearbeitung beigetragen.

Schließlich danken wir noch Frau Susanne Kramer und Frau Annegret Eckert vom Gabler-Verlag für die gute Zusammenarbeit.

Hans-Friedrich Eckey
Reinhold Kosfeld
Matthias Türck

Inhaltsverzeichnis

Abbildungsverzeichnis

Tabellenverzeichnis

Tabelle 9.2   Übersicht von Approximationsmöglichkeiten... 224

Tabelle 10.1   Erwartungstreue, effiziente und konsistente Schätzfunktionen für
                   ausgewählte Parameter 249

Tabelle 11.1   Arbeitsschritte zur Berechnung eines konkreten
                   Konfidenzintervalls bei einer normalverteilten Schätzfunktion........... 268

Tabelle 11.2   Arbeitsschritte zur Berechnung eines konkreten
                   Konfidenzintervalls bei einer normalverteilten Schätzfunktion........... 269

Tabelle 11.3   Arbeitsschritte zur Berechnung eines konkreten
                   Konfidenzintervalls für den Anteilswert.................................... 273

Tabelle 11.4   Arbeitsschritte zur Berechnung eines konkreten
                   Konfidenzintervalls für die Varianz 275

Tabelle 11.5   Berechnung verschiedener Konfidenzintervalle................................... 278

Tabelle 12.1   Arbeitsschritte zur Durchführung eines einseitigen
                   Signifikanztests bei einer normalverteilten Prüfgröße........................... 292

Tabelle 12.2   Testentscheidung und Realität 295

Tabelle 12.3   Arbeitsschritte zur Durchführung des Gauß-Tests............................... 305

Tabelle 12.4   Arbeitsschritte zur Durchführung des t-Tests 306

Tabelle 12.5   Arbeitsschritte zur Durchführung eines Einstichprobentests für
                   den Anteilswert... 308

Tabelle 12.6   Arbeitsschritte zur Durchführung eines Einstichprobentests für
                   die Varianz 311

Tabelle 12.7   Arbeitsschritte zur Durchführung des doppelten Gauß-Tests............. 317

Tabelle 12.8   Arbeitsschritte zur Durchführung des doppelten t-Tests..................... 319

Tabelle 12.9   Arbeitsschritte zur Durchführung des Tests von Welch 322

Tabelle 12.10 Arbeitsschritte zur Durchführung eines Zweistichprobentests für
                   den Anteilswert... 324

Tabelle 12.11 Arbeitsschritte zur Durchführung eines Zweistichprobentests für
                   die Varianz 326

Tabelle 12.12 Wichtige parametrische Tests... 328

Tabelle 13.1   Arbeitsschritte zur Durchführung des Chi-Quadrat-
                   Anpassungstests.. 335

Symbolverzeichnis

Lateinische Buchstaben

a	Absolute Konstante, um den Y bei der Lineartransformation erhöht wird: $Y = a + b \cdot X$
	Beginn des Intervalls, ab dem die stetige Gleichverteilung von null abweicht
A, B, C	Ereignisse
$A_1, A_2,...$	Ereignisse
$\overline{A}$	Komplementärereignis von A
$|A|$	Mächtigkeit von A; Anzahl der günstigen Fälle für ein Ereignis A
b	Multiplikativer Faktor, um den Y bei der Lineartransformation erhöht wird: $Y = a + b \cdot X$
	Ende des Intervalls, ab dem die stetige Gleichverteilung von null abweicht
$B(n;p)$	Binomialverteilung mit n Wiederholungen und p als Wahrscheinlichkeit für A
c	Anzahl der unterschiedlichen y-Werte der Zufallsvariablen (X, Y)
	Obere Grenze des Konfidenzintervalls $[-\infty;c]$
c_1	Untere Grenze des Konfidenzintervalls nach Stichprobenziehung; Realisation von C_1
C_1	Untere Grenze des Konfidenzintervalls vor Stichprobenziehung
c_2	Obere Grenze des Konfidenzintervalls nach Stichprobenziehung; Realisation von C_2

C_2	Obere Grenze des Konfidenzintervalls vor Stichprobenziehung
$Cov(X, Y)$	Kovarianz zwischen X und Y
e	Fehlermarge; halbe Länge des Konfidenzintervalls
	Eulersche Zahl ($e = 2{,}718\ldots$)
$E(X)$	Erwartungswert von X
$E(X^r)$	Gewöhnliches Moment r-ter Ordnung
$f(x)$	Wahrscheinlichkeitsfunktion
	Dichtefunktion
$F(x)$	Verteilungsfunktion
$f(x_j)$	Funktionswert der Wahrscheinlichkeitsfunktion für den Wert x_j
$f_z(z)$	Dichtefunktion der Standardnormalverteilung
$F_z(z)$	Verteilungsfunktion der Standardnormalverteilung
$f(x, y)$	Gemeinsame Wahrscheinlichkeitsfunktion von (X, Y)
$F(v;w)$	F-Verteilung mit v Zähler- und w Nennerfreiheitsgraden
$F(x_j)$	Kumulierte Wahrscheinlichkeit für die j-te Merkmalsausprägung oder Klasse bei Gültigkeit der unterstellten Verteilung (Kolmogorov-Smirnoff-Anpassungstest)
F_0	Prüfgröße unter Gültigkeit der Nullhypothese, die F-verteilt ist
$F_{1-\alpha;v;w}$	$1-\alpha$-Quantil der F(v;w)-Verteilung; die F(v;w)-verteilte Zufallsvariable ist mit einer Wahrscheinlichkeit von $1-\alpha$ kleiner oder gleich $F_{1-\alpha;v;w}$
(F_{Y_n})	Folge der Verteilungsfunktionen, die zur Folge der Zufallsvariablen (Y_n) gehört
H_0	Nullhypothese
H_1	Alternativ- oder Gegenhypothese zu H_0
$H(N;M;n)$	Hypergeometrische Verteilung mit den Parametern N, M und n
$H(x_j)$	Kumulierte relative Häufigkeit für die j-te Merkmalsausprägung oder Klasse in der Stichprobe (Kolmogorov-Smirnoff-Anpassungstest)
$h_n(A)$	relative Häufigkeit des Ereignisses A bei n Versuchen
$int(n)$	Integer-Funktion, die den ganzzahligen Teil von n ausgibt

k	Anzahl der ausgewählten Elemente
	k-fache σ-Umgebung um μ bei der Tschebyscheffscher. Ungleichung
	Anzahl der Parameter, die beim Chi-Quadrat-Anpassungstest zu schätzen sind
	Anzahl der verbundenen Ränge (beim U-Test)
$k_{1-\alpha;n}$	Kritischer Wert beim Kolmogorov-Smirnoff-Anpassungstest
K_o	Kombination ohne Wiederholung
K_w	Kombination mit Wiederholung
KS_0	Prüfgröße beim Kolmogorov-Smirnoff-Anpassungstest
L	Länge des Konfidenzintervalls
L(p)	Likelihood-Funktion für den unbekannten Parameter p
$\lim\limits_{n\to\infty}$	Limes; Grenzwert, wenn n gegen unendlich geht
m	Anzahl der Werte von der Zufallsvariablen X
M	Anzahl der Kugeln in der Urne mit der interessierenden Eigenschaft bei der hypergeometrischen Verteilung
n	Anzahl der Elemente insgesamt
	Anzahl der Stichprobenelemente
N	Anzahl der Elemente in der Grundgesamtheit
	Anzahl der Kugeln in der Urne vor der ersten Ziehung bei der hypergeometrischen Verteilung
n_1	Anzahl der Untersuchungseinheiten in Stichprobe 1 (beim Zweistichprobentest)
n_2	Anzahl der Untersuchungseinheiten in Stichprobe 2 (beim Zweistichprobentest)
n_A	Anzahl der Stichprobenelemente mit der interessierenden Eigenschaft A
n_j	Beobachtete Häufigkeit für die j-te Merkmalsausprägung oder Klasse in der Stichprobe
$\tilde{n}_j$	Erwartete Häufigkeit für die j-te Merkmalsausprägung oder Klasse in der Stichprobe
$n_{j\bullet}$	Absolute Randhäufigkeit der j-ten Merkmalsausprägung von X

$n_{\bullet k}$	Absolute Randhäufigkeit der k-ten Merkmalsausprägung von Y
n_{jk}	Gemeinsame absolute Häufigkeiten der Merkmalskombination (x_j, y_k)
$\tilde{n}_{jk}$	Bei Unabhängigkeit von X und Y zu erwartende absolute gemeinsame Häufigkeit
$n(A)$	Absolute Häufigkeit des Ereignisses A; Anzahl der Wiederholungen des Zufallsvorgangs, bei denen A eintritt
$N(0;1)$	Standardnormalverteilung; Normalverteilung mit dem Erwartungswert 0 und der Varianz 1
$N(\mu; \sigma^2)$	Normalverteilung mit dem Erwartungswert μ und der Varianz σ^2
p	Wahrscheinlichkeit für das Ereignis A bei der Bernoulli-Verteilung und der Binomialverteilung
	Anteilswert in der Grundgesamtheit
	p-Wert; konkrete Wahrscheinlichkeit für einen Fehler 1. Art (p-Wert wird von Computerprogrammen ausgewiesen)
$\overline{p}$	Realisation der Schätzfunktion für den Anteilswert der Grundgesamtheit p
	Anteilswert der Stichprobe
P	Wahrscheinlichkeitsoperator; $P(A)$: Wahrscheinlichkeit für das Ereignis A
$\overline{P}$	Schätzfunktion für den Anteilswert der Grundgesamtheit p
p_0	Anteilswert in der Grundgesamtheit unter Gültigkeit von H_0
p_1	Anteilswert in der ersten Grundgesamtheit (beim Zweistichprobentest)
$\overline{p}_1$	Anteilswert in der ersten Stichprobe (beim Zweistichprobentest)
p_2	Anteilswert in der zweiten Grundgesamtheit (beim Zweistichprobentest)
$\overline{p}_2$	Anteilswert in der zweiten Stichprobe (beim Zweistichprobentest)
p_j	Wahrscheinlichkeit dafür, dass die diskrete Zufallsvariable X den Wert x_j annimmt
$p_{j\bullet}$	Randwahrscheinlichkeit dafür, dass X den Wert x_j annimmt
$p_{\bullet k}$	Randwahrscheinlichkeit dafür, dass Y den Wert y_k annimmt

p_{jk}	Gemeinsame Wahrscheinlichkeit dafür, dass X den Wert x_j und Y zugleich den Wert y_k annimmt
$\overline{P}_n$	Relative Häufigkeit für das Eintreten des Ereignisses A bei n Durchführungen des Zufallsexperiments
$P_{n,q}$	Permutationen mit Wiederholung; n Elemente mit q unterscheidbaren Gruppen werden angeordnet
$P_{n,n}$	Permutationen ohne Wiederholung; n verschiedenartige Elemente werden angeordnet
$P(A)$	Wahrscheinlichkeit für das Ereignis A
$P(A \mid B)$	Bedingte Wahrscheinlichkeit von A bei gegebenem B
$P(X = x_j)$	Wahrscheinlichkeit dafür, dass die diskrete Zufallsvariable X den Wert x_j annimmt
$Ps(\lambda)$	Poisson-Verteilung mit dem Parameter λ
$Q(\theta)$	Minimierungsfunktion bei der Kleinst-Quadrate-Schätzung für den unbekannten Parameter θ
R_i	i-ter Rangplatz (beim U-Test)
s^2	Realisation der Schätzfunktion für die Varianz der Grundgesamtheit σ^2
	Varianz der Stichprobe
S^2	Schätzfunktion für die Varianz der Grundgesamtheit σ^2
s_1^2	Varianz in Stichprobe 1 (beim Zweistichprobentest)
s_2^2	Varianz in Stichprobe 2 (beim Zweistichprobentest)
$s_{\overline{p}}$	Standardfehler von $\overline{P}$ (= geschätzte Standardabweichung von $\overline{P}$)
$s_{\overline{x}}$	Standardfehler von $\overline{X}$ (= Standardabweichung von $\overline{X}$) bei unbekannter Standardabweichung σ
$S(X)$	Schiefekoeffizient von X
r	Anzahl der unterschiedlichen x-Werte der Zufallsvariablen (X, Y)
T	t-verteilte Zufallsvariable
t_i	Anzahl der Stichprobeneinheiten, die sich Rang i teilen
T_0	Prüfgröße unter Gültigkeit der Nullhypothese, die t-verteilt ist
T_1	Summe der Rangplätze R_i von Stichprobe 1 (beim U-Test)
T_2	Summe der Rangplätze R_i von Stichprobe 2 (beim U-Test)

$t(v)$	t-Verteilung mit v Freiheitsgraden
$t_{1-\alpha;v}$	$1-\alpha$-Quantil der t-Verteilung mit v Freiheitsgraden; die t-verteilte Zufallsvariable ist mit einer Wahrscheinlichkeit von $1-\alpha$ kleiner oder gleich $t_{1-\alpha;v}$
U	Anzahl der Rangplatzüberschreitungen (beim U-Test)
v	Allgemeine Bezeichnung für eine Stichprobenfunktion
	Anzahl der Freiheitsgrade bei der Chi-Quadrat- und t-Verteilung
	Anzahl der Zählerfreiheitsgrade bei der F-Verteilung
V_o	Variation ohne Wiederholung
V_w	Variation mit Wiederholung
$Var(X)$	Varianz von X
w	Anzahl der Nennerfreiheitsgrade bei der F-Verteilung
$\bar{x}$	Realisation der Schätzfunktion für das arithmetische Mittel der Grundgesamtheit μ
	Arithmetisches Mittel der Stichprobe
$\bar{X}$	Schätzfunktion für das arithmetische Mittel der Grundgesamtheit μ
X, Y	Zufallsvariable
(X, Y)	Zweidimensionale Zufallsvariable
$X(\omega)$	Zufallsvariable X, die den Ausgängen eines Zufallsexperiments ω_i reelle Zahlen x_i zuordnet
$\bar{x}_{1-\alpha}$	Kritischer Wert zur Berechnung der Wahrscheinlichkeit für einen Fehler 2. Art
$\bar{x}_1$	Arithmetisches Mittel in Stichprobe 1 (beim Zweistichprobentest)
$\bar{x}_2$	Arithmetisches Mittel in Stichprobe 2 (beim Zweistichprobentest)
x_i	Realisation der Zufallsvariable X bei der i-ten Durchführung des Zufallsexperiments
	Realisation der i-ten Stichprobenvariablen
X_i	Zufallsvariable X bei der i-ten Durchführung des Zufallsexperiments
	Die Stichprobenvariable X_i bezeichnet die potenzielle Beobachtung der Zufallsvariablen X, die bei der i-ten Durchführung des Zufallsvorgangs gemacht wird

x_j^* j-te Ausprägung eines Merkmals X

$\overline{X}_n$ Arithmetisches Mittel der n Zufallsvariablen X_1, X_2, ..., X_n

$\overline{X}_r$ r-tes gewöhnliches Moment in der Stichprobe

Y   Zufallsvariable

           Summe der Stichprobenvariablen $X_1, X_2, ..., X_n$

y_k^* k-te Ausprägung eines Merkmals Y bei zweidimensionalen Häufigkeitsverteilungen

Y_n Summe der identisch verteilten Zufallsvariablen X_1, X_2, ..., X_n

           Summe der Stichprobenvariablen X_1, X_2, ..., X_n

(Y_n) Folge der Zufallsvariablen Y_i, i = 1, 2, 3, ...

Z   Standardisierte Zufallsvariable

Z_0 Prüfgröße unter Gültigkeit der Nullhypothese, die einer Standardnormalverteilung folgt

$z_{1-\alpha}$ $1-\alpha$ -Quantil der Standardnormalverteilung; die standardnormalverteilte Zufallsvariable Z ist mit einer Wahrscheinlichkeit von $1-\alpha$ kleiner oder gleich $z_{1-\alpha}$

Griechische Buchstaben

α Signifikanzniveau; Wahrscheinlichkeit für einen Fehler 1. Art, die maximal toleriert werden soll

           $1-\alpha$ ist das Konfidenzniveau

β Maximal tolerierte Wahrscheinlichkeit für den Fehler 2. Art (β-Fehler)

           $1-\beta$ heißt Macht, Trennschärfe oder Power eines Tests

           Steigungsmaß in der Regressionsanalyse

$\Gamma(r)$ Gammafunktion

∂ Operator beim partiellen Differenzieren

ε ε-Umgebung um den Erwartungswert bei der Tschebyscheffschen Ungleichung

θ Unbekannter Parameter der Grundgesamtheit

θ_0 Unbekannter Parameter der Grundgesamtheit unter Gültigkeit von H_0

θ_1	Unbekannter Parameter in der ersten Grundgesamtheit (beim Zweistichprobentest)
θ_2	Unbekannter Parameter in der zweiten Grundgesamtheit (beim Zweistichprobentest)
$\hat{\theta}$	Schätzfunktion für einen unbekannten Parameter der Grundgesamtheit θ
	Realisation der Schätzfunktion für einen unbekannten Parameter der Grundgesamtheit θ
λ	Parameter der Poisson-Verteilung oder der Exponentialverteilung ($\lambda > 0$)
μ	Arithmetisches Mittel (Erwartungswert) der Zufallsvariablen X
	Arithmetisches Mittel (Erwartungswert) eines Merkmals in der Grundgesamtheit
$\hat{\mu}$	Schätzer für den unbekannten Parameter μ
μ_0	Arithmetisches Mittel in der Grundgesamtheit unter Gültigkeit von H_0
μ_1	Arithmetisches Mittel unter Gültigkeit der Alternativhypothese H_1
	Arithmetisches Mittel in der ersten Grundgesamtheit (beim Zweistichprobentest)
μ_2	Arithmetisches Mittel in der zweiten Grundgesamtheit (beim Zweistichprobentest)
μ_i	Arithmetisches Mittel der i-ten Stichprobenvariablen X_i
μ_r	r-tes gewöhnliches Moment der Zufallsvariablen X
	r-tes gewöhnliches Moment in der Grundgesamtheit
μ_r^{*}	r-tes zentrales Moment von X
π	Konstante zur Berechnung des Flächeninhaltes von Kreisen ($\pi = 3{,}14\,1\ldots$)
$\prod$	Produktoperator; Beispiel: $\displaystyle\prod_{i=1}^{n} x_i = x_1 \cdot x_2 \cdot \ldots \cdot x_n$
$\rho(X,Y)$	Korrelationskoeffizient von X und Y
σ	Standardabweichung
σ_y	Standardabweichung von Merkmal Y
σ^2	Varianz der Zufallsvariablen X
	Varianz eines Merkmals in der Grundgesamtheit

σ_0^2 Varianz in der Grundgesamtheit unter Gültigkeit von H_0

σ_1^2 Varianz in der ersten Grundgesamtheit (beim Zweistichproben-test)

σ_2^2 Varianz in der zweiten Grundgesamtheit (beim Zweistichproben-test)

σ_i^2 Varianz der i-ten Stichprobenvariablen X_i

$\sigma_{\overline{P}}$ Standardfehler von $\overline{P}$ (= Standardabweichung von $\overline{P}$)

$\sigma_{\overline{x}}$ Standardfehler von $\overline{X}$ (= Standardabweichung von $\overline{X}$) bei bekannter Standardabweichung σ

$\sigma_{\hat{\theta}}$ Standardfehler von $\hat{\theta}$ (= Standardabweichung von $\hat{\theta}$)

$\sum$ Summenzeichen; Beispiel: $\displaystyle\sum_{i=1}^{n} x_i = x_1 \cdot x_2 + \ldots + x_n$

$\chi^2(v)$ Chi-Quadrat-Verteilung mit v Freiheitsgraden

$\chi_{1-\alpha;v}^2$ $1-\alpha$-Quantil der Chi-Quadrat-Verteilung mit v Freiheitsgraden; die Chi-Quadrat-verteilte Zufallsvariable ist mit einer Wahrscheinlichkeit von $1-\alpha$ kleiner oder gleich $\chi_{1-\alpha;v}^2$

ω_i i-tes Ergebnis eines Zufallsexperiments

Ω Ergebnismenge bei einem Zufallsexperiment

    sicheres Ereignis

$|\Omega|$ mögliche Fälle

Sonstige Symbole

$\neq$ ungleich

$\approx$ Näherungsweise gleich

$|A|$ Absolutwert von A (Minus- werden durch Pluszeichen ersetzt); Beispiele: $|-3| = 3$, $|3| = 3$

    Mächtigkeit von A; Anzahl der günstigen Fälle für ein Ereignis A

∞ Unendlichkeitszeichen

$\{\}$ leere Menge

$\emptyset$ unmögliches Ereignis

$\subset$ Teilereignis; $B \subset A$: B ist ein Teilereignis von A

$\cap$	„geschnitten"; $A \cap B$: A geschnitten B bzw. Durchschnitt von A und B
$\cup$	„vereinigt"; $A \cup B$: A vereinigt B bzw. Vereinigung von A und B
$\backslash$	„Differenz von"; A\B: A ohne B bzw. Differenz von A und B
$!$	Fakultät; Beispiel: $n! = n \cdot (n-1) \cdot (n-2) \cdot \ldots \cdot 2 \cdot 1$
$\int$	Operator beim Integrieren
$\sim$	„ist verteilt"
$\overset{a}{\sim}$	„ist asymptotisch verteilt"
[13,7; 15,3]	Geschlossenes Intervall zwischen 13,7 und 15,3; Intervallgrenzen gehören zum Intervall

Während in der Deskriptiven Statistik Methoden zur einfachen Datenauswertung behandelt werden, befasst sich die Induktive Statistik mit der Übertragung von Stichprobenergebnissen auf eine Grundgesamtheit (vgl. Abb. 1.1). Die Methoden der **Induktiven Statistik** finden dabei breite Anwendung in der Markt- und Meinungsforschung sowie der empirischen Wirtschaftsforschung. Aus Kosten- und Zeitgründen begnügt man sich nämlich häufig mit Stichprobenerhebungen.

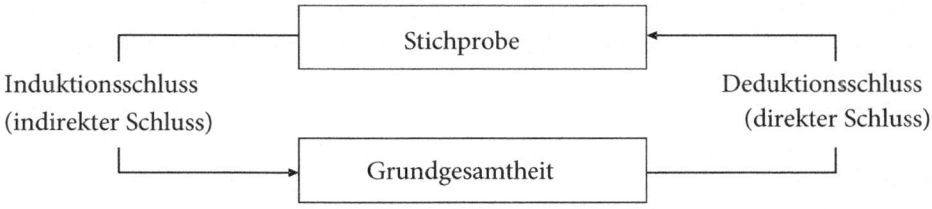

Abb. 1.1 Induktionsschluss

Beispiel 1.1
Relevante Fragestellungen für die Induktive Statistik sind:

- Die Marktforschung hat ergeben, dass der Durchschnittspreis einer bestimmten Tiefkühlpizza bei 1,90 € liegt. Das Ergebnis basiert auf 20 zufällig ausgewählten Supermärkten. Welchen Durchschnittspreis weist das Produkt in allen Lebensmittelgeschäften auf?

© Springer Fachmedien Wiesbaden GmbH, ein Teil von Springer Nature 2019
R. Kosfeld et al., *Wahrscheinlichkeitsrechnung und Induktive Statistik*,
https://doi.org/10.1007/978-3-658-28713-9_1

- Ein Meinungsforschungsinstitut hat mit einer zufälligen Befragung herausgefunden, dass 40 % der 1000 Interviewten die SPD bei der nächsten Bundestagswahl wählen würden. In welchem Bereich wird der Stimmenanteil der SPD mit einer bestimmten Sicherheit unter allen Bundesbürgern liegen?
- Ein Autohersteller behauptet, dass sein Auto einen Benzinverbrauch von 7,3 Litern auf 100 Kilometern aufweist. Eine Autozeitschrift bezweifelt diese Aussage und misst den Verbrauch von 20 zufällig ausgewählten Autos auf einer Teststrecke. Ist aufgrund des Stichprobenergebnisses von 7,5 l/100 km davon auszugehen, dass die Herstellerangabe zu gering ist?
- Ein Unternehmen findet mit Hilfe von Stichprobendaten heraus, dass Frauen durchschnittlich 30 € mehr für Kosmetikprodukte in einem Monat ausgeben als Männer. Ist davon auszugehen, dass Unterschiede zwischen beiden Personengruppen auch in der Grundgesamtheit bestehen?   ◆

Während die deskriptiven Methoden für eine Vollerhebung sowie für Beurteilungsstichproben (bewusste Auswahl) relevant sind, gehen wir in der Induktiven Statistik von einer Zufallsauswahl aus. Bei einer einfachen Zufallsauswahl gelangt beispielsweise jedes Element der Grundgesamtheit mit gleicher Wahrscheinlichkeit in die Stichprobe.

Ein Induktionsschluss erfolgt unter Verwendung von Wahrscheinlichkeitsmodellen. Insofern liefert die **Wahrscheinlichkeitsrechnung** die Grundlage für die Induktive Statistik. In bestimmten Bereichen besitzt die Wahrscheinlichkeitsrechnung aber auch eine eigenständige Bedeutung, beispielsweise bei Glücksspielen sowie in der Finanzmarkt-, Geld- und Wachstumstheorie.

Die Wahrscheinlichkeitsrechnung beschäftigt sich mit Vorgängen, deren Ergebnisse nicht mit Sicherheit vorausgesagt werden können, sondern dem Zufall unterliegen. Sie erlauben es trotz des herrschenden Zufallsprinzips, quantitative Aussagen über diese Vorgänge zu machen:

Beispiel 1.2

Relevante Fragestellungen für die Wahrscheinlichkeitsrechnung sind:

- Mit welcher Wahrscheinlichkeit erzielt man sechs Richtige beim Zahlenlotto?
- Wie groß ist die Wahrscheinlichkeit, bei 100 produzierten Stücken mehr als 20 Stücke Ausschuss zu produzieren, wenn die Ausschussquote der Maschine 10 % beträgt?
- In Deutschland gibt es 13 Millionen Singles. Wie wahrscheinlich ist es, dass eine zufällig ausgewählte Person keine feste Beziehung führt?
- Wie groß ist die Wahrscheinlichkeit, dass ein Autounfall von der Person A verursacht wurde, wenn das Auto von den Personen A, B und C genutzt wird?
- Wie groß ist die Wahrscheinlichkeit der Überlastung von fünf Telefonhauptleitungen, wenn eine Firma 200 Angestellte hat und diese mit einer Wahrscheinlichkeit von 2 % telefonieren wollen?   ◆

Grundbegriffe der Wahrscheinlichkeitstheorie 2

2.1 Zufallsexperiment und Ereignisse

Zufallsexperiment

Wie viele Vorgänge im täglichen Leben ausgehen, ist im Voraus unbekannt. Sie sind also vom Zufall abhängig. Solche Zufallsexperimente stellen die Grundlage der Wahrscheinlichkeitsrechnung dar.

Ein **Zufallsexperiment** zeichnet sich durch folgende Charakteristika aus:

- Die Menge der möglichen Ergebnisse ist bereits vor der Durchführung des Vorgangs bekannt.
- Es ist unbekannt, welches der möglichen Ergebnisse wirklich eintreten wird (Zufallsabhängigkeit).
- Der Zufallsvorgang kann prinzipiell (real oder gedanklich) beliebig oft wiederholt werden.

Beispiel 2.1

Beispiele für Zufallsvorgänge sind:

- Bei einem Fußballspiel ist bekannt, welche Ergebnisse auftreten können (Gewinn der Heimmannschaft, unentschieden, Gewinn der Auswärtsmannschaft). Vor Beginn des Matches ist das Spielergebnis allerdings unbekannt. Ein Fußballspiel kann aber auch wiederholt werden.
- Ein Supermarktleiter hat 100 Joghurts im Regal stehen, die wöchentlich neu geliefert werden. Er kann prinzipiell eine Anzahl zwischen 0 und 100 in der angegebenen Zeit verkaufen, er weiß allerdings im Voraus nicht, wie viele Joghurts er absetzen wird. Der Absatz lässt sich zu verschiedenen Wochen messen.

© Springer Fachmedien Wiesbaden GmbH, ein Teil von Springer Nature 2019
R. Kosfeld et al., *Wahrscheinlichkeitsrechnung und Induktive Statistik*,
https://doi.org/10.1007/978-3-658-28713-9_2

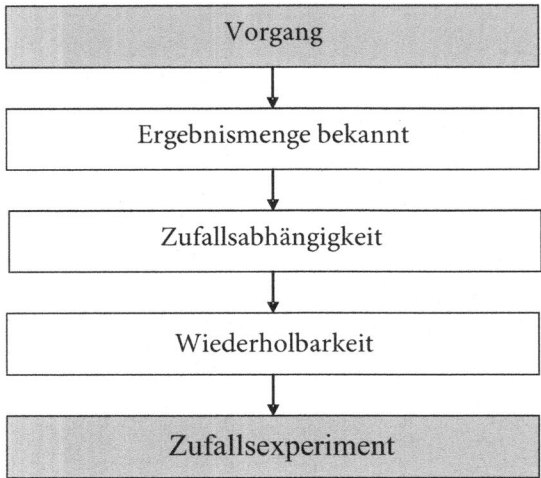

Abb. 2.1 Zufallsexperiment

- Bei einer Statistikklausur ist bekannt, welche Noten prinzipiell auftreten können. Ein Student hat allerdings vor der Klausur keine Kenntnis über die Note, die er erzielen wird. Die Klausur kann er auch wiederholen, soweit die Prüfungsordnung dies zulässt.
- Ein Würfelwurf kann die Ergebnisse 1, 2, 3, 4, 5 und 6 liefern. Der Spieler weiß allerdings nicht, welche Augenzahl auftreten wird. Ein Würfelwurf kann beliebig oft wiederholt werden.   ◆

In der Wahrscheinlichkeitsrechnung beschäftigen wir uns mit besonderen Zufallsvorgängen, den Zufallsexperimenten.

> Einen Zufallsvorgang, der tatsächlich oder gedanklich unter den gleichen Bedingungen beliebig oft wiederholt werden kann, nennt man **Zufallsexperiment**.

Beispiel 2.2
Der Würfelwurf ist ein typisches Zufallsexperiment, da er die drei oben genannten Eigenschaften erfüllt:

- Es können beim Würfelwurf die Ergebnisse 1, 2, 3, 4, 5 oder 6 realisiert werden.
- Welches dieser Ergebnisse konkret auftritt, ist vor der Durchführung des Würfelwurfes unbekannt.
- Ein Würfelwurf kann beliebig oft wiederholt werden.   ◆

Ergebnismenge

Die Ergebnisse eines Zufallsexperiments werden mit ω_i bezeichnet.[1] Sie bilden zusammen die Ergebnismenge Ω.[2] Diese lässt sich zum einen unter Aufzählung der Ergebnisse ω_i,

$$\Omega = \{\omega_1, \omega_2, \ldots\}, \tag{2.1}$$

zum anderen durch Definition einer Variablen, beispielsweise c, und Ausweisung deren Wertebereichs:

$$\Omega = \{c \mid c_1 \leq c \leq c_2\}, \tag{2.2}$$

angeben.

> Die möglichen Ergebnisse eines Zufallsvorgangs werden allgemein mit ω_i bezeichnet; die Menge aller möglichen Ergebnisse heißt **Ergebnismenge Ω**.

Beispiel 2.3

Zufallsvorgang	Ergebnismenge
Werfen einer Münze (K = Kopf, Z = Zahl)	$\Omega = \{K, Z\}$
Zweimaliges Werfen einer Münze	$\Omega = \{(K, K), (K, Z), (Z, K), (Z.Z)\}$
Erreichte Punktezahl bei einer Statistikklausur (nur ganze Punkte werden vergeben; die maximale Punktezahl ist 90)	$\Omega = \{1, 2, 3, \ldots, 90\}$
Eingegangene Bestellungen in einer Periode	$\Omega = \{0, 1, 2, \ldots\}$
Messung der Wartezeit t von Kunden vor einem Postschalter (T = Öffnungsdauer des Schalters)	$\Omega = \{t \mid 0 \leq t \leq T\}$
Messung des Anteils c vom Konsum am Sozialprodukt zu verschiedenen Perioden	$\Omega = \{c \mid 0 \leq c \leq 1\}$

♦

Ergebnismengen können endlich oder unendlich sein (vgl. Abb. 2.2):

- Endliche Ergebnismenge: Die Elemente der Ergebnismenge sind abzählbar, und es kann eine Obergrenze angegeben werden.

---

[1] ω ist der griechische Kleinbuchstabe Omega.

[2] Ω ist der griechische Großbuchstabe Omega.

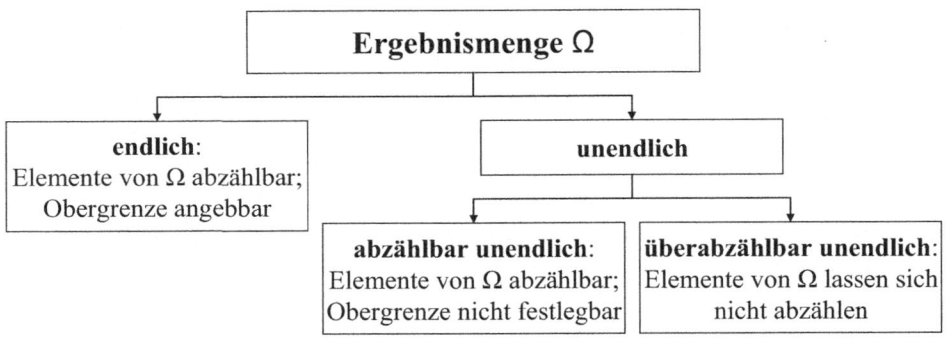

Abb. 2.2 Endliche und unendliche Ergebnismenge

- Unendliche Ergebnismenge: Die Elemente der Ergebnismenge können abgezählt werden, aber es lässt sich keine Obergrenze angeben (abzählbar unendlich), oder ein Abzählen ist nicht möglich (überabzählbar unendlich).

Beispiel 2.4

Zufallsvorgang	Ergebnismenge	Art der Ergebnismenge
Werfen einer Münze (K = Kopf, Z = Zahl)	$\Omega = \{K, Z\}$	endlich
Zweimaliges Werfen einer Münze	$\Omega = \left\{ \begin{array}{l} (K, K), (K, Z), \\ (Z, K), (Z, Z) \end{array} \right\}$	endlich
Erreichte Punktezahl bei einer Statistikklausur (nur ganze Punkte werden vergeben; maximale Punktezahl ist 90)	$\Omega = \{1, 2, 3, \ldots, 90\}$	endlich
Eingegangene Bestellungen in einer Periode	$\Omega = \{0, 1, 2, \ldots\}$	abzählbar unendlich (Obergrenze nicht angebbar)
Messung der Wartezeit t von Kunden vor einem Postschalter	$\Omega = \{t \mid 0 \leq t \leq T\}$ (T = Öffnungsdauer des Schalters)	überabzählbar unendlich
Messung des Anteils c vom Konsum am Sozialprodukt zu verschiedenen Perioden	$\Omega = \{c \mid 0 \leq c \leq 1\}$	überabzählbar unendlich

♦

Ereignis

Die Ergebnismenge Ω lässt sich in Teilmengen zerlegen. Eine Teilmenge von Ω bezeichnet man als Ereignis.

Eine Teilmenge der Ergebnismenge Ω eines Zufallsvorgangs heißt **Ereignis**.

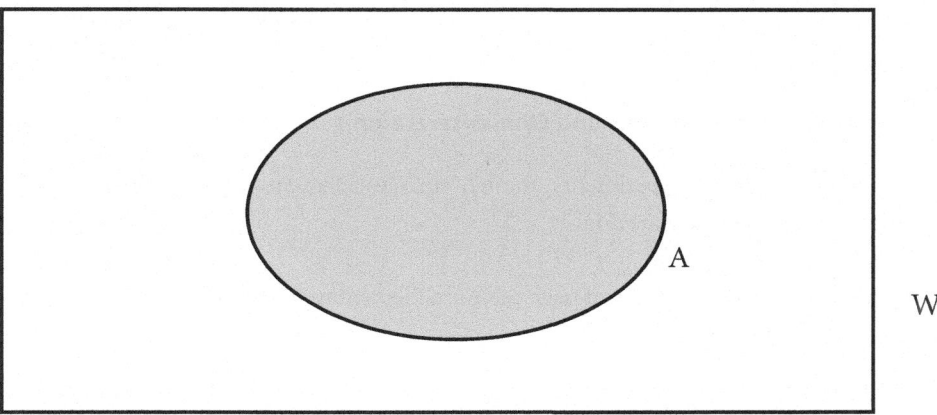

Legende:
Rechteck   = Ergebnismenge Ω
Oval   = Ereignis A

Abb. 2.3 Venn-Diagramm für das Ereignis A

Ereignisse werden mit großen lateinischen Buchstaben – A, B, C – oder einem großen lateinischen Buchstaben mit Index – A_1, A_2, … – gekennzeichnet. Sie lassen sich mit Venn-Diagrammen grafisch darstellen. Die Ergebnismenge Ω ist in Abb. 2.3 durch ein Rechteck symbolisiert. Das Ereignis A ist eine Teilmenge von Ω, das graue Oval liegt deshalb innerhalb des Rechtecks.

Beispiel 2.5

Wir betrachten das einmalige Werfen eines Würfels. Die Ergebnismenge dieses Zufallsvorgangs ist gegeben durch

$$\Omega = \{1, 2, 3, 4, 5, 6\} .$$

Das Ereignis A enthält alle Ergebnisse, die eine gerade Augenzahl aufweisen. A lässt sich formal oder über ein Venn-Diagramm definieren:

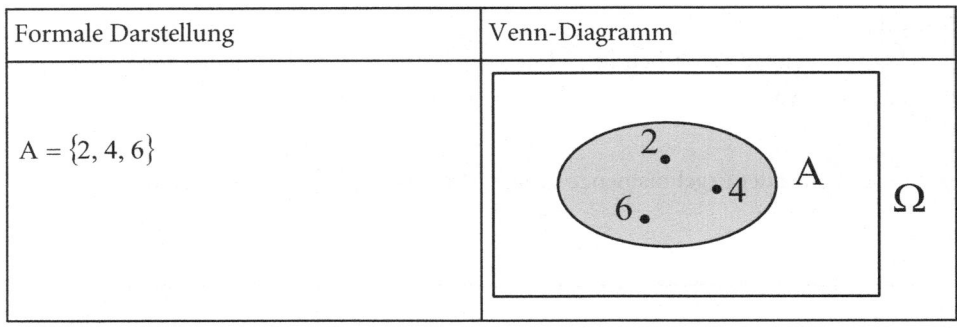

Formale Darstellung	Venn-Diagramm
A = {2, 4, 6}	

♦

Zusammengesetztes Ereignis und Elementarereignis

Ausgänge eines Zufallsexperiments, die ein einziges Element von Ω beinhalten, bezeichnet man als **Elementarereignis**.

Zusammengesetzte Ereignisse umfassen mehrere Elementarereignisse.

Beispiel 2.6
Der Ausgang drei {3} ist ein Elementarereignis beim Würfelwurf. Das zusammengesetzte Ereignis „ungerade Augenzahl" {1, 3, 5} setzt sich aus folgenden Elementarereignissen zusammen: {1}, {3} und {5}.   ♦

Sicheres und unmögliches Ereignis
Spezielle Ereignisse sind das sichere und das unmögliche Ereignis:

- Ein Ereignis, das bei keiner Durchführung eines Zufallsvorgangs eintreten kann, heißt **unmögliches Ereignis** $\emptyset$. Das unmögliche Ereignis enthält kein Element aus Ω; es entspricht also der leeren Menge $\emptyset = \{\}$.
- Ein Ereignis, das bei jeder Durchführung eines Zufallsvorgangs stattfinden muss, heißt **sicheres Ereignis**. Das sichere Ereignis umfasst alle Elemente aus Ω, ist also Ω selbst. Da Ω alle möglichen Ergebnisse des Zufallsvorgangs enthält, tritt das sichere Ereignis bei jeder Durchführung des Zufallsvorgangs ein.

Beispiel 2.7
Dass beim nächsten Würfelwurf eine 1, 2, 3, 4, 5 oder 6 geworfen wird, ist ein sicheres Ereignis. Die Sieben stellt ein unmögliches Ereignis dar.   ♦

Ein Ereignis B, dessen Elemente alle in A vorhanden sind, bezeichnet man als **Teilereignis** von A:

$$B \subset A.$$ (2.3)

Immer, wenn B eintritt, dann liegt auch A vor (vgl. Abb. 2.4). Jedes Ereignis ist ein Teilereignis von der Ergebnismenge Ω.

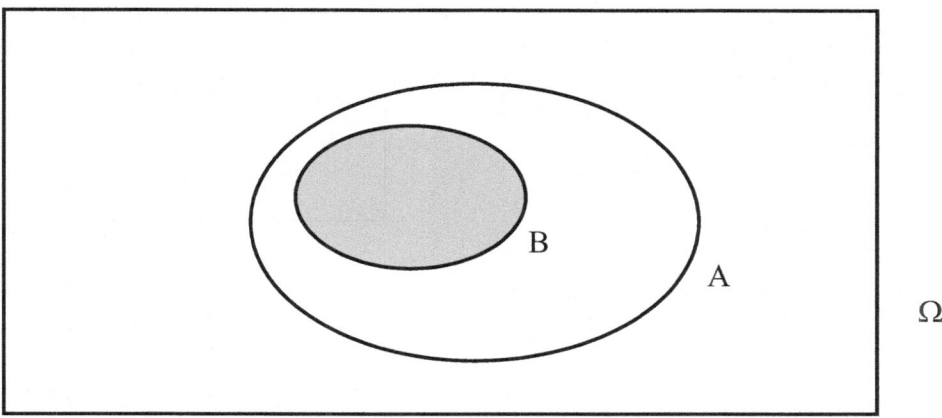

Legende:
Rechteck   = Ergebnismenge Ω
Ovale   = Ereignisse A und B

Abb. 2.4 Teilereignis B

Beispiel 2.8 (Fortsetzung von Beispiel 2.7)
Das Ereignis {2} ist ein Teilereignis von $A = \{2, 4, 6\}$.   ♦

2.2   Operationen mit Ereignissen

Da Ereignisse Teilmengen von Ω sind, kann man mit Ereignissen rechnen wie mit Mengen. Wir können Ereignisse nach bestimmten Regeln verknüpfen und erhalten als Resultat der jeweiligen Operation neue Ereignisse.

Tabelle 2.1 gibt einen Überblick der wichtigsten Operationen für die Ereignisse A und B. Das **Komplementärereignis** (Gegenereignis) enthält alle Ergebnisse, die nicht zu A gehören. Die **Vereinigungsmenge** umfasst die Ergebnisse, die zu A oder zu B (einschließlich Schnittmenge) gezählt werden. Davon zu unterscheiden ist der **Durchschnitt** (nur die Schnittmenge). Die **Differenz** von A minus B enthält alle Ergebnisse von A, die nicht B angehören, also ohne die Schnittmenge.

Tabelle 2.1   Verschiedene Operationen mit Ereignissen

Bezeich-nung	Sprechweise	Interpretation	Venn-Diagramm
$\overline{A}$	Komplementär-ereignis von A	Ereignis, das genau dann eintritt, wenn A nicht eintritt	
$A \cup B$	Vereinigung von A und B; A oder B	A oder B treten ein	
$A \cap B$	Durchschnitt von A und B; A geschnitten B; A und B	A und B treten ein	
$A \setminus B$	Differenz von A und B; A minus B	A, aber nicht B tritt ein	

Die **Vereinigungsmenge** „A∪B" („A vereinigt B") bedeutet, dass A **oder** B eintritt. Die **Schnittmenge** „A∩B " („A geschnitten B") gibt an, dass A **und** B eintreten.

Beispiel 2.9

Beim Würfelwurf sei A das Ereignis „gerade Augenzahl" und B „Augenzahl kleiner als vier":

Formale Darstellung	Venn-Diagramm
$A = \{2, 4, 6\}, B = \{1, 2, 3\}$	

Damit nehmen die in Tabelle 2.1 genannten Ereignisse folgende Werte an:

- Komplementärereignisse: $\overline{A} = \{1,3,5\}$, $\overline{B} = \{4,5,6\}$
- Vereinigungsmenge: $A \cup B = \{1,2,3,4,6\}$
- Schnittmenge: $A \cap B = \{2\}$
- Differenzen: $A \setminus B = \{4,6\}$, $B \setminus A = \{1,3\}$ ♦

Für das Komplementärereignis gelten die folgenden Regeln:

$$\overline{\overline{A}} = A \tag{2.4}$$

$$A \cup \overline{A} = \Omega, \quad A \cap \overline{A} = \varnothing \tag{2.5}$$

$$\overline{\Omega} = \varnothing, \quad \overline{\varnothing} = \Omega. \tag{2.6}$$

Insbesondere ergibt eine zweimalige Komplementbildung wieder das Ausgangsereignis. Anhand von Venn-Diagrammen lässt sich leicht nachvollziehen, dass für die Schnitt- und Vereinigungsmenge einige Formeln anwendbar sind:

$$A \cup A = A, \; A \cap A = A \tag{2.7}$$

$$A \cup \varnothing = A, \; A \cap \varnothing = \varnothing \tag{2.8}$$

$$A \cup \Omega = \Omega, \; A \cap \Omega = A. \tag{2.9}$$

Im Folgenden werden immer wieder disjunkte (überschneidungsfreie) Ereignisse vorausgesetzt. A und B sind **disjunkt**, wenn A und B nicht gleichzeitig eintreten können, also die Schnittmenge leer ist (vgl. Abb. 2.5).

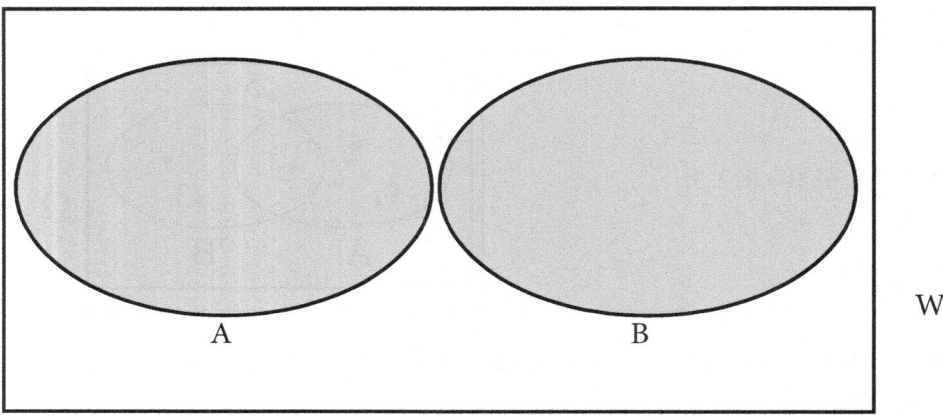

Legende:

Rechteck	= Ergebnismenge Ω
Ovale	= Ereignisse A und B

Abb. 2.5   Venn-Diagramm der disjunkten Ereignisse A und B

Beispiel 2.10 (Fortsetzung von Beispiel 2.9)
Zusätzlich zu den Ereignissen:

- A = „gerade Augenzahl" und
- B = „Augenzahl kleiner als vier"

sei das Ereignis C = {1} gegeben. Damit sind A und C disjunkt (ohne gemeinsame Schnittmenge), nicht aber A und B sowie B und C.

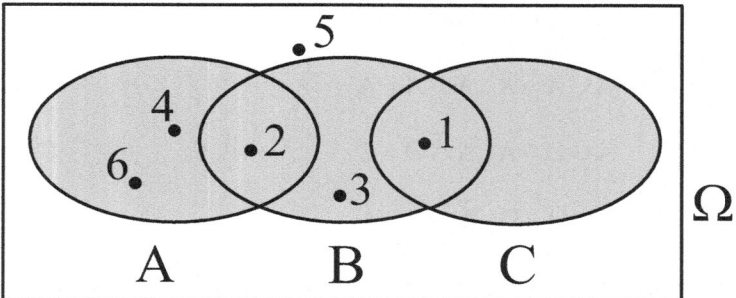

Daneben gelten noch die in Tabelle 2.2 dargestellten Regeln. Beim Distributivgesetz entspricht der Vereinigungsoperator dem Pluszeichen und der Durchschnittsoperator dem Malzeichen.

Tabelle 2.2   Weitere Rechenregeln für Ereignisse

Rechenregel(n)	Formel(n)
Kommutativgesetze	$A \cup B = B \cup A$ $A \cap B = B \cap A$
Assoziativgesetze	$A \cup (B \cup C) = (A \cup B) \cup C$ $(A \cap B) \cap C = A \cap (B \cap C)$
Distributivgesetze	$A \cup (B \cap C) = (A \cup B) \cap (A \cup C)$ $A \cap (B \cup C) = (A \cap B) \cup (A \cap C)$
De Morgansche Regeln	$\overline{A \cup B} = \overline{A} \cap \overline{B}$ $\overline{A \cap B} = \overline{A} \cup \overline{B}$

2.3   Wahrscheinlichkeiten

Wahrscheinlichkeitsbegriffe

Die **Wahrscheinlichkeit** ist ein Maß für das Auftreten eines bestimmten Ereignisses bei der Durchführung eines Zufallsvorgangs. Solche Wahrscheinlichkeiten können

- quantitativ oder qualitativ sein.
- subjektiv oder objektiv gewonnen werden.

Beispiel 2.11

Gewinnung der Wahrscheinlichkeit / Aussagegenauigkeit	subjektiv	objektiv
qualitativ	Ich halte die Wahrscheinlichkeit für einen Hauptgewinn im Zahlenlotto für sehr gering.	Die Wahrscheinlichkeit, 6 Richtige beim Zahlenlotto zu haben, ist sehr gering.
quantitativ	Ich schätze die Wahrscheinlichkeit, 6 Richtige beim Zahlenlotto zu haben, auf weniger als 1 %.	Die Wahrscheinlichkeit für 6 Richtige beim Zahlenlotto ist 0,00000715 %.[3]

◆

---

[3] Die Berechnung dieser Wahrscheinlichkeit erfolgt im dritten Kapitel.

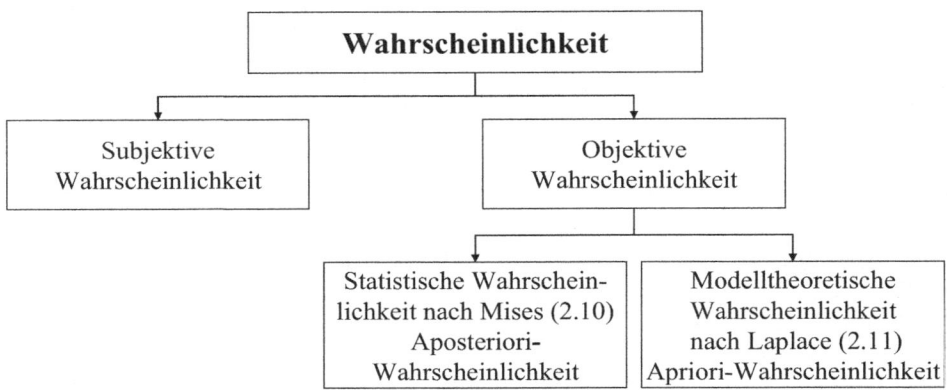

Abb. 2.6 Verschiedene Wahrscheinlichkeitsbegriffe

Subjektive Wahrscheinlichkeit

In der Wirtschaftspraxis wird sich das Arbeiten mit **subjektiven Wahrscheinlichkeiten** oft nicht vermeiden lassen. So können z. B. die Absatzchancen eines Produkts, das bisher nicht auf dem Markt war, nur über subjektive Wahrscheinlichkeiten beurteilt werden. Subjektive Wahrscheinlichkeiten werden hier oftmals durch Einschätzungen von Experten gewonnen. Eine alternative Form der Gewinnung von subjektiven Wahrscheinlichkeiten in diesem Bereich sind Unternehmens- und Verbraucherbefragungen.

Auch im Alltagsleben treten immer wieder Fälle auf, in denen ein objektiver Wahrscheinlichkeitsbegriff nicht anwendbar ist. Wie lässt sich z. B. die Chance einer Fußballmannschaft für den Gewinn eines Spiels beurteilen? Wie groß ist die Wahrscheinlichkeit, dass ein bestimmtes Pferd bei einem Rennen den 1. Platz belegt? In solchen Fällen lassen sich Wahrscheinlichkeiten z. B. über Wettquoten bestimmen, die sich aus den Wetteinsätzen des Publikums ergeben. Da das Wettverhalten letztlich auf den Einschätzungen der Wettteilnehmer beruht, spricht man in diesem Zusammenhang von subjektiven Wahrscheinlichkeiten.

> Die **Wahrscheinlichkeitsrechnung** liefert **objektive** Aussagen, die intersubjektiv nachprüfbar sind.

A-posteriori-Wahrscheinlichkeitsbegriff: statistische Wahrscheinlichkeit

Der Begriff der **statistischen Wahrscheinlichkeit** geht auf von Mises (1931) zurück. Bei einem Zufallsvorgang, der n-mal wiederholt wird, interessiert man sich für das Eintreten eines bestimmten Ereignisses A. Man wird dann ein Zufallsexperiment n-Mal durchführen. Die Anzahl n(A) der Wiederholungen des Zufallsvorgangs, bei denen A eingetreten ist, heißt absolute Häufigkeit des Ereignisses A. Wird n(A) durch die gesamte Anzahl der Wiederholungen, also durch n dividiert, ergibt sich die relative Häufigkeit $h_n(A)$ des Eintretens von A in n Versuchen:

$$h_n(A) = n(A)/n \, . \tag{2.10}$$

Wichtig ist, dass sich die relative Häufigkeit $h_n(A)$ nach jeder Durchführung des Zufallsvorgangs ändern kann. Damit erhält man eine Folge relativer Häufigkeiten. Man
wird nun feststellen, dass die relativen Häufigkeiten bei einer geringen Anzahl von Wiederholungen des Zufallsvorgangs sehr stark schwanken. Die Unterschiede nehmen jedoch bei wachsendem n ab, d. h. die Folge der relativen Häufigkeiten nähert sich einem
konstanten Wert $P(A)$ (vgl. Abb. 2.7). Das ist die **Stabilitätseigenschaft** der relativen
Häufigkeit.

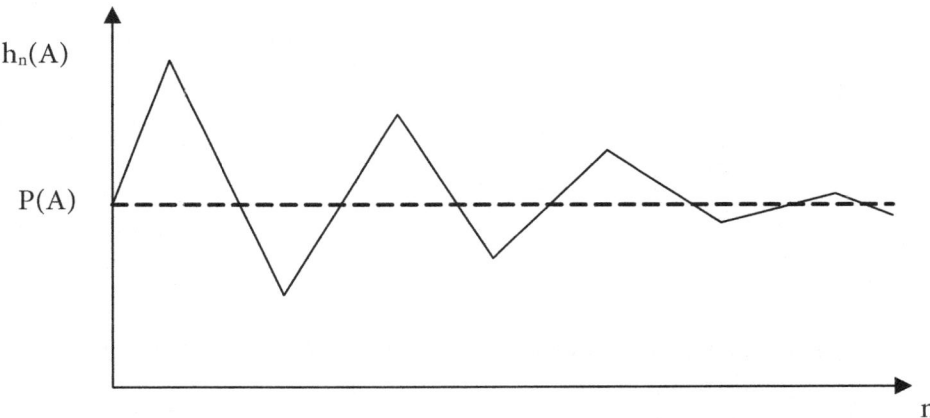

Abb. 2.7 Stabilitätseigenschaft der relativen Häufigkeiten

Man hat daher versucht, die Wahrscheinlichkeit P eines Ereignisses A als Grenzwert der
Folge der relativen Häufigkeiten für n gegen unendlich zu definieren:

$$P(A) = \lim_{n \to \infty} h_n(A) \, .^4 \tag{2.11}$$

---

[4] Die Definition der statistischen Wahrscheinlichkeit ist aus zwei Gründen problematisch: Erstens ist
eine unendlich lange Versuchsreihe empirisch nicht beobachtbar. Man kann sich natürlich auf den
Standpunkt stellen, dass P(A) als Grenzwert der Folge der relativen Häufigkeiten schon bei endlichem n
erreicht wird bzw. „erkennbar" ist, müsste dann allerdings auch sagen, von welchem n ab das der Fall
sein soll. Zweitens ist nicht gewährleistet, dass in verschiedenen Versuchsreihen die Folge der relativen
Häufigkeiten den gleichen Grenzwert hat. Wir können z. B. den außergewöhnlichen Fall nicht aus-
schließen, dass wir bei einem Münzwurf in einer langen Versuchsreihe stets eine Zahl werfen. Damit
würden aber für ein Ereignis unterschiedliche Wahrscheinlichkeiten existieren. Eine Gleichsetzung von
relativer Häufigkeit und Wahrscheinlichkeit ist also auch in sehr langen Versuchsreihen nicht möglich.
Für praktische Zwecke sind beide Einwände jedoch nicht kritisch.

Das ist die Definition der statistischen Wahrscheinlichkeit. Da relative Häufigkeiten erst nach Durchführung eines Zufallsvorgangs ermittelt werden können, bezeichnet man die statistische Wahrscheinlichkeit auch als **A-posteriori-Wahrscheinlichkeit**.

Beispiel 2.12

A stelle das Ereignis „Kopf" beim Münzwurf dar. Die Durchführung des Experiments liefert die im Folgenden dargestellten Ergebnisse. Bei 20-mal Münzwerfen werden beispielsweise 12-mal Kopf erzielt. Wie aus der Grafik hervorgeht, nähern sich die relativen Häufigkeiten der gesuchten Wahrscheinlichkeit an.

Tabelle			Grafik
n	$n(A)$	$h_n(A)$	
20	12	$12/20 = 0{,}6$	
40	18	0,45	
60	33	0,55	
80	42	0,525	
100	51	0,51	

Modelltheoretische Wahrscheinlichkeit (Laplacesche Wahrscheinlichkeit)

Den **modelltheoretischen Ansätzen** ist gemeinsam, dass Wahrscheinlichkeiten für das Eintreten von Ereignissen aufgrund eines statistisch-mathematischen Modells vor der Durchführung eines Zufallsvorgangs bestimmt werden. Man spricht daher von **A-priori-Wahrscheinlichkeiten**. In der induktiven Statistik ist eine Vielzahl derartiger Modelle verfügbar. Wir beschränken uns hier allerdings auf die Darstellung des historisch ältesten Modells, das man als Gleichmöglichkeitsmodell bezeichnet. Es handelt sich dabei um die Definition des französischen Mathematikers **Laplace** (1749–1827), der von Zufallsvorgängen ausging,

- deren Ergebnismenge endlich ist.
- deren Ergebnisse (= Elementarereignisse) alle gleich wahrscheinlich sind.

Beispiel 2.13

Das Werfen mit einem fairen (= unmanipulierten) Würfel stellt einen solchen Zufallsvorgang dar, weil

- nur sechs verschiedene Ergebnisse {1, 2, 3, 4, 5, 6} auftreten können (endliche Ergebnismenge).
- es ebenso wahrscheinlich ist, eine Eins zu würfeln wie eine Zwei, Drei, Vier, Fünf oder Sechs.

Die Anzahl der günstigen Fälle für ein Ereignis A (**Mächtigkeit**) wird durch zwei senk-rechte Striche gekennzeichnet |A|. Die Wahrscheinlichkeit, bei einem Zufallsvorgang das Ereignis A zu realisieren, ist dann durch

$$P(A) = \frac{|A|}{|\Omega|} = \frac{\text{für das Ereignis A günstige Fälle}}{\text{mögliche Fälle}} \qquad (2.12)$$

gegeben.

Beispiel 2.14
Wie groß ist die Wahrscheinlichkeit, beim Würfelwurf eine A = „gerade Augenzahl" zu erzielen?

$$A = \{2,4,6\}$$
$$\Omega = \{1,2,3,4,5,6\}$$
$$P\left(\text{gerade Augenzahl}\right) = P(A) = \frac{|A|}{|\Omega|} = \frac{3}{6} = \frac{1}{2} = 0,5 \left[\hat{=} 50\,\%\right] \qquad \blacklozenge$$

Beispiel 2.15
Schwieriger ist die Berechnung der Wahrscheinlichkeit für das Ereignis A = „Mindestens einmal Zahl" beim zweifachen Münzwurf. Am besten notiert man zuerst die Elementar-ereignisse der Ergebnismenge:

$$\Omega = \{(K,K),(K,Z),(Z,K),(Z,Z)\}.$$

Günstig sind alle Ausgänge mit Ausnahme von zweimal Kopf:

$$A = \{(K,Z),(Z,K),(Z,Z)\},$$

so dass man als gesuchte Wahrscheinlichkeit

$$P(A) = \frac{|A|}{|\Omega|} = \frac{3}{4} = 0,75 \left[\hat{=} 75\,\%\right]$$

erhält. $\qquad \blacklozenge$

2.4 Aufgaben

2.1 Frau F bekommt zum Geburtstag eine Pralinenschachtel mit ihren Lieblingspralinen geschenkt. In der Schachtel befinden sich je drei Pralinen mit Kirschlikör und Marzipan sowie je vier Pralinen mit Nuss- und Mandelsplittern. Aus der Geburtstagsrunde beteiligen sich drei Personen an einer Kostprobe der Pralinen.

Geben Sie den Stichprobenraum für den Zufallsvorgang „Probieren einer Praline von einer Person" an! Stellen Sie das Ereignissystem auf, das alle möglichen Ereignisse des Zufallsvorgangs enthält!

2.2 Ein Zufallsexperiment besteht aus dem 3-maligen Ziehen einer Kugel aus einer Urne ohne Zurücklegen. Die Urne enthält 1 schwarze, 1 weiße und 2 rote Kugeln. Stellen Sie den Stichprobenraum dieses Zufallsexperiments übersichtlich dar!

2.3 Ein Zufallsexperiment besteht aus dem Werfen eines Würfels. Der Stichprobenraum Ω soll daher die möglichen Augenzahlen des Würfels bei einem Wurf enthalten. Erstellen Sie für die Ereignisse:

A: Es wird eine ungerade Augenzahl gewürfelt
B: Es wird eine durch zwei teilbare Augenzahl gewürfelt
C: Es wird eine Primzahl gewürfelt

ein Venn-Diagramm! Bilden die Ereignisse A, B, C eine Zerlegung?

2.4 In einem Skatspiel seien beim Ziehen einer Karte bestimmte Ereignisse gegeben:

Ereignis A: Bube ohne Kreuz
Ereignis B: Bild
Ereignis C: Karo
Ereignis D: Ass oder Bube
Ereignis E: Herz oder Karo

Welche Ereignisse resultieren aus den Verknüpfungen

a) $A \cap B \cap E$,
b) $(\overline{C} \cup \overline{E}) \cap D \backslash B$ und
c) $\overline{C \cup D \cap C}$?

2.5 Lösungen

2.1 Definieren der Ereignisse:
- K: Praline mit Kirschlikör
- M: Praline mit Marzipan
- N: Praline mit Nusssplitter
- S: Praline mit Mandelsplittern

Stichprobenraum:

$\Omega = \{K, M. N, S\}$

Ereignissystem, das alle möglichen Ereignisse enthält:

$P(\Omega) = \quad \{\emptyset, \Omega, \{K\}, \{M\}. \{N\}, \{S\}, \{K, M\}, \{K, N\}, \{K, S\}, \{M, N\}, \{M, S\}, \{N, S\}.$
$\{K, M, N\}, \{K, M, S\}, \{K, N, S\}, \{M, N, S\}\}$

$|P(\Omega)| = 2^4 = 16$

2.2 Urne:

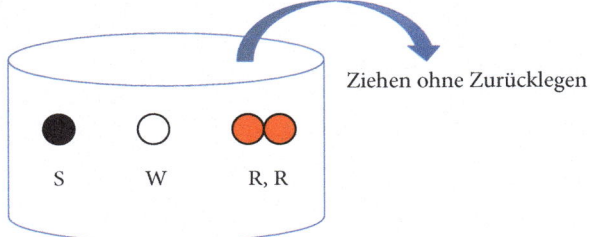

Ziehen ohne Zurücklegen

Baumdiagramm:

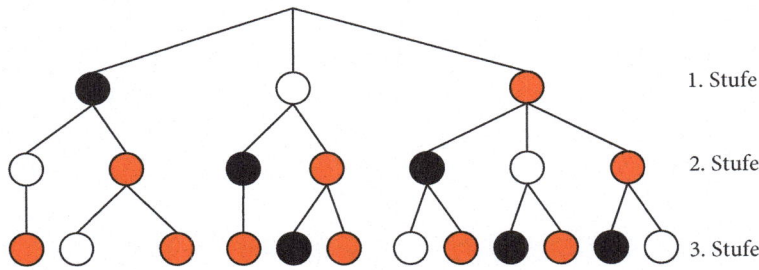

1. Stufe

2. Stufe

3. Stufe

Stichprobenraum:

$\Omega = \{(S,W,R), (S,R,W), (S,R,R), (W,S,R), (W,R,S), (W,R,R), (R,S,W), (R,S,R), (R,W,S),$
$(R,W,R), (R,R,S), (R,R,W)\}$

2.3 $A = \{1,3,5\}$, $B = \{2,4,6\}$, $C = \{2,3,5\}$

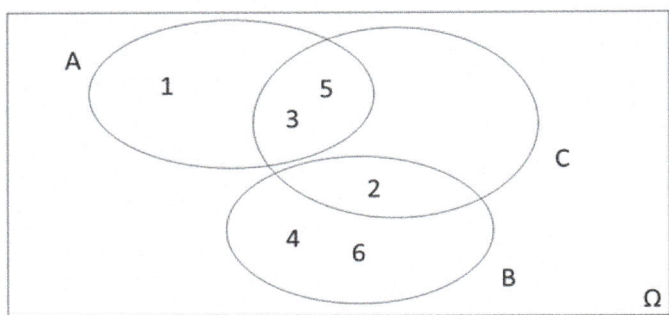

$A \cup B \cup C = \{1,2,3,4,5,6\} = \Omega$

$A \cap B = \varnothing$, jedoch $A \cap C = \{3,5\}$ und $B \cap C = \{2\}$

Hier handelt es sich um **keine** Zerlegung, da nicht alle Schnittmengen leere Mengen sind.

2.4

a) $A \cap B \cap E$

$A \cap B = A = \{$Karo Bube, Herz Bube, Pik Bube$\}$

$A \cap B \cap E = \{$Karo Bube, Herz Bube$\}$

b) $(\overline{C} \cap \overline{E}) \cap D\backslash B$

$\overline{C} = \{$Herz, Pik, Kreuz$\}$ $\overline{E} = \{$Pik, Kreuz$\}$

$\overline{C} \cup \overline{E} = \{$Herz, Pik, Kreuz$\}$

$D = \{$Asse, Buben$\}$ $B = \{$Buben, Damen, Könige$\}$

$D\backslash B = \{$Asse$\}$

$(\overline{C} \cup \overline{E}) \cap D\backslash B = \{$Herz Ass, Pik Ass, Kreuz Ass$\}$

c) $\overline{C \cup D} \cup C$

$\overline{C \cup D} = \overline{C} \cup \overline{D}$ Regel von de Morgan

$\overline{C} \cup \overline{D} \cup C = \varnothing$

Kombinatorik

3

Viele Probleme lassen sich mit der Formel von Laplace durch das Abzählen der günstigen und möglichen Fällen lösen. Kompliziertere Fragestellungen bedürfen aber der Verwendung mathematischer Formeln zur Berechnung der günstigen und möglichen Fälle, die als **Regeln der Kombinatorik** bekannt sind. Die Kombinatorik ist ein Teilgebiet der Mathematik und gibt an, wie viele Möglichkeiten bestehen,

- Elemente unterschiedlich anzuordnen oder
- aus einer Menge einige Elemente zu ziehen.

3.1 Anordnungsprobleme (Permutationen)

Beginnen wir mit der Anordnung von n Elementen. Dabei gehen wir zunächst von der Annahme aus, dass alle Elemente verschieden, also voneinander unterscheidbar, sind. Die **Permutation** $Per_{n,n}$ bezeichnet dann die Menge der Möglichkeiten, diese Elemente in eine unterschiedliche Reihenfolge zu bringen, und ergibt sich mit Hilfe der Formel

$$P_{n,n} = n \cdot (n-1) \cdot (n-2) \cdot \ldots \cdot 2 \cdot 1 = n! \tag{3.1}$$

Legende:
P = Permutationen
erster Index n = Anzahl der Elemente
zweiter Index n = Anzahl der unterscheidbaren Elemente.

Beispiel 3.1

Wir haben drei Kugeln vor uns liegen, von denen die erste rot r, die zweite schwarz s und die dritte weiß w ist. In wie viel unterschiedliche Reihenfolgen können wir diese Kugeln bringen?

Es ist $P_{3,3} = 3 \cdot 2 \cdot 1 = 3! = 6$.

Die möglichen Reihenfolgen sind r s w, r w s, s r w, s w r, w r s und w s r.

Dieses Ergebnis kann man sich relativ leicht plausibel machen:

- Für die erste Position stehen alle drei Kugeln zur Verfügung.
- Ist die erste Position besetzt, so kann die zweite Position noch von zwei unterschiedlichen Kugeln eingenommen werden.
- Stehen erste und zweite Position fest, so ist damit die Farbe der dritten Kugel festgelegt; für sie besteht nur noch eine Möglichkeit.

Grafisch lässt sich diese Überlegung mit einem Baumdiagramm verdeutlichen. Am Ende der Pfeile stehen dabei die Ergebnisse der Ziehungen.

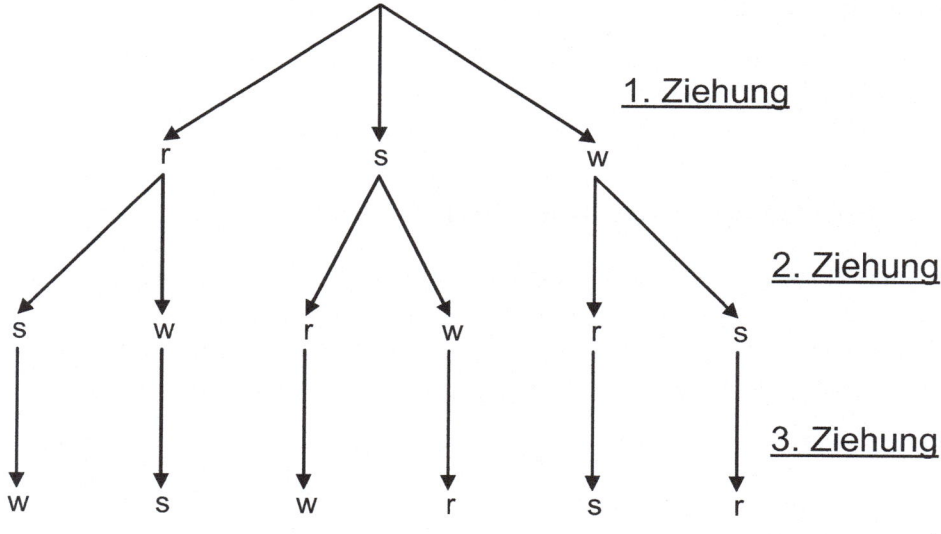

Gehen wir nun zu dem Fall über, in dem die Elemente nicht mehr alle voneinander unterscheidbar sind. Die n Elemente lassen sich in q Gruppen einteilen, die jeweils aus homogenen – d. h. nicht unterscheidbaren Elementen – bestehen. Es gilt dann

$$P_{n,q} = \frac{n!}{n_1! \cdot n_2! \cdot \ldots \cdot n_q!} \qquad (3.2)$$

Legende:

erster Index n = Anzahl der Elemente

zweiter Index q = Anzahl der unterscheidbaren Gruppen

n_j = Anzahl der Elemente in der Gruppe j (j = 1, 2,..., q).

Da in Formel (3.2) n_j Elemente wiederholt auftauchen, spricht man von einer **Permutation mit Wiederholung**.

Beispiel 3.2

Vor uns liegen vier rote, sechs schwarze und drei weiße Kugeln. In wie viele unterschiedliche Reihenfolgen können wir sie bringen?

$$P_{13,3} = \frac{13!}{4! \cdot 6! \cdot 3!} = \frac{6.227.020.800}{24 \cdot 720 \cdot 6} = 60.060.$$

Auch diese Formel lässt sich leicht intuitiv verstehen:

- Wären alle Kugeln verschiedenfarbig, also unterscheidbar, gäbe es 13! unterschiedliche Anordnungen.

- Aus diesen müssen aber jene herausgerechnet werden, die jetzt nicht mehr existieren, da eine Reihe von Kugeln gleichfarbig, also nicht mehr unterscheidbar, sind.

So entfallen durch vier (sechs, drei) gleichfarbige rote (schwarze, weiße) Kugeln 4! (6!, 3!) Reihungsmöglichkeiten.

♦

3.2 Auswahlprobleme

Im Rahmen der Kombinatorik sind neben den Permutationen auch **Variationen** und **Kombinationen** von Interesse. Dabei geht es um folgende Fragestellung: Wie viele Möglichkeiten gibt es, aus einer Menge von n Elementen genau k Elemente auszuwählen? Gedanklich gehen wir hierzu von einem Urnenmodell aus. In der Urne befinden sich genau n Kugeln, von denen k Kugeln gezogen werden.

Beispiel 3.3

In einer Urne befinden sich n = 3 Kugeln, von denen eine rot (r), eine schwarz (s) und eine weiß (w) ist. Von diesen werden k = 2 Kugeln gezogen.   ♦

Bei den Variationen und Kombinationen sind zwei Unterscheidungen zu treffen:

a) Die Elemente können wiederholt oder nur einmal gezogen werden.

   a1) Die Elemente lassen sich nur einmal auswählen.

   Jedes in der Urne befindliche Element kann nur einmal gezogen werden. Im Urnenmodell wird eine Kugel gezogen und vor dem zweiten Ziehen **nicht** wieder in
   die Urne zurückgelegt, kann also nicht zweimal ausgewählt werden. Deshalb
   spricht man auch vom **Ziehen ohne Zurücklegen**. Beispiele sind die Lottoziehung
   und das Austeilen von Spielkarten. In unserem Beispiel mit den drei Kugeln, aus
   denen zwei gezogen werden, sind mögliche Kombinationen r s, r w und s w.

   a2) Die Elemente können wiederholt gezogen werden.

   Jedes Element kann mehrmals ausgewählt werden. Im Urnenmodell wird eine
   Kugel gezogen und vor dem zweiten Ziehen wieder in die Urne zurückgelegt,
   kann also beim zweiten Ziehen erneut ausgewählt werden. Deshalb spricht man
   auch vom **Ziehen mit Zurücklegen**. Beispiele sind das Werfen eines Würfels oder
   das Werfen einer Münze. In unserem Beispiel sind jetzt auch r r, s s und w w
   mögliche Kombinationen, wenn zwei Kugeln aus einer Urne gezogen werden, die
   drei Kugeln enthält.

b) Die Reihenfolge der gezogenen Elemente ist ohne Bedeutung oder hat eine Bedeu-
    tung.

   b1) Die Reihenfolge der gezogenen Elemente wird nicht berücksichtigt.

   Es spielt es keine Rolle, welche der beiden Kugeln zuerst gezogen wird; so würden
   etwa r s und s r **nicht** als unterschiedliche Fälle gesehen werden, da beides Mal die
   gleichen Kugeln gezogen werden, die sich lediglich in ihrer Reihenfolge unterscheiden. Ein weiteres Beispiel ist hier erneut das Lottospiel. Die Fälle, bei denen
   die Reihenfolge keine Rolle spielt, werden als Kombination bezeichnet.

   b2) Die Reihenfolge der gezogenen Elemente wird berücksichtigt.

   Berücksichtigt man die Reihenfolge, so würden z. B. r s und s r als zwei unterschiedliche Fälle betrachtet; man spricht von Variationen. Ein weiteres Beispiel ist
   das Ziehen einer mehrziffrigen Glückszahl, bei der die Ziffern nacheinander ermittelt werden (wie dies etwa bei Spiel 77 der Fall ist).

Beide Einteilungen kann man miteinander kombinieren, so dass sich insgesamt vier Fälle
ergeben:

Tabelle 3.1 Formeln zur Berechnung von Kombinationen und Variationen

Berücksichtigung der Anordnung \ Wiederholung	ohne	mit
ohne (= **Kombinationen**)	$K_o = \binom{n}{k} = \dfrac{n!}{k! \cdot (n-k)!}$	$K_w = \binom{n+k-1}{k}$
mit (= **Variationen**)	$V_o = \dfrac{n!}{(n-k)!}$	$V_w = n^k$

Legende:
n = Anzahl der Elemente insgesamt
k = Anzahl der gewählten Elemente

Herleitung der Formeln in Tabelle 3.1

Die Formeln lassen sich gut nachvollziehbar begründen. Betrachten wir zunächst den Fall mit Berücksichtigung der Anordnung und mit Wiederholung. Beim ersten Ziehen haben wir n Elemente zur Auswahl; diese Menge bleibt beim erneuten Ziehen gleich, so dass die Variationen bei zweimaligem Ziehen n^2, beim dreimaligen Ziehen n^3 und schließlich beim k-maligen Ziehen n^k sind.

Wird zwar die Anordnung berücksichtigt, aber die Kugel nach dem Ziehen nicht wieder in die Urne zurückgelegt (Fall ohne Wiederholung), hat man beim ersten Ziehen n, beim zweiten Ziehen n – 1 und beim k-ten Ziehen n – k + 1 Möglichkeiten. Insgesamt betragen sie daher

$$n \cdot (n-1) \cdot \ldots \cdot (n-k+1) = \frac{n!}{(n-k)!} \cdot$$

Wird die Anordnung nicht berücksichtigt, spielt also die Reihenfolge der gezogenen Kugeln keine Rolle, so wird die Menge der Möglichkeiten kleiner. Jene dürfen nicht mitgerechnet werden, die bereits in anderer Reihenfolge berücksichtigt worden sind. Bei k Ziehungen müssen deshalb k! Möglichkeiten unberücksichtigt bleiben. Beim Fall ohne Berücksichtigung der Anordnung und ohne Wiederholung ist deshalb $n! / (n-k)$ durch k! zu dividieren. Es gilt

$$\frac{n!}{k! \cdot (n-k)!} = \binom{n}{k}.$$

Es bleibt schließlich der Fall ohne Berücksichtigung der Anordnung und mit Wiederholung. Im Gegensatz zum Fall „ohne Berücksichtigung der Anordnung und ohne Wiederholung" müssen jetzt die Fälle mit Wiederholung mit beachtet werden. Dadurch steigt die obere Variable im Binomialkoeffizient auf n + k − 1 an; es ergibt sich für die Menge der Möglichkeiten

$$\binom{n+k-1}{k}.$$

Beispiel 3.4

Wie viele Möglichkeiten ergeben sich beim zweimaligen Ziehen (k = 2) aus einer Menge von drei Kugeln (n = 3), von denen eine rot r, eine schwarz s und eine weiß w ist?

Wiederholung Berücksich- tigung der Anordnung	ohne (gezogene Kugeln werden nicht in die Urne zurückgelegt)	mit (gezogene Kugeln werden in die Urne zurückgelegt)
ohne (= **Kombinationen**)	$\binom{3}{2} = \frac{3 \cdot 2}{1 \cdot 2} = 3$ r s, r w, s w	$\binom{3+2-1}{2} = \binom{4}{2} = \frac{4 \cdot 3}{1 \cdot 2} = 6$ r s, r w, s w, r r, s s, ww
mit (= **Variationen**)	$\frac{3!}{(3-2)!} = \frac{6}{1} = 6$ r s, r w, s w, s r, w r, w s	$3^2 = 9$ r s, r w, s w, s r, w r, w s, r r, s s, w w

Eine häufige Fehlerquelle besteht darin, dass eine falsche Formel angewendet wird. Abb. 3.1 gibt eine Vorgehensweise an, wie man mit Hilfe verschiedener Fragestellungen eine kombinatorische Aufgabenstellung einordnen kann:

- Im ersten Schritt ist zu entscheiden, ob es sich um ein Anordnungsproblem oder Auswahlproblem handelt. Bei einem Anordnungsproblem sollen n Elemente gereiht werden, während bei einem Auswahlproblem k Elemente aus einer n-elementigen Urne auszuwählen sind. Bei einer Auswahl ohne Zurücklegen ist n immer größer als k. Beim Ziehen mit Zurücklegen kann die Anzahl der Auswahlelemente k aber auch die Kugeln in der Urne n übersteigen.

- Handelt es sich um ein Anordnungsproblem, dann sind zwei Fälle relevant: Sind alle Elemente unterschiedlich, dann liegt der Fall ohne Wiederholung vor. Andernfalls muss die Formel für eine Permutation mit Wiederholung angewendet werden.

- Bei Auswahlproblemen sind zwei Fragen zu beantworten: Zuerst muss überlegt werden, ob die Reihenfolge, in der die Elemente gezogen werden, entscheidend ist (Ziehen mit bzw. ohne Berücksichtigung der Anordnung). Anschließend ist festzulegen, ob ein Element mehrmals gezogen werden kann (mit Zurücklegen) oder nicht.

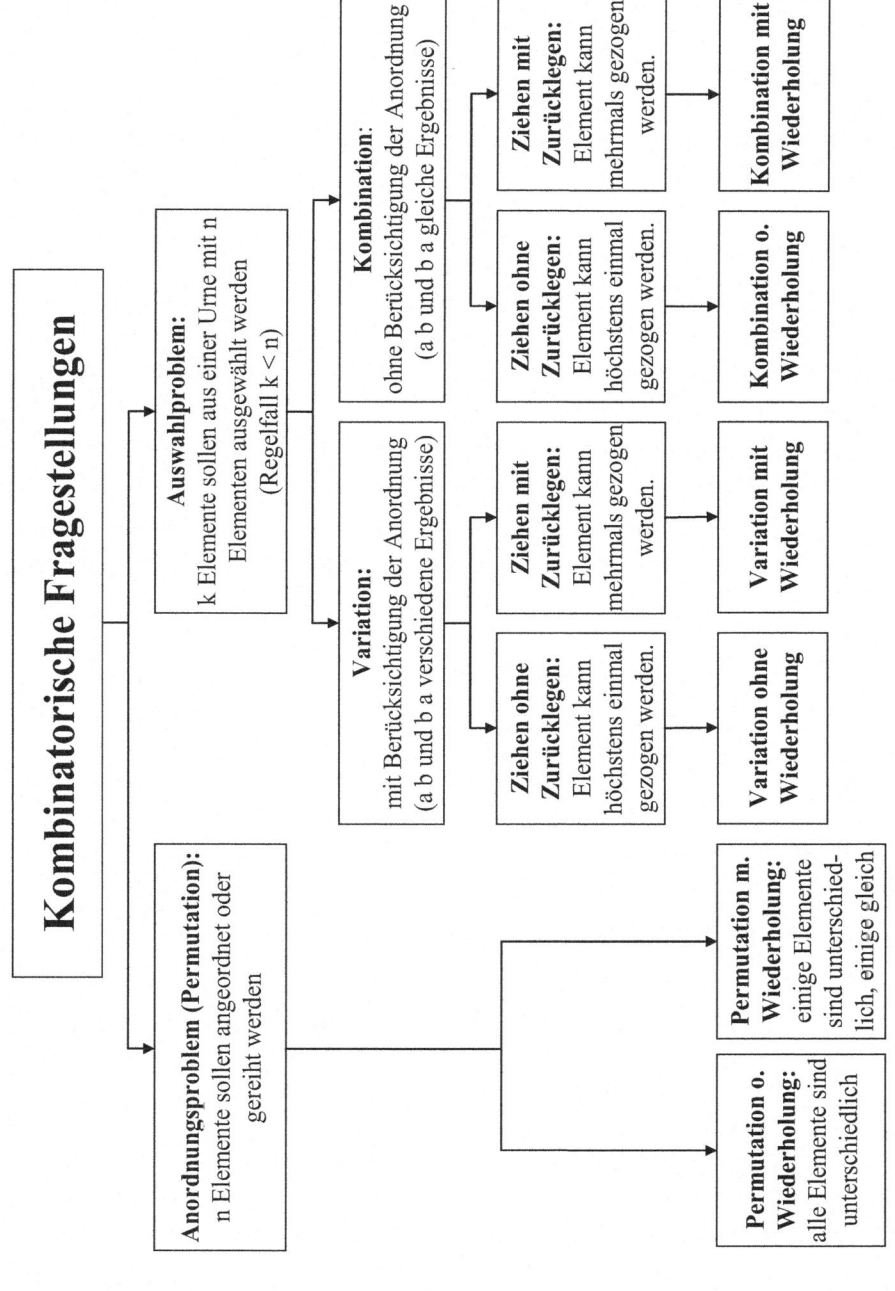

Abb. 3.1 Übersicht über kombinatorische Fragestellungen

Die unterschiedlichen kombinatorischen Fragestellungen seien an einigen Beispielen illustriert.

Beispiel 3.5

Wie viele Möglichkeiten gibt es, 6 aus 49 Zahlen nacheinander zu ziehen (Zahlenlotto)? Wie groß ist die Chance für sechs Richtige?

Vor Anwendung der obigen Formeln ist zu überprüfen, welche kombinatorische Fragestellung vorliegt:

- Da k = 6 Kugeln aus n = 49 Kugeln gezogen werden, handelt es sich um ein Auswahlproblem.
- Außerdem spielt die Anordnung keine Rolle, da die Zahlen nach erfolgter Ziehung in eine aufsteigende Reihenfolge gebracht werden.
- Beim Zahlenlotto kann jede Zahl nur einmal auftreten, da sie nach erfolgter Ziehung nicht zurückgelegt wird (ohne Wiederholung).

Es liegt also der Fall ohne Wiederholung und ohne Berücksichtigung der Anordnung (Kombination ohne Wiederholung) vor. Die Gesamtmöglichkeiten, sechs Richtige zu ziehen, betragen

$$K_o = \binom{n}{k} = \binom{49}{6} = \frac{49 \cdot 48 \cdot 47 \cdot 46 \cdot 45 \cdot 44 \cdot 43!}{6! \cdot 43!}$$

$$= \frac{49 \cdot 48 \cdot 47 \cdot 46 \cdot 45 \cdot 44}{1 \cdot 2 \cdot 3 \cdot 4 \cdot 5 \cdot 6} = 13.983.816.$$

Da hiervon nur ein Fall günstig ist, also sechs Richtige beinhaltet, gilt:

$$P(6 \text{ Richtige}) = \frac{\text{günstige Fälle}}{\text{mögliche Fälle}} = \frac{1}{13.983.816}$$

$$= 0,0000000715112 \left[\hat{=} 0,00000715112\,\% \right].$$

♦

Beispiel 3.6

Beim zweiten Durchgang im Skispringen starten 30 Springer. Wie viele Möglichkeiten gibt es, die Medaillenränge (Gold, Silber, Bronze) zu verteilen?

Zuerst ist wiederum zu prüfen, welcher Fall der Kombinatorik vorliegt:

- Es werden k = 3 Kugeln aus einer Urne mit n = 30 Kugeln gezogen (Auswahlproblem).
- Die Reihenfolge ist entscheidend. Es macht einen Unterschied, ob Springer A Gold, Silber oder Bronze gewinnt, also an erster, zweiter oder dritter Stelle gezogen wird.

- Ausgewählt wird ohne Wiederholung. Ein gezogener Springer, der beispielsweise Gold gewinnt, kann nicht zusätzlich beim gleichen Springen auch noch die Silbermedaille holen.

Es ist also die Formel für eine Variation ohne Wiederholung anzuwenden:

$$V_o = \frac{n!}{(n-k)!} = \frac{30!}{(30-3)!} = \frac{30!}{27!} = \frac{30 \cdot 29 \cdot 28 \cdot 27!}{27!} = 30 \cdot 29 \cdot 28 = 24.360 \cdot$$

Insgesamt gibt es also 24.360 Möglichkeiten, die Medaillen auf die 30 Springer zu verteilen. Die Berechnungsformel kann man sich wieder verbal verdeutlichen:

- Nehmen wir an, zuerst wird die Goldmedaille verteilt. Für diese stehen alle 30 Springer zur Verfügung.
- Für die zweite Ziehung – Verteilung von Silber – können nur noch 29 Springer hinzugezogen werden (derjenige mit Gold kann nicht auch noch Silber gewinnen).
- Entsprechend kann die letzte Medaille nur noch unter 28 Springern aufgeteilt werden. ♦

Beispiel 3.7
An Bankautomaten muss eine Geheimzahl, bestehend aus vier Ziffern (0, 1, 2, 3, 4, 5, 6, 7, 8, 9), eingegeben werden. Wie viele mögliche Geheimzahlen gibt es, wenn Ziffern auch mehrfach vorkommen dürfen?
   Beginnen wir mit der Standardprüfung:

- Es werden $k = 4$ Ziffern aus $n = 10$ Ziffern ausgewählt (Auswahlproblem).
- Die Reihenfolge ist bedeutsam, weil die 1290 beispielsweise eine andere Geheimzahl ist als die 2190, die 0192 etc.
- Da eine Ziffer mehrfach vorkommen darf, wird mit Wiederholung gezogen.

Somit findet die Formel für Variation mit Wiederholung Anwendung:

$$V_w = n^k = 10^4 = 10 \cdot 10 \cdot 10 \cdot 10 = 10.000 \cdot$$

Für jede Ziehung stehen also 10 Ziffern zur Verfügung. Durch Multiplikation der Möglichkeiten an den einzelnen Stellen erfährt man die Anzahl der möglichen Geheimzahlen. ♦

Beispiel 3.8
Der vergessliche Student S weiß, dass seine Geheimzahl für den Bankautomaten aus den Ziffern 4, 2, 3 und 5 besteht. An die Reihenfolge kann er sich allerdings nicht mehr erinnern. Wie oft muss S beim Bankautomaten probieren, um alle Möglichkeiten überprüft zu haben?

Hier sollen 4 Ziffern angeordnet werden, von denen keine gleich sind (Permutation ohne Wiederholung). Die Anzahl der Möglichkeiten beträgt

$$P_{4,4} = 4! = 4 \cdot 3 \cdot 2 \cdot 1 = 24 \, .$$

S muss also 24 Mal am Bankautomaten probieren, damit er mit Sicherheit die richtige Zahl gefunden hat.   ♦

Beispiel 3.9
Nestle hat sich zum 30. Geburtstag der Eismarke „Mövenpick" einen ganz besonderen Marketingtrick ausgedacht. Kunden können drei Eispackungen mit nach Hause nehmen, sie müssen allerdings nur zwei bezahlen. Wie viele verschiedene Möglichkeiten einer Dreier-Kombination gibt es, wenn sechs (zwei) Eissorten im Supermarkt vorrätig sind?

Beginnen wir mit dem ersten Teil der Frage und überlegen, welche Möglichkeiten der Zusammenstellung von Dreier-Kombinationen bei sechs Eissorten möglich sind:

- Aus sechs Eissorten werden drei Eissorten ausgewählt (Auswahlproblem).
- In welcher Reihenfolge die Eissorten ausgewählt werden, ist nicht bedeutsam. Ob der Kunde also erst Vanille- und dann Erdbeereis in den Einkaufswagen packt oder umgekehrt, interessiert weder Verkäufer noch den Kunden selber.
- Es handelt sich um eine Ziehung mit Zurücklegen, denn ein Kunde kann eine Eissorte, beispielsweise zweimal Schokolade, gleich mehrmals für seine Dreierkombination auswählen.

Eingesetzt in die Formel für eine Kombination mit Wiederholung erhält man das Ergebnis:

$$K_W = \binom{n+k-1}{k} = \binom{6+3-1}{3} = \binom{8}{3} = \frac{8!}{3! \cdot 5!} = 56 \, .$$

Es gibt also 56 Möglichkeiten der Zusammenstellung einer Dreierkombination, wenn sechs Eissorten vorrätig sind. Ebenso lässt sich die Anzahl der Kombinationen berechnen, wenn $n = 2$ Eissorten vorrätig sind und $k = 3$ Auswahlelemente gezogen werden:

$$K_W = \binom{n+k-1}{k} = \binom{2+3-1}{3} = \binom{4}{3} = \frac{4!}{3! \cdot 1!} = 4 \, .$$

Wir sehen, bei einer Ziehung mit Wiederholung kann die Anzahl der Auswahlelemente k auch größer als n (Elemente in der Urne) sein. Nehmen wir an, die zwei vorrätigen Eissorten seien Vanille (weiße Kugel) und Schokolade (schwarze Kugeln). Dann könnte die Dreierkombination keinmal, einmal, zweimal oder dreimal Schokolade enthalten.

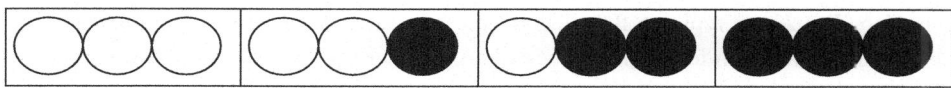

Die Wahrscheinlichkeiten lassen sich häufig auf mehrere Arten berechnen:

Beispiel 3.10
Wie groß ist die Wahrscheinlichkeit, 2 Richtige im Zahlenlotto zu haben?

1. Lösungsweg (Nutzung der Formeln der Kombination)

    Die Anzahl der möglichen Fälle ist $\binom{n}{k} = \binom{49}{6} = 13.983.816$, weil eine einmal gezogene Kugel nicht zurückgelegt wird (ohne Zurücklegen) und die Lottozahlen in aufsteigender Reihenfolge angeordnet werden (ohne Beachtung der Reihenfolge). Günstig im statistischen Sinn ist es, wenn 2 aus 6 Richtigen und 4 aus 43 Falschen gezogen werden. Es gilt damit:

$$P(2 \text{ Richtige}) = \frac{\binom{6}{2} \cdot \binom{43}{4}}{\binom{49}{6}} = \frac{15 \cdot 123.410}{13.983.816} = 0,132378 \left[\hat{=} 13,2378\,\%\right].$$

2. Lösungsweg (Nutzung der Formel der Permutationen)

    r r f f f f wäre eine Möglichkeit, 2 Richtige zu haben. Die Wahrscheinlichkeit ist

$$\frac{6}{49} \cdot \frac{5}{48} \cdot \frac{43}{47} \cdot \frac{42}{46} \cdot \frac{41}{45} \cdot \frac{40}{44} = \frac{8.815}{998.844} = 0,008825 \left[\hat{=} 0,8825\,\%\right].$$

    Wie viele unterschiedliche Kombinationsmöglichkeiten gibt es nun bei 2 Richtigen und 4 Falschen? Laut Formel (3.2) sind dies $\frac{6!}{2! \cdot 4!} = 15$. Jede dieser 15 Kombinationsmöglichkeiten hat die gleiche Wahrscheinlichkeit von 0,8825 %, so dass man folgende Wahrscheinlichkeit erhält:

$$P(2 \text{ Richtige}) = 0,8825\,\% \cdot 15 = 13,2378\,\%.$$

Häufig ist der zweite Lösungsweg (keine Anwendung der Formel für Kombination bzw. Variation) einfacher als der erste, der es erforderlich macht, den vorliegenden Fall zu erkennen; dann sollte man den einfacheren Weg auch gehen.

In Tabelle 3.2 sind typische Beispiele für die Kombination bzw. Variation angegeben, die im Lehrbuch behandelt sind. Der Leser kann bei der Lösung von Aufgaben Parallelen zwischen den typischen Beispielen und der Fragestellung in der Aufgabe suchen.

Tabelle 3.2 Typische Beispiele von Kombinationen und Variationen

Berücksichtigung der Anordnung / Wiederholung	ohne	mit
ohne (= **Kombinationen**)	Lottospiel	Dreierpack Eiscreme
mit (= **Variationen**)	Medaillenverteilung	Geheimzahl

3.3   Aufgaben

3.1 In einer Urne befinden sich 4 rote, 3 grüne, 2 blaue und 3 gelbe Kugeln.

a) Wie viele unterschiedliche Anordnungen der 12 Kugeln gibt es?

b) Wie viele unterschiedliche Stichproben gibt es, wenn 4 Kugeln aus der Urne mit Zurücklegen gezogen werden?

3.2 Wie viele Möglichkeiten gibt es für einen Roulettespieler seine 5 10 €-Chips nach Belieben auf die 37 Zahlenfelder des Roulettespiels zu setzen?

3.3 Eine Software-Firma hat drei Stellen ausgeschrieben, worauf sich 4 Wirtschaftswissenschaftler, 8 Informatiker und 2 Mathematiker bewerben. Wie viele Möglichkeiten gibt es dafür, dass die Stellen

a) ausschließlich von Wirtschaftswissenschaftlern

b) mindestens einem Mathematiker

c) keinem Informatiker

besetzt werden?

3.4 Um die EDV-mäßige Erfassung zu erleichtern, führt eine Firma für ihre Waren ein Kennzeichensystem ein. Aus organisatorisch-technischen Gründen verwendet sie zur Kennzeichnung der Warenarten ausschließlich die Vokale A, E, I, O und U.

a) Aus wie vielen Stellen müssen die Kennzeichen bestehen, wenn 600 Warenarten erfasst werden sollen?

b) Wie groß ist bei einer zufälligen Auswahl der vorgegebenen Vokale die Wahrscheinlichkeit, dass kein Buchstabe mehr als einmal in einem 3-stelligen Kennzeichen vorkommt?

3.4 Lösungen

3.1

a) Anordnungen der 12 Kugeln

Hier handelt es sich um Permutationen mit Wiederholung bei n = 12 Elementen und q = 4 Gruppen.

$$P_{n,q} = \frac{n!}{n_1! \cdot n_2! \cdot n_3! \cdot n_4!}$$

$$P_{12,4} = \frac{12!}{4! \cdot 3! \cdot 2! \cdot 3!} = \frac{12 \cdot 11 \cdot 10 \cdot 9 \cdot 8 \cdot 7 \cdot 6 \cdot 5 \cdot 4!}{4! \cdot 3! \cdot 2! \cdot 3!} = 277.200$$

b) 4 Kugeln mit Zurücklegen

- Auswahlproblem
- o.B.d.A. (weil unterschiedliche Stichproben)
- mit Wiederholung (da gleiche Farbe mehrfach vorkommen kann)
- n = 4 (weil sich nur die Farben unterscheiden)
- k = 4 (da Auswahl von 4)

$$K_w = \binom{n + k - 1}{k}$$
$$K_w = \binom{7}{4} = \frac{7!}{4! \cdot 3!} = \frac{7 \cdot 6 \cdot 5 \cdot 4!}{4! \cdot 3!} = 35$$

3.2

- Auswahlproblem
- o.B.d.A. (ob erst auf 2 und dann auf 10, bzw. umgekehrt gesetzt wird, ist egal)
- mit Wiederholung (alle Chips auf eine Zahl möglich)
- n = 37
- k = 5

$$K_w = \binom{n + k - 1}{k}$$

$$K_w = \binom{37 + 5 - 1}{5} = \frac{41!}{5! \cdot 36!} = \frac{41 \cdot 40 \cdot 39 \cdot 38 \cdot 37 \cdot 36!}{5! \cdot 36!} = 749.398$$

3.3

a) ausschließlich Wirtschaftswissenschaftler

- Auswahlproblem
- o.B.d.A. (Anordnung der Stellen egal)
- ohne Wiederholung (Eine Person bekommt eine Stelle)

- $n = 4$
- $k = 3$

$$K_0 = \binom{n}{k}$$

$$K_0 = \binom{4}{3} = \frac{4!}{3! \cdot 1!} = \frac{4 \cdot 3!}{3! \cdot 1!} = 4$$

b) mindestens ein Mathematiker

1 Mathematiker und 2 andere Absolventen *oder* 2 Mathematiker und 1 anderer Absolvent

$$K_0 = \binom{2}{1} \cdot \binom{12}{2} + \binom{2}{2} \cdot \binom{12}{1}$$

$$K_0 = 2 \cdot \frac{12!}{2! \cdot 10!} + 1 \cdot \frac{12!}{1! \cdot 11!}$$

$$K_0 = 144$$

c) kein Informatiker

$$K_0 = \binom{6}{3} = \frac{6!}{3! \cdot 3!} = \frac{6 \cdot 5 \cdot 4 \cdot 3!}{3! \cdot 3!} = 20$$

3.4

a) Stellen für 600 Warenarten

- Auswahlproblem
- m.B.d.A. („mit Reihenfolge", denn AE $\neq$ EA)
- mit Wiederholung
- $n = 5$
- $k = ?$

$V_W = n^k$

Lösung durch Ausprobieren

$$V_{W1} = 5^1 = 5$$

$$V_{W2} = 5^2 = 25$$

$$V_{W3} = 5^3 = 125$$

$$V_{W4} = 5^4 = 625$$

Erst mit 4 Stellen können die 600 Warenarten unterschieden werden.

Lösung durch Errechnen

$$5^k = 600 \qquad\qquad\qquad\qquad | \ln$$

$$\ln 5^k = \ln 600 \qquad\qquad | \text{ Potenzregel } \ln x^r = r \cdot \ln x$$

$$k \cdot \ln 5 = \ln 600$$

$$k = \frac{\ln 600}{\ln 5}$$

$k = 3{,}97 \qquad$ erst mit 4 Stellen können 600 Warenarten unterschieden werden

b) kein Buchstabe mehr als einmal

$$P(A) = \frac{\text{Anzahl unterschiedliche Kennzeichen } (|A|)}{\text{Anzahl aller Kennzeichen } (|\Omega|)}$$

$|A|$:
- Auswahlproblem
- m.B.d.A. („mit Reihenfolge", denn AE ≠ EA)
- ohne Wiederholung
- $n = 5$
- $k = 3$

$$V_o = \frac{n!}{(n-k)!} = \frac{5!}{(5-3)!} = 60$$

$|\Omega|$:
- Auswahlproblem
- m.B.d.A. („mit Reihenfolge", denn AE ≠ EA)
- mit Wiederholung
- $n = 5$
- $k = 3$

$$V_W = n^k = 5^3 = 125$$

$$P(A) = \frac{60}{125} = 0{,}48$$

Rechnen mit Wahrscheinlichkeiten

4.1 Axiome der Wahrscheinlichkeitsrechnung

Die Wahrscheinlichkeitsrechnung ist ein Teilgebiet der Mathematik. Es ist üblich, an den Anfang einer mathematischen Theorie einige Axiome zu setzen, aus denen sich dann alle weiteren Sätze dieser Theorie deduktiv ableiten lassen. Die Axiome selbst werden gesetzt, d.h. sie sind nicht beweisbar. Sie haben in der Regel jedoch einen Bezug zur Anschauung. Wir werden auch in der Wahrscheinlichkeitsrechnung auf diese Weise vorgehen und beginnen daher mit dem Axiomensystem, das 1935 von Kolmogorov eingeführt wurde. Dieses Axiomensystem stellt die Grundlage der modernen Wahrscheinlichkeitsrechnung dar.

Axiom 1 (Nichtnegativität)

$$P(A) \geq 0$$

Wahrscheinlichkeiten können nicht negativ werden, weil eine Fläche im Venn-Diagramm keine negativen Werte annehmen kann.

Axiom 2 (Normierung)

$$P(\Omega) = 1$$

Dass eines der möglichen Ergebnisse eintritt, ist sicher. Ω entspricht der Summe der Teilflächen. Dividiert man sie durch die Gesamtfläche, erhält man 1. Aus den ersten beiden Axiomen ergibt sich, dass Wahrscheinlichkeiten reelle Zahlen sind, die im Intervall [0, 1] liegen.

© Springer Fachmedien Wiesbaden GmbH, ein Teil von Springer Nature 2019
R. Kosfeld et al., *Wahrscheinlichkeitsrechnung und Induktive Statistik*,
https://doi.org/10.1007/978-3-658-28713-9_4

Axiom 3 (Additivität)

$P(A \cup B) = P(A) + P(B)$ mit $\cup$ = Vereinigungsmenge

wenn $A \cap B = \varnothing$ mit $\cap$ = Schnittmenge, $\varnothing$ = Nullmenge[5]

A und B sind **disjunkt** (vgl. Abb. 4.1), haben also keine gemeinsame Fläche; ihre Schnittmenge entspricht dem unmöglichen Ereignis. Zur Berechnung der gemeinsamen Wahrscheinlichkeit können die Einzelwahrscheinlichkeiten einfach addiert werden.

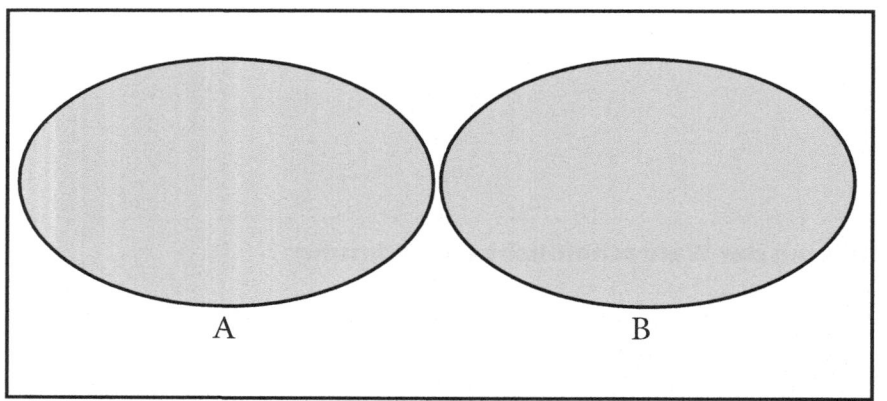

Abb. 4.1   Venn-Diagramm der disjunkten Ereignisse A und B

Beispiel 4.1

$P(A)$ ist die Wahrscheinlichkeit, beim Würfelwurf eine A = „Zwei" zu werfen, und $P(B)$ diejenige von B = {5,6}. Da beide Ereignisse disjunkt sind, also keine Schnittmenge aufweisen, berechnet sich die Wahrscheinlichkeit dafür, dass A oder B eintritt als Summe beider Einzelwahrscheinlichkeiten.

Berechnung	Grafik
$P(A \cup B) = P(\{2,5,6\}) = \dfrac{3}{6} = \dfrac{1}{2}$ $P(A) + P(B) = P(\{2\}) + P(\{5,6\})$ $= \dfrac{1}{6} + \dfrac{2}{6} = \dfrac{1}{2}.$	A = {2} B = {5,6} Ω

♦

---

[5] Dieses Axiom, das für zwei Ereignisse A und B angegeben wurde, ist auf beliebig viele Ereignisse erweiterbar.

4.2 Einige Rechenregeln für Wahrscheinlichkeiten

Aus den drei Axiomen der Wahrscheinlichkeitstheorie lassen sich weitere Aussagen ableiten. Es ist A ein Ereignis und P(A) bekannt. Die **Wahrscheinlichkeit des Komplementärereignisses** (Gegenereignisses) $P(\overline{A})$ berechnet sich dann durch

$$P(\overline{A}) = 1 - P(A) \ . \tag{4.1}$$

Die Wahrscheinlichkeit dafür, dass entweder A oder $\overline{A}$ eintritt, liegt nämlich bei eins.

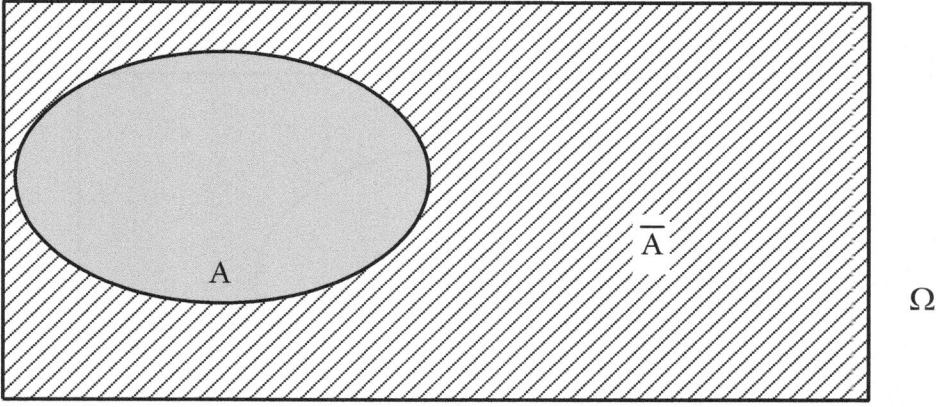

Abb. 4.2 Ereignisse A und Komplementärereignis $\overline{A}$

Beispiel 4.2:
A sei das Ereignis 2 beim einmaligen Würfelwurf. Wie groß ist die Wahrscheinlichkeit für das Komplementärereignis $\overline{A}$?

Berechnung	Grafik
1. Lösungsweg: $P(\overline{A}) = P(\{1,3,4,5,6\}) = \dfrac{5}{6} = 0{,}833$ 2. Lösungsweg mit Formel (4.1): $P(A) = P(\{2\}) = \dfrac{1}{6}$ $P(\overline{A}) = 1 - P(\overline{A}) = 1 - \dfrac{1}{6} = \dfrac{5}{6} = 0{,}833$	$\overline{A} = \left\{ \begin{matrix} 1,3,4, \\ 5,6 \end{matrix} \right\}$ $\quad A = \{2\}$ $\quad \Omega$

♦

Ist A das sichere Ereignis, so sind:

$$P(A) = 1 \text{ und } P(\overline{A}) = 0.$$

Beispiel 4.3

A enthalte die Zahlen von Eins bis Sechs beim Würfelwurf A = {1, 2, 3, 4, 5, 6}.

Dann ist $\overline{A}$ eine Leermenge und $P(\overline{A}) = 0$.   ◆

Nehmen wir an, A sei Teilereignis von B $(A \subset B)$.[6] Dann ist die Wahrscheinlichkeit für A kleiner oder gleich dem Wert für B:

$$P(A) \leq P(B).$$ (4.2)

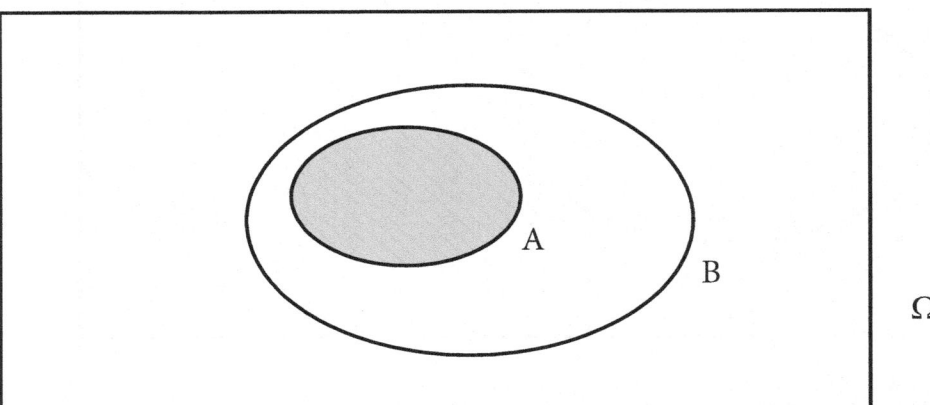

Abb. 4.3 Teilereignis A

Beispiel 4.4

Berechnung	Grafik
Es seien A = {1,2} und B = {1,2,5} Ereignisse beim Würfelwurf, so gilt $$P(A)=\frac{2}{6}, \ P(B)=\frac{3}{6}$$ und $P(A) \leq P(B),$ da $A \subset B$.	A = {1,2} {5} B Ω

                                                                                   ◆

_____

[6] Das Teilereignis schließt die Gleichheit beider Ereignisse mit ein.

Die Wahrscheinlichkeit für die Differenz von A und B $P(B \setminus A)$ erhält man über

$$P(A \setminus B) = P(A) - P(A \cap B) \ . \tag{4.3}$$

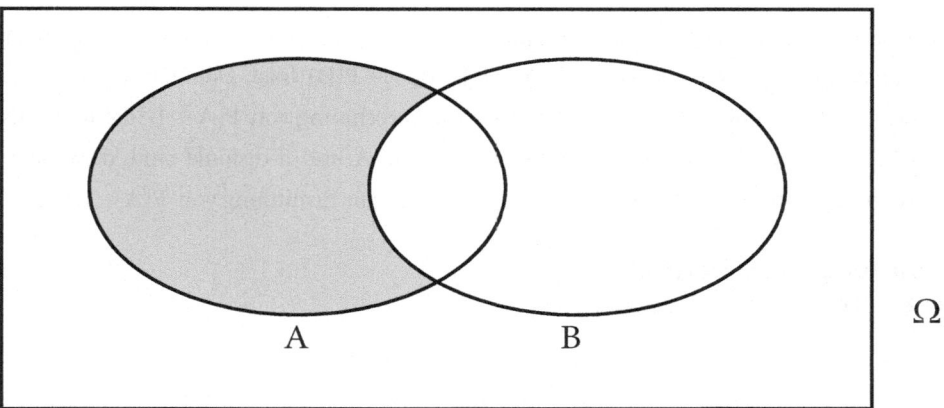

Abb. 4.4 Venn-Diagramm für das Ereignis A \ B

Beispiel 4.5
Es seien A = {1, 2, 3, 4} und B = {1, 5} Ereignisse beim Würfelwurf, so ist die Schnittmenge zwischen beiden Ereignissen nicht leer. Wie groß ist dann die Wahrscheinlichkeit für A ohne B?

Berechnung	Grafik
1. Lösungsweg (logische Überlegung): Zu A gehören die Elementarereignisse 1, 2, 3, 4. Wird eine Eins gewürfelt, dann tritt aber gleichzeitig B ein. Somit gilt: $$P(A \setminus B) = P(\{2,3,4\}) = \frac{3}{6} = 0{,}5 \ .$$ 2. Lösungsweg mit (4.3): $$\begin{aligned} P(A \setminus B) &= P(A) - P(A \cap B) \\ &= P(\{1,2,3,4\}) - P(\{1\}) \\ &= \frac{4}{6} - \frac{1}{6} = \frac{3}{6} = 0{,}5 \end{aligned}$$	

♦

Die Wahrscheinlichkeit, dass entweder das Ereignis A oder das Ereignis B eintritt, P(A∪B), ist gleich der Summe beider Einzelwahrscheinlichkeiten, vermindert um die gemeinsame Wahrscheinlichkeit P(A∩B) (**Additionssatz für zwei Ereignisse**).

$$P(A \cup B) = P(A) + P(B) - P(A \cap B). \tag{4.4}$$

Gleichung (4.4) gibt den Additionssatz für zwei beliebige Ereignisse an. Im Fall disjunkter Ereignisse ist $P(A \cap B) = 0$, womit $P(A \cup B) = P(A) + P(B)$ folgt. Damit ergibt sich kein Widerspruch zu Axiom 3. Man beachte, dass zur Berechnung von $P(A \cup B)$ die Kenntnis von P(A), P(B) und $P(A \cap B)$ erforderlich ist. Wenn A und B disjunkt sind, dann, aber auch nur dann, reicht die Kenntnis von P(A) und P(B) zur Ermittlung von $P(A \cup B)$ aus.

Herleitung der Formel (4.4)
$P(A \cup B)$ lässt sich auch schreiben als

$$A \cup B = A \cup (B \setminus A).$$

Da A und B\A disjunkt sind, kann Axiom 3 angewendet werden:

$$P(A \cup B) = P(A) + P(B \setminus A),$$

so dass sich (4.4) ergibt, wenn für $P(B \setminus A)$ (4.3) eingesetzt wird.

Beispiel 4.6 (Fortsetzung von Beispiel 4.5)
A = {1, 2, 3, 4} und B = {1, 5} seien Ereignisse beim Würfelwurf. Um die Schnittmenge A∩B = {1} nicht doppelt zu zählen, muss bei der Berechnung der Vereinigungsmenge die Schnittmenge abgezogen werden.

Berechnung	Grafik
1. Lösungsweg (logische Überlegung): Die Wahrscheinlichkeit, dass A oder B eintreten, beträgt $$P(A \cup B) = P(\{1,2,3,4,5\}) = \frac{5}{6} = 0{,}833$$ 2. Lösungsweg (Additionssatz): $$P(A \cap B) = P(\{1\}) = \frac{1}{6}$$ $$P(A \cup B) = P(A) + P(B) - P(A \cap B)$$ $$= \frac{4}{6} + \frac{2}{6} - \frac{1}{6} = \frac{5}{6} = 0{,}833.$$	

♦

Der Additionssatz für zwei Ereignisse lässt sich auch verallgemeinern auf drei Ereignisse. Es seien A, B und C Ereignisse und P(A), P(B), P(C), P(A∩B), P(B∩C) sowie P(A∩B∩C) gegeben. Dann ergibt sich die **Wahrscheinlichkeit für die Vereinigung von A, B und C** durch

$$
\begin{aligned}
&P(A \cup B \cup C) \\
&= P(A) + P(B) + P(C) - P(A \cap B) - P(A \cap C) - P(B \cap C) + P(A \cap B \cap C).
\end{aligned} \tag{4.5}
$$

Sind $A_1 \dots A_n$ disjunkte Ereignisse $\left(A_1 \cap A_2 \cap \dots \cap A_n = \varnothing\right)$, die zusammen die Ergebnismenge Ω voll ausfüllen $\left(A_1 \cup A_2 \cup \dots \cup A_n = \Omega\right)$ (vgl. Abb. 4.6), so lässt sich jedes Ereignis B der Ergebnismenge Ω als Vereinigung darstellen.

$$
\begin{aligned}
B &= \left(B \cap A_1\right) \cup \left(B \cap A_2\right) \cup \ \dots \cup \left(B \cap A_n\right) \text{ und} \\
P(B) &= P\left(B \cap A_1\right) + P\left(B \cap A_2\right) + \dots + P\left(B \cap A_n\right).
\end{aligned} \tag{4.6}
$$

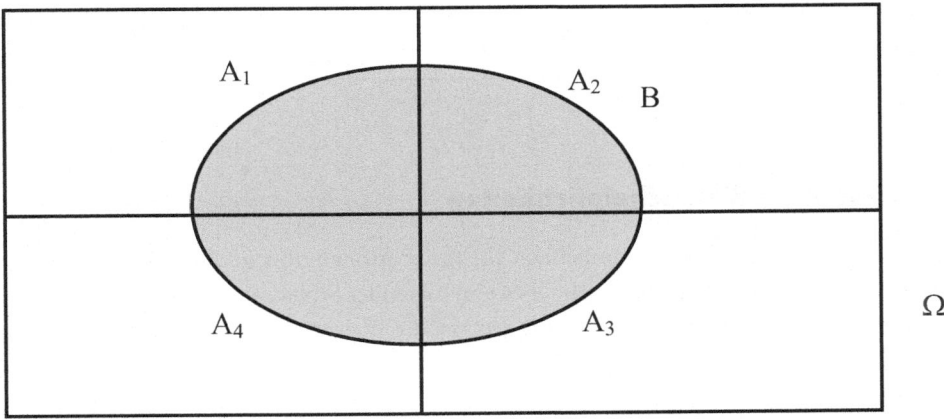

Legende:
Großes Rechteck = Ergebnismenge Ω, Oval = Ereignis B,
Kleine Rechtecke = Ereignisse A_j, Kreisausschnitte = Ereignisse $B \cap A_j$

Abb. 4.5 Zerlegung der Ergebnismenge

Beispiel 4.7
Es seien verschiedene Ereignisse beim Würfelwurf gegeben:

$$
A_1 = \{1,2,3\}, \ A_2 = \{4\}, \ A_3 = \{5,6\} \text{ und } B = \{1,2,5,6\}.
$$

Andere Ereignisse als A_1, A_2 oder A_3 können nicht eintreten. Entweder wird beim Würfelwurf eine 1, 2, 3 oder eine 4 oder eine 5 bzw. 6 geworfen:

$$A_1 \cup A_2 \cup A_3 = \Omega.$$

Gleichzeitig haben die drei Ereignisse keine Schnittmenge:

$$A_1 \cap A_2 \cap A_3 = \varnothing.$$

Wie groß ist $P(B)$?

Berechnung	Grafik
1. Lösungsweg: $$P(B) = P(\{1,2,5,6\}) = \frac{4}{6} = \frac{2}{3} = 0{,}667.$$ **2. Lösungsweg mit (4.6):** $$P(B) = \begin{cases} P(B \cap A_1) = P(\{1\}) & = 1/6 \\ + P(B \cap A_2) = P(\{4\}) & = 1/6 \\ + P(B \cap A_3) = P(\{5,6\}) & = 2/6 \end{cases}$$ $$\Sigma = 4/6$$	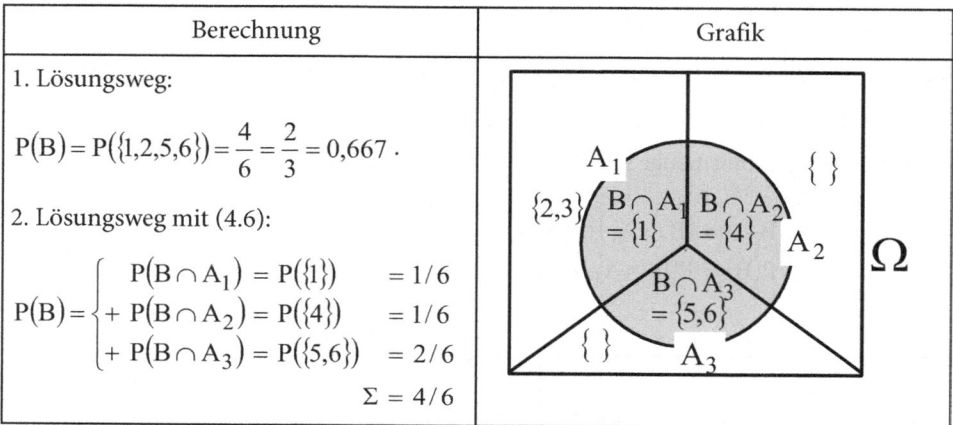

4.3   Bedingte Wahrscheinlichkeiten

Bisher haben wir die Wahrscheinlichkeit für das Eintreten von Ereignissen betrachtet. Die bedingte Wahrscheinlichkeit geht aber von folgender Situation aus: Wir wissen, dass ein Ereignis B bereits eingetreten ist. Wie groß ist die Wahrscheinlichkeit, dass zusätzlich ein anderes Ereignis A ebenfalls eintritt $P(A|B)$?

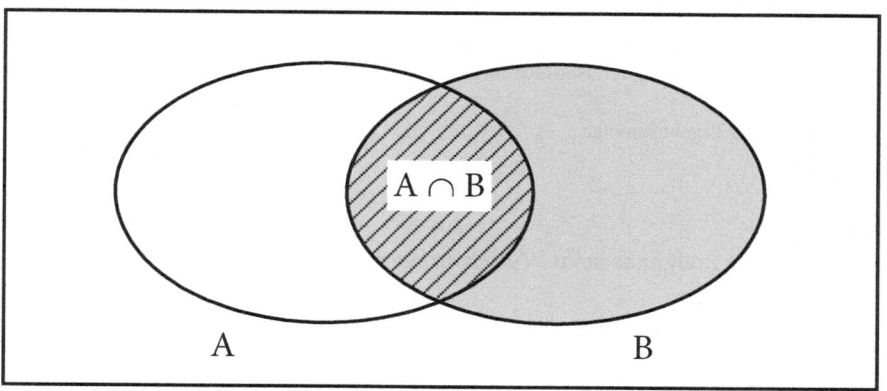

Abb. 4.6 Bedingte Wahrscheinlichkeit P(A|B)

Beispiel 4.8

In diesem Fall ist es nicht sinnvoll, wie bisher geschehen, die Fläche von A auf die Fläche von Ω zu beziehen, um $P(A)$ auszurechnen. Wir wissen ja, dass B bereits eingetreten ist; außerhalb von B liegende Ereignisse können nicht mehr stattfinden. Dass gemeinsam mit B auch A eintritt, ist durch die Schnittmenge $A \cap B$ dargestellt. Damit ist die mögliche Fläche B und die günstige Fläche $A \cap B$:

$$P(A|B) = \frac{P(A \cap B)}{P(B)} \; . \tag{4.7}$$

Die **bedingte Wahrscheinlichkeit** $P(A|B)$ gibt die Wahrscheinlichkeit für A unter der Bedingung (Vorabinformation), dass **B bereits eingetreten** ist, an.

In Aufgaben ist die bedingte Wahrscheinlichkeit $P(A|B)$ gegeben/gefragt:

- wenn bekannt ist, dass Ereignis B eingetreten ist und dann zusätzlich noch Ereignis A eintritt (Vorabinformation von B). $\leftarrow$ Regelfall
- wenn eine Wahrscheinlichkeit oder ein Anteil derjenigen mit A unter denjenigen mit der Eigenschaft B genannt ist. Anteilswerte können nämlich als Wahrscheinlichkeiten interpretiert werden (Bezugsbasis für alle Fälle stellt B dar). $\leftarrow$ eher selten, vgl. hierzu Beispiel 4.10.

$\blacklozenge$

Beispiel 4.9

Bei einer Qualitätskontrolle haben von 60 kontrollierten Stücken 15 den Defekt A und 12 den Defekt B. 38 Stück bieten keinen Anlass zur Beanstandung. Gesucht wird die Wahrscheinlichkeit dafür, dass ein Stück, das den Defekt A aufweist, auch den Defekt B hat.

Insgesamt sind $22(=60-38)$ Stück defekt. Haben 15 Teile den Defekt A und 12 Stück den Defekt B, so müssen $(15+12)-22=5$ Teile gleichzeitig den Defekt A und den Defekt B haben. Folgende Wahrscheinlichkeiten sind gegeben:

$$P(A) = \frac{|A|}{|\Omega|} = \frac{15}{60} = 0{,}25 \, , \; P(B) = \frac{|B|}{|\Omega|} = \frac{12}{60} = 0{,}20 \, , \; P(A \cap B) = \frac{|A \cap B|}{|\Omega|} = \frac{5}{60} = 0{,}08\overline{3} \, \cdot$$

Wir wissen, dass das Ereignis A = „Teil hat den Defekt A" bereits eingetreten ist. Gesucht ist die Wahrscheinlichkeit dafür, dass zusätzlich noch B = „Teil hat den Defekt B" eintritt. Hierbei handelt es sich um die Wahrscheinlichkeit von B unter der Bedingung von A.

Berechnung	Grafik
1. Lösungsweg (logische Überlegung): Jetzt können nicht mehr alle Fälle, sondern nur noch diejenigen von A eintreten: $$P(B \mid A) = \frac{\lvert A \cap B \rvert}{\lvert A \rvert} = \frac{5}{15} = \frac{1}{3}\,[\hat{=}\,33{,}3\,\%]\,.$$ 2. Lösungsweg (Berechnungsformel): $$P(B \mid A) = \frac{P(A \cap B)}{P(A)} = \frac{\dfrac{5}{60}}{\dfrac{15}{60}} = \frac{1}{3}\,[\hat{=}\,33{,}3\,\%]$$	$\lvert A \cap B \rvert = 5$ $\lvert A \rvert = 15$ $\lvert B \rvert = 12$ $\lvert \Omega \rvert = 60$

Veranschaulichen wir uns das Ergebnis mit einem Entscheidungsbaum. Wir haben die Vorabinformation, dass Ereignis A stattgefunden hat. Jetzt soll zusätzlich B eintreten:

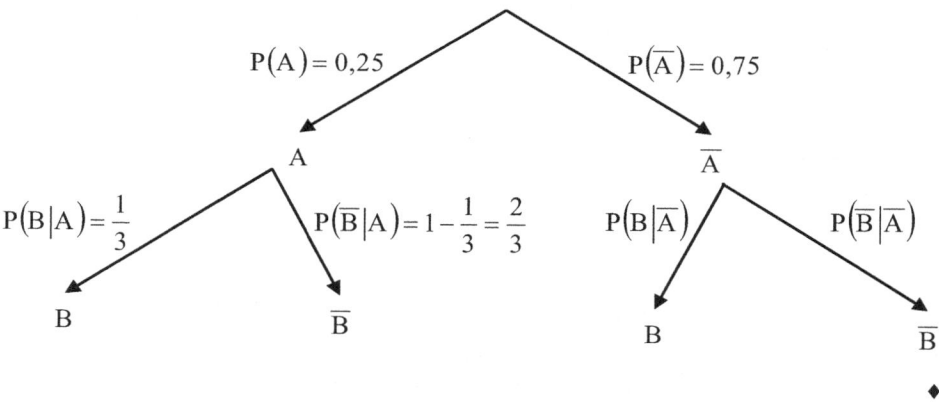

Beispiel 4.10

Eine Talk-Show führt Aufzeichnungen über die Gäste. Definieren Sie die Wahrscheinlichkeiten unter Verwendung der gegebenen Ereignisse.

a) Von 2000 Gästen waren 1500 Frauen (Ereignis F).

b) Ist der Gast weiblich, dann werden mit einer Wahrscheinlichkeit von 0,25 Kinder (Ereignis K) mit zur Talkshow gebracht.

c) Unter den männlichen Gästen betrug der Anteil mit geringem Bildungsgrad (Ereignis G) 50 %.

Zu beachten ist, dass relative Häufigkeiten (Anteilswerte) als Schätzwerte für die Wahrscheinlichkeiten dienen. In a) beträgt die Wahrscheinlichkeit dafür, dass ein Gast weiblich ist:

$$P(F) = \frac{|F|}{|\Omega|} = \frac{1500}{2000} = 0,75.$$

Kommen wir zu b). Unter denjenigen, die weiblich sind (Bezugsbasis stellen nur die Frauen dar), liegt die Wahrscheinlichkeit für mitgebrachte Kinder bei

$$P(K|F) = 0,25.$$

In c) ist gesagt, dass von den Männern (Bezugsbasis stellen nicht alle Gäste dar, sondern nur die männlichen) 50 % einen geringen Bildungsgrad besitzen:

$$P(G|\overline{F}) = 0,50. \qquad\qquad\qquad \blacklozenge$$

4.3.1   Totale Wahrscheinlichkeit und Satz von Bayes

Satz der totalen Wahrscheinlichkeit

Die bedingte Wahrscheinlichkeit lässt sich auf mehr als zwei Ereignisse übertragen. Hierzu greifen wir auf die Regel (4.6) aus den Axiomen der Wahrscheinlichkeit zurück.

$$P(B) = P(B \cap A_1) + P(B \cap A_2) + \ldots + P(B \cap A_n),$$

wenn die A_j $(j = 1,2,\ldots,n)$ ein **vollständiges System** bilden, also:

*   disjunkt[7] sind ($A_k \cap A_j = \emptyset$ für $k \neq j$, $j,k = 1,\ldots,n$) und
*   zusammen die Ereignismenge Ω ergeben ($A_1 \cup A_2 \cup A_3 \cup \ldots \cup A_n = \Omega$).

Aufgrund von (4.7) wissen wir, dass $P(B \cap A_j) = P(B|A_j) \cdot P(A_j)$ ist, so dass $P(B)$ zu

$$\begin{aligned} P(B) &= P(B|A_1) \cdot P(A_1) + P(B|A_2) \cdot P(A_2) + \ldots + P(B|A_n) \cdot P(A_n) \\ &= \sum_{j=1}^{n} P(B|A_j) \cdot P(A_j) \end{aligned} \qquad (4.8)$$

wird (**Satz von der totalen Wahrscheinlichkeit**). Unter einer „totalen" Wahrscheinlichkeit versteht man eine einfache Wahrscheinlichkeit. Man berechnet also die totale Wahrscheinlichkeit von B über bedingte Wahrscheinlichkeiten.

---

[7] Disjunkt bedeutet überschneidungsfrei, also ohne gemeinsame Schnittmenge (vgl. Abschnitt 4.1).

Beispiel 4.11

Gegeben sind 5 Urnen. Jede Urne enthält 10 Kugeln. In der j-ten Urne, j = 1, 2, 3, 4, 5, befinden sich j rote Kugeln. Eine Urne wird unter Berücksichtigung der Auswahlwahrscheinlichkeiten 0,4 für die Urne 1, 0,3 für die Urne 2, 0,1 für die Urne 3, 0,2 für die Urne 4 und 0 für die Urne 5 ausgewählt, aus der dann eine Kugel gezogen wird. Wie groß ist die Wahrscheinlichkeit, dass diese Kugel rot ist?

Wir definieren die Ereignisse:

- A_j: Auswahl der j-ten Urne, j = 1, …, 5,
- B: Die gezogene Kugel ist rot.

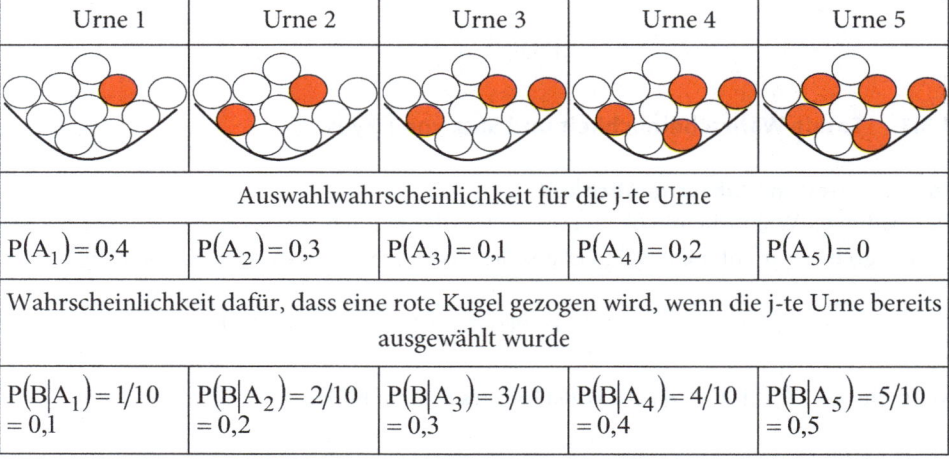

Urne 1	Urne 2	Urne 3	Urne 4	Urne 5
Auswahlwahrscheinlichkeit für die j-te Urne				
$P(A_1) = 0,4$	$P(A_2) = 0,3$	$P(A_3) = 0,1$	$P(A_4) = 0,2$	$P(A_5) = 0$
Wahrscheinlichkeit dafür, dass eine rote Kugel gezogen wird, wenn die j-te Urne bereits ausgewählt wurde				
$P(B\|A_1) = 1/10$ $= 0,1$	$P(B\|A_2) = 2/10$ $= 0,2$	$P(B\|A_3) = 3/10$ $= 0,3$	$P(B\|A_4) = 4/10$ $= 0,4$	$P(B\|A_5) = 5/10$ $= 0,5$

Die A_j bilden ein vollständiges System, da die Bedingungen

- $A_1 \cup A_2 \cup A_3 \cup A_4 \cup A_5 = \Omega$ (es stehen nur die fünf Urnen zur Auswahl)
- $A_k \cap A_j = \varnothing$ für $k \neq j$, $j,k = 1,\dots,5$ (es gibt keine Kugeln, die mehreren Urnen zugeordnet sind)

erfüllt sind. Durch die Anwendung der Formel (4.8) lässt sich nun die Wahrscheinlichkeit P(B) berechnen, eine rote Kugel zu ziehen. Es ist

$$P(B) = \sum_{j=1}^{5} P(B|A_j) \cdot P(A_j)$$
$$= P(B|A_1) \cdot P(A_1) + P(B|A_2) \cdot P(A_2)$$
$$+ P(B|A_3) \cdot P(A_3) + P(B|A_4) \cdot P(A_4) + P(B|A_5) \cdot P(A_5),$$

so dass man

$$P(B) = 0,1 \cdot 0,4 + 0,2 \cdot 0,3 + 0,3 \cdot 0,1 + 0,4 \cdot 0,2 + 0,5 \cdot 0 = 0,21 \left[\hat{=} 21\,\%\right]$$

erhält. Die Wahrscheinlichkeit, eine rote Kugel zu ziehen, beträgt also 21 %.

Das Ergebnis kann man sich auch grafisch mit einem Entscheidungsbaum verdeutlichen. Hier gelten folgende Regeln zur Berechnung von Wahrscheinlichkeiten:

- Wahrscheinlichkeiten eines Strangs (Ziehungen für ein Ergebnis) werden miteinander multipliziert.
- Wahrscheinlichkeiten für unterschiedliche Ergebnisse (unterschiedliche Stränge) werden addiert.

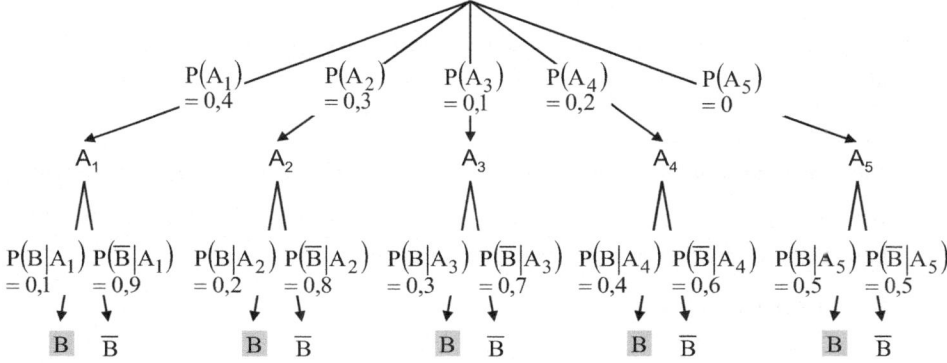

Grau hinterlegt sind die Ausgänge mit einer roten Kugel (Ereignis B). Man erhält also P(B), indem die Wahrscheinlichkeiten für alle Stränge, die zu einem Ausgang mit B führen, addiert werden:

$$P(B) = \underbrace{0,4 \cdot 0,1}_{1.\,\text{Strang}} + \underbrace{0,3 \cdot 0,2}_{2.\,\text{Strang}} + \underbrace{0,1 \cdot 0,3}_{3.\,\text{Strang}} + \underbrace{0,2 \cdot 0,4}_{4.\,\text{Strang}} + \underbrace{0 \cdot 0,5}_{5.\,\text{Strang}} = 0,21 \left[\hat{=} 21\,\%\right]$$

◆

Beispiel 4.12

Nach dem Studium eröffnen Sie einen Computerhandel und vertreiben PCs, Monitore und Drucker. Von allen verkauften Produkten entfallen 20 % auf die PCs, 30 % auf die Monitore und 50 % auf die Drucker (die Anteile sind als Wahrscheinlichkeiten interpretierbar). Aus Erfahrung wissen Sie, dass von den verkauften PCs 20 %, von den verkauften Monitoren 10 % und den abgesetzten Druckern 15 % reklamiert werden. Wie groß ist die Wahrscheinlichkeit dafür, dass ein verkauftes Produkt reklamiert wird?

Definition der Ereignisse:

A_1 = „Verkauf eines PCs"
A_2 = „Verkauf eines Monitors"
A_3 = „Verkauf eines Druckers"
B   = „Verkauftes Gerät wird reklamiert"

Gegeben sind die einfachen Wahrscheinlichkeiten, dass die einzelnen Produkte verkauft werden:

$$P(A_1) = 0,2; P(A_2) = 0,3; P(A_3) = 0,5.$$

Zusätzlich sind die Anteile der Reklamationen bei den einzelnen Produkten gegeben. Von den verkauften PCs (B unter der Bedingung, dass A_1 bereits eingetreten ist) beträgt die Wahrscheinlichkeit einer Reklamation $P(B|A_1) = 0,20$. Alle bedingten Wahrscheinlichkeiten lauten:

$$P(B|A_1) = 0,20; P(B|A_2) = 0,10; P(B|A_3) = 0,15.$$

Die Voraussetzungen für die Anwendung des Satzes der totalen Wahrscheinlichkeit sind erfüllt,

- $A_1 \cup A_2 \cup A_3 = \Omega$
  [nur die drei Produkte werden vertrieben ($P(A_1) + P(A_2) + P(A_3) = 0,2 + 0,3 + 0,5 = 1$)]

- $A_j \cap A_k = \emptyset$ für $j \neq k; j, k = 1,2,3$ (ein Produkt ist nicht gleichzeitig PC und Monitor bzw. PC und Drucker bzw. Monitor und Drucker),

erhält man folgendes Ergebnis:

$$
\begin{aligned}
P(B) &= \sum_{j=1}^{3} P(B|A_j) \cdot P(A_j) \\
&= P(B|A_1) \cdot P(A_1) + P(B|A_2) \cdot P(A_2) + P(B|A_3) \cdot P(A_3) \\
&= 0,2 \cdot 0,2 + 0,10 \cdot 0,3 + 0,15 \cdot 0,5 = 0,145 \, [\hat{=} 14,5\,\%].
\end{aligned}
$$

Satz von Bayes

Angenommen, wir haben eine rote Kugel gezogen, d. h. das Ereignis B ist eingetreten. Wir fragen nun nach der Wahrscheinlichkeit dafür, dass diese Kugel aus der j-ten Urne $A_j, j = 1, \ldots, 5$, entnommen wurde, d. h. wir suchen $P(A_j|B)$. Die Lösung dieses Problems ergibt sich aus dem Satz von Bayes, den wir jetzt vorstellen werden.

Die n Ereignisse $A_1, \ldots, A_n$ bilden ein vollständiges System. Weiter ist B ein Ereignis mit $P(B) > 0$. Dann gilt der **Satz von Bayes**:

$$P(A_j|B) = \frac{P(B|A_j) \cdot P(A_j)}{\sum_{j=1}^{n} P(B|A_j) \cdot P(A_j)} = \frac{P(B|A_j) \cdot P(A_j)}{P(B)}, \quad j = 1, \ldots, n. \tag{4.9}$$

Beim Satz von Bayes lässt sich mit Hilfe der $P(B|A_j)$ die Wahrscheinlichkeit bei umgekehrter Bedingung $P(A_j|B)$ berechnen.

Herleitung von Formel (4.9)

Wegen (4.7) gilt

$$P(A_j \mid B) = \frac{P(A_j \cap B)}{P(B)} \quad \text{und} \quad P(B \mid A_j) = \frac{P(A_j \cap B)}{P(A_j)} \; .$$

Werden beide Beziehungen nach $P(A_j \cap B)$ aufgelöst:

$$P(A_j \cap B) = P(A_j \mid B) \cdot P(B) \quad \text{und} \quad P(A_j \cap B) = P(B \mid A_j) \cdot P(A_j)$$

und gleichgesetzt:

$$P(A_j \mid B) \cdot P(B) = P(B \mid A_j) \cdot P(A_j) \; ,$$

dann erhält man nach Umformung

$$P(A_j \mid B) = \frac{P(B \mid A_j) \cdot P(A_j)}{P(B)}$$

bzw. nach Einsetzen des Satzes von der totalen Wahrscheinlichkeit (4.8)

$$P(A_j \mid B) = \frac{P(B \mid A_j) \cdot P(A_j)}{\sum_{j=1}^{n} P(B \mid A_j) \cdot P(A_j)}$$

den Satz von Bayes.

Beispiel 4.13 (Fortsetzung von Beispiel 4.11)

Kehren wir zu den Daten von Beispiel 4.11 zurück. Wie groß ist nun die Wahrscheinlichkeit dafür, dass die gezogene rote Kugel aus der zweiten Urne stammt?

Die Ereignisse wurden folgendermaßen definiert:

- A_j: Auswahl der j-ten Urne, j = 1, …, 5,
- B: Die gezogene Kugel ist rot.

Wir wissen, dass eine rote Kugel gezogen wurde (das Ereignis B ist also eingetreten). Wie groß ist die Wahrscheinlichkeit, dass zusätzlich das Ereignis A_2 eintritt? Gesucht ist die

Wahrscheinlichkeit von A_2 unter der Bedingung B. Aufgrund der Anwendbarkeit des Satzes von Bayes:

- $A_1 \cup A_2 \cup A_3 \cup A_4 \cup A_5 = \Omega$ (es stehen nur die fünf Urnen zur Auswahl)
- $A_k \cap A_j = \varnothing$ für $k \neq j$, $j, k = 1, \dots, 5$ (es gibt keine Kugeln, die mehreren Urnen zugeordnet sind)

beträgt die Wahrscheinlichkeit

$$P(A_2|B) = \frac{P(B|A_2) \cdot P(A_2)}{\sum_{j=1}^{n=5} P(B|A_j) \cdot P(A_j)}$$

$$= \frac{0,2 \cdot 0,3}{0,1 \cdot 0,4 + 0,2 \cdot 0,3 + 0,3 \cdot 0,1 + 0,4 \cdot 0,2 + 0,5 \cdot 0}$$

$$= \frac{0,06}{0,21} = 0,286 \, [\hat{=} 28,6\,\%].$$

◆

Beispiel 4.14

Ein Pfarrer führt Aufzeichnungen über seine Gemeindemitglieder. Er teilt diese in drei Altersgruppen ein: 25 % sind jung (unter 25 Jahre), 30 % sind mittleren Alters (von 25 bis unter 55) und 45 % relativ alt (Senioren: ab 55 Jahre). Von den jungen Personen besuchen 10 % den Gottesdienst, von den Mitgliedern der mittleren Altersgruppe 30 % und von den Senioren 50 %. Wie groß ist die Wahrscheinlichkeit dafür, dass ein zufällig ausgewählter Gottesdienstbesucher zur jüngsten Altersgruppe gehört?

Gegeben sind

- die einfachen Wahrscheinlichkeiten dafür, dass ein Gemeindemitglied zu einer bestimmten Altersgruppe gehört: P(bestimmte Altersgruppe).
- die Wahrscheinlichkeiten für einen Gottesdienstbesuch unter der Bedingung, dass die Personen zu einer bestimmten Altersgruppe gehören (Bezugsbasis stellen die Personen einer Altersgruppe dar):

P(Gottesdienstbesuch|bestimmte Altersgruppe).

Gesucht ist die Wahrscheinlichkeit dafür, dass eine Person, von der man weiß, dass sie den Gottesdienst besucht (Ereignis Gottesdienstbesuch ist bereits eingetreten), zur jüngsten Altersgruppe gehört:

P(jüngste Altersgruppe|Gottesdienstbesuch).

Diese gesuchte Wahrscheinlichkeit P(jüngste Altersgruppe|Gottesdienstbesuch), bei der gegenüber den gegebenen bedingten Wahrscheinlichkeiten P(Gottesdienstbesuch|bestimmte Altersgruppe) die Bedingung vertauscht ist, wird mit dem Satz von Bayes berechnet.

Mit Hilfe der Ereignisse:

- A_1 = „junge Altersgruppe"
- A_2 = „mittlere Altersgruppe"
- A_3 = „Senioren"
- B = „Gottesdienstbesuch"

sowie den zugeordneten Wahrscheinlichkeiten:

- $P(A_1) = 0{,}25$,
- $P(A_2) = 0{,}30$,
- $P(A_3) = 0{,}45$
- $P(B|A_1) = 0{,}10$ (von der jüngsten Altersgruppe besuchen 10 % den Gottesdienst; Bezugsbasis stellt also die jüngste Altersgruppe dar)
- $P(B|A_2) = 0{,}30$
- $P(B|A_3) = 0{,}50$

erhält man, da die Voraussetzungen erfüllt sind:

- $A_1 \cup A_2 \cup A_3 = \Omega$ [alle Gemeindemitglieder gehören zu einer dieser drei Altersgruppen ($P(A_1) + P(A_2) + P(A_3) = 0{,}25 + 0{,}30 + 0{,}45 = 1$)]
- $A_j \cap A_k = \emptyset$ für $j \neq k$; $j,k = 1,2,3$: Ein Gemeindemitglied gehört nur zu einer Altersgruppe, nicht aber zu zwei.

folgende Wahrscheinlichkeit:

$$P(A_1|B) = \frac{P(B|A_1) \cdot P(A_1)}{\sum_{j=1}^{3} P(B|A_j) \cdot P(A_j)} = \frac{0{,}10 \cdot 0{,}25}{0{,}10 \cdot 0{,}25 + 0{,}30 \cdot 0{,}30 + 0{,}50 \cdot 0{,}45}$$

$$= \frac{0{,}025}{0{,}34} = 0{,}074 \ [\hat{=} 7{,}4\,\%].$$

◆

4.4 Stochastische Unabhängigkeit

Häufig interessiert, ob zwei Ereignisse stochastisch unabhängig sind. Zur Überprüfung dieser Fragestellungen gibt es mehrere Möglichkeiten. Zum einen können die bedingten Wahrscheinlichkeiten verwendet werden. Bei statistischer Unabhängigkeit ist es unerheblich für das Eintreten von Ereignis A, ob das Ereignis B bereits stattgefunden hat:

$$\underbrace{\left[\frac{|A \cap B|}{|B|} =\right] P(A \mid B)}_{\substack{\text{Wahrscheinlichkeit für} \\ \text{A, wenn B eingetreten ist}}} = \underbrace{P(A) \left[= \frac{|A|}{|\Omega|} =\right]}_{\substack{\text{Wahrscheinlichkeit für} \\ \text{A, wenn nicht bekannt ist,} \\ \text{ob B eingetreten ist}}} \Rightarrow \text{Unabhängigkeit.} \qquad (4.10)$$

Stochastische Abhängigkeit besteht entsprechend dann, wenn das Eintreten von B einen Einfluss auf die Wahrscheinlichkeit von A hat:

$$\underbrace{\left[\frac{|A \cap B|}{|B|} =\right] P(A \mid B)}_{\substack{\text{Wahrscheinlichkeit für} \\ \text{A, wenn B eingetreten ist}}} \neq \underbrace{P(A) \left[= \frac{|A|}{|\Omega|} =\right]}_{\substack{\text{Wahrscheinlichkeit für} \\ \text{A, wenn nicht bekannt ist,} \\ \text{ob B eingetreten ist}}} \Rightarrow \text{Abhängigkeit.} \qquad (4.11)$$

1. Möglichkeit zur Prüfung der Unabhängigkeit zwischen zwei Ereignissen: Zwei Ereignisse A und B heißen unabhängig voneinander, wenn die Tatsache, dass B vorliegt, keinerlei zusätzliche Informationen im Hinblick auf P(A) liefert. Es gilt $P(A) = P(A \mid B)$.

Entsprechendes gilt für die Wahrscheinlichkeit für A unter der Bedingung B:

$$P(B \mid A) = P(B) \Rightarrow \text{Unabhängigkeit.} \qquad (4.12)$$

Durch Auflösen der Berechnungsformel für die bedingten Wahrscheinlichkeiten (4.7) nach $P(A \cap B)$ erhält man den **Multiplikationssatz für zwei Ereignisse**:

$$P(A \mid B) = \frac{P(A \cap B)}{P(B)} \Rightarrow P(A \cap B) = P(A \mid B) \cdot P(B) \;. \qquad (4.13)$$

Da bei Unabhängigkeit von A und B die Beziehung $P(A) = P(A \mid B)$ gilt, wird (4.13) zu

$$P(A \cap B) = P(A) \cdot P(B) \Rightarrow \text{Unabhängigkeit (\textbf{Multiplikationssatz für zwei}} \qquad (4.14)$$
$$\textbf{unabhängige Ereignisse}).$$

2. Möglichkeit zur Prüfung der Unabhängigkeit zwischen zwei Ereignissen: Zwei Ereignisse gelten also als unabhängig, wenn die gemeinsame Wahrscheinlichkeit $P(A \cap B)$ gleich dem Produkt der beiden Einzelwahrscheinlichkeiten $P(A) \cdot P(B)$ ist.

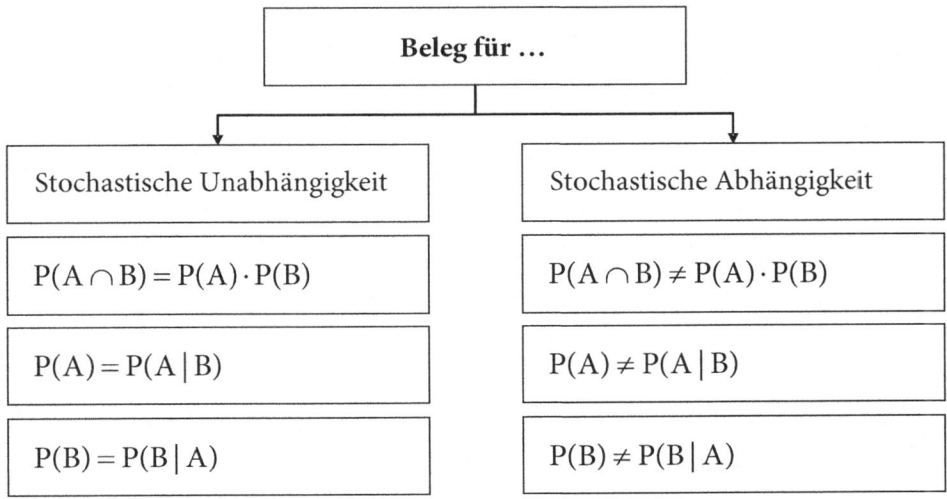

Abb. 4.7 Überprüfung stochastischer Unabhängigkeit

Es gibt also zwei Möglichkeiten (Multiplikationssatz und bedingte Wahrscheinlichkeiten), um zu überprüfen, ob zwei Ereignisse unabhängig voneinander sind. Beide Rechenwege führen zum gleichen Ergebnis. Häufig lässt die Aufgabenstellung zu, beide Varianten zu berechnen (vgl. Beispiel 4.15). Sind allerdings die bedingten Wahrscheinlichkeiten, aber nicht beide Einzelwahrscheinlichkeiten gegeben, dann muss der erste Rechenweg angewendet werden (vgl. Beispiel 4.16).

Beispiel 4.15
Es wird mit zwei fairen Würfeln geworfen. Dabei seien

- A das Ereignis „gleiche Augenzahl bei beiden Würfeln" und
- B das Ereignis „ungerade Augenzahl bei dem zweiten Würfel".

Wie groß ist die Wahrscheinlichkeit, sowohl „gleiche Augenzahl" als auch „ungerade Augenzahl beim zweiten Würfeln" zu erhalten? Sind beide Ereignisse unabhängig voneinander?

Mit Hilfe der Elementarereignisse, die aus folgender Tabelle hervorgehen, lassen sich die Wahrscheinlichkeiten für beide Ereignisse bestimmen:

2. Würfel 1. Würfel	1	2	3	4	5	6
1	**1,1**	1,2	1,3	1,4	1,5	1,6
2	2,1	**2,2**	2,3	2,4	2,5	2,6
3	3,1	3,2	**3,3**	3,4	3,5	3,6
4	4,1	4,2	4,3	**4,4**	4,5	4,6
5	5,1	5,2	5,3	5,4	**5,5**	5,6
6	6,1	6,2	6,3	6,4	6,5	**6,6**

$$P(A) = P(\text{„gleiche Augenzahl bei beiden Würfeln“}) = \frac{6}{36} = \frac{1}{6}$$

$$P(B) = P(\text{„ungerade Augenzahl beim zweiten Würfel“}) = \frac{18}{36} = \frac{1}{2}$$

$P(A \cap B) = P(\text{„gleiche Augenzahl“})$ und

$$\text{„ungerade Augenzahl beim zweiten Würfel“}) = \frac{3}{36} = \frac{1}{12}$$

Die Überprüfung der statistischen Unabhängigkeit kann auf drei Arten erfolgen:

1. Lösungsweg (Multiplikationssatz):
Die Ereignisse sind unabhängig, da:

$$\underbrace{\frac{1}{6}}_{P(A)} \cdot \underbrace{\frac{1}{2}}_{P(B)} = \underbrace{\frac{1}{12}}_{P(A \cap B)}.$$

2. Lösungsweg [bedingte Wahrscheinlichkeit $P(B \mid A)$]:

$$\left[P(B \mid A) = \frac{P(A \cap B)}{P(A)} = \frac{\frac{1}{12}}{\frac{1}{6}} = \frac{1}{2} = 0{,}50 = 0{,}50[= P(B)] \right] \Rightarrow \text{Unabhängigkeit}$$

3. Lösungsweg [bedingte Wahrscheinlichkeit $P(A \mid B)$]:

$$\left[P(A \mid B) = \frac{P(A \cap B)}{P(B)} = \frac{\frac{1}{12}}{\frac{1}{2}} = \frac{2}{12} = \frac{1}{6} = \frac{1}{6}[= P(A)] \right] \Rightarrow \text{Unabhängigkeit}$$

◆

Beispiel 4.16

Die Wahrscheinlichkeit für einen Unfall betrage 0,0005 %. Unter alkoholisierten Personen liege die Unfall-Wahrscheinlichkeit bei 0,2 %. Sind beide Merkmale unabhängig?

Relevant sind folgende Ereignisse:

- U = „Person baut Unfall"
- A = „Person ist alkoholisiert"

Die Wahrscheinlichkeit für einen Unfall liegt bei 0,0005 %:

$$P(U) = 0,000005 \, .$$

Bezieht man sich nicht auf alle Autofahrer, sondern nur auf die alkoholisierten (Bezugsbasis ist A), dann liegt die Wahrscheinlichkeit für einen Unfall wesentlich höher:

$$P(U|A) = 0,002 \, .$$

In diesem Beispiel kann die Unabhängigkeit zwischen beiden Ereignissen nicht mit dem Multiplikationssatz überprüft werden, da die Wahrscheinlichkeit für Ereignis A und die gemeinsame Wahrscheinlichkeit $P(A \cap U)$ nicht gegeben sind. Es muss also die bedingte Wahrscheinlichkeit verwendet werden:

$$[P(U) =] \, 0,000005 \neq 0,002 \, [= P(U|A)] \, .$$

Beide Ereignisse sind also abhängig voneinander. ◆

Das Konzept der Unabhängigkeit kann auf mehr als zwei Ereignisse angewendet werden. n Ereignisse $A_1, A_2, \ldots A_n$ sind insgesamt unabhängig, wenn

$$P(A_1 \cap A_2 \cap \ldots \cap A_n) = P(A_1) \cdot P(A_2) \cdot \ldots \cdot P(A_n) \tag{4.15}$$

ist (**Multiplikationssatz für n unabhängige Ereignisse**). Besteht unter mehreren Ereignissen paarweise Unabhängigkeit, so bedeutet dies nicht, dass die Ereignisse insgesamt unabhängig voneinander sind.

Beispiel 4.17

Wir werfen zweimal mit einer Münze, für die es die beiden Ausgänge Kopf K oder Zahl Z gibt. Damit ist die Ergebnismenge:

$$\Omega = \{(K,K), (Z,Z), (K,Z), (Z,K)\} \, .$$

Jedes der vier Ereignisse ist gleichwahrscheinlich und hat damit die Wahrscheinlichkeit ¼. Es seien:

- A das Ereignis, mit der ersten Münze Kopf zu werfen,
- B das Ereignis, mit der zweiten Münze Kopf zu werfen,
- C das Ereignis, mit beiden Münzen die gleiche Seite zu werfen.

Damit gilt

- $A = \{(K,K),(K,Z)\}$ mit $P(A) = \dfrac{|A|}{|\Omega|} = \dfrac{2}{4} = \dfrac{1}{2}$

- $B = \{(K,K),(Z,K)\}$ mit $P(B) = \dfrac{|B|}{|\Omega|} = \dfrac{2}{4} = \dfrac{1}{2}$

- $C = \{(K,K),(Z,Z)\}$ mit $P(C) = \dfrac{|C|}{|\Omega|} = \dfrac{2}{4} = \dfrac{1}{2}$

- $A \cap B = \{(K,K)\}$ mit $P(A \cap B) = \dfrac{|A \cap B|}{|\Omega|} = \dfrac{1}{4}$

- $A \cap C = \{(K,K)\}$ mit $P(A \cap C) = \dfrac{|A \cap C|}{|\Omega|} = \dfrac{1}{4}$

- $B \cap C = \{(K,K)\}$ mit $P(B \cap C) = \dfrac{|B \cap C|}{|\Omega|} = \dfrac{1}{4}$

- $A \cap B \cap C = \{(K,K)\}$ mit $P(A \cap B \cap C) = \dfrac{|A \cap B \cap C|}{|\Omega|} = \dfrac{1}{4}$.

Damit sind alle drei Ereignisse paarweise voneinander unabhängig, da

$$\left[P(A \cap B) = \right] \frac{1}{4} \left[= \frac{1}{2} \cdot \frac{1}{2} = P(A) \cdot P(B) \right]$$

$$\left[P(A \cap C) = \right] \frac{1}{4} \left[= \frac{1}{2} \cdot \frac{1}{2} = P(A) \cdot P(C) \right]$$

$$\left[P(B \cap C) = \right] \frac{1}{4} \left[= \frac{1}{2} \cdot \frac{1}{2} = P(B) \cdot P(C) \right] .$$

Sie sind aber nicht insgesamt voneinander unabhängig, weil

$$P(A \cap B \cap C) \neq P(A) \cdot P(B) \cdot P(C)$$

$$\frac{1}{4} \neq \frac{1}{2} \cdot \frac{1}{2} \cdot \frac{1}{2}$$

$$\frac{1}{4} \neq \frac{1}{8}.$$

◆

4.5 Aufgaben

4.1 Ein Urlauber erkundigt sich beim Wetteramt nach den Wetteraussichten für die nächste Woche. Die Wahrscheinlichkeit für einen sonnigen Wochenbeginn (Ereignis S) beträgt 0,3 und die Wahrscheinlichkeit dafür, dass es windstill ist (Ereignis $\overline{W}$), wird mit 0,6 angegeben. Ein sonniger windstiller Wochenbeginn hat die Wahrscheinlichkeit 0,2.
  Wie groß ist die Wahrscheinlichkeit, dass der Wochenbeginn

a) sonnig oder windstill,
b) windig,
c) nicht sonnig und windig,
d) sonnig oder windig

ist?

4.2 Bei der Schraubenproduktion fällt Ausschuss an, wenn der Schraubendurchmesser oder die Schraubenlänge außerhalb der zulässigen Toleranzgrenzen liegt. Betriebsstatistische Erhebungen haben ergeben, dass 6 % der Schrauben einen Durchmesser außerhalb der Toleranzgrenze haben und 8 % der Schrauben eine Länge außerhalb der Toleranzgrenzen haben. Beide Mängel wurden bei 2 % der Schrauben festgestellt.

a) Wie groß ist die Wahrscheinlichkeit, dass eine zufällig ausgewählte Schraube nicht brauchbar (= Ausschuss) ist?
b) Geben Sie die Wahrscheinlichkeit dafür an, dass eine Schraube, deren Durchmesser außerhalb der Toleranzgrenze liegt, eine fehlerhafte Länge hat! Mit welcher Wahrscheinlichkeit hat eine Schraube eine akzeptable Länge, jedoch einen fehlerhaften Durchmesser?
c) Zeigen Sie unter Verwendung zweier alternativer Konzepte, dass die Ereignisse „fehlerhafter Durchmesser" und „fehlerhafter Länge" stochastisch abhängig sind!

4.3 Die Wahrscheinlichkeit, dass es bei einer Standardflugshow zu einem Unglück kommt, beträgt 5 %. Bei 10 von 100 Flugshows ist mit gewagten akrobatischen Einlagen der Piloten zu rechnen, wodurch sich die Unglückswahrscheinlichkeit auf 30 % erhöht.

a) Wie groß ist die Wahrscheinlichkeit, dass es bei einer der beiden geplanten Standardflugshows der „Royal Airforce" zu einem Unglück kommt?
b) Mit welcher Wahrscheinlichkeit kommt es in den beiden akrobatischen Flugshows der „Airforce One" zu Unfällen?
c) Wie groß ist die Wahrscheinlichkeit, dass es in einer Flugshow zu einem Unglück kommt, wenn ungewiss ist, ob ein Pilot sein akrobatisches Können zeigt?

4.4 Ein Produktionsunternehmen lässt Vorleistungen von drei Firmen X, Y und Z ausführen. Aus Erfahrung weiß man, dass 5 % aller Vorleistungen der Firma X nachgearbeitet werden müssen. Bei den Firmen Y und Z sind bei 8 % bzw. 10 % der Vorleistungen

Nacharbeiten erforderlich. Bei einem Projekt werden 50 % der Vorleistungen von der Firma X, 30 % von der Firma Y und 20 % von der Firma Z ausgeführt.

a) Bei wie vielen der 500 Teilleistungen der Firmen X, Y und Z muss das Produktions-unternehmen Nacharbeiten einkalkulieren?
b) Bei einer Vorleistung ist eine Nachbesserung erforderlich geworden. Wie groß ist die Wahrscheinlichkeit, dass die Arbeit von

– der Firma X,
– der Firma Z

ausgeführt worden ist?

4.6 Lösungen

4.1 Wetteraussichten
Gegebene Wahrscheinlichkeiten:

$$P(S) = 0,3 \qquad\qquad P(\overline{W}) = 0,6 \qquad\qquad P(S \cap \overline{W}) = 0,2$$

a) sonnig oder windstill

$$P(S \cup \overline{W}) = P(S) + P(\overline{W}) - P(S \cap \overline{W})$$
$$= 0,3 + 0,6 - 0,2$$
$$= 0,7$$

b) windig

$$P(W) = 1 - P(\overline{W})$$
$$= 1 - 0,6$$
$$= 0,4$$

c) nicht sonnig und windig

$$\overline{S} \cap W = \overline{S \cup \overline{W}} \qquad\qquad | \text{ de Morgan}$$

$$P(\overline{S} \cap W) = 1 - P(\overline{S \cup \overline{W}})$$
$$= 1 - 0,7$$
$$= 0,3$$

d) sonnig oder windig

$$P(S \cup W) = P(S) + P(W) - P(S \cap W)$$
$$= 0,3 + 0,4 - P(S \cap W)$$

$$P(S \cap W) = P(S \backslash \overline{W})$$
$$= P(S) - P(S \cap \overline{W})$$
$$= 0{,}3 - 0{,}2$$
$$= 0{,}1$$

$$P(S \cup W) = 0{,}6$$

4.2 Schraubenproduktion

A: Ausschuss

D: Durchmesser außerhalb $\qquad$ $P(D) = 0{,}06$

L: Länge außerhalb $\qquad$ $P(L) = 0{,}08$

$\qquad\qquad\qquad\qquad\qquad$ $P(D \cap L) = 0{,}02$

a) Wahrscheinlichkeit für Ausschuss

$$P(A) = P(D) + P(L) - P(D \cap L)$$
$$= 0{,}06 + 0{,}08 - 0{,}02$$
$$= 0{,}12$$

b)

- Wahrscheinlichkeit, dass eine Schraube mit nicht tolerierbarem Durchmesser eine fehlerhafte Länge hat:

$$P(L|D) = \frac{P(D \cap L)}{P(D)} = \frac{0{,}02}{0{,}06} = \frac{1}{3}$$

- Akzeptable Länge, fehlerhafter Durchmesser

$$P(D \cap \overline{L}) = P(D \backslash L) = P(D) - P(D \cap L)$$
$$= 0{,}06 - 0{,}02$$
$$= 0{,}04$$

c) stochastische Unabhängigkeit

(1) $\qquad P(L|D) \overset{!}{=} P(L)$ $\qquad\qquad\qquad$ → abhängig

$\qquad\qquad \dfrac{1}{3} \neq 0{,}08$

(2) $\qquad P(D \cap L) \overset{!}{=} P(D) \cdot P(L)$ $\qquad\qquad$ → abhängig

$\qquad\qquad 0{,}02 \neq 0{,}06 \cdot 0{,}08 = 0{,}048$

4.3 Flugshow

U: Unfall

S: Standardflug	$P(S) = 0{,}9$	$P(U|S) = 0{,}05$
A: Akrobatikflug	$P(A) = 0{,}1$	$P(U|A) = 0{,}30$

a) Unfall in einer der beiden Standardflugshows

$$P\big((U_1|S_1) \cup (U_2|S_2)\big) = P(U_1|S_1) + P(U_2|S_2) - P\big((U_1|S_1) \cap (U_2|S_2)\big)$$
$$= 0{,}05 + 0{,}05 - 0{,}05{\cdot}0{,}05$$
$$= 0{,}0975$$

b) Unfall bei beiden Akrobatikflügen

$$P\big((U_1|A_1) \cap (U_2|A_2)\big) = P(U_1|A_1) \cdot P(U_2|A_2)$$
$$= 0{,}3 \cdot 0{,}3$$
$$= 0{,}09$$

c) totale Wahrscheinlichkeit

$$P(U) = P(U|S){\cdot}P(S) + P(U|A){\cdot}P(A)$$
$$= 0{,}05{\cdot}0{,}90 + 0{,}30{\cdot}0{,}10$$
$$= 0{,}075$$

4.4

X: Vorleistung Firma X $P(X) = 0{,}50$ $P(N|X) = 0{,}05$
Y: Vorleistung Firma Y $P(Y) = 0{,}30$ $P(N|Y) = 0{,}08$
Z: Vorleistung Firma Z $P(Z) = 0{,}20$ $P(N|Z) = 0{,}10$
N: Nacharbeiten erforderlich

a) Nacharbeiten bei 500 Teilleistungen

$$P(N) = P(N|X){\cdot}P(X) + P(N|Y){\cdot}P(Y) + P(N|Z){\cdot}P(Z)$$
$$= 0{,}05{\cdot}0{,}50 + 0{,}08{\cdot}0{,}30 + 0{,}10{\cdot}0{,}20$$
$$= 0{,}069$$

$$500{\cdot}P(N) = 35$$

b)
• Vorleistung von Firma X

$$P(X|N) = \frac{P(N|X){\cdot}P(X)}{P(N)} = \frac{0{,}05{\cdot}0{,}50}{0{,}069} = 0{,}3623$$

• Vorleistung von Firma Z

$$P(Z|N) = \frac{P(N|Z){\cdot}P(Z)}{P(N)} = \frac{0{,}10{\cdot}0{,}20}{0{,}069} = 0{,}2899$$

Zufallsvariablen und ihre Verteilung

5.1 Zufallsvariablen

Begriff der Zufallsvariablen

Bisher haben wir den Ergebnissen eines Zufallsvorgangs Wahrscheinlichkeiten zugeordnet. Sie können – brauchen aber nicht notwendig – bereits quantifizierte Ergebnisse (= nummerische Ausgänge) enthalten. Beim einmaligen Würfelwurf hatten wir die Ergebnismenge mit $\Omega = \{1,2,3,4,5,6\}$ bereits numerisch definiert. Die möglichen Ergebnisse dieses Zufallsexperiments sind die Augenzahlen $\omega_1 = 1$, $\omega_2 = 2$, $\omega_3 = 3$, $\omega_4 = 4$, $\omega_5 = 5$ und $\omega_6 = 6$. Allgemein können die Ergebnisse eines Zufallvorgangs durch die Definition einer Zufallsvariablen quantifiziert werden. Eine Zufallsvariable X bezeichnet eine Funktion, die die Ergebnisse ω_j durch Setzung einer bestimmten Vorschrift in einen Zahlenraum $\mathbb{R}$ ($\mathbb{R}$ = Menge der reellen Zahlen) überführt.

> Die Ausgänge eines Zufallsexperiments, die nicht immer nummerisch sind, werden durch eine Zufallsvariable auf die Menge der reellen Zahlen abgebildet. Dadurch entsteht eine Zufallsvariable, die man mit einem großen Buchstaben, meistens X, bezeichnet. Ihre Ausprägungen werden mit kleinen Buchstaben angegeben.

Eine Zufallsvariable ordnet also den Ausgängen eines Zufallsexperiments ω_j reelle Zahlen x_j zu. X stellt dabei eine Funktion dar:

$$X = X(\Omega). \tag{5.1}$$

Diese Überführung der alten in eine neue Ergebnismenge unter Verwendung der Zuordnungsvorschrift $X = X(\Omega)$ lässt sich auch grafisch veranschaulichen (vgl. Abb. 5.1).

© Springer Fachmedien Wiesbaden GmbH, ein Teil von Springer Nature 2019
R. Kosfeld et al., *Wahrscheinlichkeitsrechnung und Induktive Statistik*,
https://doi.org/10.1007/978-3-658-28713-9_5

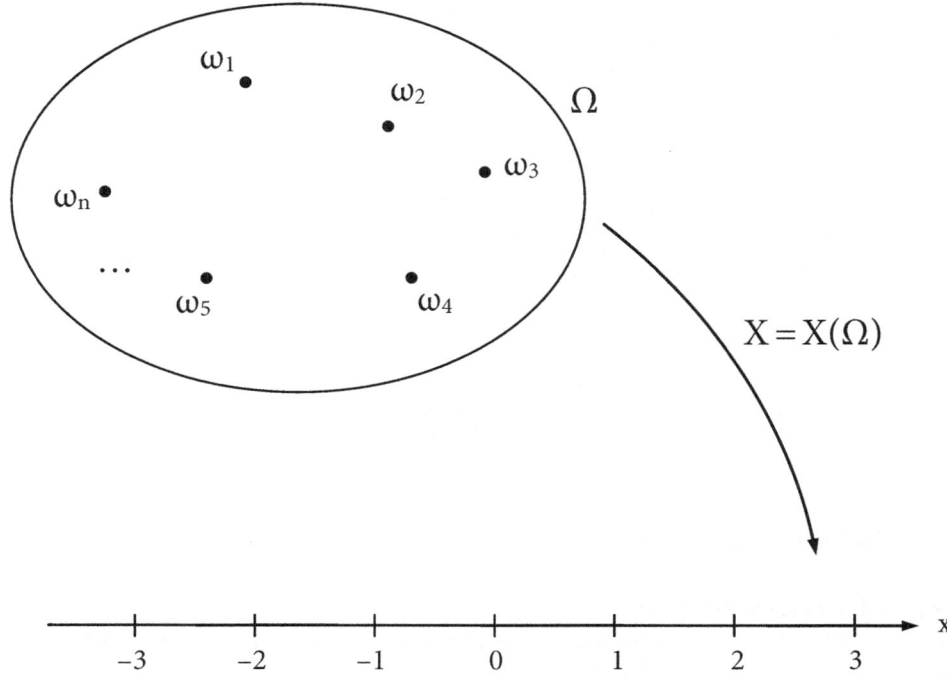

Abb. 5.1 Bildung einer Zufallsvariablen

Ausgegangen wird von den Ergebnissen eines Zufallsexperiments, die in der Ergebnismenge Ω angeordnet sind. Jedem Ergebnis wird eine Zahl auf der x-Achse zugeordnet. Auf der x-Achse stehen reelle Zahlen. Die Ergebnismenge Ω, die ja auch nicht nummerische Ergebnisse enthalten kann, wird also in einen reellen Zahlenraum transformiert.

Gehen wir von einem Zufallsvorgang mit endlich vielen Ausgängen aus. Man definiert dann eine Zufallsvariable, indem jedem Ausgang des Zufallsexperiments eine reelle Zahl x_j zugewiesen wird:

$$X(\omega) = \begin{cases} x_1 & \text{für} \quad \omega = \omega_1 \\ x_2 & \text{für} \quad \omega = \omega_2 \\ \vdots \\ x_n & \text{für} \quad \omega = \omega_n \end{cases} . \tag{5.2}$$

Beispiel 5.1
Zur Illustration greifen wir auf den einmaligen Würfelwurf zurück. Bei einem Glücksspiel gewinnt ein Spieler das Fünffache der gewürfelten ungeraden und verliert das Vierfache der geraden Augenzahl in Euro.

Wie ist dann die Zufallsvariable $X(\omega)$ = Gewinn definiert? Wird eine Eins gewürfelt, dann gewinnt man $5 \cdot 1\,€ = 5\,€$. Bei der Augenzahl „Zwei" beträgt der Verlust $4 \cdot 2\,€ = 8\,€$. Die Zufallsvariable ordnet jeder Augenzahl einen bestimmten Gewinn zu:

$$X(\omega) = \begin{cases} -24 & \text{für} \quad \omega = 6 \\ -16 & \text{für} \quad \omega = 4 \\ -8 & \text{für} \quad \omega = 2 \\ +5 & \text{für} \quad \omega = 1 \\ +15 & \text{für} \quad \omega = 3 \\ +25 & \text{für} \quad \omega = 5 \end{cases}.$$

Entsprechend zu Abb. 5.1 lässt sich auch hier eine grafische Darstellung der Zuordnung anfertigen:

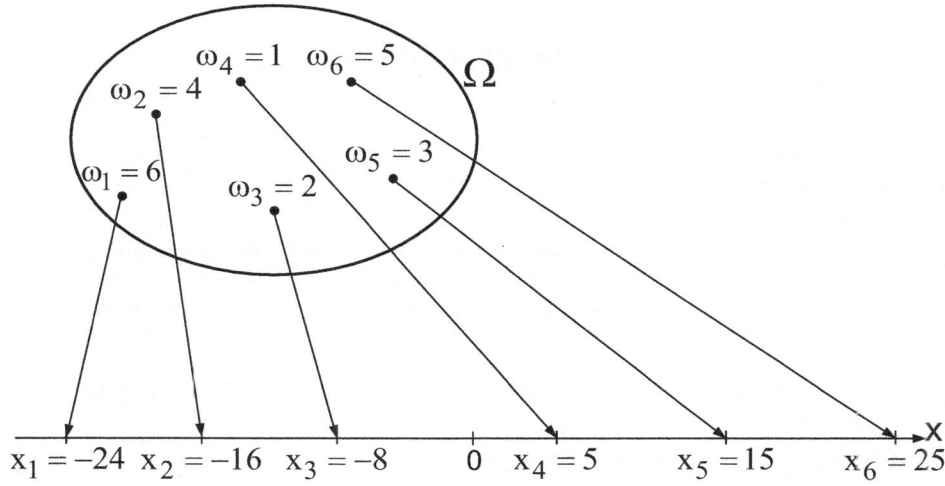

Beispiel 5.2

Die Zufallsvariable X enthalte die Anzahl von Zahl beim zweifachen Münzwurf. Die Ausgänge des Zufallsexperiments sind hier nicht nummerisch. Man erhält folgende Zuordnung:

$$X(\omega) = \begin{cases} 0 & \text{für} \quad \omega = (K,K) \\ 1 & \text{für} \quad \omega = (K,Z) \\ 1 & \text{für} \quad \omega = (Z,K) \\ 2 & \text{für} \quad \omega = (Z,Z) \end{cases}.$$

◆

Diskrete und stetige Zufallsvariablen

Nachdem die Zufallsvariablen definiert worden sind, kann die Wahrscheinlich-keitsverteilung einer Zufallsvariablen gebildet werden. Im Prinzip können wir diese aus den Wahrscheinlichkeiten der Ereignisse vom zugrunde liegenden Zufallsexperiment gewinnen. Häufig lässt sich jedoch die Wahrscheinlichkeitsverteilung ohne diesen Rück-griff unmittelbar für eine Zufallsvariable X angeben.

Die Unterscheidung zwischen diskreten und stetigen Zufallsvariablen ist bei der Defi-nition von Wahrscheinlichkeitsverteilungen relevant. Die Wahrscheinlichkeiten für stetige Zufallsvariablen werden nämlich anders berechnet als für diskrete.

> Zufallsvariablen können **diskret** und **stetig** sein. Sie heißen diskret, wenn ihre Ausprä-gungen abgezählt werden können (vgl. Abb. 5.2). Bei überabzählbar vielen Ausprä-gungen liegt eine stetige Zufallsvariable vor.

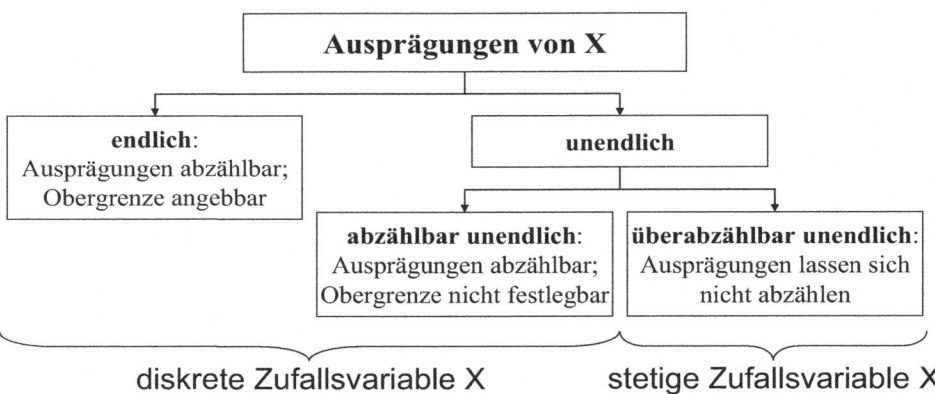

Abb. 5.2 Diskrete und stetige Zufallsvariablen

Beispiel 5.3

Die Zufallsvariable X bezeichnet die Augenzahl beim einmaligen Würfelwurf. X lässt sich abzählen und eine Obergrenze von sechs x-Werten ist angebbar: $x_1 = 1, \ldots, x_6 = 6$. X ist deshalb eine diskrete Zufallsvariable.

Die Anzahl der Personen in einem Kaufhaus wird durch die Zufallsvariable X wieder-gegeben. X hat abzählbar unendlich viele Ausprägungen, wenn keine Obergrenze an-gegeben werden kann. Die Zufallsvariable X ist auf jeden Fall diskret.

X bezeichnet die Anzahl der Werkstücke, die die Qualitätsnorm nicht erfüllen. Sofern die Produktion in einem vorgegebenen Zeitraum betrachtet wird, hat die Zufallsvariable endlich viele Ausprägungen, deren Obergrenze sich aus der Produktionsplanung ergibt. Auch hier liegt eine diskrete Zufallsvariable vor.

Werden die Weiten beim Skispringen durch die Zufallsvariable X abgebildet, dann können überabzählbar unendlich viele Merkmalsausprägungen gemessen werden, weil sich die Sprungweite beliebig genau angeben lässt. Die Zufallsvariable X ist somit stetig.

◆

Beispiel 5.4

Größe und Gewicht von Personen, die Wartezeit vor einem Postschalter, die Länge von Telefongesprächen usw. sind Beispiele für stetige Zufallsvariablen, da sie überabzählbar viele verschiedene Ausprägungen annehmen können. Alle genannten Größen können prinzipiell beliebig genau gemessen werden. Die entsprechenden Zufallsvariablen sind damit stetig. ◆

Abb. 5.3 gibt einen Überblick der verschiedenen Wahrscheinlichkeitsverteilungen. Auf diese wird im Folgenden eingegangen.

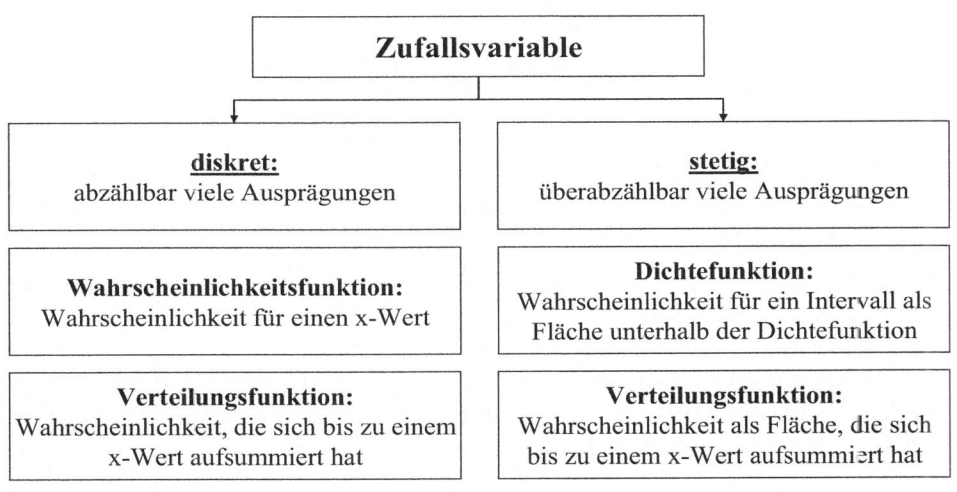

Abb. 5.3 Wahrscheinlichkeitsverteilungen

5.2 Wahrscheinlichkeitsfunktion

Ordnet man den x-Werten bei einer diskreten Zufallsvariablen x_j Wahrscheinlichkeiten p_j zu, dann erhält man eine **Wahrscheinlichkeitsfunktion** f(x). $P(X = x_j)$ ist die Wahrscheinlichkeit dafür, dass X den Wert x_j annimmt. Für die Wahrscheinlichkeit $P(X = x_j)$ verwenden wir meistens die Kurzschreibweise p_j. In der Wahrscheinlichkeitsfunktion werden $p_j > 0$ gesondert ausgewiesen. Des besseren Verständnisses wegen gehen wir bei der Erörterung der Wahrscheinlichkeitsfunktion von einer endlichen Zufallsvariablen $x_1, x_2, ..., x_m$ aus. Die Verallgemeinerung auf unendlich viele Ausprägungen $x_1, x_2, ...$ greifen wir bei den speziellen Wahrscheinlichkeitsverteilungen auf (siehe Kapitel 6).

Eine Wahrscheinlichkeitsverteilung lässt sich zum einen durch eine Funktionsvorschrift angeben. Zu beachten ist, dass die x-Werte in aufsteigender Reihenfolge angegeben werden:

$$f(x) = \begin{cases} p_1 & \text{für } x = x_1 \\ p_2 & \text{für } x = x_2 \\ \vdots & \\ p_m & \text{für } x = x_m \\ 0 & \text{sonst} \end{cases} \quad \text{mit } x_1 < x_2 < ... < x_m. \tag{5.3}$$

Da X mit Sicherheit einen der Werte x_j annimmt, ist

$$\sum_{j=1}^{m} f(x_j) = \sum_{j=1}^{m} p_j = 1 . \tag{5.4}$$

Auch hier gilt die Folgerung aus den ersten beiden Axiomen, die Wahrscheinlichkeiten müssen im Intervall zwischen null und eins liegen:

$$0 \le \left[p_j = f(x_j) \right] \le 1 . \tag{5.5}$$

> Die **Wahrscheinlichkeitsfunktion** gibt die Wahrscheinlichkeiten für die einzelnen Werte x_j (= nummerisch kodierte Ausgänge eines Zufallsexperiments) der Zufallsvariablen X an. Sie wird mit f(x) bezeichnet.

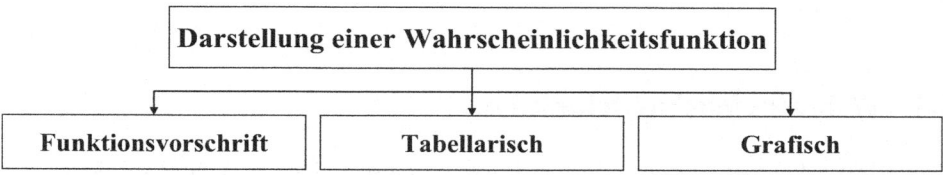

Abb. 5.4 Darstellung einer Wahrscheinlichkeitsfunktion

Neben der Angabe einer Funktionsvorschrift [vgl. (5.3)] lässt sich eine Wahrscheinlichkeitsfunktion zum anderen in einer Tabelle ausweisen:

Tabelle 5.1 Tabellarische Darstellung der Wahrscheinlichkeitsfunktion

x_j	$f(x_j)$
x_1	$f(x_1) = p_1$
x_2	$f(x_2) = p_2$
⋮	⋮
x_m	$f(x_m) = p_m$

Ist in Aufgaben nach der Definition bzw. Berechnung einer Wahrscheinlichkeitsfunktion gefragt, dann kann entweder die Funktionsvorschrift oder die tabellarische Darstellung angegeben werden.

Als grafische Darstellung einer Wahrscheinlichkeitsfunktion verwendet man i. d. R. Stabdiagramme (vgl. Abb. 5.5a). Von dem in der Deskriptiven Statistik bevorzugten Säulendiagramm (vgl. Abb. 5.5b) wird in der Wahrscheinlichkeitsrechnung überwiegend kein Gebrauch gemacht.

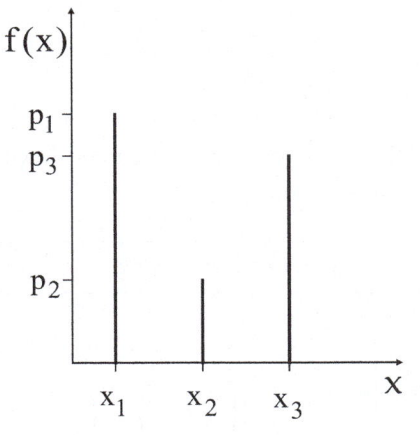

a) Stabdiagramm

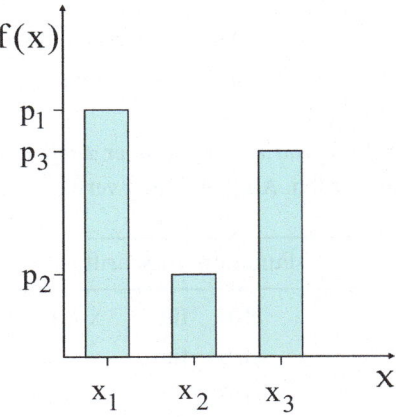

b) Säulendiagramm

Abb. 5.5 Stab- und Säulendiagramm (m = 3)

Beispiel 5.5

Die Zufallsvariable X sei die Augenzahl beim Werfen eines fairen Würfels. Die möglichen Realisationen von X lauten dabei 1, 2, 3, 4, 5 und 6. Die Wahrscheinlichkeit für jeden dieser Ausgänge beträgt 1/6. Bei der Definition der Wahrscheinlichkeitsfunktion muss mit dem kleinsten x-Wert, also mit der Augenzahl 1, begonnen werden. Geben wir zuerst die tabellarische Darstellung an.

x_j	$f(x_j)$
1	$1/6 = 0,167$
2	$1/6 = 0,167$
3	$1/6 = 0,167$
4	$1/6 = 0,167$
5	$1/6 = 0,167$
6	$1/6 = 0,167$

Die Wahrscheinlichkeitsfunktion ist zulässig, weil die Wahrscheinlichkeiten aufsummiert eins ergeben [vgl. (5.4)]:

$$\sum_{j=1}^{6} f(x_j) = \sum_{j=1}^{6} p_j = \frac{1}{6} + \frac{1}{6} + \frac{1}{6} + \frac{1}{6} + \frac{1}{6} + \frac{1}{6} = \frac{6}{6} = 1$$

und alle Wahrscheinlichkeiten zwischen null und eins liegen [vgl. (5.5)]:

$$0 \le (p_1 = 1/6) \le 1; 0 \le (p_2 = 1/6) \le 1; 0 \le (p_3 = 1/6) \le 1$$
$$0 \le (p_4 = 1/6) \le 1; 0 \le (p_5 = 1/6) \le 1; 0 \le (p_6 = 1/6) \le 1.$$

Die Zufallsvariable kann aber auch mit der Funktionsvorschrift oder als Grafik dargestellt werden. Als Abbildung verwenden wir ein Stabdiagramm.

Funktionsvorschrift	Grafische Darstellung
$f(x) = \begin{cases} 1/6 & \text{für} & x = 1 \\ 1/6 & \text{für} & x = 2 \\ 1/6 & \text{für} & x = 3 \\ 1/6 & \text{für} & x = 4 \\ 1/6 & \text{für} & x = 5 \\ 1/6 & \text{für} & x = 6 \\ 0 & \text{sonst} \end{cases}$	

Beispiel 5.6

X sei die Zufallsvariable „Anzahl von Zahl" beim zweifachen Münzwurf. Die Wahrscheinlichkeiten berechnet man am besten in einer Tabelle, die eine zusätzliche Spalte für die Elementarereignisse erhält:

x_j (Häufigkeit von Zahl)	Elementarereignisse	$f(x_j) = p_j$
0	$\{K,K\}$	1/4
1	$\{K,Z\}$, $\{Z,K\}$	2/4
2	$\{Z,Z\}$	1/4

Die berechneten Wahrscheinlichkeiten werden für die Funktionsvorschrift und die grafische Darstellung verwendet:

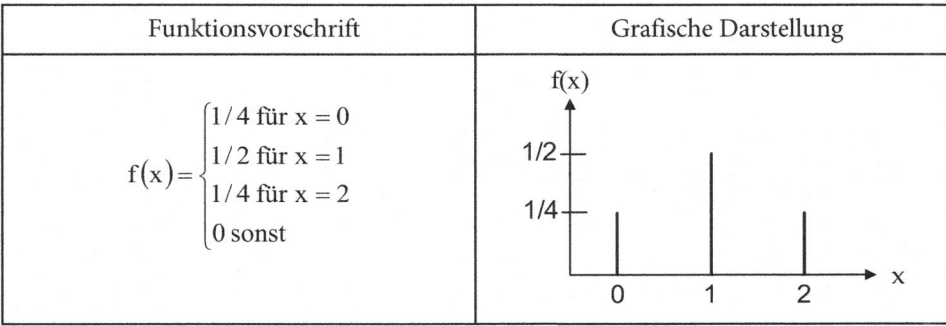

5.3 Dichtefunktion

Das Äquivalent zur Wahrscheinlichkeitsfunktion bei diskreten Zufallsvariablen heißt bei stetigen Zufallsvariablen **Dichtefunktion**.

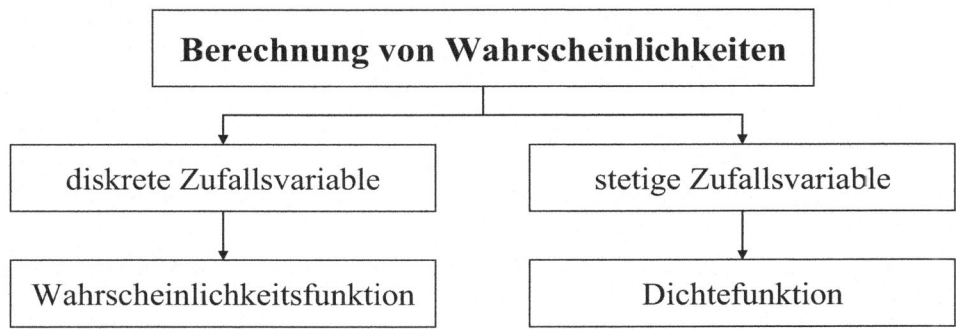

Abb. 5.6 Wahrscheinlichkeits- und Dichtefunktion

Erinnern wir uns nun an das Stabdiagramm, das im diskreten Fall die Wahrscheinlich-keitsfunktion grafisch darstellt. Wenn X überabzählbar viele Werte annehmen kann, dann liegen die Stäbe beliebig dicht aneinander, der Abstand zwischen den Stäben ist also gleich 0. Wenn wir die oberen Punkte der überabzählbar vielen Stäbe miteinander verbinden, dann erhalten wir als grafische Darstellung der Wahrscheinlichkeitsfunktion im stetigen Fall eine Kurve (vgl. Abb. 5.7).

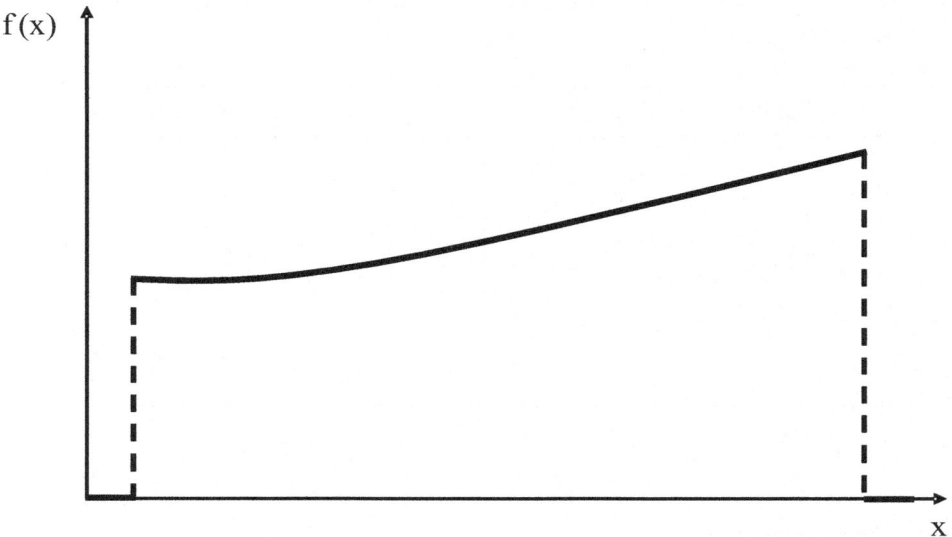

Abb. 5.7 Dichtefunktion

Wir bezeichnen die Wahrscheinlichkeitsverteilung im stetigen Fall als **Dichtefunktion**. Im diskreten Fall ist die Länge der Stäbe durch die p_j gegeben. Aufgrund von Axiom 1 gilt $p_j \geq 0$. Analog werden wir im stetigen Fall fordern, dass $f(x) \geq 0$ ist, was bedeutet, dass die Dichtefunktion in keinem Bereich unterhalb der x-Achse verläuft:

$$f(x) \geq 0 \text{ für alle x.} \tag{5.6}$$

Im diskreten Fall addiert sich aufgrund von Axiom 3 die Länge der Stäbe zu 1. Analog muss die Fläche unter der Dichtefunktion, d. h. die Fläche zwischen Dichtefunktion und x-Achse, gleich 1 sein. Der Wert dieser Fläche ergibt sich, wenn die Dichtefunktion über alle x integriert wird:

$$\int_{-\infty}^{\infty} f(x)\, dx = 1 \cdot \tag{5.7}$$

Eine Dichtefunktion ist deshalb nur dann **zulässig**, wenn sie die beiden Eigenschaften (5.6) und (5.7) aufweist.

Ist in Aufgaben danach gefragt, ob eine Dichtefunktion zulässig ist, dann sind diese beiden Bedingungen zu überprüfen. Bedingung (5.6) lässt sich grafisch und rechnerisch[8] testen.

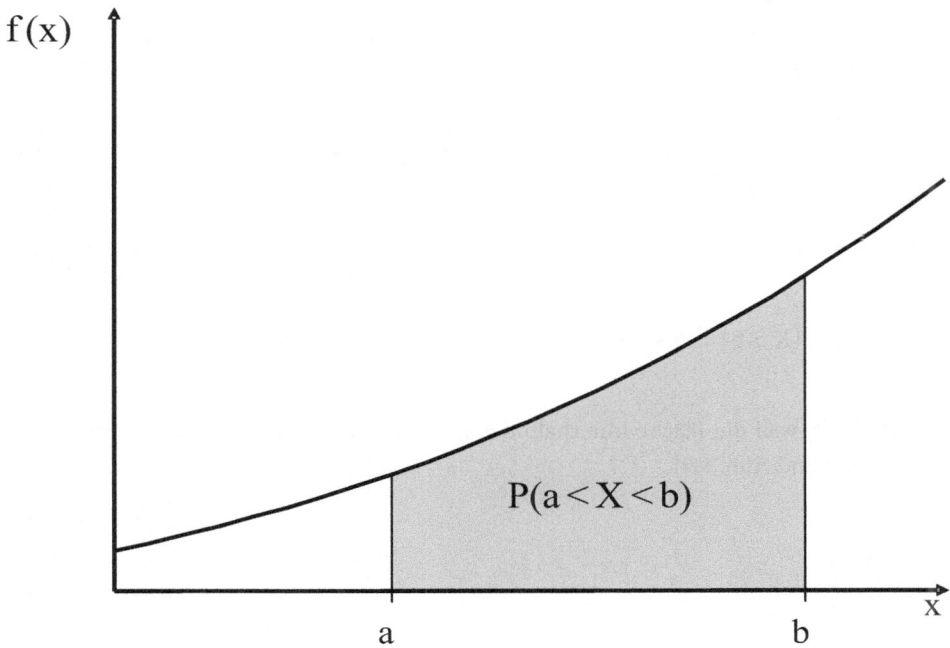

Abb. 5.8 Intervallwahrscheinlichkeit

Da eine stetige Zufallsvariable überabzählbar viele verschiedene Ausprägungen annehmen kann, sind alle Punktwahrscheinlichkeiten $P(X = a)$ gleich 0. Wahrscheinlichkeiten sind nur für ein Intervall $(a < X < b)$ definiert. Die Dichtefunktion wird – wie die Wahrscheinlichkeitsfunktion – mit f(x) bezeichnet.

Die Wahrscheinlichkeit, dass die Zufallsvariable in das Intervall $(a < X < b)$ fällt, ist die Fläche unterhalb der Dichtefunktion, die in diesem Intervall liegt (vgl. Abb. 5.8). Sie erhält man durch Integration:

---

[8] Die Randwerte der Intervalle in der Dichtefunktion sowie – bei nichtlinearen Funktionen – die Minima sind in die Dichtefunktion einzusetzen. Die entsprechenden Funktionswerte müssen größer oder gleich null sein.

$$P(a < X < b) = \int_{a}^{b} f(x)\,dx \cdot \qquad (5.8)$$

Da Punktwahrscheinlichkeiten 0 sind, ist es unerheblich, ob die beiden Grenzen a und b in das Intervall einbezogen werden oder nicht.

$$P(a < X < b) = P(a \le X < b) = P(a < X \le b) = P(a \le X \le b) \, . \qquad (5.9)$$

Mit Hilfe der Dichtefunktion kann auch die Wahrscheinlichkeit dafür bestimmt werden, dass X kleiner als a:

$$P(X < a) = P(X \le a) = \int_{-\infty}^{a} f(x)\,dx \qquad (5.10)$$

oder größer als b:

$$P(X > b) = P(X \ge b) = \int_{b}^{\infty} f(x)\,dx = 1 - P(X \le b) = 1 - \int_{-\infty}^{b} f(x)\,dx \qquad (5.11)$$

ist. (5.11) gilt, weil die Fläche unterhalb der Dichtefunktion den Wert 1 annimmt [vgl. Formel (5.7) und Abb. 5.9].

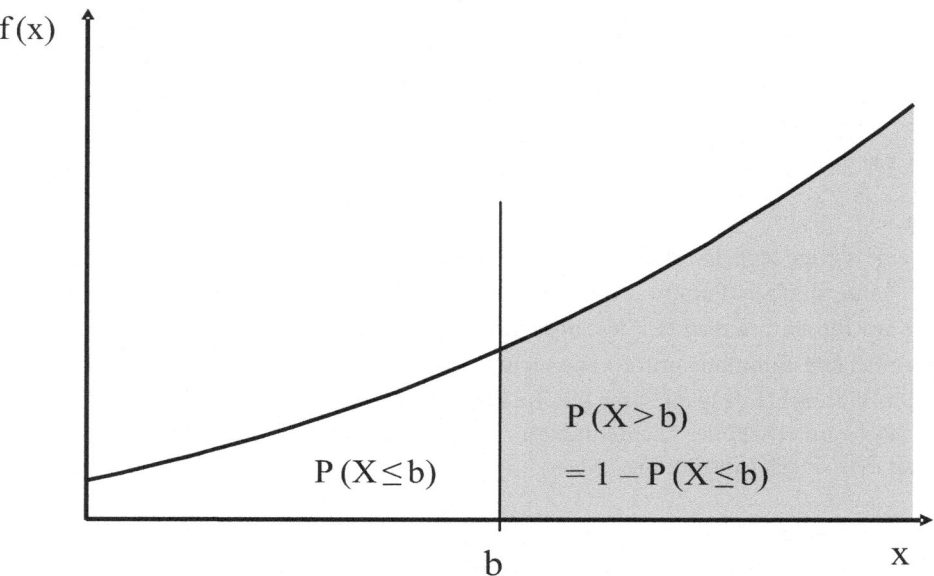

Abb. 5.9 Komplementärwahrscheinlichkeit

Für die Berechnung der Wahrscheinlichkeiten bei Dichtefunktionen durch Integrieren werden die Stammfunktionen benötigt. Einige wichtige Stammfunktionen sind in Tabelle 5.2 angegeben.

Tabelle 5.2 Wichtige Stammfunktionen

Regel	Funktion f(x)	Stammfunktion F(x)
Potenzregel[9]	x^n	$\dfrac{1}{n+1}x^{n+1}$
Faktorregel	a	$a \cdot x$
Summenregel	$a \cdot x^n + b \cdot x^m + c$	$a \cdot \left(\dfrac{1}{n+1}x^{n+1}\right) + b \cdot \left(\dfrac{1}{m+1}x^{m+1}\right) - c \cdot x$

Beispiel 5.7
Eine Zufallsvariable hat die Dichtefunktion

$$f(x) = \begin{cases} 0 & \text{für} & -\infty < x \leq 0 \\ 0{,}5x & \text{für} & 0 < x \leq 2 \\ 0 & \text{für} & 2 < x \leq +\infty \end{cases},$$

die wir grafisch darstellen:

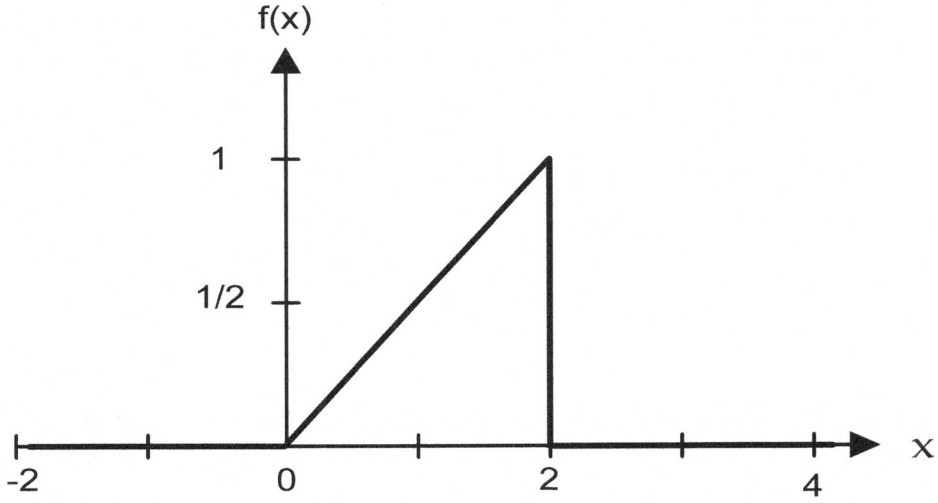

Abb. 5.10 Grafische Darstellung der Dichtefunktion

---

[9] Regel gilt nicht für n = −1. Die Stammfunktion von $f(x) = x^{-1}$ lautet nämlich $F(x) = \ln|x|$.

Es handelt sich auch um eine zulässige Dichtefunktion, da sie die Bedingungen (5.6) und (5.7) erfüllt:

(1)   Aus der grafischen Darstellung folgt (vgl. Abb. 5.10), dass die Funktionswerte f(x) grundsätzlich größer oder gleich null sind:

$$f(x) \geq 0 \text{ für alle x.}$$

(2)   Die Fläche unterhalb der Dichtefunktion ist 1. Beim Integrieren setzt man als Intervallgrenzen den Bereich ein, wo die Funktionswerte f(x) größer als null sind (hier Intervall zwischen null und zwei).[10] Zuerst wird die Stammfunktion gebildet, die in senkrechte Striche gesetzt wird. Anschließend setzt man die Integrationsgrenzen ein:

$$\int_0^2 \frac{1}{2}x \, dx = \left| \frac{1}{2} \cdot \left(\frac{1}{1+1} x^{1+1} \right) \right|_0^2 = \left| \frac{1}{2} \cdot \frac{1}{2} x^2 \right|_0^2 = \left| \frac{1}{4} x^2 \right|_0^2 = \frac{1}{4} \cdot 2^2 - \frac{1}{4} \cdot 0^2 = 1 \cdot$$

Man könnte zur Überprüfung der Voraussetzung auch die Fläche des Dreiecks (siehe Abb. 5.10) bestimmen. Die Fläche eines Dreiecks berechnet sich bekanntermaßen als Produkt zwischen Grundseite mal Höhe mal 0,5. Die Grundseite ist hier 2 und die Höhe 1:

$$2 \cdot 1 \cdot 0,5 = 1 \cdot$$

Interessiert man sich für die Wahrscheinlichkeit, dass X z. B. eine Ausprägung zwischen 0,5 und 1,5 annimmt, hat man die Fläche der Dichtefunktion in diesem Intervall zu bestimmen [vgl. (5.8)]:

$$P(0,5 \leq X \leq 1,5) = \int_{0,5}^{1,5} \frac{1}{2}x \, dx = \left| \frac{1}{2} \cdot \left(\frac{1}{1+1} x^{1+1} \right) \right|_{0,5}^{1,5} = \left| \frac{1}{2} \cdot \frac{1}{2} x^2 \right|_{0,5}^{1,5}$$

$$= \left| \frac{1}{4} x^2 \right|_{0,5}^{1,5} = \frac{1}{4} \cdot 1,5^2 - \frac{1}{4} \cdot 0,5^2 = \frac{1}{4} (2,25 - 0,25)$$

$$= \frac{1}{4} \cdot 2 = 0,5 \, [\hat{=} 50\,\%].$$

Die Wahrscheinlichkeit, dass X bei einem Zufallsexperiment zwischen 0,5 und 1,5 liegt, ist also 50 %. Diese Wahrscheinlichkeit kann man auch als Fläche für das Intervall 0,5 bis 1,5 unterhalb der Dichtefunktion ablesen:

---

[10] Außerhalb dieses Intervalls sind alle Flächen unterhalb der Dichtefunktion null.

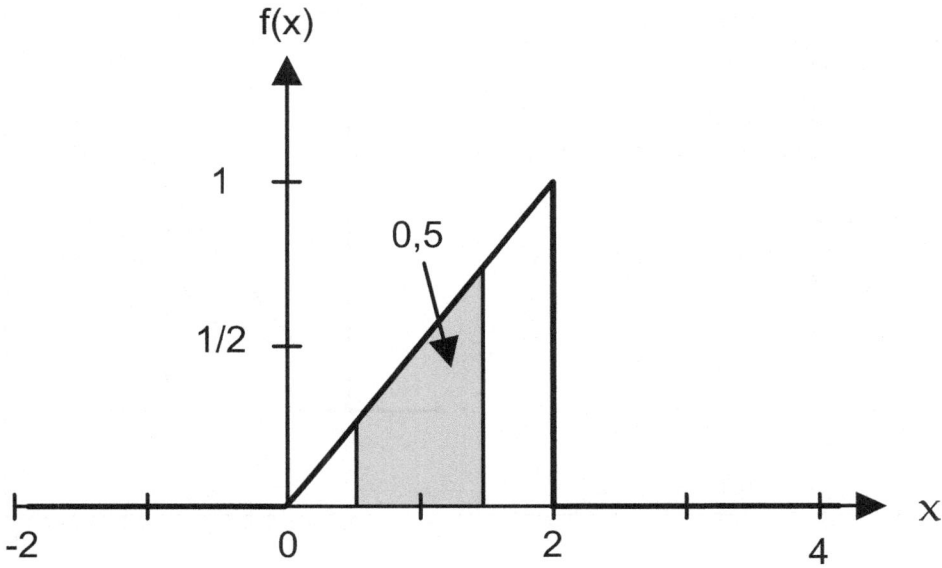

Wie groß ist die Wahrscheinlichkeit dafür, dass X kleiner als 1,5 ist? Für die Berechnung wenden wir Formel (5.10) an. Für X < 0 ist die Dichtefunktion für alle Funktionswerte f(x) null. Die untere Integrationsgrenze bildet deshalb die null. Wir erhalten:

Berechnung	Grafische Darstellung
$$P(X<1,5) \; = \int\limits_{0}^{1,5} \frac{1}{2}x \; dx = \left|\frac{1}{4}x^2\right|_{0}^{1,5}$$ $$= \frac{1}{4} \cdot 1,5^2 - \frac{1}{4} \cdot 0^2 = \frac{1}{4} \cdot 2,25$$ $$= 0,563 \left[\hat{=} 56,3\,\%\right].$$	

Für die Ermittlung der Wahrscheinlichkeit von X > 1,5 ziehen wir Formel (5.11) heran. Es handelt sich um die Gegenwahrscheinlichkeit von X < 1,5. Alternativ kann aber auch die Fläche unterhalb der Dichtefunktion zwischen 1,5 und 2 originär berechnet werden.

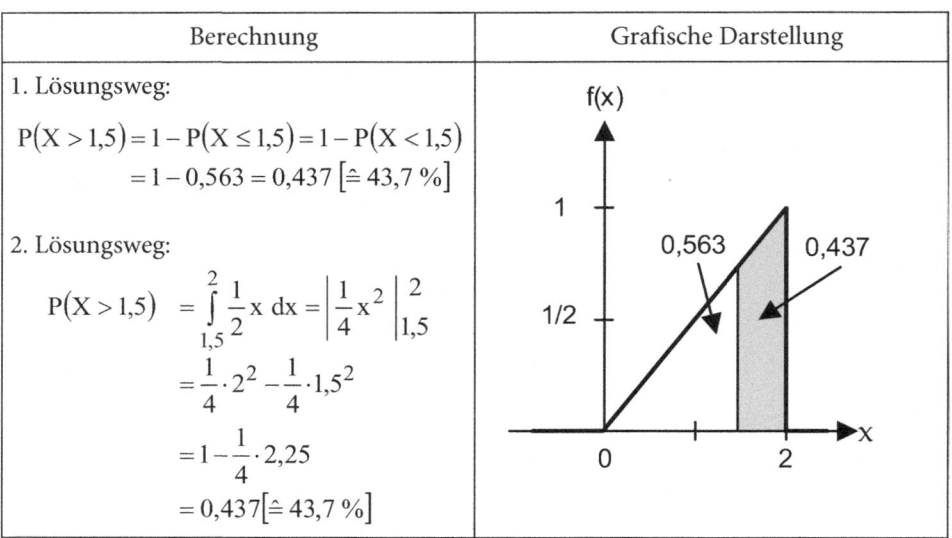

Berechnung	Grafische Darstellung
1. Lösungsweg: $P(X > 1{,}5) = 1 - P(X \leq 1{,}5) = 1 - P(X < 1{,}5)$ $= 1 - 0{,}563 = 0{,}437 \ [\hat{=} 43{,}7\,\%]$ **2. Lösungsweg:** $P(X > 1{,}5) = \int\limits_{1,5}^{2} \dfrac{1}{2} x\ dx = \left. \dfrac{1}{4} x^2 \right|_{1,5}^{2}$ $= \dfrac{1}{4} \cdot 2^2 - \dfrac{1}{4} \cdot 1{,}5^2$ $= 1 - \dfrac{1}{4} \cdot 2{,}25$ $= 0{,}437 [\hat{=} 43{,}7\,\%]$	

5.4 Verteilungsfunktion

Die Verteilungsfunktion F(x) erhält man durch Kumulierung (Aufsummierung) der Wahrscheinlichkeiten bzw. Flächen bis zu einem bestimmten x-Wert.

> Die **Verteilungsfunktion** beantwortet die Frage, mit welcher Wahrscheinlichkeit die Zufallsvariable X einen Wert annimmt, der kleiner oder gleich x ist [P(X ≤ x)].

Verteilungsfunktionen können für diskrete oder stetige Zufallsvariablen gebildet werden.

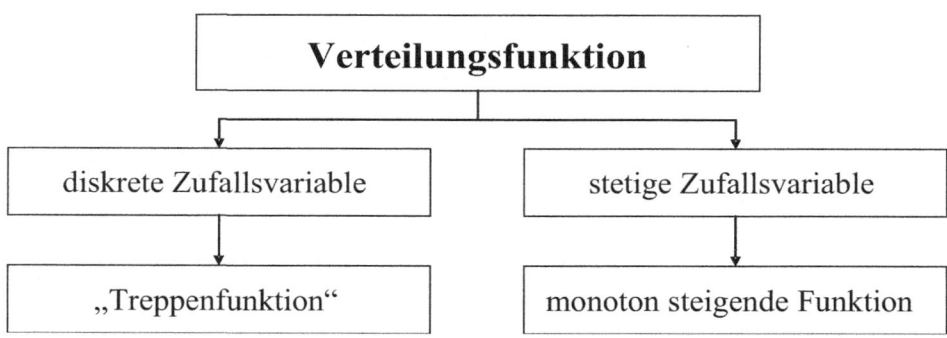

Abb. 5.11 Verteilungsfunktion bei diskreten und stetigen Zufallsvariablen

Diskrete Zufallsvariablen

Häufig interessiert nicht die Wahrscheinlichkeit für einen bestimmten x-Wert. Man will stattdessen wissen, wie wahrscheinlich es ist, dass die Zufallsvariable kleiner oder gleich einem bestimmten x-Wert ist. Diese kumulierte Wahrscheinlichkeit wird durch Aufsummierung der p_j bestimmt. Die kumulierten Wahrscheinlichkeiten werden in der Verteilungsfunktion F(x) ausgewiesen.

Da die Werte der Verteilungsfunktion (kumulierte) Wahrscheinlichkeiten sind, für die die drei Axiome gelten müssen, liegen diese Werte im Intervall [0,1]. Sie ist bei endlichen Zufallsvariablen vor dem ersten x_1 null und ab x_m eins. Die **Funktionsvorschrift** der Verteilungsfunktion lautet demnach:

$$F(x) = \begin{cases} 0 & \text{für } x < x_1 \\[2ex] p_1 & \text{für } x_1 \leq x < x_2 \\[2ex] p_1 + p_2 = \sum_{j=1}^{2} p_j & \text{für } x_2 \leq x < x_3 \\[2ex] \vdots & \\[2ex] p_1 + p_2 + \ldots + p_m = \sum_{j=1}^{m} p_j = 1 & \text{für } x \geq x_m \end{cases} \qquad (5.12)$$

mit $x_1 < x_2 < \ldots < x_m$.

Ebenso wie eine Wahrscheinlichkeitsfunktion lässt sich auch eine Verteilungsfunktion in **Tabellenform** angeben (vgl. Tabelle 5.3). In der Tabelle können die aufsummierten Wahrscheinlichkeiten übersichtlich berechnet werden.

Tabelle 5.3 Tabellarische Darstellung der Verteilungsfunktion (diskrete Zufallsvariablen)

x_j	$F(x_j)$
x_1	p_1
x_2	$p_1 + p_2$
$\vdots$	$\vdots$
x_m	$p_1 + p_2 + \ldots + p_m = 1$

In der **grafischen Darstellung** hat die Verteilungsfunktion das Aussehen einer „**Treppenform**" (vgl. Abb. 5.11). Der ausgefüllte Punkt bei der Sprungstelle gibt an, dass der x-Wert jeweils den Funktionswert (Wahrscheinlichkeitswert) der oberen Sprunggrenze annimmt

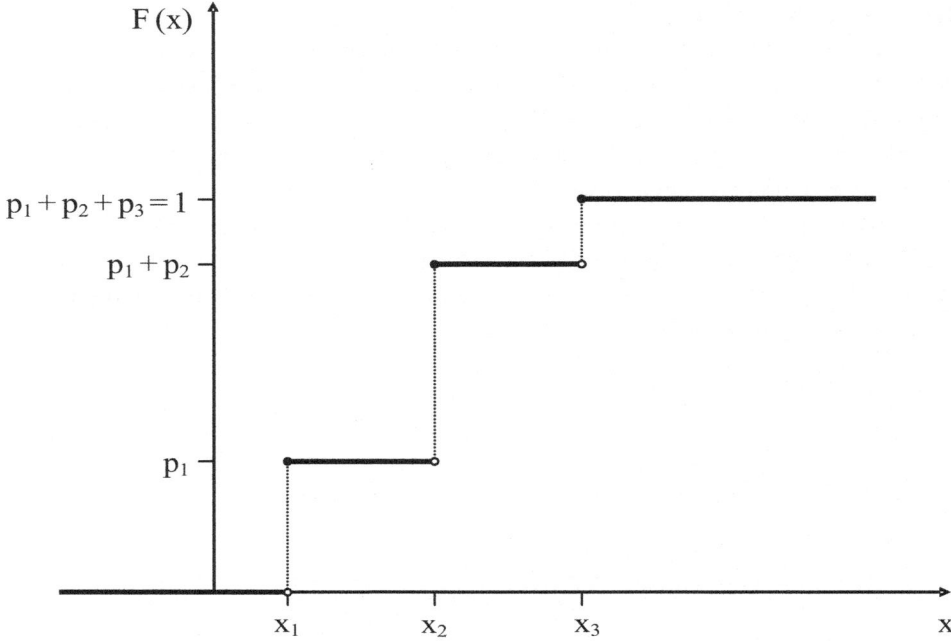

Abb. 5.12 Grafische Darstellung der Verteilungsfunktion (diskrete Zufallsvariablen)

[vgl. hierzu die Funktionsvorschrift (5.12)]. An jeder Sprungstelle nimmt die Verteilungsfunktion um die Wahrscheinlichkeit p_j zu.

In Aufgaben können unterschiedliche Bezeichnungen für die gesuchten Wahrscheinlichkeiten verwendet werden, die mit der Verteilungsfunktion zu berechnen sind. Einen Überblick gibt Tabelle 5.4.

Tabelle 5.4 Angaben für kumulierte Wahrscheinlichkeiten bei einer diskreten Zufallsvariablen X

Wahrscheinlichkeit für …	Formaler Ausdruck
höchstens a	$P(X \leq a) = F(a)$
weniger als a	$P(X < a) = P(X \leq a-1) = F(a-1)$
mindestens a	$P(X \geq a) = 1 - P(X \leq a-1) = 1 - F(a-1)$
mehr als a	$P(X > a) = 1 - P(X \leq a) = 1 - F(a)$

Beispiel 5.8 (Fortsetzung von Beispiel 5.6)
Führen wir Beispiel 5.6 fort (Zufallsvariable X = Augenzahl beim einmaligen Würfeln). Die kumulierten Wahrscheinlichkeiten erhält man durch Aufsummierung der einfachen

Wahrscheinlichkeiten. Beginnen wir mit der tabellarischen Darstellung, wobei die Wahrscheinlichkeits- und Verteilungsfunktion in einer Tabelle wiedergegeben werden. Die Wahrscheinlichkeit für eine Aufgabenzahl kleiner oder gleich 5 beträgt z. B. 83,3 %.

x_j	$f(x_j)$	$F(x_j)$
1	1/6 = 0,167	1/6 = 0,167
2	1/6 = 0,167	1/6 + 1/6 = 2/6 = 0,333
3	1/6 = 0,167	2/6 + 1/6 = 3/6 = 0,5
4	1/6 = 0,167	3/6 + 1/6 = 4/6 = 0,667
5	1/6 = 0,167	4/6 + 1/6 = 5/6 = 0,833
6	1/6 = 0,167	5/6 + 1/6 = 6/6 = 1

Die Funktionsvorschrift lautet [vgl. (5.12)]:

$$F(x) = \begin{cases} 0 & \text{für } x < 1 \\ 1/6 & \text{für } 1 \le x < 2 \\ 1/3 & \text{für } 2 \le x < 3 \\ 1/2 & \text{für } 3 \le x < 4 \\ 2/3 & \text{für } 4 \le x < 5 \\ 5/6 & \text{für } 5 \le x < 6 \\ 1 & \text{für } x \ge 6 \end{cases}$$

Als grafische Darstellung erhält man eine Treppenfunktion. Aus der Grafik lassen sich die kumulierten Wahrscheinlichkeiten ablesen. Eine Augenzahl kleiner oder gleich 4 tritt beispielsweise mit einer Wahrscheinlichkeit von 66,7 % auf [Funktionswert F(x) ist 2/3].

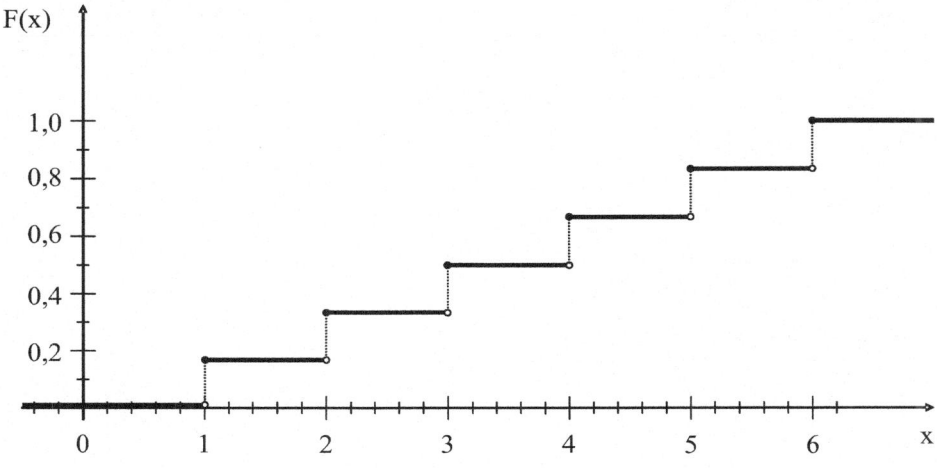

Stetige Zufallsvariablen

Ebenso wie für diskrete kann man auch für stetige Zufallsvariable eine **Verteilungs-funktion** F(x) definieren. F(x) gibt auch hier die Wahrscheinlichkeit dafür an, dass X kleiner oder gleich x ist.

Die Verteilungsfunktion für eine stetige oder kontinuierliche Variable errechnet sich als Fläche unterhalb der Dichtefunktion f(u), die sich bis zur Stelle u = x kumuliert hat. Man erhält sie durch Integration:

$$F(x) = \int_{-\infty}^{x} f(u)\,du \; .$$ (5.13)

Die Größe u wird hierbei als Integrationsvariable verwendet. Mit der Verteilungs-funktion lassen sich ebenfalls wie mit der Dichtefunktion Wahrscheinlichkeiten bestim-men. Bei stetigen Zufallsvariablen ist dabei unerheblich, ob die Intervallgrenze zum In-tervall gezählt wird oder nicht, weil Punktwahrscheinlichkeiten null sind. Die Wahr-scheinlichkeit, dass X kleiner bzw. kleiner oder gleich b ist, wird als Funktionswert der Verteilungsfunktion an der Stelle b berechnet:

$$P(X \le b) = P(X < b) = F(b) \; .$$ (5.14)

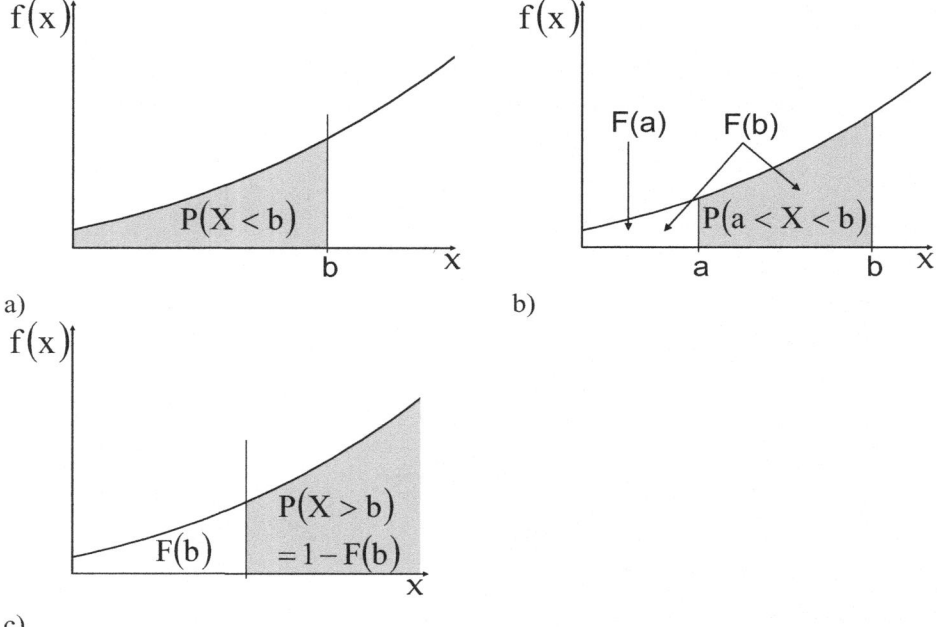

Abb. 5.13 Intervallwahrscheinlichkeiten

Häufig ist nach der Wahrscheinlichkeit dafür gefragt, dass X im Intervall zwischen a und b liegt. Die Wahrscheinlichkeit berechnet sich als Differenz zwischen der Fläche, die sich bis b kumuliert hat minus der entsprechenden Fläche, die vor a liegt (vgl. Abb. 5.13b):

$$P(a \leq X \leq b) = P(a \leq X < b) = P(a < X \leq b) = P(a < X < b) = F(b) - F(a). \quad (5.15)$$

Entsprechend zur Rechenregel für die Komplementärwahrscheinlichkeit bei der Dichtefunktion [vgl. (5.11)] lässt sich die Wahrscheinlichkeit dafür bestimmen, dass X b überschreitet:

$$P(X \geq b) = P(X > b) = 1 - F(b) . \quad (5.16)$$

Da Punktwahrscheinlichkeiten null sind, gilt im Gegensatz zur diskreten Zufallsvariablen (vgl. Tabelle 5.4) die Auflistung in Tabelle 5.5.

Tabelle 5.5 Angaben für kumulierte Wahrscheinlichkeiten bei einer stetigen Zufallsvariablen X

Wahrscheinlichkeit für...	Formaler Ausdruck
höchstens a	$P(X \leq a) = F(a)$
weniger als a	$P(X < a) = F(a)$
mindestens a	$P(X \geq a) = 1 - P(X \leq a) = 1 - F(a)$
mehr als a	$P(X > a) = 1 - P(X \leq a) = 1 - F(a)$

Beispiel 5.9 (Fortsetzung von Beispiel 5.7)
Für die Dichtefunktion aus Beispiel 5.7

$$f(x) = \begin{cases} 0 & \text{für} & -\infty < x \leq 0 \\ 0{,}5x & \text{für} & 0 < x \leq 2 \\ 0 & \text{für} & 2 < x \leq +\infty \end{cases}$$

wollen wir die Verteilungsfunktion bilden. Hierbei gehen wir in zwei Schritten vor:

(1)   Bildung des Integrals für $0 < x \leq 2$:

$$\int_0^x f(u)\,du = \int_0^x \frac{1}{2}u\,du = \left| \frac{1}{4}u^2 \right|_0^x = \frac{1}{4} \cdot x^2 - \frac{1}{4} \cdot 0^2 = \frac{1}{4}x^2$$

(2)   Ausweisen der Verteilungsfunktion:

$$F(x) = \begin{cases} 0 & \text{für } -\infty < x \le 0 \\ \dfrac{1}{4}x^2 & \text{für } 0 < x \le 2 \\ 1 & \text{für } 2 < x \le \infty \end{cases}.$$

Die Dichte- und Verteilungsfunktion seien noch grafisch dargestellt. Bei der Zeichnung der Verteilungsfunktion sollte angedeutet werden, dass F(x) für x < 0 null und für x > 2 eins ist.

Dichtefunktion	Verteilungsfunktion
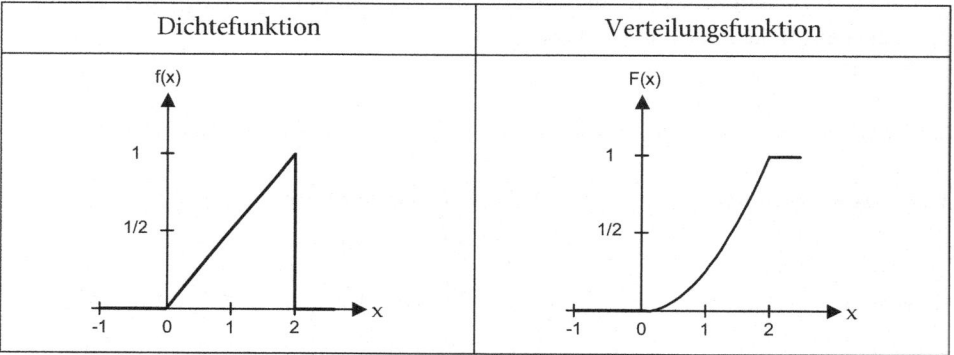	

Wie groß ist die Wahrscheinlichkeit, dass X Werte kleiner oder gleich 1,6 annimmt? Für die Berechnung gibt es zwei Lösungswege. Zum einen kann die gesuchte Wahrscheinlichkeit über die Dichtefunktion mit (5.10) ermittelt werden:

Berechnung	Grafische Darstellung
$P(X \le 1,6) = \int\limits_{0}^{1,6} f(x)\,dx = \int\limits_{0}^{1,6} \dfrac{1}{2}x\,dx$ $= \left| \dfrac{1}{4}x^2 \right|_{0}^{1,6} = \dfrac{1}{4}\cdot 1,6^2 - \dfrac{1}{4}\cdot 0^2$ $= 0,64\,[\hat{=}\,64\,\%]$	

Zum anderen lässt sich aber auch die Verteilungsfunktion mit Formel (5.14) heran-ziehen:

Berechnung	Grafische Darstellung
$P(X \leq 1,6) = F(1,6) = \dfrac{1}{4} \cdot 1,6^2$ $= \dfrac{1}{4} \cdot 2,56 = 0,64 \left[\hat{=} 64\,\%\right]$	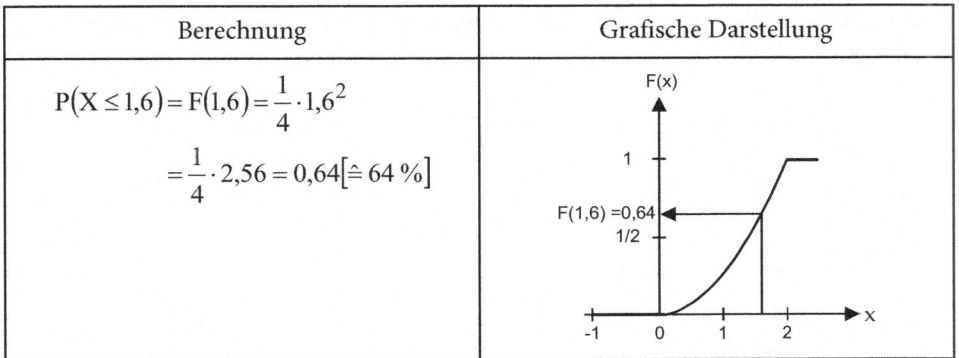

Bei einem Zufallsexperiment wird das Ergebnis mit einer 64 %igen Wahrscheinlichkeit unter 1,6 liegen. x = 1,6 heißt daher **0,64-Quantil** ($\hat{=}$ 0,64 Punkt) der Verteilung.

Welchen Wert nimmt die Wahrscheinlichkeit für 0,6 < X < 1,2 an? Auch diese Fragestellung lässt sich mit der Dichte- oder Verteilungsfunktion beantworten. Zuerst wird die Dichtefunktion mit Formel (5.8) herangezogen:

Berechnung	Grafische Darstellung
$P(0,6 < X < 1,2) = \int\limits_{0,6}^{1,2} f(x)\,dx = \int\limits_{0,6}^{1,2} \dfrac{1}{2} x\,dx$ $= \left\| \dfrac{1}{4} x^2 \right\|_{0,6}^{1,2}$ $= \dfrac{1}{4} \cdot 1,2^2 - \dfrac{1}{4} \cdot 0,6^2$ $= 0,270 \left[\hat{=} 27,0\,\%\right]$	f(x) graph

Dieselbe Wahrscheinlichkeit lässt sich auch unter Verwendung der Verteilungsfunktion [vgl. (5.15)] ermitteln:

Berechnung	Grafische Darstellung
$P(0,6 < X < 1,2) = F(1,2) - F(0,6)$ $= \dfrac{1}{4} \cdot 1,2^2 - \dfrac{1}{4} \cdot 0,6^2$ $= 0,36 - 0,09$ $= 0,270 \left[\hat{=} 27,0\,\%\right]$	F(x) graph

Zuletzt soll noch die Wahrscheinlichkeit dafür bestimmt werden, dass X größer als 1,3 ist. Die gesuchte Wahrscheinlichkeit lässt sich wiederum mit der Dichtefunktion ermitteln.

Berechnung	Grafische Darstellung
$P(X>1,3)=\int\limits_{1,3}^{2} f(x)\,dx = \int\limits_{1,3}^{2} \frac{1}{2}x\,dx$ $= \left. \frac{1}{4}x^2 \right|_{1,3}^{2} = \frac{1}{4}\cdot 2^2 - \frac{1}{4}\cdot 1,3^2$ $= 0,577 \left[\hat{=} 57,7\,\%\right]$	

Einfacher ist aber die Verwendung der Verteilungsfunktion, sofern diese bereits bestimmt worden ist. Hier ist nämlich nur der Funktionswert von 1,3 einzusetzen, so dass man folgendes Ergebnis erhält:

Berechnung	Grafische Darstellung
$P(X>1,3)=1-F(1,3)$ $= 1 - \frac{1}{4}\cdot 1,3^2 = 1 - 0,423$ $= 0,577 \left[\hat{=} 57,7\,\%\right]$	

Beispiel 5.10
Für die Dichtefunktion

$$f(x)=\begin{cases} 0 & \text{für } -\infty < x \le 1 \\ 0{,}04x+0{,}06 & \text{für } \quad 1 < x \le 6 \\ 0 & \text{für } \quad 6 < x \le \infty \end{cases}$$

ermitteln wir die Verteilungsfunktion in den genannten zwei Arbeitsschritten:

(1)   Bildung des Integrals für $1 < x \le 6$:

$$\int\limits_1^x f(u)\,du = \int\limits_1^x (0{,}04u + 0{,}06)\,du = \left| 0{,}04 \cdot \left(\frac{1}{1+1} u^{1+1} \right) + 0{,}06u \right|_1^x$$

$$= \left| 0{,}04 \cdot \frac{1}{2} u^2 + 0{,}06u \right|_1^x = \left| 0{,}02u^2 + 0{,}06u \right|_1^x$$

$$= 0{,}02x^2 + 0{,}06x - (0{,}02 + 0{,}06) = 0{,}02x^2 + 0{,}06x - 0{,}08$$

(2)   Ausweisen der Verteilungsfunktion:

$$F(x) = \begin{cases} 0 & \text{für } -\infty < x \le 1 \\ 0{,}02x^2 + 0{,}06x - 0{,}08 & \text{für } 1 < x \le 6 \\ 1 & \text{für } 6 < x \le \infty \end{cases} .$$

♦

5.5 Erwartungswert und Varianz einer Zufallsvariablen

Hier geht es uns darum, Maßzahlen für die Verteilung einer Zufallsvariablen zu entwickeln. Maßzahlen sind Kenngrößen für die Verteilung einer Zufallsvariablen, mit deren Hilfe wir Wahrscheinlichkeits- und Dichtefunktionen genauer beschreiben können. Es interessiert erstens der Erwartungswert.

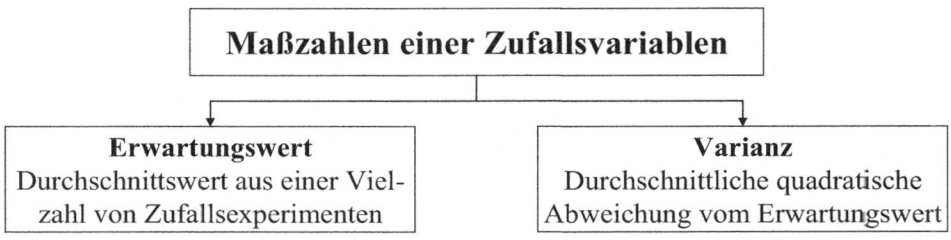

Abb. 5.14 Wichtige Maßzahlen einer Zufallsvariablen

Der **Erwartungswert** gibt an, welchen Wert eine Zufallsvariable bei der häufigen[11] Durchführung eines Zufallsexperiments im Durchschnitt annehmen wird. Der Erwartungswert von X, E(X), wird auch als **arithmetisches Mittel μ** der Grundgesamtheit bezeichnet.

---

[11] Das Zufallsexperiment wird theoretisch unendlich häufig durchgeführt.

Für eine diskrete Zufallsvariable gilt

$$\mu = E(X) = \sum_{j=1}^{m} x_j \cdot p_j = \sum_{j=1}^{m} x_j \cdot f(x_j), \tag{5.17}$$

für eine stetige Zufallsvariable

$$\mu = E(X) = \int_{-\infty}^{\infty} x \cdot f(x) \cdot dx \,. \tag{5.18}$$

Beispiel 5.11 (Fortsetzung von Beispiel 5.1)
Wir greifen auf Beispiel 5.1 zurück, bei dem man beim einmaligen Werfen mit einem Würfel das Fünffache der gewürfelten ungeraden Augenzahl gewinnt und das Vierfache der geraden Augenzahl (jeweils in Euro) verliert. Von welchem Erwartungswert des Gewinns können Sie ausgehen, wenn Sie an diesem Glücksspiel teilnehmen?

Mit Hilfe der Angaben in der Wahrscheinlichkeitsfunktion:

$$f(x) = \begin{cases} \dfrac{1}{6} & \text{für } x = -24 \\ \dfrac{1}{6} & \text{für } x = -16 \\ \dfrac{1}{6} & \text{für } x = -8 \\ \dfrac{1}{6} & \text{für } x = 5 \\ \dfrac{1}{6} & \text{für } x = 15 \\ \dfrac{1}{6} & \text{für } x = 25 \\ 0 & \text{sonst} \end{cases}$$

lässt sich der Erwartungswert unter Verwendung von (5.17) bestimmen:

$$\begin{aligned} \mu = E(X) &= \sum_{j=1}^{6} x_j \cdot p_j \\ &= (-24) \cdot \frac{1}{6} + (-16) \cdot \frac{1}{6} + (-8) \cdot \frac{1}{6} + 5 \cdot \frac{1}{6} + 15 \cdot \frac{1}{6} + 25 \cdot \frac{1}{6} \\ &= -\frac{3}{6} = -\frac{1}{2} \,. \end{aligned}$$

Sie müssen also im Schnitt mit einem Verlust pro Spiel von ½ Euro rechnen.   ◆

Beispiel 5.12 (Fortsetzung von Beispiel 5.9)

Kehren wir zu unserer Dichtefunktion in Beispiel 5.9,

$$f(x) = \begin{cases} 0 & \text{für} & -\infty < x \leq 0 \\ 0{,}5x & \text{für} & 0 < x \leq 2 \\ 0 & \text{für} & 2 < x \leq +\infty \end{cases},$$

zurück. Wie groß ist sein Erwartungswert? Zur Berechnung ziehen wir (5.18) heran. Als Integrationsgrenzen wählen wir den Bereich, in dem die Wahrscheinlichkeit nicht null ist, also das Intervall zwischen null und zwei:

$$\mu = E(X) = \int_0^2 x \cdot f(x) \cdot dx = \int_0^2 x \cdot \tfrac{1}{2}x \cdot dx = \int_0^2 \tfrac{1}{2} \cdot x^2 \cdot dx$$

$$= \left| \frac{1}{6} \cdot x^3 \right|_0^2 = \frac{8}{6} - 0 = \frac{4}{3}.$$

Wir haben damit den Erwartungswert einer Zufallsvariablen kennen gelernt. Zur näheren Charakterisierung einer Wahrscheinlichkeits- bzw. Dichtefunktion reicht der Erwartungswert allerdings allein nicht aus. Wir haben zwar mit dem Erwartungswert die Information, welcher Wert von der Zufallsvariablen durchschnittlich angenommen wird. Wir wissen aber insbesondere noch nicht, wie stark die Werte der Zufallsvariablen dabei schwanken.

Neben der durchschnittlichen Ausprägung bei der einmaligen Durchführung eines Zufallsexperiments interessiert also zweitens, wie stark die Werte der Zufallsvariablen um das arithmetische Mittel streuen. Ein Maß für die quadrierten Abweichungen ist die **Varianz** σ^2.

Im diskreten Fall ist die Varianz ein gewogener Mittelwert aus bestimmten Abständen aller Werte x_j, die die Zufallsvariable X annehmen kann, vom Erwartungswert. Als Abstände werden dabei die quadrierten Abweichungen verwendet, womit vermieden wird, dass sich positive und negative Abweichungen gegeneinander aufaddieren. Da also alle Summanden positiv sind, ist die Varianz stets größer oder gleich 0. Die Varianz nimmt nur dann den Wert 0 an, wenn jedes x_j gleich dem Erwartungswert ist. Die quadrierten Abweichungen sind mit den Wahrscheinlichkeiten p_j gewichtet. Die Werte x_j, die die Zufallsvariable X mit hoher Wahrscheinlichkeit p_j annimmt, gehen also mit großem Gewicht in die Berechnung der Varianz ein:

$$\sigma^2 = \text{Var}(X) = E(X - \mu)^2 = \sum_{j=1}^{m} (x_j - \mu)^2 \cdot p_j = \sum_{j=1}^{m} (x_j - \mu)^2 \cdot f(x_j). \qquad (5.19)$$

Für eine stetige Zufallsvariable erhält man entsprechend:

$$\sigma^2 = \mathrm{Var}(X) = E\big(X - \mu\big)^2 = \int\limits_{-\infty}^{\infty} \big(x - \mu\big)^2 \cdot f\big(x\big) \cdot dx \ . \tag{5.20}$$

Die Quadratwurzel der Varianz heißt **Standardabweichung**:

$$\sigma = \sqrt{\sigma^2} \ . \tag{5.21}$$

Die **Standardabweichung** σ gibt an, wie stark die Werte einer Zufallsvariablen durchschnittlich vom Erwartungswert von X, E(X), abweichen.

Wie die Varianz ist auch die Standardabweichung ein gewogener Mittelwert aus den quadrierten Abweichungen aller x-Werte vom Erwartungswert. Der Unterschied zur Varianz besteht in der Dimensionierung: Bei der Standardabweichung wird die anfängliche Quadrierung der Abweichungen, die zur Berechnung der Varianz notwendig ist, nachträglich durch die Berechnung der Wurzel wieder rückgängig gemacht. Die Standardabweichung beschreibt somit die Streuung der Werte der Zufallsvariablen, aber nun in Einheiten des Erwartungswertes.

Angenommen, eine Zufallsvariable hat eine kleine Varianz. Was bedeutet das für die Wahrscheinlichkeits- bzw. Dichtefunktion? Nun, bei kleiner Varianz haben Werte, die weit vom Erwartungswert entfernt liegen, eine niedrige Wahrscheinlichkeit, denn dann gehen die Abweichungen dieser Werte vom Erwartungswert mit geringem Gewicht in die Berechnung der Varianz ein. Geringe Abweichungen weisen dagegen ein relativ hohes Gewicht auf. Man kann also sagen: Je kleiner die Varianz bzw. Standardabweichung einer Zufallsvariablen ist, umso stärker konzentrieren sich die Werte der Zufallsvariablen um den Erwartungswert. Daher wird die Varianz als **Streuungsparameter einer Verteilung** bezeichnet.

Beispiel 5.13 (Fortsetzung von Beispiel 5.8)
Wie groß sind Varianz und Standardabweichung beim einmaligen Werfen mit einem fairen Würfel? Es gilt

$$f\big(x\big) = \begin{cases} \tfrac{1}{6} & \text{für } x = 1 \\ \tfrac{1}{6} & \text{für } x = 2 \\ \tfrac{1}{6} & \text{für } x = 3 \\ \tfrac{1}{6} & \text{für } x = 4 \\ \tfrac{1}{6} & \text{für } x = 5 \\ \tfrac{1}{6} & \text{für } x = 6 \\ 0 & \text{sonst} \end{cases} \ .$$

Damit ist

$$\mu = E(X) = \sum_{j=1}^{6} x_j \cdot p_j = 1 \cdot \frac{1}{6} + 2 \cdot \frac{1}{6} + 3 \cdot \frac{1}{6} + 4 \cdot \frac{1}{6} + 5 \cdot \frac{1}{6} + 6 \cdot \frac{1}{6}$$

$$= \frac{1}{6} \cdot (1 + 2 + 3 + 4 + 5 + 6) = \frac{1}{6} \cdot 21 = 3,5 \ .$$

Die Varianz errechnet sich durch

$$\sigma^2 = \sum_{j=1}^{6} (x_j - \mu)^2 \cdot p_j$$

$$= (1 - 3,5)^2 \cdot \frac{1}{6} + (2 - 3,5)^2 \cdot \frac{1}{6} + (3 - 3,5)^2 \cdot \frac{1}{6} + (4 - 3,5)^2 \cdot \frac{1}{6}$$

$$+ (5 - 3,5)^2 \cdot \frac{1}{6} + (6 - 3,5)^2 \cdot \frac{1}{6}$$

$$= \frac{1}{6} \cdot (6,25 + 2,25 + 0,25 + 0,25 + 2,25 + 6,25)$$

$$= \frac{1}{6} \cdot 17,5 = 2,917 \ .$$

Die Würfelwürfe weichen also durchschnittlich um

$$\sigma = \sqrt{\sigma^2} = \sqrt{\frac{17,5}{6}} = 1,708$$

vom arithmetischen Mittel von 3,5 ab.   ◆

Beispiel 5.14 (Fortsetzung von Beispiel 5.12)
Für die Dichtefunktion,

$$f(x) = \begin{cases} 0 & \text{für} \quad -\infty < x \le 0 \\ 0,5x & \text{für} \quad 0 < x \le 2 \\ 0 & \text{für} \quad 2 < x \le +\infty \end{cases} \ ,$$

hatten wir bereits den Erwartungswert von 4/3 in Beispiel 5.12 bestimmt. Damit lassen sich Varianz:

$$\sigma^2 = \int\limits_{-\infty}^{\infty} (x - \mu)^2 \cdot f(x) \cdot dx = \int\limits_0^2 \left(x - \frac{4}{3} \right)^2 \cdot \frac{1}{2} \cdot x \cdot dx$$

$$= \int\limits_0^2 \left(x^2 - \frac{8}{3} \cdot x + \frac{16}{9} \right) \cdot \frac{1}{2} \cdot x \cdot dx = \int\limits_0^2 \left(\frac{x^3}{2} - \frac{4}{3} \cdot x^2 + \frac{8}{9} \cdot x \right) \cdot dx$$

$$= \left| \frac{x^4}{8} - \frac{4}{9} \cdot x^3 + \frac{4}{9} \cdot x^2 \right|_0^2 = 2 - \frac{32}{9} + \frac{16}{9} = \frac{2}{9} = 0{,}222$$

und Standardabweichung als Quadratwurzel der Varianz:

$$\sigma = \sqrt{\frac{2}{9}} = 0{,}471$$

berechnen. Die Werte, die die Zufallsvariable X annehmen kann, weichen also im Mittel um 0,471 vom Erwartungswert ab.   ◆

5.6   Eigenschaften von Erwartungswert und Varianz

Es werden nun die allgemeinen Eigenschaften von Erwartungswert und Varianz einer Zufallsvariablen diskutiert.

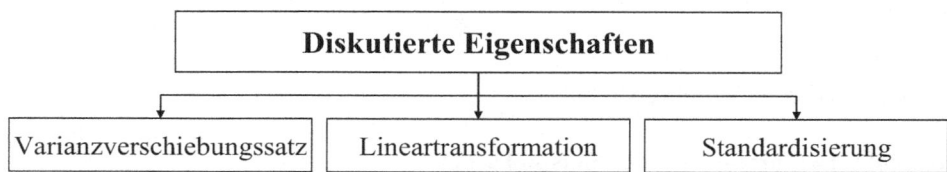

Abb. 5.15 Diskutierte Eigenschaften

Varianzverschiebungssatz

Zur Varianzermittlung gibt es eine vereinfachte Berechnungsformel, den Varianzverschiebungssatz. Hier wird nur der Erwartungswert der quadrierten Zufallsvariablen sowie der einfache Erwartungswert benötigt:

$$\sigma^2 = E\!\left(X^2\right) - [E(X)]^2 \tag{5.22}$$

mit

$$E\left(X^2\right) = \sum_{j=1}^{m} x_j^2 \cdot p_j = \sum_{j=1}^{m} x_j^2 \cdot f\left(x_j\right) \text{ (diskreter Fall)}, \tag{5.23}$$

bzw.

$$E\left(X^2\right) = \int_{-\infty}^{\infty} x^2 \cdot f(x) \cdot dx \text{ (stetiger Fall).} \tag{5.24}$$

Beweis von Formel (5.22)

Die Varianz von X ist definiert als quadrierte Abweichungen von X bezüglich E(X):

$$\begin{aligned}
\sigma^2 &= E\left\{[X - E(X)]^2\right\} = E\left\{[X - E(X)] \cdot [X - E(X)]\right\} \\
&= E\left\{X^2 - 2 \cdot X \cdot E(X) + [E(X)]^2\right\} \\
&= E(X^2) - 2 \cdot E(X) \cdot E(X) + [E(X)]^2 \\
&= E(X^2) - 2 \cdot [E(X)]^2 + [E(X)]^2 \\
&= E(X^2) - [E(X)]^2 \ .
\end{aligned}$$

Somit ist der Varianzverschiebungssatz (5.22) bewiesen.

Beispiel 5.15 (Fortsetzung von Beispiel 5.13)

Für die Wahrscheinlichkeitsfunktion beim einmaligen Würfelwurf wird der Erwartungswert von X^2 ermittelt:

$$\begin{aligned}
E\left(X^2\right) &= \sum_{j=1}^{6} x_j^2 \cdot p_j \\
&= 1^2 \cdot \frac{1}{6} + 2^2 \cdot \frac{1}{6} + 3^2 \cdot \frac{1}{6} + 4^2 \cdot \frac{1}{6} + 5^2 \cdot \frac{1}{6} + 6^2 \cdot \frac{1}{6} \\
&= \frac{1}{6} \cdot (1 + 4 + 9 + 16 + 25 + 36) = \frac{91}{6} = 15{,}167 \ .
\end{aligned}$$

Mit dem Varianzverschiebungssatz,

$$\sigma^2 = E\left(X^2\right) - [E(X)]^2 = 15{,}167 - 3{,}5^2 = 15{,}167 - 12{,}25 = 2{,}917 \ ,$$

erhält man das gleiche Ergebnis für die Varianz wie mit der originären Formel (vgl. Beispiel 5.13). ♦

Beispiel 5.16 (Fortsetzung von Beispiel 5.14)
Für die Dichtefunktion

$$f(x) = \begin{cases} 0 & \text{für} & -\infty < x \le 0 \\ 0{,}5x & \text{für} & 0 < x \le 2 \\ 0 & \text{für} & 2 < x \le +\infty \end{cases}$$

lässt sich unter Verwendung des in Beispiel 5.12 ermittelten Erwartungswertes E(X) von 4/3 und des Erwartungswertes von X^2,

$$E\left(X^2\right) = \int_0^2 x^2 \cdot f(x) \cdot dx = \int_0^2 x^2 \cdot \tfrac{1}{2} x \cdot dx = \int_0^2 \tfrac{1}{2} \cdot x^3 \cdot dx = \left| \frac{1}{8} \cdot x^4 \right|_0^2$$

$$= \frac{16}{8} - 0 = 2 ,$$

die Varianz berechnen (vgl. auch Beispiel 5.14):

$$\sigma^2 = E\left(X^2\right) - \left[E(X)\right]^2 = 2 - \left(\frac{4}{3}\right)^2 = \frac{18}{9} - \frac{16}{9} = \frac{2}{9} = 0{,}222 \cdot \qquad \blacklozenge$$

Lineartransformation
In verschiedenen Anwendungen wird von einer **Lineartransformation** Gebrauch gemacht, indem X um einen konstanten Betrag a und einen multiplikativen Faktor b erhöht wird:

$$Y = a + b \cdot X . \tag{5.25}$$

Den neuen Erwartungswert erhält man dann über:

$$E(Y) = E(a + b \cdot X) = a + b \cdot E(X) . \tag{5.26}$$

Aufgrund der Transformationseigenschaften (5.26) bezeichnet man den Erwartungswert auch als linearen Operator. Speziell folgt aus (5.26), dass eine Konstante mit ihrem Erwartungswert übereinstimmt.

Beweis von Formel (5.26)
Beim Beweis von (5.26) müssen wir unterscheiden, ob X diskret oder stetig ist. Wir beschränken uns hier auf den stetigen Fall. Es gilt

$$E(Y) = \int\limits_{-\infty}^{\infty} (a + b \cdot x) \cdot f(x)\,dx = \int\limits_{-\infty}^{\infty} a \cdot f(x)\,dx + \int\limits_{-\infty}^{\infty} b \cdot x \cdot f(x)\,dx$$

$$= a \cdot \int\limits_{-\infty}^{\infty} f(x)\,dx + b \cdot \int\limits_{-\infty}^{\infty} x \cdot f(x)\,dx$$

und

$$E(Y) = E(a + bX) = a + b \cdot E(X),$$

wegen

$$\int\limits_{-\infty}^{\infty} f(x)\,dx = 1 \text{ und } \int\limits_{-\infty}^{\infty} x \cdot f(x)\,dx = E(X).$$

Beispiel 5.17 (Fortsetzung von Beispiel 5.11)

Angenommen, der Glücksspieler muss seinen Gewinn, der in Euro ausgezahlt wird, in Dollar [$] umtauschen. Für einen Euro erhält er 0,90 Dollar. Zusätzlich fallen Umtauschgebühren unabhängig von der Höhe des Gewinns von 2 Dollar an. Alle Gewinne werden also um 2 Dollar gesenkt. Wie hoch ist der erwartete Gewinn in Dollar?

Die Formel für die Lineartransformation lautet:

$$Y[\text{in } \$] = -2\,\$ + 0,90\,\frac{\$}{€} \cdot X[\text{in } €].$$

Anwendung von (5.25)	Anwendung von (5.26)
• Neue Gewinne: $$y_1 = -2 + 0,90 \cdot (-24) = -23,6,$$ $$y_2 = -2 + 0,90 \cdot (-16) = -16,4,$$ $$y_3 = -2 + 0,90 \cdot (-8) = -9,2$$ $$y_4 = -2 + 0,90 \cdot 5 = 2,5$$ $$y_5 = -2 + 0,90 \cdot 15 = 11,5$$ $$y_6 = -2 + 0,90 \cdot 25 = 20,5.$$	• Alte Wahrscheinlichkeitsfunktion: $$f(x) = \begin{cases} \dfrac{1}{6} & \text{für } x = -24 \\ \dfrac{1}{6} & \text{für } x = -16 \\ \dfrac{1}{6} & \text{für } x = -8 \\ \dfrac{1}{6} & \text{für } x = 5 \\ \dfrac{1}{6} & \text{für } x = 15 \\ \dfrac{1}{6} & \text{für } x = 25 \\ 0 & \text{sonst} \end{cases}$$

Anwendung von (5.25)	Anwendung von (5.26)
• Neue Wahrscheinlichkeitsfunktion: $$f(y)=\begin{cases}\dfrac{1}{6} & \text{für } x = -23,6 \\[4pt] \dfrac{1}{6} & \text{für } x = -16,4 \\[4pt] \dfrac{1}{6} & \text{für } x = -9,2 \\[4pt] \dfrac{1}{6} & \text{für } x = 2,5 \\[4pt] \dfrac{1}{6} & \text{für } x = 11,5 \\[4pt] \dfrac{1}{6} & \text{für } x = 20,5 \\[4pt] 0 & \text{sonst}\end{cases}$$ • Neuer Erwartungswert: $$E(Y)=\sum_{j=1}^{6}x_j\cdot p_j$$ $$=(-23,6)\cdot\frac{1}{6}+(-16,4)\cdot\frac{1}{6}$$ $$+(-9,2)\cdot\frac{1}{6}+2,5\cdot\frac{1}{6}$$ $$+11,5\cdot\frac{1}{6}+20,5\cdot\frac{1}{6}$$ $$=-2,45\,[\$].$$	• Alter Erwartungswert (vgl. Beispiel 5.11): $$E(X)=-\frac{1}{2}\ [\epsilon]$$ • Neuer Erwartungswert: $$E(Y)=a+b\cdot E(X)$$ $$=-2+0,9\cdot(-0,5)$$ $$=-2,45\,[\$]$$

♦

Im Falle einer linearen Transformation der Zufallsvariablen X werden bei der Varianz-bildung multiplikative Konstanten quadriert. Die Varianz ändert sich dagegen nicht, wenn zu der Zufallsvariablen eine Konstante addiert wird. Daraus folgt, dass die Varianz einer Konstanten stets gleich null ist.

$$\mathrm{Var}(Y) = \mathrm{Var}(a + bX) = b^2 \cdot \mathrm{Var}(X) \ . \tag{5.27}$$

Beweis von Formel (5.27)

Die Varianz ist definiert als quadrierte Abweichung der Zufallsvariablen von ihrem Erwartungswert:

$$\mathrm{Var}(Y) = E[Y - E(Y)]^2 = E[(a + b\cdot X) - E(a + b\cdot X)]^2,$$

so dass man nach Auflösen der Klammer

$$Var(Y) = E[a + b \cdot X - E(a + b \cdot X)]^2 \qquad (5.28)$$

erhält. Aufgrund von (5.26),

$$E(Y) = a + b \cdot E(X),$$

lässt sich (5.28) zu

$$Var(Y) = E[a + b \cdot X - a - b \cdot E(X)]^2 = E[b \cdot X - b \cdot E(X)]^2$$

umformen. Daraus folgt (5.27)

$$Var(Y) = E\{b \cdot [X - E(X)]\}^2 = b^2 \cdot E[X - E(X)]^2 = b^2 \cdot Var(X).$$

Beispiel 5.18 (Fortsetzung von Beispiel 5.17)
Wie hoch ist die Varianz des Spielergewinns in Dollar? Wir berechnen die Lösung auf zwei Wegen:

Anwendung von (5.25)	Anwendung von (5.27)
• Neue Wahrscheinlichkeitsfunktion (Gewinn in Dollar):	• Wahrscheinlichkeitsfunktion (Gewinn in Euro):
$$f(y) = \begin{cases} \dfrac{1}{6} & \text{für } x = -23{,}6 \\ \dfrac{1}{6} & \text{für } x = -16{,}4 \\ \dfrac{1}{6} & \text{für } x = -9{,}2 \\ \dfrac{1}{6} & \text{für } x = 2{,}5 \\ \dfrac{1}{6} & \text{für } x = 11{,}5 \\ \dfrac{1}{6} & \text{für } x = 20{,}5 \\ 0 & \text{sonst} \end{cases}$$	$$f(x) = \begin{cases} \dfrac{1}{6} & \text{für } x = -24 \\ \dfrac{1}{6} & \text{für } x = -16 \\ \dfrac{1}{6} & \text{für } x = -8 \\ \dfrac{1}{6} & \text{für } x = 5 \\ \dfrac{1}{6} & \text{für } x = 15 \\ \dfrac{1}{6} & \text{für } x = 25 \\ 0 & \text{sonst} \end{cases}$$
• Neuer Erwartungswert:	• Alter Erwartungswert:
$$E(Y) = -2{,}45 \, [\$]$$	$$E(X) = -0{,}5 \, [€]$$

Anwendung von (5.25)	Anwendung von (5.27)
• Neue Varianz:	• Alte Varianz:

$$\text{Var}(Y) = \sum_{j=1}^{6}\left[x_j - E(X)\right]^2 \cdot p_j$$

$$= \left[-23,6-(-2,45)\right]^2 \cdot 1/6$$
$$+ \left[-16,4-(-2,45)\right]^2 \cdot 1/6$$
$$+ \left[-9,2-(-2,45)\right]^2 \cdot 1/6$$
$$+ \left[2,5-(-2,45)\right]^2 \cdot 1/6$$
$$+ \left[11,5-(-2,45)\right]^2 \cdot 1/6$$
$$+ \left[20,5-(-2,45)\right]^2 \cdot 1/6$$
$$= 74,554 + 32,434 + 7,594$$
$$+ 4,084 + 32,434 + 87,784$$
$$= 238,883 \left[\$^2\right].$$

$$\text{Var}(X) = \sum_{j=1}^{6}\left[x_j - E(X)\right]^2 \cdot p_j$$

$$= \left[-24-(-0,5)\right]^2 \cdot 1/6$$
$$+ \left[-16-(-0,5)\right]^2 \cdot 1/6$$
$$+ \left[-8-(-0,5)\right]^2 \cdot 1/6$$
$$+ \left[5-(-0,5)\right]^2 \cdot 1/6$$
$$+ \left[15-(-0,5)\right]^2 \cdot 1/6$$
$$+ \left[25-(-0,5)\right]^2 \cdot 1/6$$
$$= 92,042 + 40,042 + 9,375$$
$$+ 5,042 + 40,042 + 108,375$$
$$= 294,917$$

• Neue Varianz:

$$\text{Var}(Y) = b^2 \cdot \text{Var}(X)$$
$$= 0,9^2 \cdot 294,917$$
$$= 238,883 \left[\$^2\right].$$

Standardisierung

Häufig verwendet man eine standardisierte Zufallsvariable. Diese wird mit den Buchstaben Z gekennzeichnet. Sie weist folgende Eigenschaften auf:

$$E(Z) = 0 \text{ und } \text{Var}(Z) = 1 . \tag{5.29}$$

Jede Zufallsvariable X lässt sich unter Anwendung der Formel

$$Z = \frac{X - E(X)}{\sqrt{\text{Var}(X)}} \tag{5.30}$$

standardisieren. Wir konstruieren also aus X eine standardisierte Zufallsvariable Z, indem wir zunächst X um den Erwartungswert E(X) bereinigen und dann die so erhaltene Zufallsvariable durch die Standardabweichung von X dividieren.

Beweis von Formel (5.30)

Zu E(Z) = 0:

Es ist

$$E(Z) = E\left[\frac{X - E(X)}{\sqrt{Var(X)}}\right] = \frac{1}{\sqrt{Var(X)}} \cdot E[X - E(X)]$$

$$= \frac{1}{\sqrt{Var(X)}} \cdot [E(X) - E(X)] = \frac{1}{\sqrt{Var(X)}} \cdot 0 = 0.$$

Zu Var(Z) = 1:

Die Berechnung der Varianz einer standardisierten Zufallsvariablen,

$$Var(Z) = Var\left[\frac{X - E(X)}{\sqrt{Var(X)}}\right] = \frac{1}{\sqrt{Var(X)}} \cdot Var[X - E(X)],$$

erfolgt unter Anwendung der Regel, dass die Varianz einer Konstanten $E(X)$ null ist:

$$Var(Z) = \frac{1}{\sqrt{Var(X)}} \cdot Var(X) - \frac{1}{\sqrt{Var(X)}} \cdot Var[E(X)] = 1 - 0 = 1.$$

Beispiel 5.19 (Fortsetzung von Beispiel 5.18)

Wir standardisieren die Zufallsvariable „Gewinn" unter Verwendung des in Beispiel 5.11 ermittelten Erwartungswertes, $E(X) = -0,5$, und der in Beispiel 5.18 berechneten Varianz, $Var(X) = 294,917$.

Ursprüngliche Zufallsvariable	Standardisierte Zufallsvariable
$f(x) = \begin{cases} \frac{1}{6} & \text{für } x = -24 \\ \frac{1}{6} & \text{für } x = -16 \\ \frac{1}{6} & \text{für } x = -8 \\ \frac{1}{6} & \text{für } x = 5 \\ \frac{1}{6} & \text{für } x = 15 \\ \frac{1}{6} & \text{für } x = 25 \\ 0 \text{ sonst} \end{cases}$	$f(z) = \begin{cases} \frac{1}{6} & \text{für } z = \frac{-24 - (-0,5)}{\sqrt{294,917}} = -1,368 \\ \frac{1}{6} & \text{für } z = \frac{-16 - (-0,5)}{\sqrt{294,917}} = -0,903 \\ \frac{1}{6} & \text{für } z = \frac{-8 - (-0,5)}{\sqrt{294,917}} = -0,437 \\ \frac{1}{6} & \text{für } z = \frac{5 - (-0,5)}{\sqrt{294,917}} = 0,320 \\ \frac{1}{6} & \text{für } z = \frac{15 - (-0,5)}{\sqrt{294,917}} = 0,903 \\ \frac{1}{6} & \text{für } z = \frac{25 - (-0,5)}{\sqrt{294,17}} = 1,485 \\ 0 \text{ sonst} \end{cases}$

Die standardisierte Zufallsvariable hat einen Erwartungswert von null und eine Varianz von eins. Ihre Wahrscheinlichkeitsfunktion ist mit f(z) bezeichnet.   ♦

5.7   Momente und Schiefe[12]

Die Varianz und Standardabweichung stellen spezielle Kennzahlen einer Zufallsvariablen dar. Daneben gibt es noch Verallgemeinerungen, die sog. Momente. Einerseits sind die **gewöhnlichen Momente** – oder kurz einfach nur Momente – zu nennen. Das **r-te Moment von X**, bezeichnet als μ_r, ist definiert durch

$$\mu_r = E(X^r), r = 1, 2, \dots. \tag{5.31}$$

Man nennt μ_r auch das gewöhnliche Moment r-ter Ordnung. Es gelten folgende Berechnungsformeln:

$$\mu_r = E(X^r) = \sum_{j=1}^{m} x_j^r \cdot p_j = \sum_{j=1}^{m} x_j^r \cdot f(x_j) \text{ (falls X diskret)}, \tag{5.32}$$

$$\mu_r = E(X^r) = \int_{-\infty}^{\infty} x^r \cdot f(x)\, dx \text{ (falls X stetig)}. \tag{5.33}$$

Ist speziell r = 1, dann folgt $\mu_1 = E(X^1) = E(X)$, d. h., das erste gewöhnliche Moment einer Zufallsvariablen ist gleich dem Erwartungswert. Wenn speziell r = 2 ist, dann folgt $\mu_2 = E(X^2)$. Mit dem Varianzverschiebungssatz [vgl. (5.22)] lässt sich die Varianz einer Zufallsvariablen durch $Var(X) = E(X^2) - [E(X)]^2$ berechnen. Da $\mu_1 = E(X)$ und $\mu_2 = E(X^2)$ sind, erhält man

$$Var(X) = \mu_2 - \mu_1^2 . \tag{5.34}$$

Wir können also die Varianz einer Zufallsvariablen aus den ersten beiden gewöhnlichen Momenten ermitteln.

Wir werden außerdem zentrale Momente einer Zufallsvariablen betrachten. Das **r-te zentrale Moment von X**, bezeichnet als μ_r^*, ist definiert als

---

[12] Dieser Abschnitt kann von dem methodisch ungeübten Leser problemlos übergangen werden.

$$\mu_r^* = E[X - E(X)]^r, \ r = 1,2,\dots . \tag{5.35}$$

μ_r^* ist zentral in Bezug auf den Erwartungswert von X. Wie die gewöhnlichen Momente sind auch die zentralen Momente als Erwartungswerte spezieller Funktionen einer Zufallsvariablen X definiert. Ist nämlich r = 1, dann folgt

$$\mu_1^* = E[X - E(X)]^1 = E[X - E(X)] = 0 .$$

Das erste zentrale Moment einer Zufallsvariablen ist also stets gleich 0. Gilt r = 2, dann folgt $\mu_2^* = E[X - E(X)]^2$. Wegen (5.22) ist aber $Var(X) = E[X - E(X)]^2$, so dass $\mu_2^* = Var(X)$ ist. Das zweite zentrale Moment entspricht der Varianz der Zufallsvariablen X.

Wozu werden nun die Momente einer Zufallsvariablen X benötigt? Wir werden Momente und zentrale Momente dazu verwenden, eine gegebene Verteilung – Wahrscheinlichkeits- bzw. Dichtefunktion einer Zufallsvariablen – näher zu beschreiben. Wie wir wissen, bezeichnet der Erwartungswert die Lage einer Verteilung. Da der Erwartungswert von X gleich dem ersten Moment ist, ist μ_1 der Lageparameter einer Verteilung. Wir wissen weiter, dass die Varianz (= 2. zentrales Moment) die Streuung einer Verteilung misst. Somit stellt μ_2^* den Streuungsparameter einer Verteilung dar. Wir werden außerdem in einigen Fällen messen, ob die Verteilung einer Zufallsvariablen symmetrisch oder schief verläuft. Dazu muss zunächst geklärt sein, was unter Schiefe zu verstehen ist.

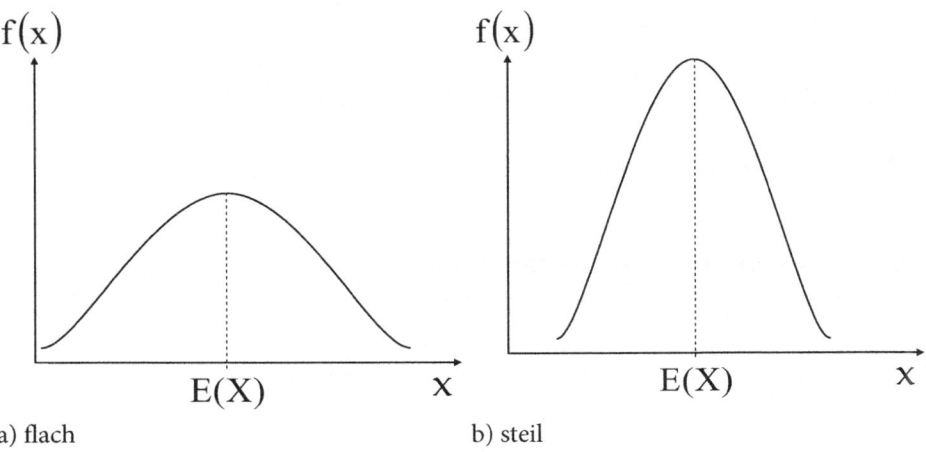

a) flach   b) steil

Abb. 5.16 Symmetrische stetige Verteilung

X ist symmetrisch verteilt um den Punkt $\mu = E(X)$, wenn für die Wahrscheinlichkeits-
bzw. Dichtefunktion von X gilt, dass

$$f(\mu - x) = f(\mu + x) \text{ für alle x.} \tag{5.36}$$

Die Funktion kann dann also am Erwartungswert gespiegelt werden (vgl. Abb. 5.16).
Läuft die Funktion dagegen rechts flacher als links, dann liegt eine Rechtsschiefe vor (vgl.
Abb. 5.17a).

Es sei X eine Zufallsvariable mit dem Erwartungswert $E(X)$, der Varianz $Var(X)$ und

dem 3. zentralen Moment $\mu_3^* = E[X - E(X)]^3$. Die **Schiefe der Verteilung von X**, bezeichnet als $S(X)$, ist definiert als

$$S(X) = \mu_3^* \Big/ \left[\sqrt{Var(X)}\right]^3 . \tag{5.37}$$

Wenn X symmetrisch verteilt ist, gilt $S(X) = 0$. Man sagt, dass im Fall $S(X) > 0$ die Verteilung von X rechtsschief verläuft. Bei einem negativen $S(X)$ liegt eine Linksschiefe vor.

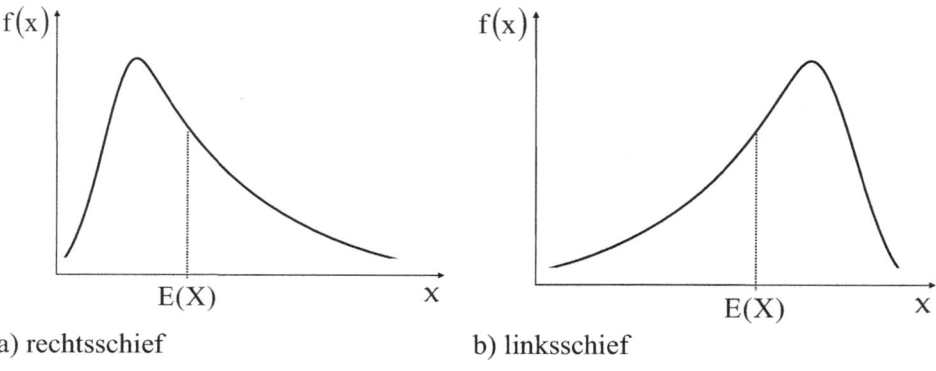

a) rechtsschief   b) linksschief

Abb. 5.17 Rechts- und linksschiefe stetige Verteilung

Beispiel 5.20 (Fortsetzung von Beispiel 5.16)

Das dritte zentrale Moment der Dichtefunktion

$$f(x) = \begin{cases} 0 & \text{für} & -\infty < x \leq 0 \\ 0{,}5x & \text{für} & 0 < x \leq 2 \\ 0 & \text{für} & 2 < x \leq +\infty \end{cases}$$

beträgt

$$\mu_3^* = \int_{-\infty}^{\infty} (x - \mu)^3 \cdot f(x) \cdot dx = \int_0^2 \left(x - \frac{4}{3} \right)^3 \cdot \frac{1}{2} x \cdot dx$$

$$= \int_0^2 \left[\left(x^2 - \frac{8}{3} \cdot x + \frac{16}{9} \right) \cdot \left(x - \frac{4}{3} \right) \right] \frac{1}{2} x \cdot dx$$

$$= \int_0^2 \left(x^3 - \frac{8}{3} x^2 + \frac{16}{9} x - \frac{4}{3} x^2 + \frac{32}{9} x - \frac{64}{27} \right) \cdot \frac{1}{2} x \cdot dx$$

$$= \int_0^2 \left(x^3 - \frac{12}{3} x^2 + \frac{48}{9} x - \frac{64}{27} \right) \cdot \frac{1}{2} x \cdot dx$$

$$= \int_0^2 \frac{1}{2} x^4 - 2x^3 + \frac{24}{9} x^2 - \frac{32}{27} x \, dx$$

$$= \left| \frac{1}{10} x^5 - \frac{1}{2} x^4 + \frac{24}{27} x^3 - \frac{16}{27} x^2 \right|_0^2$$

$$= \frac{1}{10} 2^5 - \frac{1}{2} 2^4 + \frac{24}{27} 2^3 - \frac{16}{27} 2^2 - 0$$

$$= 3{,}2 - 8 + 7{,}111 - 2{,}370$$

$$= -0{,}059 \, .$$

Der Schiefekoeffizient:

$$S(X) = \frac{\mu_3^*}{\left(\sqrt{\mathrm{Var}(X)} \right)^3} = \frac{-0{,}059}{\left(\sqrt{0{,}222} \right)^3} = -0{,}564$$

zeigt aufgrund seines negativen Wertes eine Linksschiefe an (vgl. hierzu auch die grafische Darstellung in Abb. 5.10). ◆

5.8 Aufgaben

5.1 Die Dichtefunktion einer Zufallsvariablen X sei gegeben durch

$$f(x) = \begin{cases} \frac{1}{8} \cdot x & \text{für } 0 \leq x \leq 4 \\ 0 & \text{sonst} \end{cases}$$

a) Bestimmen Sie die Verteilungsfunktion der Zufallsvariablen X!

b) Berechnen Sie die Wahrscheinlichkeit dafür, dass X im Intervall [1; 3] liegt unter
   Verwendung der
   – Dichtefunktion
   – Verteilungsfunktion
c) Wie groß sind der Erwartungswert und die Varianz der Zufallsvariablen X?

5.2 Ein Zufallsexperiment besteht aus dem Werfen zweier Würfel. Auf den Stichprobenraum wird eine Zufallsvariable X definiert, die die absolute Differenz der Augenzahlen
beider Würfel wiedergeben soll.

a) Welche Verteilung hat die Zufallsvariable X? Zeichnen Sie ihre Verteilungsfunktion!
b) Bestimmen Sie ihren Erwartungswert und ihre Varianz!

5.3 Bei einem Glücksspiel werden zwei 1-Euro-Münzen und eine 2-Euro-Münze geworfen. Ein Spieler erhält die Münzen als Auszahlung, die „Zahl" anzeigen.

a) Geben Sie die Wahrscheinlichkeitsfunktion des Auszahlungsbetrags an!
b) Wie groß ist die erwartete Auszahlung?
c) Bestimmen Sie die Varianz des Auszahlungsbetrages!

5.4 Die Steuereinnahmen einer Gemeinde folgen der Dichtefunktion

$$f(x) = \begin{cases} 0{,}04 \cdot x - 0{,}5 & \text{für } 15 \leq x \leq 20 \\ 0 & \text{sonst} \end{cases}$$

a) Stellen Sie die Dichtefunktion grafisch dar!
b) Zeigen Sie, dass die Wahrscheinlichkeit, mit der die Zufallsvariable X einen Wert aus
   dem Intervall [15; 20] annimmt, gleich 1 ist!
c) Mit welcher Wahrscheinlichkeit werden die Steuereinnahmen zwischen 14 und 18
   GE liegen? Mit welcher Wahrscheinlichkeit nimmt die Gemeinde Steuereinnahmen
   von mehr als 16 GE ein?
d) Mit welchen Steuereinnahmen kann die Gemeinde im Mittel rechnen?

5.9 Lösung

5.1
a) Verteilungsfunktion

$$F(x) = \int_{-\infty}^{x} f(u)\, du$$

$F(x)$: für $0 \leq x \leq 4$

$$F(x) = \int_0^x \frac{1}{8} u \, du = \frac{1}{2 \cdot 8} u^2 \Big|_0^x = \frac{1}{16} x^2$$

$$F(x) = \begin{cases} 0 & \text{für} \quad x < 0 \\ \dfrac{1}{16} x^2 & \text{für} \quad 0 \leq x \leq 4 \\ 1 & \text{für} \quad x > 4 \end{cases}$$

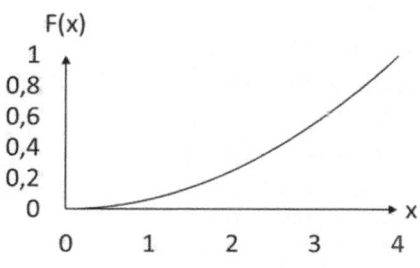

b) Wahrscheinlichkeit für Intervall [1;3]

• mit Dichtefunktion

$$P(1 \leq X \leq 3) = \int_1^3 \frac{1}{8} x \, dx = \frac{1}{16} x^2 \Big|_1^3 = \frac{1}{16} (3)^2 - \frac{1}{16} (1)^2 = \frac{9}{16} - \frac{1}{16} = \frac{1}{2}$$

• mit Verteilungsfunktion

$$P(1 \leq X \leq 3) = F(3) - F(1) = \frac{1}{16} (3)^2 - \frac{1}{16} (1)^2 = \frac{9}{16} - \frac{1}{16} = \frac{1}{2}$$

c) Erwartungswert, Varianz

$$\mu = E(X) = \int_{-\infty}^{\infty} x \cdot f(x) \, dx$$

$$= \int_0^4 x \cdot \frac{1}{8} x \, dx = \int_0^4 \frac{1}{8} x^2 \, dx = \frac{1}{3 \cdot 8} x^3 \Big|_0^4 = \frac{1}{24} x^3 \Big|_0^4$$

$$= \frac{1}{24} (4)^3 - 0 = \frac{8}{3}$$

$$\sigma^2 = Var(X) = E(X^2) - E(X)^2$$

$$E(X^2) = \int_{-\infty}^{\infty} x^2 \cdot f(x) \, dx$$

$$= \int_0^4 x^2 \cdot \frac{1}{8} x \, dx = \int_0^4 \frac{1}{8} x^3 \, dx = \frac{1}{4 \cdot 8} x^4 \Big|_0^4 = \frac{1}{32} x^4 \Big|_0^4$$

$$= \frac{1}{32} (4)^4 - 0 = 8$$

$$\sigma^2 = 8 - \left(\frac{8}{3}\right)^2 = \frac{8}{9}$$

5.2

a) Verteilungsfunktion

Zufallsvariable (ZV) $X = |X_1 - X_2|$ (absolute Differenz der Augenzahlen)

ZV X_1: Augenzahl Würfel 1

ZV X_2: Augenzahl Würfel 2

$X = x$	Ergebnisse	$P(X = x)$	$P(X \leq x)$
0	(1,1), (2,2), (3,3), (4,4), (5,5), (6,6)	$6/36 = 1/6 = 0{,}167$	0,167
1	(1,2), (2,3), (3,4), (4,5), (5,6), (2,1), (3,2), (4,3), (5,4), (6,5)	$10/36 = 5/18 = 0{,}278$	0,445
2	(1,3), (2,4), (3,5), (4,6), (3,1), (4,2), (5,3), (6,4)	$8/36 = 2/9 = 0{,}222$	0,667
3	(1,4), (2,5), (3,6), (4,1), (5,2), (6,3)	$6/36 = 1/6 = 0{,}167$	0,834
4	(1,5), (2,6), (5,1), (6,2)	$4/36 = 1/9 = 0{,}111$	0,945
5	(1,6), (6,1)	$2/36 = 1/18 = 0{,}056$	1,000

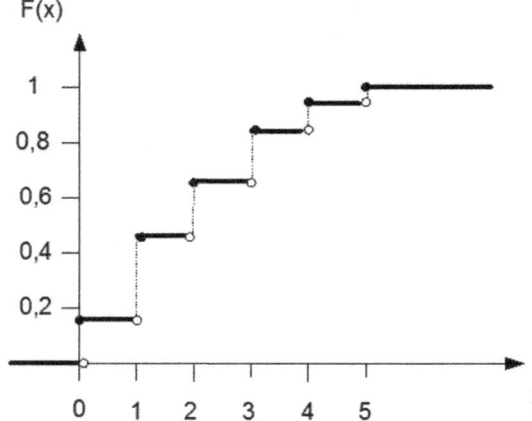

b) Erwartungswert, Varianz

$$\mu = E(X) = \sum_{j=0}^{5} x_j \cdot p_j$$

$$= 0\cdot0{,}167 + 1\cdot0{,}278 + 2\cdot0{,}222 + 3\cdot0{,}167 + 4\cdot0{,}111 + 5\cdot0{,}056$$

$$= 1{,}947$$

$$\sigma^2 = \text{Var}(X) = E(X^2) - E(X)^2$$

$$E(X^2) = 0^2\cdot0{,}167 + 1^2\cdot0{,}278 + 2^2\cdot0{,}222 + 3^2\cdot0{,}167 + 4^2\cdot0{,}111 + 5^2\cdot0{,}056$$

$$= 5{,}845$$

$$\sigma^2 = 5{,}845 - (1{,}947)^2 = 2{,}054$$

5.3

a) Wahrscheinlichkeitsfunktion

ZV X: Auszahlungsbetrag

X = x	Ergebnisse	P(X = x)
0	$(1_K,1_K,2_K)$	1/8 = 0,125
1	$(1_Z,1_K,2_K)$;$(1_K,1_Z,2_K)$	2/8 = 0,250
2	$(1_Z,1_Z,2_K)$;$(1_K,1_K,2_Z)$	2/8 = 0,250
3	$(1_Z,1_K,2_Z)$;$(1_K,1_Z,2_Z)$	2/8 = 0,250
4	$(1_Z,1_Z,2_Z)$	1/8 = 0,125

Wahrscheinlichkeitsfunktion

$$f(x) = \begin{cases} 0,125 \text{ für } x = 0 \\ 0,250 \text{ für } x = 1 \\ 0,250 \text{ für } x = 2 \\ 0,250 \text{ für } x = 3 \\ 0,125 \text{ für } x = 4 \end{cases}$$

b) Erwartungswert

$$\mu = E(X) = \sum_{j=0}^{4} x_j \cdot p_j$$
$$= 0 \cdot 0,125 + 1 \cdot 0,250 + 2 \cdot 0,250 + 3 \cdot 0,250 + 4 \cdot 0,125$$
$$= 2$$

c) Varianz

$$\sigma^2 = Var(X) = E(X^2) - E(X)^2$$
$$E(x^2) = 0^2 \cdot 0,125 + 1^2 \cdot 0,250 + 2^2 \cdot 0,250 + 3^2 \cdot 0,250 + 4^2 \cdot 0,125$$
$$= 5,5$$

$$\sigma^2 = 5,5 - (2)^2 = 1,5$$

5.4

a) Grafische Darstellung der Dichtefunktion

$$x = 15: f(15) = 0,04 \cdot 15 - 0,5 = 0,1$$

$$x = 20: f(20) = 0,04 \cdot 20 - 0,5 = 0,3$$

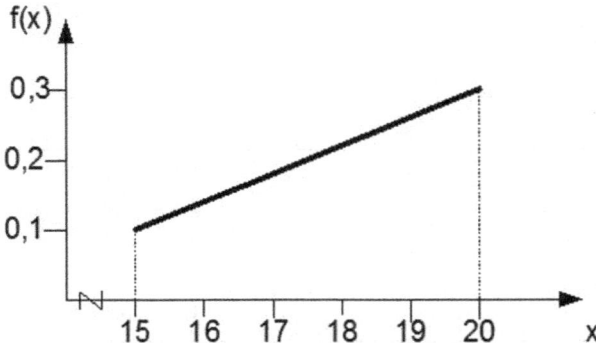

b) Wahrscheinlichkeit von 1 für Intervall [15; 20]

$P(15 \leq X \leq 20)$

$$= \int_{15}^{20} 0{,}04{\cdot}x - 0{,}5 \, dx = \frac{0{,}04}{2}{\cdot}x^2 - 0{,}5{\cdot}x \Big|_{15}^{20}$$

$$= [0{,}02(20)^2 - 0{,}5(20)] - [0{,}02(15)^2 - 0{,}5(15)]$$

$$= [8 - 10] - [4{,}5 - 7{,}5] = 1$$

c)

- Wahrscheinlichkeit für Steuereinnahmen zwischen 14 und 18

$P(14 \leq x \leq 18) = P(15 \leq x \leq 18)$

$$= \int_{15}^{18} 0{,}04{\cdot}x - 0{,}5 \, dx = \frac{0{,}04}{2}{\cdot}x^2 - 0{,}5{\cdot}x \Big|_{15}^{18}$$

$$= [0{,}02(18)^2 - 0{,}5(18)] - [0{,}02(15)^2 - 0{,}5(15)]$$

$$= [6{,}48 - 9] - [4{,}5 - 7{,}5] = 0{,}48$$

- Wahrscheinlichkeit für Steuereinnahmen >16

$$P(X > 16) = \int_{16}^{20} 0{,}04{\cdot}x - 0{,}5 \, dx = \frac{0{,}04}{2}{\cdot}x^2 - 0{,}5{\cdot}x \Big|_{16}^{20}$$

$$= [0{,}02(20)^2 - 0{,}5(20)] - [0{,}02(16)^2 - 0{,}5(16)]$$

$$= [8 - 10] - [5{,}12 - 8] = 0{,}88$$

d) Erwartungswert

$$\mu = E(X) = \int\limits_{-\infty}^{\infty} x \cdot f(x) dx$$

$$= \int\limits_{15}^{20} x \cdot (0{,}04 \cdot x - 0{,}5) \, dx = \int\limits_{15}^{20} 0{,}04 \cdot x^2 - 0{,}5 \cdot x \, dx$$

$$= \left[\frac{0{,}04}{3} (20)^3 - \frac{0{,}5}{2} (20)^2 \right] - \left[\frac{0{,}04}{3} \cdot (15)^3 - \frac{0{,}5}{2} (15) \right]$$

$$= \left[\frac{320}{3} - 100 \right] - \left[\frac{135}{3} - 56{,}25 \right] = 17{,}92$$

Spezielle diskrete Wahrscheinlichkeitsverteilungen

6

Bisher wurden Wahrscheinlichkeitsverteilungen in einer allgemeinen Form dargestellt. In der Praxis treten häufig ganz bestimmte Wahrscheinlichkeitsverteilungen auf, die nun vorgestellt werden. Während wir uns in diesem Kapitel mit diskreten Verteilungsmodellen beschäftigen, werden im nächsten Kapitel stetige Wahrscheinlichkeitsverteilungen diskutiert.

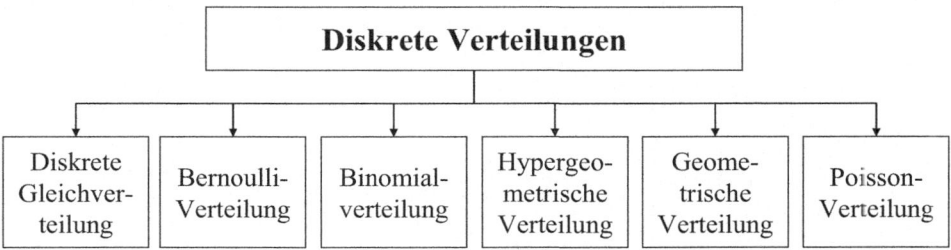

Abb. 6.1 Übersicht diskreter Verteilungen

6.1 Diskrete Gleichverteilung

Ist bei einer Zufallsvariablen X die Wahrscheinlichkeit für jeden Wert $x_1,\ldots,x_m$ gleich wahrscheinlich, so ist ihre Wahrscheinlichkeitsfunktion durch

$$f(x) = \begin{cases} 1/m & \text{für } x = x_1,\ldots,x_m \\ 0 & \text{sonst} \end{cases} \tag{6.1}$$

© Springer Fachmedien Wiesbaden GmbH, ein Teil von Springer Nature 2019
R. Kosfeld et al., *Wahrscheinlichkeitsrechnung und Induktive Statistik*,
https://doi.org/10.1007/978-3-658-28713-9_6

gegeben. Wir bezeichnen m als Parameter der diskreten Gleichverteilung, weil die Wahrscheinlichkeitsfunktion f(x) von m abhängig ist. Die Wahrscheinlichkeiten p_j ändern sich also, wenn m variiert.

> Bei einer **diskreten Gleichverteilung** besitzt jeder Ausgang des Zufallsexperiments die gleiche Wahrscheinlichkeit.

Aus den allgemeinen Formeln (5.17) und (5.19) für den Erwartungswert und die Varianz einer diskreten Zufallsvariablen erhält man mit $p_j = 1/m$

$$E(X) = \frac{1}{m} \cdot \sum_{j=1}^{m} x_j \qquad (6.2)$$

$$Var(X) = \frac{1}{m} \cdot \sum_{j=1}^{m} [x_j - E(X)]^2 . \qquad (6.3)$$

Beispiel 6.1
Auf einem Straßenfest ist ein Glücksrad aufgebaut, bei dem jeder Besucher mit einem Einsatz von 3 € einen bestimmten Gewinn (= Auszahlung minus Einsatz) erzielt. Das Glücksrad ist in acht Felder eingeteilt, die mit der jeweiligen Auszahlung beschriftet sind:

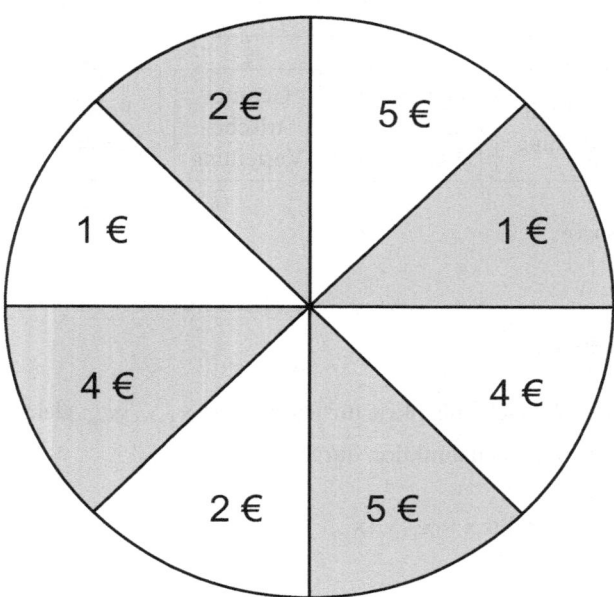

Zwei von acht gleich großen Sektoren führen zu einer Auszahlung von 1 €. Der entsprechende Gewinn mit einer Wahrscheinlichkeit von 2/8 = 1/4 beträgt:

$$\text{Gewinn} = \text{Auszahlung} - \text{Einsatz} = 1 - 3 = -2\,[\text{€}]$$

Entsprechendes gilt für die übrigen Auszahlungen. Man erhält folgende Wahrscheinlichkeitsfunktion für die Zufallsvariable X = Gewinn:

Funktionsvorschrift	Grafische Darstellung
$f(x) = \begin{cases} 0,25 & \text{für} \quad x = -2 \\ 0,25 & \text{für} \quad x = -1 \\ 0,25 & \text{für} \quad x = 1 \\ 0,25 & \text{für} \quad x = 2 \\ 0 & \text{sonst} \end{cases}$	

Der Erwartungswert,

$$E(X) = \frac{1}{4} \cdot \sum_{j=1}^{4} x_j = \frac{1}{4} \cdot (-2 - 1 + 1 + 2) = \frac{1}{4} \cdot 0 = 0\,[\text{€}],$$

kennzeichnet den durchschnittlichen Gewinn, während die Varianz,

$$\begin{aligned} \text{Var}(X) &= \frac{1}{4} \cdot \sum_{j=1}^{4} (x_j - 3)^2 \\ &= \frac{1}{4} \cdot \left[(-2 - 0)^2 + (-1 - 0)^2 + (1 - 0)^2 + (2 - 0)^2 \right] \\ &= \frac{1}{4} \cdot (4 + 1 + 1 + 4) = \frac{1}{4} \cdot 10 = 2,5\,[\text{€}^2], \end{aligned}$$

die Streuung des Gewinns wiedergibt.   ◆

6.2 Bernoulli-Verteilung

Die Bernoulli-Verteilung, die wir hier kennen lernen werden, ist die Grundlage aller
weiteren diskreten Verteilungsmodelle (vgl. Abb. 6.2). Die Bernoulli-Verteilung basiert
auf einem Bernoulli-Prozess.

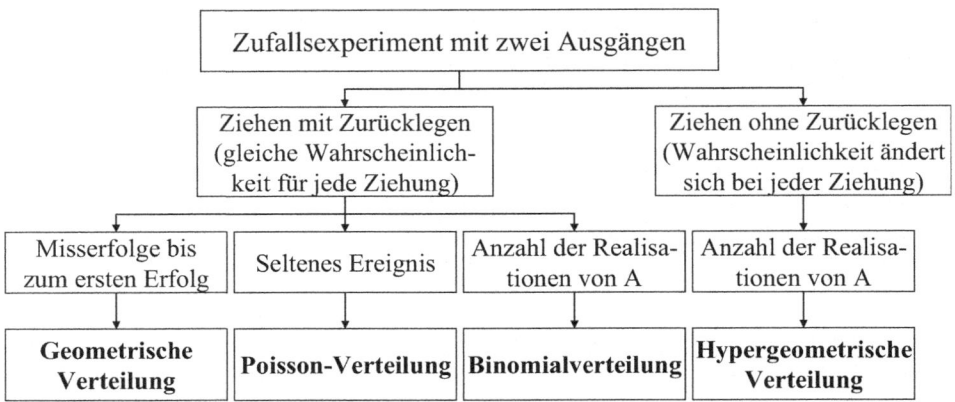

Abb. 6.2 Anwendung verschiedener diskreter Verteilungen, die auf der Bernoulli-Verteilung basieren

Der **Bernoulli-Prozess** ist ein Zufallsvorgang, bei dem nur das Ereignis A sowie deren Komplementärereignis $\overline{A}$ eintreten können.

Beispiel 6.2

Beispiele für einen Bernoulli-Prozess sind:

- Münzwurf: Die möglichen Ausgänge sind Kopf (A) und Zahl ($\overline{A}$).
- Würfelwurf: Die geworfene Augenzahl kann gleich 1 (A) oder größer als 1 ($\overline{A}$) sein.
- Produktionsprozess: Ein entnommenes Teil weist einen Defekt (A) oder keinen Defekt ($\overline{A}$) auf.
- Dauer von Telefongesprächen: Ein Gespräch kann höchstens 5 Minuten (A) oder länger ($\overline{A}$) dauern. ♦

Bei der **Bernoulli-Verteilung** wird der Bernoulli-Prozess einmal durchgeführt.

Die Zufallsvariable X kennzeichnet, ob A auftritt. Die entsprechende Wahrscheinlichkeit für einmal A beträgt:

$$p = P(X = 1) = P(A). \tag{6.4}$$

Wenn A nicht eintritt, dann realisiert sich $\overline{A}$. Die Zufallsvariable X = „Anzahl von A" ist dann null:

$$1 - p = P(X = 0) = P(\overline{A}). \tag{6.5}$$

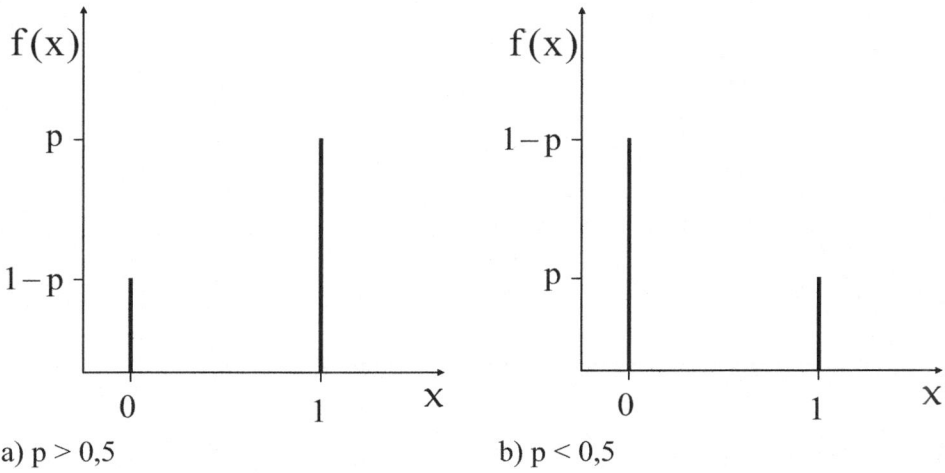

a) p > 0,5   b) p < 0,5

Abb. 6.3 Wahrscheinlichkeitsfunktionen der Bernoulli-Verteilung

Die Wahrscheinlichkeitsfunktion für eine Bernoulli-verteilte Zufallsvariable lautet demnach:

$$f(x) = \begin{cases} 1-p & \text{für } x = 0 \\ p & \text{für } x = 1 \\ 0 & \text{sonst} \end{cases} \cdot \tag{6.6}$$

p ist der Parameter der Bernoulli-Verteilung, weil die konkrete Wahrscheinlichkeitsfunktion abhängig von p ist (vgl. auch Abb. 6.3). Das bedeutet, dass sich die Wahrscheinlichkeiten $f(0) = 1-p$ und $f(1) = p$ ändern, wenn p andere Werte annimmt.

Der Erwartungswert einer Bernoulli-verteilten Zufallsvariablen entspricht der Wahrscheinlichkeit p,

$$E(X) = p, \tag{6.7}$$

während für die Varianz p mit dessen Komplementärwahrscheinlichkeit zu multiplizieren ist:

$$Var(X) = p \cdot (1-p) \ . \tag{6.8}$$

Die Varianz nimmt zunächst mit steigendem p zu, bis sie bei p = 0,5 ihr Maximum erreicht. Danach sinkt sie wieder mit abnehmenden Raten bis auf 0 ab, was aus der folgenden Abbildung hervorgeht.

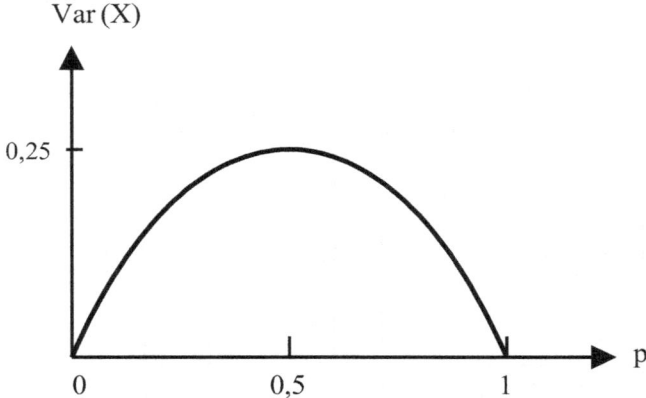

Abb. 6.4 Varianz der Bernoulli-Verteilung

Beweis der Formeln (6.7) und (6.8)

Wird (6.6) in die allgemeine Formel für den Erwartungswert (5.17) eingesetzt, erhält man:

$$\mu = E(X) = \sum_{j=1}^{2} x_j \cdot f(x_j) = 0 \cdot (1-p) + 1 \cdot p = p \cdot$$

Für die Varianz folgt aus (5.19) und (6.6):

$$Var(X) = \sum_{j=1}^{2}(x_j - \mu)^2 \cdot f(x_j) = \sum_{j=1}^{2}(x_j - p)^2 \cdot f(x_j)$$
$$= (0-p)^2 \cdot (1-p) + (1-p)^2 \cdot p = p^2 \cdot (1-p) + (1-p)^2 \cdot p$$
$$= p \cdot (1-p) \cdot [p + (1-p)] = p \cdot (1-p).$$

Beispiel 6.3

Das Ereignis A sei als „Augenzahl kleiner oder gleich Zwei" beim Würfelwurf definiert. Die Wahrscheinlichkeit für A liegt dann bei 1/3:

Wahrscheinlichkeit	Venn-Diagramm
$p = P(A) = \dfrac{2}{6} = \dfrac{1}{3}$	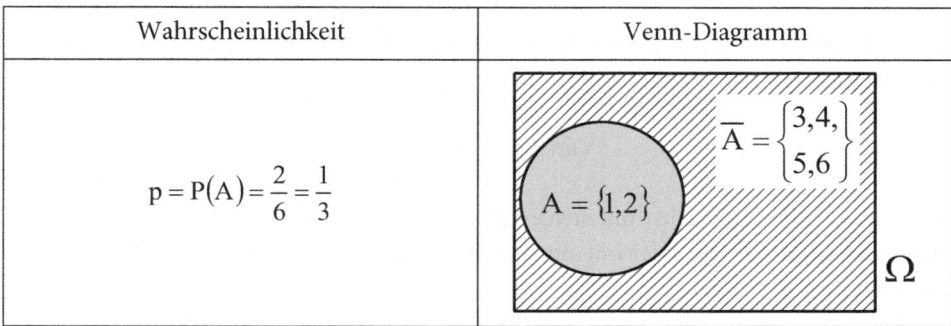

Die Wahrscheinlichkeitsverteilung der Zufallsvariablen „Anzahl von A" ist dann wie folgt gegeben:

Funktionsvorschrift	Grafische Darstellung
$f(x) = \begin{cases} 2/3 & \text{für } x = 0 \\ 1/3 & \text{für } x = 1 \\ 0 & \text{sonst} \end{cases}$	

Mit Hilfe der Wahrscheinlichkeitsfunktion lassen sich der Erwartungswert

$$E(X) = p = \frac{1}{3} = 0{,}333$$

und die Varianz

$$Var(X) = p \cdot (1-p) = \frac{1}{3} \cdot \left(1 - \frac{1}{3}\right) = \frac{1}{3} \cdot \frac{2}{3} = \frac{2}{9} = 0{,}222$$

bestimmen. Bei mehrmaligem Durchführen des Zufallsexperiments ist davon auszugehen, dass im Mittel 33,3 % der Augenzahlen kleiner oder gleich Zwei sind. Die Standardabweichung beträgt

$$\sigma = \sqrt{Var(X)} = \sqrt{0{,}222} = 0{,}471 \, . \qquad \blacklozenge$$

6.3   Binomialverteilung

Die Binomialverteilung, die wohl wichtigste diskrete Verteilung, basiert auf dem n-maligen Durchführen eines Bernoulli-Prozesses. Bei Bernoulli-Prozessen können nur zwei Ereignisse,

- das interessierende Ereignis $(= A)$ oder
- das komplementäre Ereignis $(= \overline{A})$,

auftreten. Die Wahrscheinlichkeit dafür, dass das interessierende Ereignis A eintritt, sei mit $P(A) = p$ bezeichnet; dann beträgt die Wahrscheinlichkeit für das komplementäre Ereignis $P(\overline{A}) = 1 - p$.

Geht man zu einer n-maligen Ausführung des Zufallsexperimentes über, so ist die Wahrscheinlichkeit, dass eine bestimmte Konstellation mit x-mal A und $(n-x)$-mal $\overline{A}$ auftritt, bei Unabhängigkeit der Ergebnisse der Zufallsexperimente

$$\underbrace{p \cdot p \cdot p \cdot \ldots \cdot p}_{x-\text{mal}} \cdot \underbrace{(1-p) \cdot (1-p) \cdot \ldots \cdot (1-p)}_{(n-x)-\text{mal}} = p^x \cdot (1-p)^{n-x}.$$

Die obige Wahrscheinlichkeit bezieht sich zunächst auf eine Stichprobe, in der A die ersten x und $\overline{A}$ die nächsten $n-x$ Positionen belegt. Wie viele Anordnungen (Permutationen) von x-maligem Eintreffen von A bei n Zufallsexperimenten gibt es? Die Regeln der Kombinatorik [vgl. Formel (3.2)] führen zu dem Ergebnis:

$$P_{n,x} = \frac{n!}{(n-x)! \cdot x!} = \binom{n}{x}.$$

Da es diese Menge von Möglichkeiten gibt und jede Möglichkeit die Wahrscheinlichkeit von $p^x \cdot (1-p)^{n-x}$ aufweist, erhält man die Wahrscheinlichkeitsfunktion

$$f(x) = \begin{cases} \binom{n}{x} \cdot p^x \cdot (1-p)^{n-x} & \text{für } x = 0,1,2,\ldots,n \\ \\ 0 & \text{sonst} \end{cases} \tag{6.9}$$

$B(n;p)$ bezeichnet eine **Binomialverteilung**, bei der das Zufallsexperiment n-mal wiederholt wird und bei der p die Wahrscheinlichkeit für das Eintreten des Ereignisses A ist.

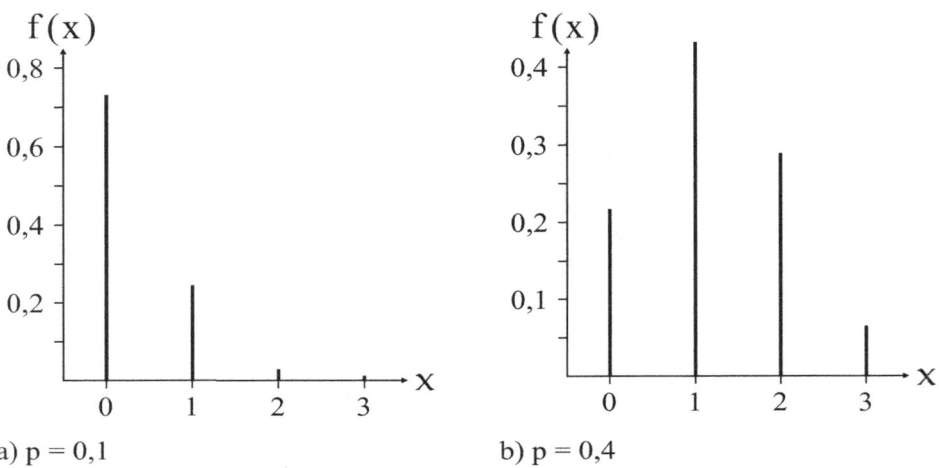

a) p = 0,1   b) p = 0,4

Abb. 6.5 Wahrscheinlichkeitsfunktionen der Binomialverteilung mit n = 3

Aus den Stabdiagrammen lässt sich erkennen, dass die Wahrscheinlichkeitsfunktion umso symmetrischer verläuft, je näher p an 0,5 liegt (vgl. Abb. 6.5 und Abb. 6.6).

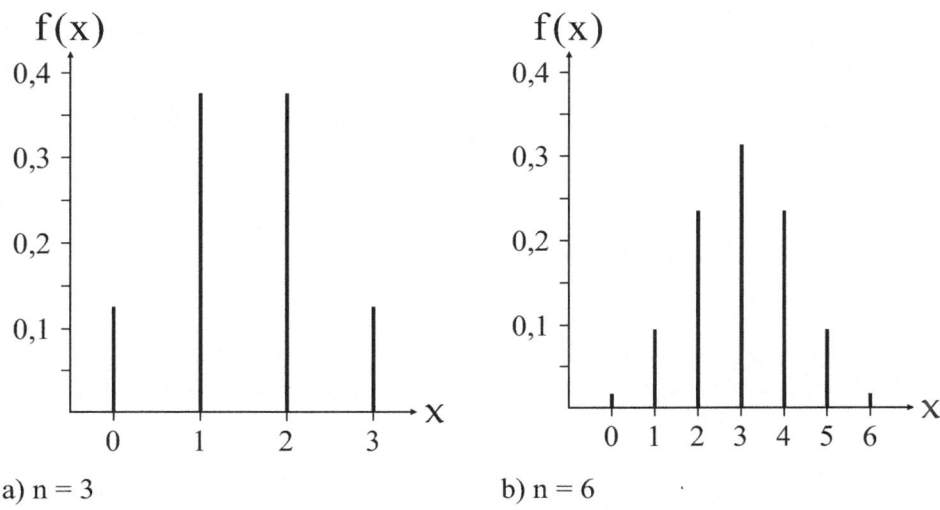

a) n = 3   b) n = 6

Abb. 6.6 Wahrscheinlichkeitsfunktionen der Binomialverteilung mit p = 0,5

Die binomialverteilte Zufallsvariable X weist folgenden Erwartungswert und folgende Varianz auf:

$$\mu = E(X) = n \cdot p, \tag{6.10}$$

$$\sigma^2 = E(X - \mu)^2 = n \cdot p \cdot (1 - p). \tag{6.11}$$

Beweis der Formeln (6.10) und (6.11)
Für den Beweis von (6.10) wird X als Summe der n Bernoulli-verteilten Zufallsvariablen X_i betrachtet:

$$E(X) = E\left(\sum_{i=1}^{n} X_i\right) = \sum_{i=1}^{n} E(X_i).$$

Da die X_i Bernoulli-verteilt sind, kann (6.7)

$$E(X_i) = p \ \text{ für alle } i=1, \ldots, n$$

in die obige Beziehung eingesetzt werden:

$$E(X) = \sum_{i=1}^{n} p = n \cdot p.$$

Entsprechend ist der Beweis für die Varianz unter Verwendung von (6.8) zu führen:

$$Var(X) = Var\left(\sum_{i=1}^{n} X_i\right) = \sum_{i=1}^{n} Var(X_i) = \sum_{i=1}^{n} p \cdot (1-p) = n \cdot p \cdot (1-p).$$

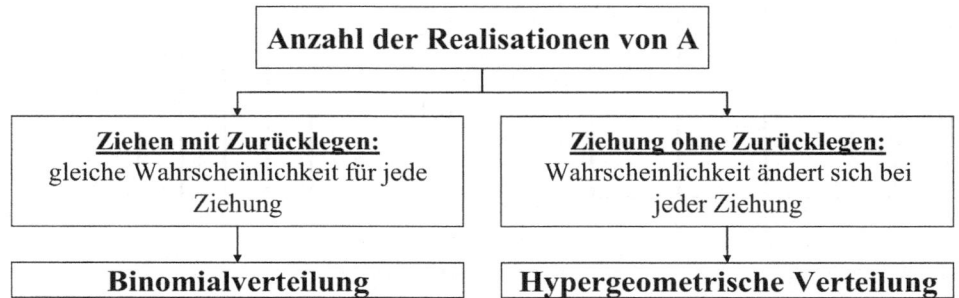

Abb. 6.7 Binomial- und hypergeometrische Verteilung

Zur Prüfung der Anwendbarkeit von der Binomialverteilung kann die Übersicht in Abb. 6.2 verwendet werden. Insbesondere ist darauf zu achten, ob die Wahrscheinlichkeiten für das Eintreten eines Ereignisses bei den einzelnen Ziehungen gleich sind (vgl. Abb. 6.7). Die Wahrscheinlichkeit ändert sich bei den Ziehungen nicht, wenn

- mit Zurücklegen gezogen wird.
- eine konstante Wahrscheinlichkeit für das Auftreten des Ereignisses vorgegeben ist (Erfahrungswerte etc.).[13]

Beispiel 6.4
Es sei die Wahrscheinlichkeit dafür gesucht, beim dreimaligen Werfen einer Münze $(n = 3)$ genau zweimal $(x = 2)$ Kopf zu werfen. Ist die Münze fair, was hier vorausgesetzt wird, so ist $p = 0,5$. Eine im obigen Sinne günstige Kombinationsmöglichkeit ist K K Z:

---

[13] Wenn die Anzahl der Kugeln in der Urne so groß ist, dass eine Ziehung praktisch keinen Einfluss auf die Zusammensetzung der Urne hat, kann ebenfalls die Binomialverteilung bei einer Ziehung ohne Zurücklegen angewendet werden (vgl. hierzu das Kapitel zur Approximation von Verteilungen).

1. Wurf	2. Wurf	3. Wurf

Die Wahrscheinlichkeit, diese Kombinationsmöglichkeit zu realisieren, ist

$$p \cdot p \cdot (1-p) = 0,5^2 \cdot 0,5^1 = 0,5^3 = 0,125 \,.$$

Eine weitere günstige Kombinationsmöglichkeit wäre K Z K:

1. Wurf	2. Wurf	3. Wurf

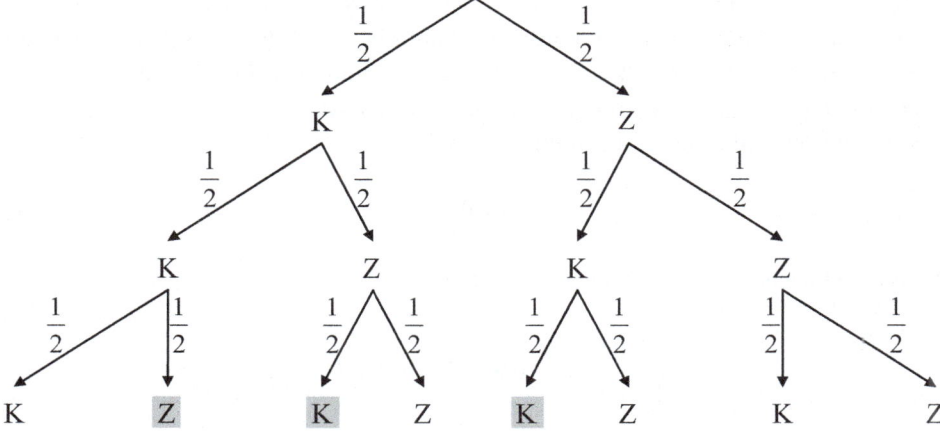

mit der gleichen Wahrscheinlichkeit. Wie viele dieser günstigen Kombinationsmöglich-keiten gibt es nun? Nach der Formel für Permutationen (3.2) sind dies

$$P_{3,2} = \frac{3!}{2! \cdot 1!} = 3 \,.$$

Alle drei Kombinationsmöglichkeiten besitzen die gleiche Wahrscheinlichkeit von 0,125. Damit beträgt die gesuchte Wahrscheinlichkeit für zweimal Zahl

$$P(X = 2) = f(2) = 0,125 \cdot 3 = 0,375 \,.$$

Zum gleichen Ergebnis kommt man unter Verwendung der Formel (6.9):

$$P(X=2)=f(2)=\binom{3}{2}\cdot 0,5^2\cdot 0,5^1=0,375\,.$$

Den gesuchten Wert kann man auch im Tabellenanhang nachschlagen. Zu verwenden ist die Tabelle für die Binomialverteilung mit einem p von 0,5 und einem n von 3 (Tabelle B.1).

	p = 0,1		p = 0,2		p = 0,3		p = 0,4		p = 0,5	
	f(x)	F(x)	f(x)	F(x)	f(x)	F(x)	f(x)	F(x)	f(x)	F(x)
n = 3										
x = 0	0,7290	0,7290	0,5120	0,5120	0,3430	0,3430	0,2160	0,2160	0,1250	0,1250
x = 1	0,2430	0,9720	0,3840	0,8960	0,4410	0,7840	0,4320	0,6480	0,3750	0,5000
x = 2	0,0270	0,9990	0,0960	0,9920	0,1890	0,9730	0,2880	0,9360	0,3750	0,8750
x = 3	0,0010	1,0000	0,0080	1,0000	0,0270	1,0000	0,0640	1,0000	0,1250	1,0000

Das arithmetische Mittel dieser binomialverteilten Zufallsvariablen wird mit der Formel (6.10)

$$\mu = E(X) = n\cdot p = 3\cdot 0,5 = 1,5$$

bestimmt. Die Varianz beträgt aufgrund von (6.11)

$$\sigma^2 = E(X-\mu)^2 = n\cdot p\cdot(1-p) = 3\cdot 0,5\cdot 0,5 = 0,75\,. \qquad \blacklozenge$$

Beispiel 6.5

Bei der Produktion eines Gutes sind 10 % Ausschuss. Wie groß ist die Wahrscheinlichkeit, dass von 20 produzierten Stücken mindestens 4 Ausschuss sind?

Hier ist die Binomialverteilung anzuwenden, weil es nur zwei Ausgänge gibt (Ausschuss, kein Ausschuss) und eine konstante Wahrscheinlichkeit vorgegeben ist. Ob ein defektes oder brauchbares Gut ausgewählt wurde, verändert nicht die Wahrscheinlichkeit dafür, dass das nächste entnommene Teil Ausschuss ist.

Mit Hilfe der Wahrscheinlichkeit für Ausschuss

$$p = 0,1$$

erhält man folgende Wahrscheinlichkeitsfunktion:

$$f(x)=\begin{cases}\binom{20}{x}\cdot 0,1^x\cdot 0,9^{20-x} & \text{für } x=0,1,2,\dots,20\\[2mm]0 & \text{sonst}\end{cases}.$$

Die direkte Berechnung der gesuchten Wahrscheinlichkeit für mindestens vier Aus-
schussteile, also 4 oder mehr defekte Güter,

$$P(X \geq 4) = f(4) + f(5) + f(6) + f(7) + \ldots + f(18) + f(19) + f(20),$$

ist aufwendig zu ermitteln. Es bietet sich deshalb an, die Gegenwahrscheinlichkeit zu
verwenden:

$$P(X \geq 4) = 1 - P(X < 4)$$
$$= 1 - \left[P(X = 0) + P(X = 1) + P(X = 2) + P(X = 3) \right].$$

Man erhält mit Hilfe der Einzelwahrscheinlichkeiten:

- $P(X = 0) = f(0) = \binom{20}{0} \cdot 0,1^0 \cdot 0,9^{20} = \dfrac{20!}{0! \cdot 20!} \cdot 0,1^0 \cdot 0,9^{20} = 0,1216$

- $P(X = 1) = f(1) = \binom{20}{1} \cdot 0,1^1 \cdot 0,9^{19} = \dfrac{20!}{1! \cdot 19!} \cdot 0,1^1 \cdot 0,9^{19} = 0,2702$

- $P(X = 2) = f(2) = \binom{20}{2} \cdot 0,1^2 \cdot 0,9^{18} = \dfrac{20!}{2! \cdot 18!} \cdot 0,1^2 \cdot 0,9^{18} = 0,2852$

- $P(X = 3) = f(3) = \binom{20}{3} \cdot 0,1^3 \cdot 0,9^{17} = \dfrac{20!}{3! \cdot 17!} \cdot 0,1^3 \cdot 0,9^{17} = 0,1901$

folgendes Ergebnis:

$$P(X \geq 4) = 1 - (0,1216 + 0,2702 + 0,2852 + 0,1901) = 0,1329 .$$

Man kann natürlich auch den Tabellenanhang verwenden. Hier lassen sich zum einen
die Wahrscheinlichkeiten der Wahrscheinlichkeitsfunktion ablesen:

	p = 0,1		p = 0,2		p = 0,3		p = 0,4		p = 0,5	
	f(x)	F(x)	f(x)	F(x)	f(x)	F(x)	f(x)	F(x)	f(x)	F(x)
n = 20										
x = 0	0,1216	0,1216	0,0115	0,0115	0,0008	0,0008	0,0000	0,0000	0,0000	0,0000
x = 1	0,2702	0,3917	0,0576	0,0692	0,0068	0,0076	0,0005	0,0005	0,0000	0,0000
x = 2	0,2852	0,6769	0,1369	0,2061	0,0278	0,0355	0,0031	0,0036	0,0002	0,0002
x = 3	0,1901	0,8670	0,2054	0,4114	0,0716	0,1071	0,0123	0,0160	0,0011	0,0013
x = 4	0,0898	0,9568	0,2182	0,6296	0,1304	0,2375	0,0350	0,0510	0,0046	0,0059
x = 5	0,0319	0,9887	0,1746	0,8042	0,1789	0,4164	0,0746	0,1256	0,0148	0,0207

Zum anderen enthält die Tabelle aber auch die kumulierten Wahrscheinlichkeiten, die in der Verteilungsfunktion F(x) ausgewiesen werden. Mit Hilfe des Wertes von der Verteilungsfunktion ergibt sich:

$$P(X \geq 4) = 1 - P(X \leq 3) = 1 - 0,8670 \approx 0,1329 \, . \qquad \blacklozenge$$

Für die Verteilungsfunktion gibt es keinen kompakten Ausdruck. Man erhält die Wahrscheinlichkeit für $X \leq x$ durch Aufaddieren der Wahrscheinlichkeiten aus f(x).

6.4   Hypergeometrische Verteilung

Wir gehen von einem Urnenmodell mit zwei Sorten Kugeln (rot und weiß) aus, bei dem die gezogenen Kugeln nicht zurückgelegt werden. Die Wahrscheinlichkeiten ändern sich somit bei jeder Ziehung. Wie viele Auswahlmöglichkeiten für die Ziehung der x roten, der $n - x$ weißen und der n Kugeln insgesamt gibt es? Gezogen wird ohne Zurücklegen und ohne Beachtung der Reihenfolge. Entsprechend der Formel für Kombinationen ohne Wiederholung in Tabelle 3.1 erhält man:

- $\binom{M}{x}$ Möglichkeiten, x rote Kugeln aus M roten Kugeln auszuwählen.

- $\binom{N-M}{n-x}$ Möglichkeiten, dass $n - x$ weiße Kugeln von $N - M$ weißen Kugeln in die Stichprobe gelangen.

- $\binom{N}{n}$ Möglichkeiten, n Kugeln insgesamt aus N Kugeln zu ziehen.

Die Auswahlmöglichkeiten für die x roten und die $n - x$ weißen Kugeln betragen

$$\binom{M}{x} \cdot \binom{N-M}{n-x} \, .$$

Die gesuchten Wahrscheinlichkeiten berechnet man, indem günstige Ausgänge (Zählergröße) in Beziehung zu den möglichen Ergebnissen (Nennergröße) gesetzt werden. Die Wahrscheinlichkeitsfunktion ist dann folgendermaßen definiert:

$$f(x) = \begin{cases} \dfrac{\binom{M}{x}\binom{N-M}{n-x}}{\binom{N}{n}} & \text{für } x = 0,1,\ldots,n \, . \\[2ex] 0 & \text{sonst} \end{cases} \qquad (6.12)$$

> Die **hypergeometrische Verteilung** wird mit $H(N; M; n)$ bezeichnet. N gibt die An-zahl der Kugeln in der Urne vor der ersten Ziehung an. M Kugeln weisen die eine Eigenschaft, $N - M$ Kugeln die andere Eigenschaft auf. Es werden n Kugeln ohne Zurücklegen gezogen, worunter sich x Kugeln der ersten Sorte (z. B. rot) befinden.

Dabei ist $x \leq M$, $(n - x) \leq N - M$ und $n \leq N$. Sofern diese Bedingungen nicht erfüllt sind, nimmt die Wahrscheinlichkeitsfunktion den Wert 0 an.

Beispiel 6.6

Gehen wir zur Illustration der hypergeometrischen Verteilung von einer Urne aus, in der sich $N = 10$ Kugeln befinden; von diesen N Kugeln seien $M = 4$ Kugeln rot und $N - M = 6$ Kugeln nicht rot, hier z. B. weiß. Wie groß ist nun die Wahrscheinlichkeit, bei einer Stichprobe vom Umfang $n = 3$ genau 2 rote und 1 weiße Kugeln zu ziehen, wobei die Kugeln nach dem Ziehen **nicht** wieder zurückgelegt werden?

Urne (vor der Ziehung)	Stichprobe
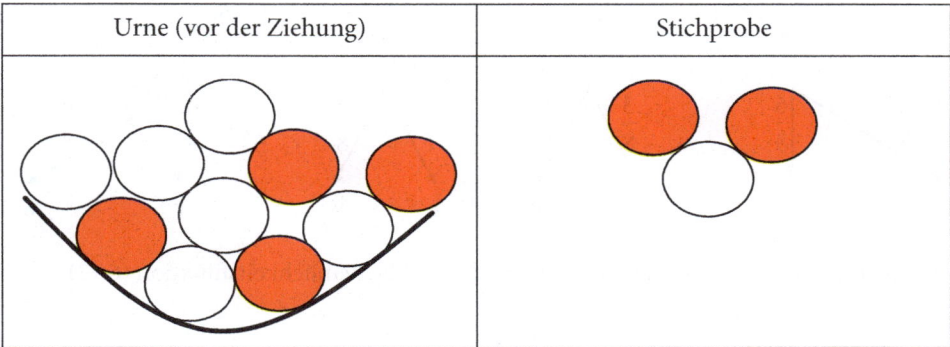	

Eine günstige Kombinationsmöglichkeit wäre r r w. Die Wahrscheinlichkeit, beim ersten Zug rot zu ziehen, ist $4/10$. Da die gezogene rote Kugel nicht zurückgelegt wird, ist die Wahrscheinlichkeit, beim zweiten Ziehen wieder eine rote Kugel zu erhalten, nicht er-neut $4/10$, sondern $3/9$ [14]. Die Wahrscheinlichkeit, beim dritten Zug eine weiße Kugel zu erhalten, beträgt $6/8$, so dass

$$P(r\ r\ w) = \frac{4}{10} \cdot \frac{3}{9} \cdot \frac{6}{8} = 0,1$$

ist. Wie viele Kombinationsmöglichkeiten gibt es aber, die gezogenen drei Kugeln in unter-schiedliche Reihenfolgen zu bringen? Hier hilft die Formel für Permutationen (3.2) weiter:

---

[14] Hierin liegt der Unterschied zur Binomialverteilung, wo die Wahrscheinlichkeiten bei jedem Durch-führen des Zufallsexperiments gleich bleiben. Die Binomialverteilung baut damit auf einem Zufallsexpe-riment mit Zurücklegen auf (vgl. Abb. 6.7).

$$P_{3,2} = \frac{3!}{2! \cdot 1!} = 3 \, .$$

Für jede dieser drei Möglichkeiten beträgt die entsprechende Wahrscheinlichkeit 0,1, so dass

$$P(\text{zweimal rot und einmal weiß}) = 0,1 \cdot 3 = 0,3$$

ist.

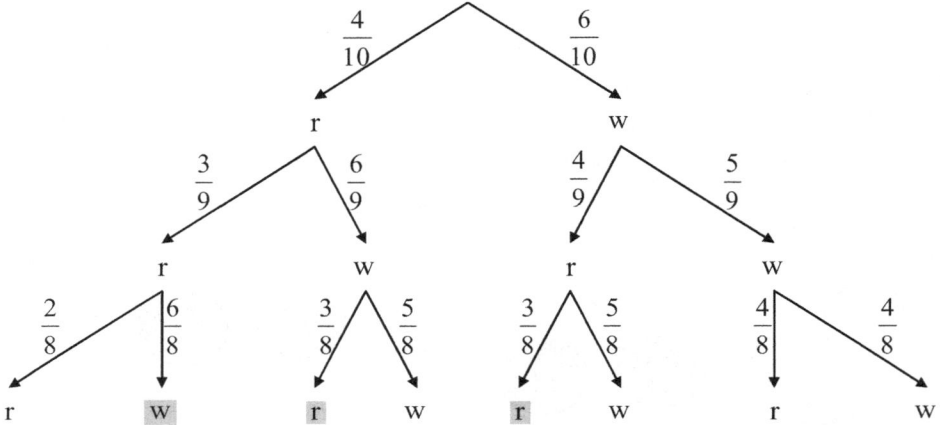

Zum gleichen Ergebnis gelangt man, indem die Wahrscheinlichkeitsfunktion (6.12):

$$f(x) = \begin{cases} \dfrac{\dbinom{4}{x}\dbinom{10-4}{3-x}}{\dbinom{10}{3}} & \text{für } x = 0,1,\dots,10 \\[4mm] 0 & \text{sonst} \end{cases}$$

herangezogen wird. Setzen wir die Werte unseres obigen Beispiels in diese Formel ein, erhält man als Ergebnis:

$$f(2) = \frac{\dbinom{4}{2}\dbinom{10-4}{3-2}}{\dbinom{10}{3}} = \frac{\dbinom{4}{2}\dbinom{6}{1}}{\dbinom{10}{3}} = \frac{6 \cdot 6}{120} = 0,3 \, . \qquad \blacklozenge$$

Für die Berechnung von Erwartungswert und Varianz einer hypergeometrisch verteilten Zufallsvariable X sind folgende Formeln anzuwenden:

$$E(X) = n \cdot \frac{M}{N}, \tag{6.13}$$

$$\text{Var}(X) = n \cdot \frac{M}{N} \cdot \left(1 - \frac{M}{N}\right)\left(\frac{N-n}{N-1}\right). \tag{6.14}$$

Ein Vergleich von (6.10) und (6.13) zeigt, dass die Erwartungswerte einer hypergeometrisch und einer binomialverteilten Zufallsvariablen übereinstimmen, wenn $p = M/N$ gesetzt wird. Wie aus (6.11) und (6.14) hervorgeht, ist die Varianz bei der hypergeometrischen Verteilung um den Faktor $(N-n)/(N-1)$ kleiner als bei der Binomialverteilung. Die Diskrepanz zwischen den Varianzen ist dabei umso höher, je größer der Stichprobenumfang n ist.

Die kleinere Varianz bei der hypergeometrischen Verteilung lässt sich mit dem Informationsgewinn begründen, den wir beim Ziehen ohne Zurücklegen zwangsläufig erhalten. Wenn M und N bekannt sind, dann kennen wir offenbar die Zusammensetzung der Kugeln in einer Urne. Je mehr Kugeln nun ohne Zurücklegen gezogen werden, desto genauere Informationen haben wir über die restlichen noch in der Urne enthaltenen Kugeln. Wenn dagegen mit Zurücklegen gezogen wird, erfolgen die Ziehungen stets aus der gleichen Menge, d. h., der mögliche Informationsgewinn wird verschenkt. Das ist die inhaltliche Überlegung für die kleinere Varianz der hypergeometrischen Verteilung im Vergleich zur Binomialverteilung.

Wenn N über alle Grenzen hinauswächst, geht der Faktor $(N-n)/(N-1)$ gegen 1, so dass die Varianz der hypergeometrischen Verteilung in die Varianz der Binomialverteilung übergeht. Aus diesem Grund wird der Faktor $(N-n)/(N-1)$ auch als **Endlichkeitskorrektur** bezeichnet.

Beispiel 6.7

Wie groß ist die Wahrscheinlichkeit, beim Zahlenlotto 3 „Richtige" zu haben? Hier wird ohne Zurücklegen gezogen, weil eine einmal ausgewählte Kugel nicht ein weiteres Mal unter den „Richtigen" erscheinen darf. Insgesamt liegen N = 49 Kugeln in der Urne, von denen M = 6 „Richtige" sind. Die Wahrscheinlichkeit für X = 3 „Richtige" beträgt

$$f(4) = \frac{\binom{M}{x}\binom{N-M}{n-x}}{\binom{N}{n}} = \frac{\binom{6}{3}\binom{49-6}{6-3}}{\binom{49}{6}} = \frac{20 \cdot 12.341}{13.983.816} = 0,018 \; .$$

Hierbei gibt es 20 verschiedene Möglichkeiten, 3 aus insgesamt 6 „Richtigen" zu ziehen, 12.341 verschiedene Möglichkeiten, 3 aus insgesamt 43 „Falschen" auszuwählen und 13.983.816 verschiedene Möglichkeiten, 6 aus insgesamt 49 Kugeln zu ziehen.

Wie groß sind arithmetisches Mittel und Varianz bei den Richtigen im Lottospiel? Pro Tippreihe hat man also im Durchschnitt 0,735 Richtige,

$$\mu = E(X) = n \cdot \frac{M}{N} = 6 \cdot \frac{6}{49} = \frac{36}{49} = 0,735 \ .$$

Die Varianz beträgt:

$$\sigma^2 = n \cdot \frac{M}{N} \cdot \left(1 - \frac{M}{N}\right)\left(\frac{N-n}{N-1}\right) = 6 \cdot \frac{6}{49} \cdot \left(1 - \frac{6}{49}\right) \cdot \left(\frac{49-6}{49-1}\right) = 0,578 \ .$$ ◆

Ähnlich wie bei der Binomialverteilung gibt es bei der hypergeometrischen Verteilung ebenfalls keinen kompakten Ausdruck für die Verteilungsfunktion. Man erhält sie durch Addition der Wahrscheinlichkeiten, die in der Wahrscheinlichkeitsfunktion ausgewiesen sind.

6.5   Geometrische Verteilung

Wir betrachten eine Urne, die eine beliebige Anzahl von Kugeln zweier Farben (rot und weiß) enthält. Es sei A das Ereignis, dass eine rote Kugel gezogen wird. Wir entnehmen so lange Kugeln **mit Zurücklegen**, bis zum ersten Mal A eintritt, d. h. eine rote Kugel gezogen wird. Daher ist die Wahrscheinlichkeit, eine rote Kugel zu ziehen, im Verlauf des Zufallsvorgangs konstant (Bernoulli-Prozess). Bei jeder Ziehung ist

$$P(A) = p \text{ und damit } P(\overline{A}) = 1 - p \ .$$

Die Zufallsvariable X bezeichnet die Anzahl der Durchführungen des Zufallsvorgangs (Misserfolge), bei denen das Ereignis A nicht realisiert wird. Die Zufallsvariable X nimmt den Wert x an, wenn bei der (x+1)-ten Durchführung des Zufallsvorgangs zum ersten Mal A realisiert wurde, z. B.:

Tabelle 6.1   Wahrscheinlichkeiten bei der geometrischen Verteilung

Anzahl von X	Ereignisse	Wahrscheinlichkeit
$X = 0$	A	$P(X = 0) = P(A) = p$
$X = 1$	$\overline{A}A$	$P(X = 1) = P(\overline{A}) \cdot P(A) = (1-p) \cdot p$
$X = 2$	$\overline{A}\,\overline{A}A$	$P(X = 2) = P(\overline{A}) \cdot P(\overline{A}) \cdot P(A) = (1-p)^2 \cdot p$
$X = x$	$\underbrace{\overline{A}\,\overline{A}...\overline{A}}_{x-\text{mal}}A$	$P(X = x) = \underbrace{P(\overline{A}) \cdot P(\overline{A}) \cdot ... \cdot P(\overline{A})}_{x-\text{mal}} \cdot P(A) = (1-p)^x \cdot p$

Damit ist bereits die Wahrscheinlichkeitsfunktion der geometrischen Verteilung gefunden:

$$f(x) = \begin{cases} (1-p)^x \cdot p & \text{für } x = 0,1,2,\dots \\ 0 & \text{sonst.} \end{cases} \tag{6.15}$$

Die Bedeutung des Parameters p für die Wahrscheinlichkeiten $f(x) = P(X = x)$ lässt sich mit den Stabdiagrammen in Abb. 6.8 verdeutlichen. Die Wahrscheinlichkeitsfunktion der geometrischen Verteilung verläuft grundsätzlich rechtsschief. Die Funktion nimmt umso stärker ab, je größer p ist.

Die **geometrische Verteilung**, G (p), kennzeichnet ein Ziehen mit Zurücklegen, bei dem bei prinzipiell beliebiger Wiederholung x-mal hintereinander $\overline{A}$ und anschließend einmal A eintritt.

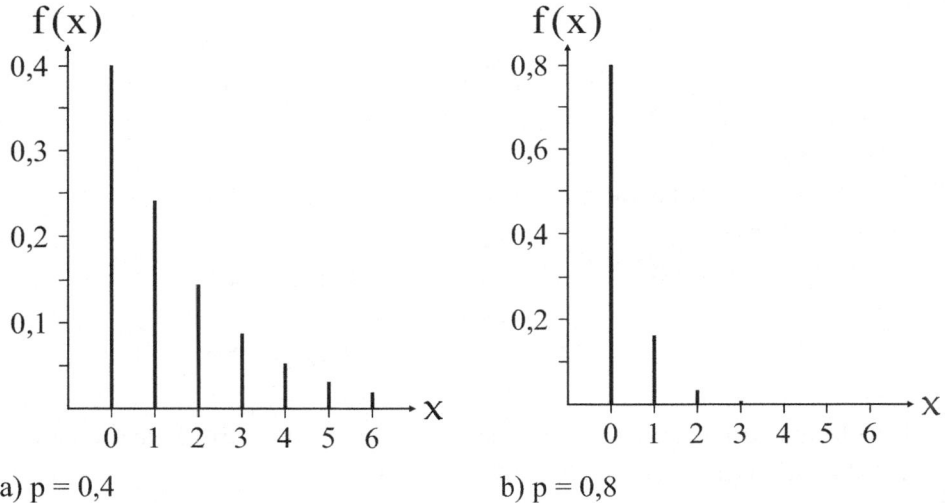

a) p = 0,4   b) p = 0,8

Abb. 6.8 Wahrscheinlichkeitsfunktionen der geometrischen Verteilung

Man sieht, dass Erwartungswert,

$$E(X) = \frac{1-p}{p}, \tag{6.16}$$

und Varianz,

$$Var(X) = \frac{1-p}{p^2}, \tag{6.17}$$

vom Parameter p der Verteilung abhängig sind. Bei größerem p nimmt der Erwartungswert ab, die Lage der Wahrscheinlichkeitsfunktion liegt also weiter links. Die Varianz verringert sich dabei ebenfalls, was bedeutet, dass die Verteilung schneller abfällt.

Beispiel 6.8
Der Betriebsstatistiker einer Firma hat ermittelt, dass die Lieferanten die vereinbarten Lieferfristen im Mittel in 85 % der Bestellungen einhalten. Die Firma hat mit einem neuen Lieferanten laufende Teillieferungen von Halbfertigerzeugnissen für die Herstellung eines Produktes vereinbart. Nachdem der Lieferant dreimal fristgerecht geliefert hat, ist er bei der vierten Teillieferung in Verzug geraten. Der Betriebsstatistiker möchte nun wissen, mit welcher Wahrscheinlichkeit ein solches Verhalten zu erwarten ist.

Die Zufallsvariable X ist hier die Anzahl der fristgerechten Lieferungen (Ereignis $\overline{A}$), so dass p gleich 0,15 ist. Gesucht ist die Wahrscheinlichkeit, dass nach drei fristgerechten Lieferungen – Misserfolgen – erstmals keine fristgerechte Lieferung erfolgt. Dies ist die Wahrscheinlichkeit dafür, dass die geometrisch verteilte Zufallsvariable X den Wert 3 annimmt:

$$P(X = 3) = f(3) = (1 - p)^X \cdot p = 0,85^3 \cdot 0,15 = 0,092 \; .$$

Nach Einhaltung der Fristen bei drei Teillieferungen wird die vierte Teillieferung mit einer Wahrscheinlichkeit von etwa 9,2 % nicht fristgerecht erfolgen.   ◆

Tabelle 6.2   Angaben für kumulierte Wahrscheinlichkeiten bei einer diskreten Zufallsvariablen X

Anzahl von X	Wahrscheinlichkeit	Kumulierte Wahrscheinlichkeit
$X = 0$	$P(X = 0) = p$	$F(0) = P(X \le 0) = p$
$X = 1$	$P(X = 1) = (1 - p) \cdot p$	$F(1) = P(X \le 1) = p + (1 - p) \cdot p$
$X = 2$	$P(X = 2) = (1 - p)^2 \cdot p$	$F(2) = P(X \le 2) = p + (1 - p) \cdot p + (1 - p)^2 \cdot p$
$X = x$	$P(X = x) = (1 - p)^x \cdot p$	$F(x) = P(X \le x) = p + (1 - p) \cdot p + \cdots + (1 - p)^x \cdot p$

Die Verteilungsfunktion F(x) lässt sich in kompakter Form darstellen. Sie gibt die Wahrscheinlichkeit dafür an, dass nach höchstens x Misserfolgen zum ersten Mal A eintritt. Sie beträgt (vgl. Tabelle 6.2):

$$F(x) = p + (1-p) \cdot p + \cdots + (1-p)^x \cdot p_.$$

Wenn man F(x) mit dem Faktor $(1-p)$ multipliziert, erhält man

$$(1-p) \cdot F(x) = (1-p) \cdot p + (1-p)^2 \cdot p + \cdots + (1-p)^{x+1} \cdot p_.$$

Als Differenz der beiden Summenformeln ergibt sich

$$
\begin{aligned}
F(x) - (1-p) \cdot F(x) &= p - (1-p)^{x+1}p, \\
F(x) \cdot [1 - (1-p)] &= p \cdot \left[1 - (1-p)^{x+1}\right], \\
F(x) \cdot p &= p \cdot \left[1 - (1-p)^{x+1}\right]
\end{aligned}
$$

und

$$F(x) = 1 - (1-p)^{x+1} . \tag{6.18}$$

Gleichung (6.18) ist die Verteilungsfunktion der geometrischen Verteilung. Man erkennt unmittelbar, dass die Verteilungsfunktion für $x \to \infty$ gegen 1 geht.

Beispiel 6.9 (Fortsetzung von Beispiel 6.8)
Wie groß ist die Wahrscheinlichkeit für keine fristgerechte Lieferung nach höchstens drei fristgerechten Lieferungen? Die Anzahl der fristgerechten Lieferungen wird durch die Zufallsvariable X abgebildet:

$$P(X \le 3) = F(3) = 1 - (1-p)^{x+1} = 1 - (1-0{,}15)^{3+1} = 1 - 0{,}85^4 = 0{,}478 .$$

Die gesuchte Wahrscheinlichkeit beträgt also 47,8 %. Das Ergebnis könnte man auch mit der Wahrscheinlichkeitsfunktion,

- $P(X = 0) = f(0) = (1-p)^x \cdot p = 0{,}85^0 \cdot 0{,}15 = 0{,}15$
- $P(X = 1) = f(1) = (1-p)^x \cdot p = 0{,}85^1 \cdot 0{,}15 = 0{,}128$
- $P(X = 2) = f(2) = (1-p)^x \cdot p = 0{,}85^2 \cdot 0{,}15 = 0{,}108$
- $P(X = 3) = f(3) = (1-p)^x \cdot p = 0{,}85^3 \cdot 0{,}15 = 0{,}092 ,$

bestimmen:

$$P(X \le 3) = P(X = 0) + P(X = 1) + P(X = 2) + P(X = 3)$$
$$= 0{,}150 + 0{,}128 + 0{,}108 + 0{,}092 = 0{,}478 \ .$$

Dieser Rechenweg ist jedoch aufwendiger.   ◆

Beispiel 6.10
Der Anteil der Studenten, die die Statistik II-Klausur bestehen, beträgt 60 %. Wie groß ist dann die Wahrscheinlichkeit, dass ein Student spätestens im dritten Versuch besteht?

Die Zufallsvariable X bezeichnet die Anzahl der Misserfolge, also der nicht bestandenen Versuche. Ein Student darf also höchstens zweimal durch die Klausur fallen, wenn er spätestens beim dritten Versuch bestehen soll:

$$P(X \le 2) = F(2) = 1 - (1 - p)^{x+1} = 1 - (1 - 0{,}6)^{2+1} = 1 - 0{,}4^3 = 0{,}936 \ . \qquad ◆$$

6.6   Poisson-Verteilung

Die Poisson-Verteilung ist eine Wahrscheinlichkeitsverteilung, die zur Modellierung seltener Ereignisse von Relevanz ist. Sie stellt einen Grenzfall der Binomialverteilung dar. Bei großem n und kleinem p ist die Berechnung der Wahrscheinlichkeiten unter Heranziehung der Binomialverteilung aufwendig. Man wendet dann die Poisson-Verteilung an.

Beispiel 6.11
Beispiele für seltene Ereignisse in einem bestimmten Intervall sind:

- Unfälle in einer großen Fabrik pro Tag,
- Telefonanrufe in einer Vermittlungsstelle während einer Stunde,
- Basisinnovationen in einer Branche pro Jahr,
- tödliche Betriebsunfälle in einer Periode,
- Ankünfte von Flugzeugen auf einem Flughafen pro Minute,
- Druckfehler auf einer Buchseite.   ◆

Bei Vorliegen der folgenden Annahmen kann die Poisson-Verteilung angewendet werden:

- In jedem der n Teilintervalle kann im Wesentlichen das Ereignis A entweder einmal oder keinmal auftreten. Die Wahrscheinlichkeit, dass das Ereignis A in einem Teilintervall mehr als einmal eintritt, ist praktisch vernachlässigbar.

- Das Eintreten von A im i-ten Teilintervall ist unabhängig vom Eintreten von A im j-ten Teilintervall $(i \neq j)$.
- Die Wahrscheinlichkeit für das Eintreten des Ereignisses von A, $P(A) = p$, ist für jedes Teilintervall gleich groß.

Für die Heranziehung der Poisson-Verteilung gibt es eine Faustregel:

$$p \leq 0,1 \text{ und } n \cdot p \leq 5. \qquad (6.19)$$

Die Wahrscheinlichkeitsfunktion der Poisson-Verteilung,

$$f(x) = \begin{cases} \dfrac{\lambda^x}{x!} \cdot e^{-\lambda} & x = 0,1,\ldots \\ 0 & \text{sonst} \end{cases} \quad \text{mit } \lambda = n \cdot p, \qquad (6.20)$$

hängt von λ ab. Die Bedeutung des Wertes von λ für die Wahrscheinlichkeiten $P(X = x)$ demonstrieren wir durch Stabdiagramme.

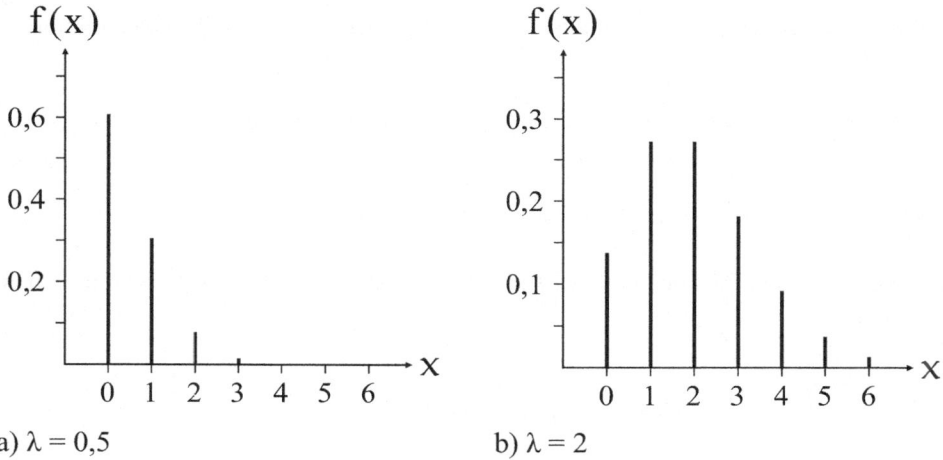

a) $\lambda = 0,5$ b) $\lambda = 2$

Abb. 6.9 Wahrscheinlichkeitsfunktionen der Poisson-Verteilung

Die Wahrscheinlichkeitsfunktion der Poisson-Verteilung verläuft also rechtsschief. Es lässt sich zeigen, dass sich aus der Binomialverteilung bei $n \to \infty$ und konstantem $n \cdot p = \lambda$ die Poisson-Verteilung ergibt. Der Erwartungswert und die Varianz der Poisson-Verteilung stimmen überein:

$$E(X) = \lambda, \tag{6.21}$$

$$Var(X) = \lambda. \tag{6.22}$$

Beispiel 6.12

Die Wahrscheinlichkeit, dass eine Person ein bestimmtes Medikament nicht verträgt, sei 0,001. Insgesamt wurden 2.000 Personen mit diesem Medikament behandelt. Dann ist die Anzahl der mit dem Medikament behandelten Personen, die das Medikament nicht vertragen, binomialverteilt mit den Parametern n = 2000 und p = 0,001, so dass die Wahrscheinlichkeiten aus

$$P(X = x) = f(x) = \binom{2000}{x} \cdot 0,001^x \cdot 0,999^{2000-x} \tag{6.23}$$

ermittelt werden können. Die Berechnung mit dieser Formel ist jedoch umständlich. Da es sich hier um ein seltenes Ereignis – Faustregel (6.19),

$$(p =) \; 0,001 \leq 0,1 \text{ und } (n \cdot p = 2.000 \cdot 0,001 \; =) \; 2 \leq 5,$$

ist erfüllt – handelt, kann anstelle der Binomialverteilung auch die Poisson-Verteilung mit dem Parameter $\lambda = n \cdot p = 2000 \cdot 0,001 = 2$ bzw. der Wahrscheinlichkeitsfunktion

$$f(x) = \begin{cases} \dfrac{2^x}{x!} \cdot e^{-2} & x = 0,1,\dots \\ 0 & \text{sonst} \end{cases} \tag{6.24}$$

verwendet werden. Mit der Wahrscheinlichkeitsfunktion der Poisson-Verteilung erhält man z. B.

$$P(X = 0) = f(0) = \frac{2^0}{0!} \cdot e^{-2} = e^{-2} = 0,1353$$

und

$$P(X = 1) = f(1) = \frac{2^1}{1!} \cdot e^{-2} = 2 \cdot e^{-2} = 0,2707 \; .$$

Beide Wahrscheinlichkeiten lassen sich auch aus der Tabelle B.2 im Tabellenanhang ablesen:

	$\lambda = 1{,}6$		$\lambda = 1{,}7$		$\lambda = 1{,}8$		$\lambda = 1{,}9$		$\lambda = 2{,}0$	
	f(x)	F(x)	f(x)	F(x)	f(x)	F(x)	f(x)	F(x)	f(x)	F(x)
x = 0	0,2019	0,2019	0,1827	0,1827	0,1653	0,1653	0,1496	0,1496	0,1353	0,1353
x = 1	0,3230	0,5249	0,3106	0,4932	0,2975	0,4628	0,2842	0,4337	0,2707	0,4060
x = 2	0,2584	0,7834	0,2640	0,7572	0,2678	0,7306	0,2700	0,7037	0,2707	0,6767
x = 3	0,1378	0,9212	0,1496	0,9068	0,1607	0,8913	0,1710	0,8747	0,1804	0,8571
x = 4	0,0551	0,9763	0,0636	0,9704	0,0723	0,9636	0,0812	0,9559	0,0902	0,9473
x = 5	0,0176	0,9940	0,0216	0,9920	0,0260	0,9896	0,0309	0,9868	0,0361	0,9834
x = 6	0,0047	0,9987	0,0061	0,9981	0,0078	0,9974	0,0098	0,9966	0,0120	0,9955
x = 7	0,0011	0,9997	0,0015	0,9996	0,0020	0,9994	0,0027	0,9992	0,0034	0,9989
x = 8	0,0002	1,0000	0,0003	0,9999	0,0005	0,9999	0,0006	0,9998	0,0009	0,9998
x = 9	0,0000	1,0000	0,0001	1,0000	0,0001	1,0000	0,0001	1,0000	0,0002	1,0000

Der Vergleich zwischen Binomialverteilung und Poisson-Verteilung ergibt nur geringe Abweichungen, die ab der vierten Nachkommastelle bestehen (vgl. folgende Tabelle). Insofern ist die Verwendung der Poisson-Verteilung nur mit geringem Informationsverlust verbunden.

	Poisson-Verteilung [s. (6.24)]	Binomialverteilung [s. (6 23)]
$P(X = 0)$	0,1352	0,1353 [15]
$P(X = 1)$	0,2707	0,2707
$P(X = 2)$	0,2708	0,2707
$P(X = 3)$	0,1805	0,1804
$P(X = 4)$	0,0902	0,0902

♦

[15] $P(X = 0) = \binom{2000}{0} \cdot 0{,}001^0 \cdot 0{,}999^{2000-0} = 0{,}1353$.

6.7 Aufgaben

6.1 Während sich im Zeitraum von 20 Jahren der Anteil der Menschen über 65 Jahre von knapp 13 % auf 15 % erhöht hat, stieg der Anteil der Rentner an den Mitgliedern der gesetzlichen Krankenversicherung von 22 % auf 29 %.

a) Ein Stadtplaner möchte Aufschluss über die Anzahl der älteren Menschen in einem Wohngebiet erhalten. Wie groß ist die Wahrscheinlichkeit, dass in einem zufällig ausgewählten Wohnhaus mit 20 Mietern

   – bis zu 2 Menschen über 65 Jahre,
   – genau 4 Rentner
   – 5 und mehr Rentner

   leben?

b) In einem Zeitraum von einem Jahr ist eine Vielzahl von Mitgliedern der AOK zur NOK übergewechselt. Wie groß ist die Wahrscheinlichkeit, dass

   – erst der achte Überwechsler,
   – spätestens der vierte Überwechsler

   ein Rentner war?

6.2 Ein Handelsvertreter schließt im Mittel mit drei von vier Kunden ein Geschäft ab. Der Verkaufsleiter erwartet von seinen Mitarbeitern jeden Tag mindestens zwei Geschäftsabschlüsse.

Wie viel Kunden muss der Handelsvertreter jeden Tag mindestens besuchen, um mit einer Wahrscheinlichkeit von mind. 95 % die Norm zu erfüllen?

6.3 In einer Urne befinden sich 4 rote und 8 nicht-rote Kugeln.

a) Wie groß ist die Wahrscheinlichkeit, bei 8-maligem Ziehen einer Kugel aus der Urne ohne Zurücklegen genau 3mal eine rote Kugel zu erhalten?
b) Wie groß ist die Wahrscheinlichkeit, erst im sechsten Versuch eine rote Kugel zu erhalten, wenn mit Zurücklegen gezogen wird?
c) Welche Wahrscheinlichkeit ergibt sich dafür, dass bei einem Ziehen mit Zurücklegen spätestens im dritten Versuch eine rote Kugel gezogen wird?

6.4 Eine Telefonistin klagt über eine in letzter Zeit zunehmende Arbeitsbelastung. Um einen genaueren Überblick über den Arbeitsanfall zu erhalten, wurden über einen Monat hinweg die telefonischen Anfragen registriert. Im Mittel ergaben sich dabei 16 Telefongespräche pro Tag bei achtstündiger Arbeitszeit.

Wie wahrscheinlich ist es, dass bei der Telefonistin 0, 1, 2 und mehr als 2 Anrufe in einem Zeitintervall von einer viertel Stunde eingegangen sind?

6.8   Lösungen

6.1

a) Wohnhaus mit 20 Mietern

Binomialverteilung ($n = 20$, $p = 0,15$)

Zufallsvariable (ZV) X = Anz. Menschen über 65

- $P(X \leq 2) = f(0) + f(1) + f(2)$

$$= \binom{20}{0} \cdot 0,15^0 \cdot (1-0,15)^{20-0} + \binom{20}{1} \cdot 0,15^1 \cdot (1-0,15)^{20-1}$$

$$+ \binom{20}{2} \cdot 0,15^2 \cdot (1-0,15)^{20-2}$$

$$= 0,0388 + 0,1368 + 0,2293$$

$$= 0,4049$$

- $P(X = 4) = f(4) = \binom{20}{4} \cdot 0,15^4 \cdot (1-0,15)^{20-4}$

$$= 0,1821$$

- $P(X \geq 5) = 1 - f(4) - f(3) - f(2) - f(1) - f(0)$

$$f(3) = \binom{20}{3} \cdot 0,15^3 \cdot (1-0,15)^{20-3} = 0,2428$$

$$= 1 - 0,1821 - 0,2428 - 0,2293 - 0,1368 - 0,0388$$

$$= 0,1702$$

b) Überwechsler

geometrische Verteilung

$p = 0,29$ (Erfolg)

ZV X = Anz. keine Rentner (Anz. Misserfolge)

- Erst der Achte ist Rentner:

$$f(x) = p \cdot (1-p)^x$$

$$f(7) = 0,29 \cdot (1-0,29)^7 = 0,0264$$

- Spätestens der Vierte ist Rentner:

ZV X = 0,1,2,3

$$P(X < 4) = P(x \leq 3) = F(3)$$

$$F(x) = 1 - (1-p)^{x-1}$$

$$F(3) = 1 - (1-0,29)^{3-1} = 0,7459$$

6.2

Binomialverteilung, n gesucht

ZV X = Anz. Vertragsabschlüsse

$$p = \frac{3}{4} = 0,75$$

$P(X \geq 2) = 1 - [f(0) + f(1)] \geq 0,95$

$\qquad = 1 - \left[\binom{n}{0} \cdot 0,75^0 \cdot (1-0,75)^{n-0} + \binom{n}{1} \cdot 0,75^1 \cdot (1-0,75)^{n-1} \right]$

$\qquad = 1 - \left[1 \cdot 1 \cdot 0,25^n + n \cdot 0,75 \cdot 0,25^{n-1} \right]$

$\qquad = 1 - \left[0,25^n + n \cdot 0,75 \cdot 0,25^{n-1} \right]$

Lösen durch Einsetzen:

n = 3 : 0,84

n = 4 : 0,95   → 4 Besuche sind nötig, um die Norm zu erfüllen

6.3

a) 3 rote Kugeln

„ohne Zurücklegen" → p ändert sich → hypergeometrische Verteilung

ZV X = Anz. rote Kugeln = 3

N = 12 Kugeln

M = 4 rote Kugeln

n = 8 Mal ziehen

$$P(X=3) = \frac{\binom{M}{x} \cdot \binom{N-M}{n-x}}{\binom{N}{n}} = \frac{\binom{4}{3} \cdot \binom{12-4}{8-3}}{\binom{12}{8}} = \frac{\binom{4}{3} \cdot \binom{8}{5}}{\binom{12}{8}}$$

$$= \frac{\frac{4!}{3! \cdot 1!} \cdot \frac{8!}{5! \cdot 3!}}{\frac{12!}{8! \cdot 4!}} = \frac{\frac{4 \cdot 3!}{3!} \cdot \frac{8 \cdot 7 \cdot 6 \cdot 5!}{5! \cdot 3!}}{\frac{12 \cdot 11 \cdot 10 \cdot 9 \cdot 8!}{8! \cdot 4!}} = 0,4525$$

b) im sechsten Versuch rote Kugel

geometrische Verteilung

$p = \frac{4}{12} = \frac{1}{3}$ (Erfolg)

ZV X = Anz. „nicht-rote" Kugeln (Anz. Misserfolge)

$f(x) = p \cdot (1-p)^x$

$f(5) = \frac{1}{3} \cdot \left(1 - \frac{1}{3}\right)^5 = 0,0444$

c) spätestens im dritten Versuch rote Kugel

$F(x) = 1 - (1-p)^{x+1}$

$F(2) = 1 - \left(1 - \frac{1}{3}\right)^{2+1} = 1 - 0,2963 = 0,7037$

6.4

ZV X: Anzahl der Telefonanrufe pro Viertelstunde (kleine Anzahl)

Poissonverteilung mit $E(X) = \frac{16}{8 \cdot 4} = 0,5 = \lambda$

$f(x) = \frac{\lambda^x}{x!} \cdot e^{-\lambda}$ für x=0,1,2,…

- $f(x = 0) = \frac{0,5^0}{0!} \cdot e^{-0,5} = 0,6065$

- $f(x = 1) = \frac{0,5^1}{1!} \cdot e^{-0,5} = 0,3033$

- $f(x = 2) = \frac{0,5^2}{2!} \cdot e^{-0,5} = 0,0758$

- $P(X > 2) = 1 - P(x \leq 2) = 1 - [f(0) + f(1) + f(2)] = 1 - 0,9856$

    $= 0,0144$

Spezielle stetige Wahrscheinlichkeitsverteilungen

Hier werden einige wichtige Modelle für die Verteilung von stetigen Zufallsvariablen diskutiert. Begonnen wird mit der stetigen Gleichverteilung und der Exponentialverteilung. Die Normalverteilung stellt die wichtigste stetige Verteilung dar. Alle weiteren Verteilungen – Chi-Quadrat-, t- und F-Verteilung – basieren auf der Normalverteilung.

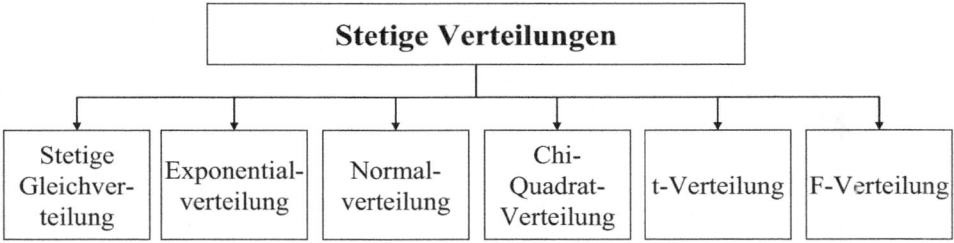

Abb. 7.1 Übersicht stetiger Verteilungen

7.1 Stetige Gleichverteilung

Wenn die stetige Zufallsvariable X nur Werte im Intervall [a; b] annehmen kann, dann bezeichnen wir X als **gleichverteilt**, falls X in Teilintervalle gleicher Länge aus [a; b] mit gleicher Wahrscheinlichkeit hineinfällt.

Keines der gleich langen Teilintervalle wird dann bevorzugt. Eine Zufallsvariable X folgt einer **stetigen Gleichverteilung** mit den Parametern a und b, wenn die Dichtefunktion von X gegeben ist durch

© Springer Fachmedien Wiesbaden GmbH, ein Teil von Springer Nature 2019
R. Kosfeld et al., *Wahrscheinlichkeitsrechnung und Induktive Statistik*,
https://doi.org/10.1007/978-3-658-28713-9_7

$$f(x) = \begin{cases} \dfrac{1}{b-a} & \text{für } a \leq x \leq b \\ 0 & \text{sonst} \end{cases} . \qquad (7.1)$$

Wegen dieses Verlaufs der Dichtefunktion bezeichnet man die stetige Gleichverteilung auch als Rechtecksverteilung (vgl. Abb. 7.2). Für sie gilt:

$$\mu = E(X) = \frac{a+b}{2} \qquad (7.2)$$

und

$$\sigma^2 = E(X-\mu)^2 = \frac{(b-a)^2}{12}. \qquad (7.3)$$

Wie man sieht, ist der Erwartungswert mit der Mitte des Intervalls [a; b] identisch. Die Varianz von X erhöht sich, wenn die Intervalllänge $b-a$ steigt. Dieses Ergebnis ist leicht interpretierbar, da bei einem größeren Intervall die Variabilität einer Zufallsvariablen zunimmt.

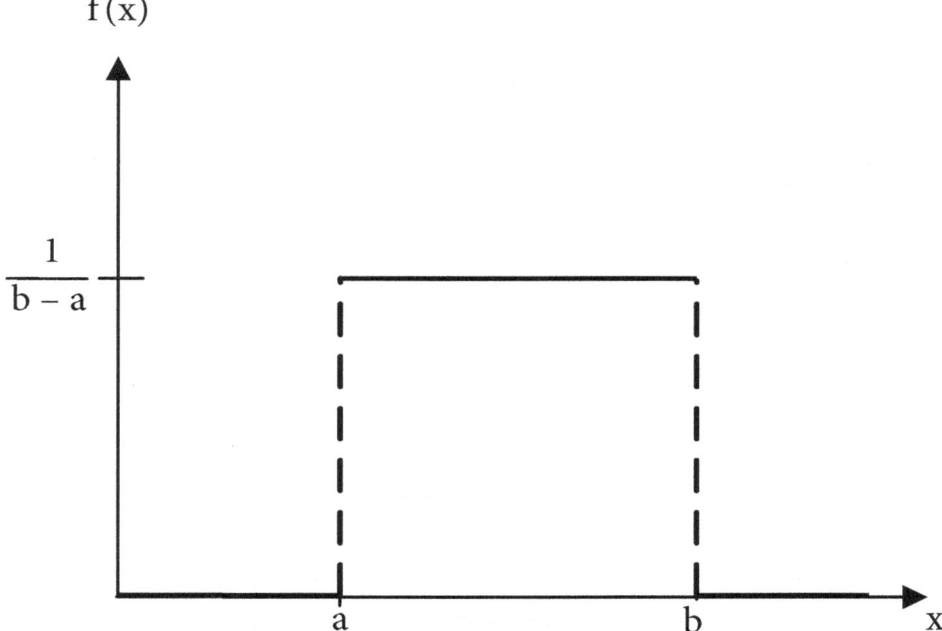

Abb. 7.2 Dichtefunktion der stetigen Gleichverteilung

Beweis von Formel (7.2)

Den Erwartungswert E(X) berechnet man durch Integration [vgl. (5.18)]:

$$\mu = E(X) = \int_a^b x \cdot f(x) \cdot dx = \int_a^b x \cdot \frac{1}{b-a} \cdot dx = \frac{1}{2} \cdot \frac{1}{b-a} \cdot \left. x^2 \right|_a^b$$

$$= \frac{1}{2} \cdot \frac{1}{b-a} \cdot \left(b^2 - a^2\right).$$

Aufgrund der dritten binomischen Formel,

$$(b+a) \cdot (b-a) = b^2 - a^2,$$

lässt sich der obige Ausdruck umformen zu:

$$\mu = \frac{1}{2} \cdot \frac{1}{b-a} \cdot (a+b) \cdot (a-b) = \frac{a+b}{2}.$$

Den Beweis von (7.3) kann der interessierte Leser unter Anwendung von (5.20) selbst vornehmen.

Beispiel 7.1

An einem Bahnhof fährt die Schnellbahn exakt alle 20 Minuten ab. Wie groß ist die Wahrscheinlichkeit dafür, dass ein zufällig eintreffender Fahrgast mehr als 15 Minuten warten muss?

Die Wartezeit ist gleichverteilt mit a = 0 und b = 20. Die Dichtefunktion lautet:

$$f(x) = \begin{cases} \frac{1}{20} & \text{für } 0 \leq x \leq 20 \\ 0 & \text{sonst} \end{cases}.$$

Damit lässt sich die gesuchte Wahrscheinlichkeit ermitteln:

Funktionsvorschrift	Grafische Darstellung
$P(X \geq 15) = \int_{15}^{20} \frac{1}{20} dx = \left. \frac{1}{20} x \right|_{15}^{20}$ $= \frac{20}{20} - \frac{15}{20} = 1 - 0{,}75$ $= 0{,}25$	

Die durchschnittliche Wartezeit ist

$$\mu = E(X) = \frac{a+b}{2} = \frac{0+20}{2} = 10 \, ,$$

die Varianz der Wartezeit beträgt

$$\sigma^2 = E(X-\mu)^2 = \frac{(b-a)^2}{12} = \frac{(20-0)^2}{12} = \frac{100}{3} = 33,333 \cdot \qquad \blacklozenge$$

7.2   Exponentialverteilung

Bei der Poisson-Verteilung wurde nach der Wahrscheinlichkeit für das x-malige Eintreffen eines seltenen Ereignisses gefragt. Mit der Exponentialverteilung lässt sich die Wahrscheinlichkeit für eine bestimmte Wartezeit, bis ein seltenes Ereignis eintrifft, berechnen.

> Die **Exponentialverteilung** gibt die Wahrscheinlichkeit für das einmalige Eintreffen eines seltenen Ereignisses in einem bestimmten Intervall an.

Die Dichtefunktion einer exponentialverteilten Zufallsvariable X lautet

$$f(x) = \begin{cases} \lambda e^{-\lambda x} & \text{für } x \geq 0 \\ 0 & \text{sonst} \end{cases} . \tag{7.4}$$

Der Verlauf der Exponentialverteilung ist monoton fallend. Die Wahrscheinlichkeit für ein Intervall gleicher Länge nimmt deshalb mit zunehmenden x-Werten ab. Eine Wartezeit zwischen null und fünf Minuten ist beispielsweise wahrscheinlicher als eine Wartezeit zwischen zehn und fünfzehn Minuten.

Wie die Poisson-Verteilung besitzt die Exponentialverteilung nur einen Parameter λ. Je größer also der Parameter λ ist, desto schneller nimmt die Dichtefunktion der Exponentialverteilung ab. Längere Wartezeiten werden dann weniger wahrscheinlich. Das bedeutet, dass sich die Verteilungsfunktion,

$$F(x) = P(X \leq x) = 1 - e^{-\lambda x} \, , \tag{7.5}$$

mit steigendem λ schneller dem Wert 1 nähert. Da x eine Zeitvariable bezeichnet, muss $x \geq 0$ sein.

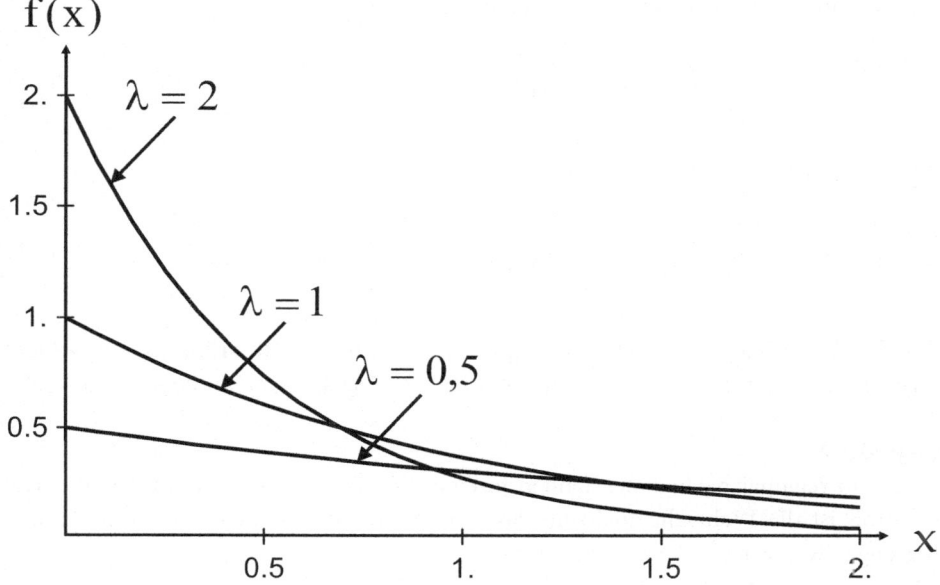

Abb. 7.3 Dichtefunktionen der Exponentialverteilung

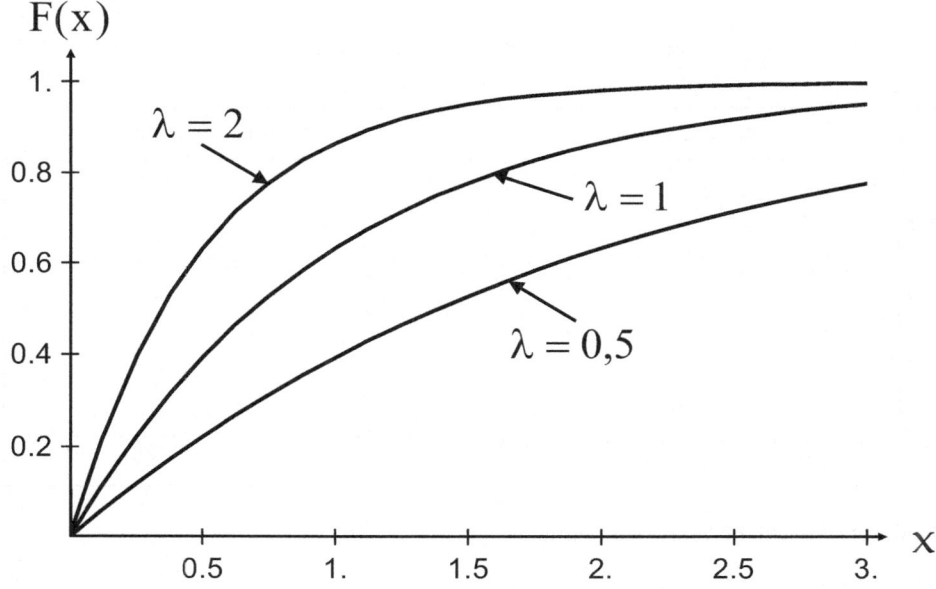

Abb. 7.4 Verteilungsfunktionen der Exponentialverteilung

Aus den Formeln zur Berechnung des Erwartungswertes,

$$E(X) = \frac{1}{\lambda}, \tag{7.6}$$

und der Varianz,

$$Var(X) = \frac{1}{\lambda^2}, \tag{7.7}$$

folgt, dass beide Maßzahlen sich mit steigendem λ verringern. Mit größerem λ verschiebt sich die Dichtefunktion nach links oben (vgl. Abb. 7.3). Gleichzeitig nimmt die Streuung ab.

Beispiel 7.2
Auf einem regionalen Flughafen landen in einer Stunde im Durchschnitt 3 Flugzeuge. Wie groß ist die Wahrscheinlichkeit, dass die Wartezeit zwischen zwei eintreffenden Flugzeugen weniger als 15 Minuten beträgt?

Wenn die Anzahl der in einer Stunde eintreffenden Flugzeuge als Poisson-verteilt angenommen werden kann, folgt die Wartezeit zwischen zwei Flugzeugen einer Exponentialverteilung mit dem Parameter $\lambda = 3$. Da 15 Minuten 1/4 von einer Stunde sind, erhält man mit der Verteilungsfunktion der Exponentialverteilung

$$P(X < 0,25) = F(0,25) = 1 - e^{-3 \cdot 0,25} = 1 - e^{-0,75} = 0,5276 \ .$$

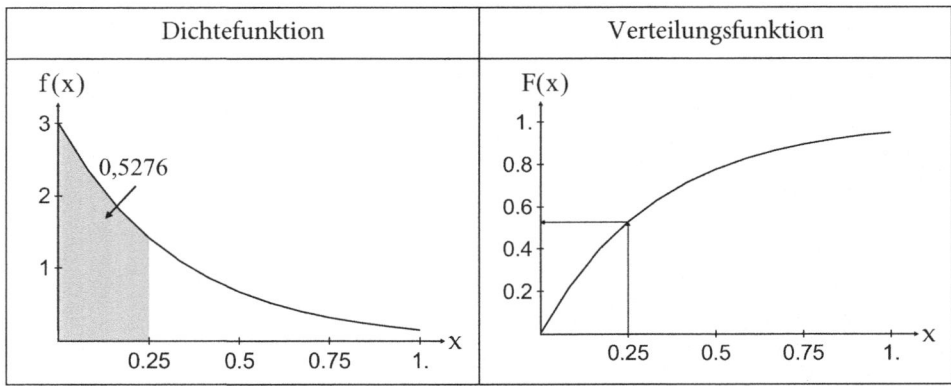

Die durchschnittliche Wartezeit beträgt

$$E(X) = \frac{1}{\lambda} = \frac{1}{3}[h]$$

oder 20 Minuten.   ♦

7.3 Normalverteilung

Die Normalverteilung kann als das wichtigste Verteilungsmodell der Statistik angesehen werden. Sie wird nach ihrem Entdecker auch Gaußsche Glockenkurve genannt. Die herausragende Stellung der Normalverteilung in der Statistik erklärt sich aus drei Gründen:

- Bestimmte Zufallsvariablen sind „von Natur aus" normalverteilt. Dies gilt hauptsächlich für naturwissenschaftliche Größen wie z. B. Körpergröße und Messfehler. Wirtschafts- und sozialwissenschaftliche Merkmale können jedoch häufig nach einer geeigneten Transformation der Daten als approximativ normalverteilt angesehen werden.
- Viele Verteilungen nähern sich der Normalverteilung an (Konvergenz gegen die Normalverteilung), so dass sie bei hinreichend großem Erhebungsumfang n durch die Normalverteilung zufriedenstellend approximiert (ersetzt) werden können; hierdurch erleichtern sich viele Lösungen erheblich.
- Unter sehr allgemeinen Bedingungen sind Summen und Durchschnitte unabhängiger Zufallsvariablen näherungsweise normalverteilt (Zentraler Grenzwertsatz). Diese Eigenschaft wird insbesondere in der Induktiven Statistik von herausragender Bedeutung sein.

Eine Zufallsvariable X heißt **normalverteilt**, wenn ihre Dichtefunktion durch

$$f(x) = \frac{1}{\sigma\sqrt{2\pi}} e^{-\frac{1}{2}\left(\frac{x-\mu}{\sigma}\right)^2} , -\infty < x < \infty , \qquad (7.8)$$

gegeben ist.

Da die Größen

- $\pi = 3{,}142$ (Kreiskonstante)
- $e = 2{,}718$ (Eulersche Zahl)

Konstanten sind, hängt die konkrete Gestalt der Normalverteilung von den Parametern μ und σ^2 ($\sigma^2 > 0$) ab. Es gibt also eine Schar von Normalverteilungen, die durch diese beiden Parameter konkret festgelegt werden. Man drückt dies formal durch

$$X \sim N(\mu; \sigma^2)^{[16]} \qquad (7.9)$$

aus. Das arithmetische Mittel μ liegt unter dem Maximalpunkt der Dichtefunktion. Am Lot durch den Punkt μ lässt sich die Normalverteilung spiegeln. Je größer μ ist, umso weiter liegt die Normalverteilung nach rechts auf der x-Achse verschoben. Eine höhere Varianz σ^2 führt zu einem flacheren Verlauf der Dichtefunktion.

---

[16] Die Tilde ($\sim$) steht für „ist verteilt".

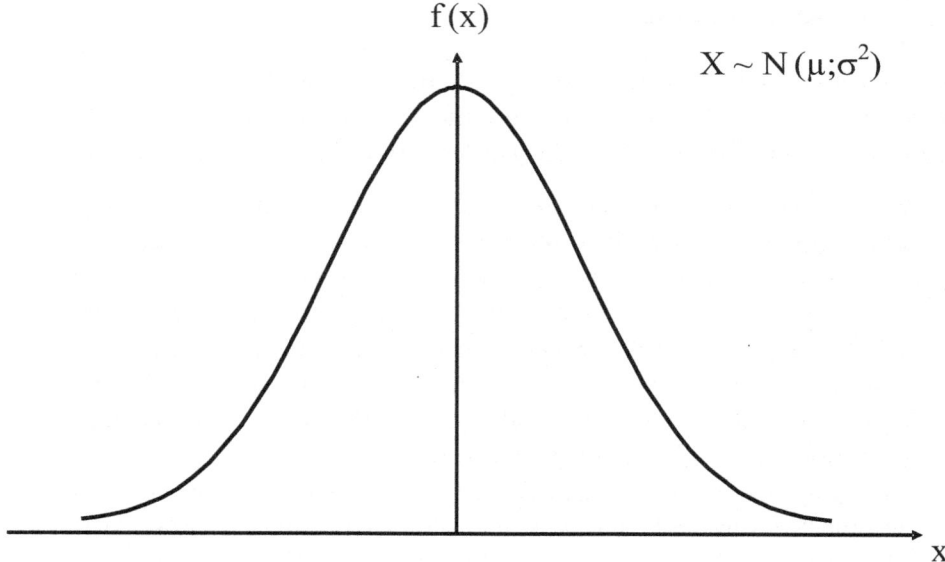

Abb. 7.5   Dichtefunktion einer normalverteilten Zufallsvariablen

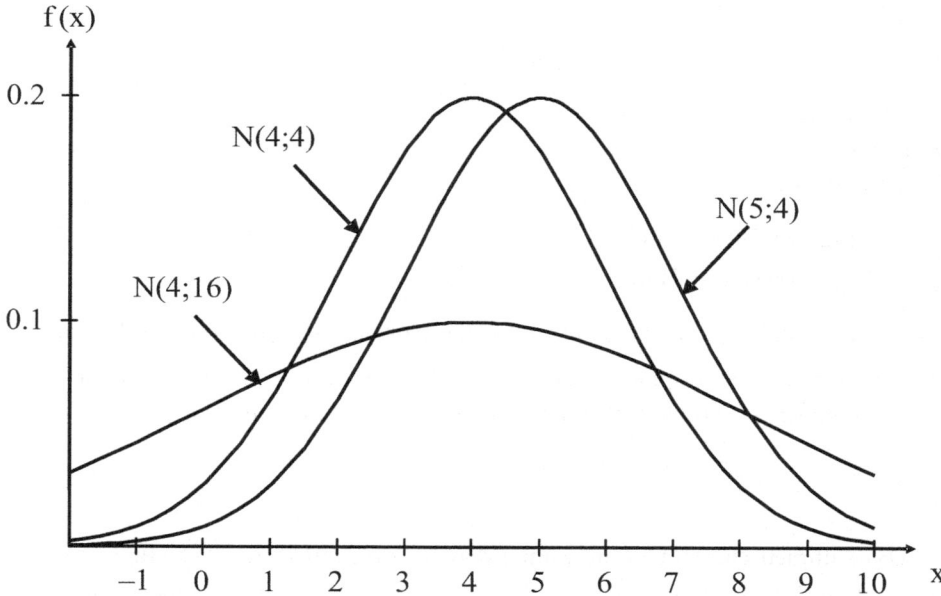

Abb. 7.6   Verschiedene Dichtefunktionen normalverteilter Zufallsvariabler

Die **Normalverteilung** $N(\mu;\sigma^2)$ ist durch die Parameter arithmetisches Mittel μ und Varianz σ^2 charakterisiert.

Eine besondere Bedeutung hat die Standardnormalverteilung, die man durch Standardi-sierung einer Normalverteilung erhält (vgl. hierzu S. 98 ff.). Aus jeder normalverteilten Zufallsvariable X lässt sich also eine standardnormalverteilte Zufallsvariable Z erzeugen:

$$Z = \frac{X - \mu}{\sigma} . \tag{7.10}$$

Die **Standardnormalverteilung** $N(0;1)$ weist ein arithmetisches Mittel von Null und eine Varianz von Eins auf.

Die Dichtefunktion der Standardnormalverteilung folgt aus (7.8), wenn $\mu = 0$ und $\sigma^2 = 1$ gesetzt wird:

$$f_z(z) = \frac{1}{\sqrt{2\pi}} \cdot e^{-\frac{1}{2}z^2} .^{[17]} \tag{7.11}$$

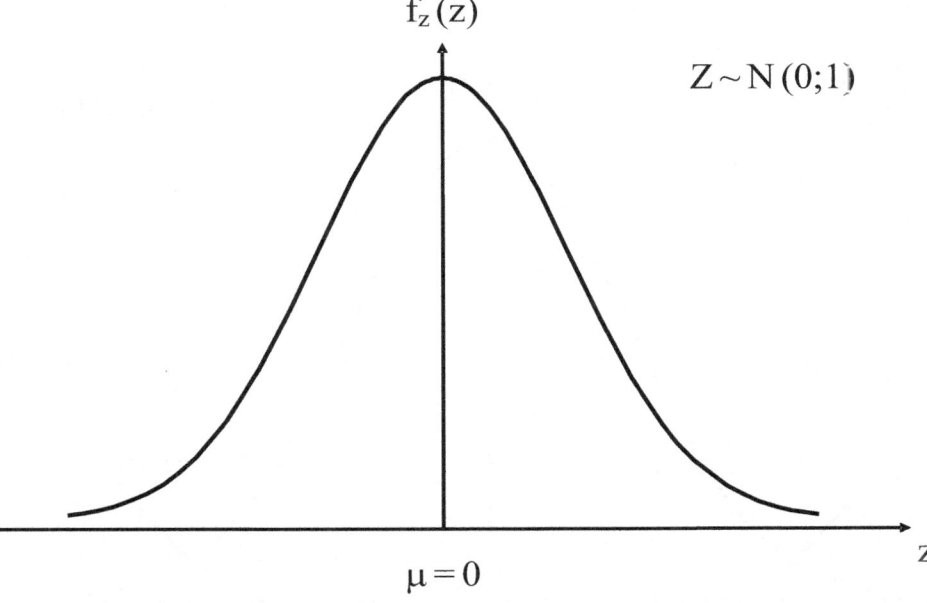

Abb. 7.7 Dichtefunktion einer standardnormalverteilten Zufallsvariablen

---

[17] Der Index z wird zur Unterscheidung von der Dichtefunktion der Normalverteilung verwendet.

Die Verteilungsfunktion einer standardnormalverteilten Zufallsvariablen erhält man durch Integration. Die Wahrscheinlichkeit $P(Z \leq z)$ berechnet sich durch

$$F_z(z) = \int_{-\infty}^{z} \frac{1}{\sqrt{2\pi}} \cdot e^{-\frac{1}{2}u^2} \cdot du \ .$$ (7.12)

Die Standardnormalverteilung ist deshalb von besonderer Bedeutung, weil für sie Werte der Verteilungsfunktion in tabellarischer Form vorliegen; es müssen dann keine Integrale bestimmt, sondern lediglich Werte aus Tabellen (vgl. Tabelle B.3 im Anhang) abgelesen werden.

Zu beachten ist, dass in der Tabelle B.3 im Anhang keine negativen Funktionswerte verzeichnet sind. Die Dichtefunktion der Standardnormalverteilung verläuft symmetrisch um den Erwartungswert $\mu = 0$. Aufgrund der Symmetrie gilt für die Verteilungsfunktion

$$F_z(-z) = 1 - F_z(z) \ .$$ (7.13)

Die beiden grau unterlegten Flächen in Abb. 7.8 sind also gleich groß.

Für die Berechnung der Wahrscheinlichkeiten mit Hilfe der Verteilungsfunktion werden die in Abschnitt 5.4 genannten Regeln benötigt. Diese sind in Tabelle 7.1 noch einmal aufgeführt.

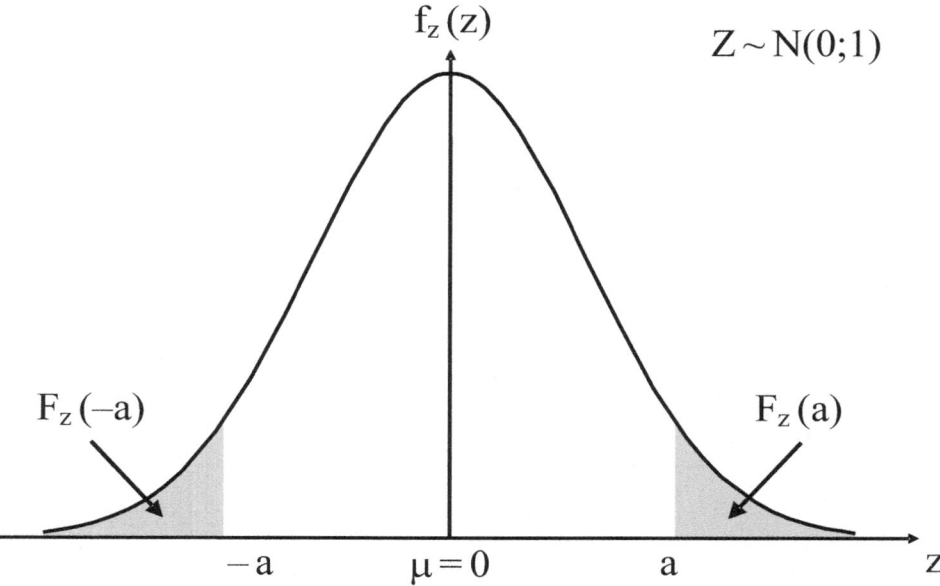

Abb. 7.8 Symmetrieeigenschaft der Standardnormalverteilung

Tabelle 7.1 Rechenregeln für die Verteilungsfunktion stetiger Zufallsvariabler

Regel	Formel
(5.14)	$P(X \leq b) = P(X < b) = F(b)$
(5.15)	$P(a \leq X \leq b) = P(a < X < b) = F(b) - F(a)$
(5.16)	$P(X \geq b) = P(X > b) = 1 - F(b)$

Beispiel 7.3

Eine normalverteilte Zufallsvariable habe das arithmetische Mittel $\mu = 4$ und die Standardabweichung $\sigma = 2{,}4\left[X \sim N(4;2{,}4^2 = 5{,}76)\right]$. Wie groß ist die Wahrscheinlichkeit dafür, dass diese Zufallsvariable einen Wert annimmt, der im Intervall zwischen 0 und 8 liegt? Gesucht ist also $P(0 \leq X \leq 8)$.

Zur Berechnung der Wahrscheinlichkeit muss das Integral

$$P(0 \leq X \leq 8) = \int_0^8 f(x) \cdot dx = \int_0^8 \frac{1}{2{,}4 \cdot \sqrt{2\pi}} \cdot e^{-\frac{1}{2}\left(\frac{x-4}{2{,}4}\right)^2} \cdot dx$$

gebildet werden. Die numerische Lösung dieses Integrals ist nur mit einem Mathematikprogramm möglich. Dieses liefert eine Wahrscheinlichkeit von 0,9050. Die graue Fläche in der folgenden Abbildung ist 0,9050 und entspricht $P(0 \leq X \leq 8)$:

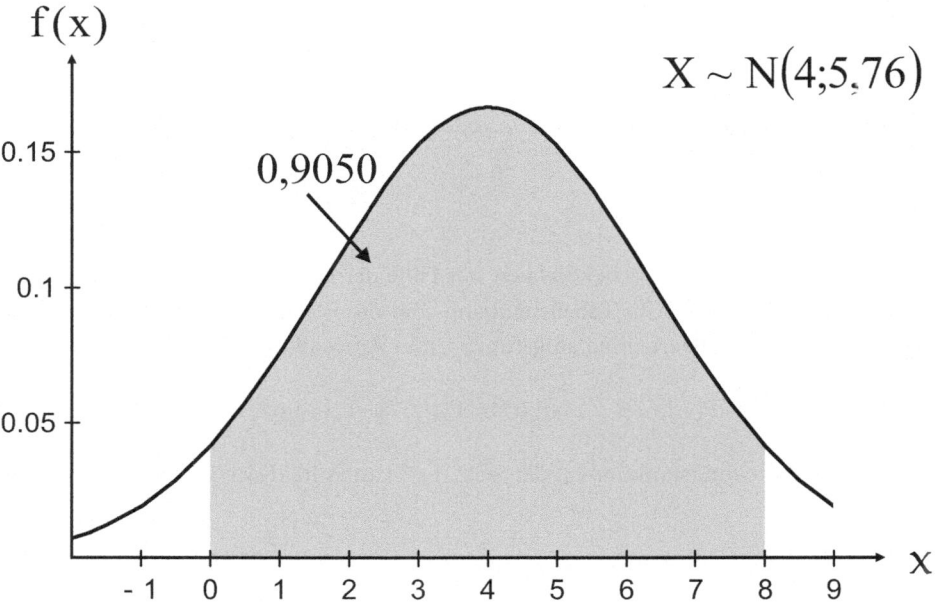

Einfacher ist die Berechnung der gesuchten Wahrscheinlichkeit mit Hilfe der Standard-normalverteilung, da hier tabellierte Werte vorliegen. Wir müssen also nicht die Integral-rechnung verwenden. Unter Verwendung von (7.10) bestimmt man die standardisier-ten Werte für die Intervallgrenzen:

$$z_1 = \frac{0-4}{2,4} = -1,67 \text{ und } z_2 = \frac{8-4}{2,4} = +1,67 \,.$$

Die gesuchte Wahrscheinlichkeit $P(0 \leq X \leq 8)$ stimmt mit $P(-1,67 \leq Z \leq +1,67)$ über-ein. Die grau unterlegte Fläche in der folgenden Abbildung ist ebenfalls 0,9050.

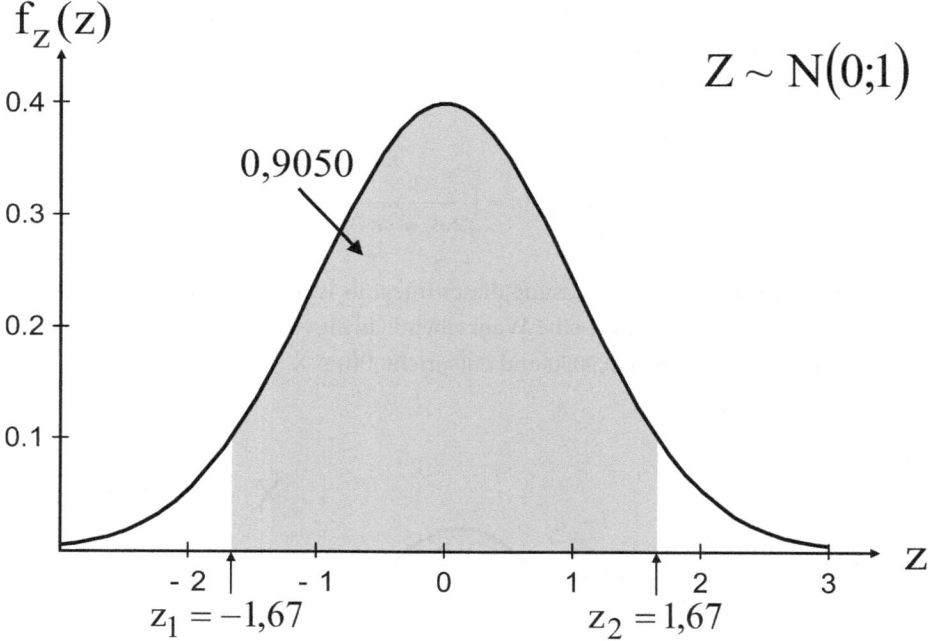

Wie kann die gesuchte Wahrscheinlichkeit mit Hilfe der entsprechenden Tabelle ermit-telt werden? In Tabelle B.3 im Tabellenanhang sind die Werte der Verteilungsfunktion von der Standardnormalverteilung aufgeführt. Unter Anwendung von (5.15) erhält man

$$P(-1,67 \leq Z \leq +1,67) = F_Z(1,67) - F_Z(-1,67) \,.$$

Der Wert der Verteilungsfunktion an der Stelle 1,67 kann direkt der Tabelle entnommen werden:

$$P(Z \leq 1,67) = F_Z(1,67) = 0,9525 \,.$$

Beim Ablesen des Tabellenwertes sind die Werte aus der Kopfspalte zu den Werten aus der Kopfzeile hinzuzuaddieren. Wir lesen also die Wahrscheinlichkeit für den Wert 1,6 + 0,07 = 1,67 ab.

z	0,00	0,01	0,02	0,03	0,04	0,05	0,06	0,07	0,08	0,09
1,4	0,9192	0,9207	0,9222	0,9236	0,9251	0,9265	0,9279	0,9292	0,9306	0,9319
1,5	0,9332	0,9345	0,9357	0,9370	0,9382	0,9394	0,9406	0,9418	0,9429	0,9441
1,6	0,9452	0,9463	0,9474	0,9484	0,9495	0,9505	0,9515	0,9525	0,9535	0,9545
1,7	0,9554	0,9564	0,9573	0,9582	0,9591	0,9599	0,9608	0,9616	0,9625	0,9633
1,8	0,9641	0,9649	0,9656	0,9664	0,9671	0,9678	0,9686	0,9693	0,9699	0,9706

Negative Funktionswerte sind allerdings nicht in der Tabelle B.3 ausgewiesen. Aufgrund der Symmetrie der Dichtefunktion [vgl. (7.13)] gilt:

$$P(Z \le -1,67) = F_Z(-1,67) = 1 - F_Z(1,67) = 1 - 0,9525 = 0,0475 .$$

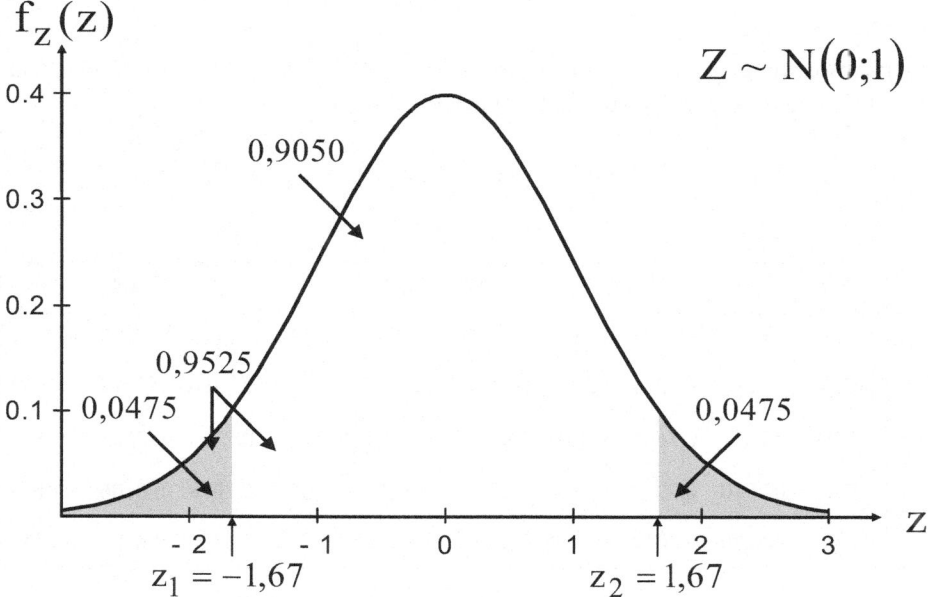

Die gesuchte Wahrscheinlichkeit beträgt damit

$$P(-1,67 \le Z \le +1,67) = F_Z(1,667) - F_Z(-1,667)$$

$$= 0,9525 - 0,0475 = 0,9050 \, [\hat{=} 90,5\,\%].$$

Beispiel 7.4

Sie sind glücklicher Besitzer eines neuen Mittelklassewagens, der mit einem Durchschnittsverbrauch von 7,3 l auf 100 km vom Hersteller angegeben sei. Verbrauchsmessungen haben diesen Wert bestätigt und eine Standardabweichung von 0,4 l ergeben.

Wie groß ist die Wahrscheinlichkeit, dass Ihr Mittelklassewagen bei einer Normalverteilung des Benzinverbrauchs

- weniger als 7 l
- mehr als 8 l

benötigt?

Zuerst wird die Wahrscheinlichkeit für einen geringeren Verbrauch als 7 l bestimmt. Heranzuziehen ist eine Normalverteilung mit einem arithmetischen Mittel μ von 7,3 und einer Varianz σ^2 von $0,4^2 = 0,16$, also eine N(7,3;0,16). Die Verteilungsfunktion dieser Normalverteilung ist allerdings nicht tabelliert, weshalb nach einer Standardisierung die Standardnormalverteilung N(0;1) herangezogen wird:

$$P(X < 7) = P\left(Z < \frac{7-7,3}{0,4}\right) = P(Z < -0,75) = F_Z(-0,75).$$

Unter Anwendung der Symmetrieeigenschaft [vgl. (7.13)] lässt sich die Wahrscheinlichkeit für einen Verbrauch unter sieben Litern bestimmen:

$$F_Z(-0,75) = 1 - F_Z(0,75) = 1 - 0,7734 = 0,2266 \ [\hat{=} 22,66\,\%].$$

z	0,00	0,01	0,02	0,03	0,04	0,05	0,06	0,07	0,08	0,09
0,5	0,6915	0,6950	0,6985	0,7019	0,7054	0,7088	0,7123	0,7157	0,7190	0,7224
0,6	0,7257	0,7291	0,7324	0,7357	0,7389	0,7422	0,7454	0,7486	0,7517	0,7549
0,7	0,7580	0,7611	0,7642	0,7673	0,7704	0,7734	0,7764	0,7794	0,7823	0,7852
0,8	0,7881	0,7910	0,7939	0,7967	0,7995	0,8023	0,8051	0,8078	0,8106	0,8133
0,9	0,8159	0,8186	0,8212	0,8238	0,8264	0,8289	0,8315	0,8340	0,8365	0,8389

Die berechnete Wahrscheinlichkeit als Fläche unterhalb der Normalverteilung N(7,3;016) als auch als Fläche unterhalb der Standardnormalverteilung N(0;1) ist in den folgenden Abbildungen dargestellt:

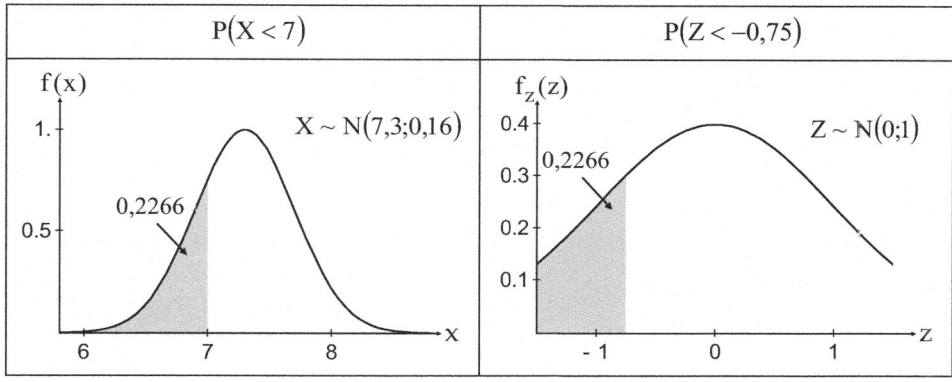

Die zweite gesuchte Wahrscheinlichkeit wird folgendermaßen bestimmt:

$$P(X \geq 8) = P\left(Z \geq \frac{8-7,3}{0,4} \right) = P(Z \geq 1,75) = 1 - P(Z \leq 1,75)$$

$$= 1 - F_Z(1,75) = 1 - 0,9599 = 0,0401 [\hat{=} 4,01\%].$$

z	0,00	0,01	0,02	0,03	0,04	0,05	0,06	0,07	0,08	0,09
1,5	0,9332	0,9345	0,9357	0,9370	0,9382	0,9394	0,9406	0,9418	0,9429	0,9441
1,6	0,9452	0,9463	0,9474	0,9484	0,9495	0,9505	0,9515	0,9525	0,9535	0,9545
1,7	0,9554	0,9564	0,9573	0,9582	0,9591	0,9599	0,9608	0,9616	0,9625	0,9633
1,8	0,9641	0,9649	0,9656	0,9664	0,9671	0,9678	0,9686	0,9693	0,9699	0,9706
1,9	0,9713	0,9719	0,9726	0,9732	0,9738	0,9744	0,9750	0,9756	0,9761	0,9767

Die Wahrscheinlichkeiten lassen sich auch grafisch veranschaulichen:

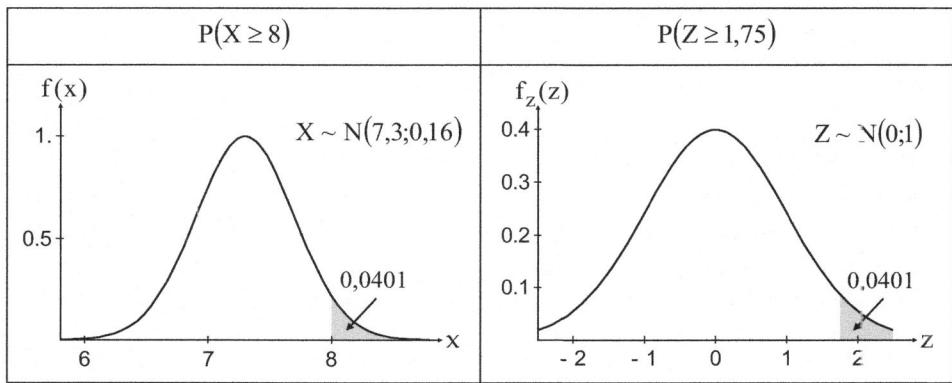

Der Tabellenanhang enthält aber eine weitere Tabelle, die auf der Verteilungsfunktion der Standardnormalverteilung basiert (vgl. Tabelle B.4). Hier lässt sich der z-Wert bestimmen, bis zu dem sich $(1-\alpha) \cdot 100\,\%$ der Fläche unterhalb der Dichtefunktion kumuliert hat:

$$P\big(Z \le z_{1-\alpha}\big) = 1-\alpha \, . \tag{7.14}$$

Die Zufallsvariable Z ist mit einer Wahrscheinlichkeit von $1-\alpha$ kleiner oder gleich dem $1-\alpha$ -**Quantil** $z_{1-\alpha}$.

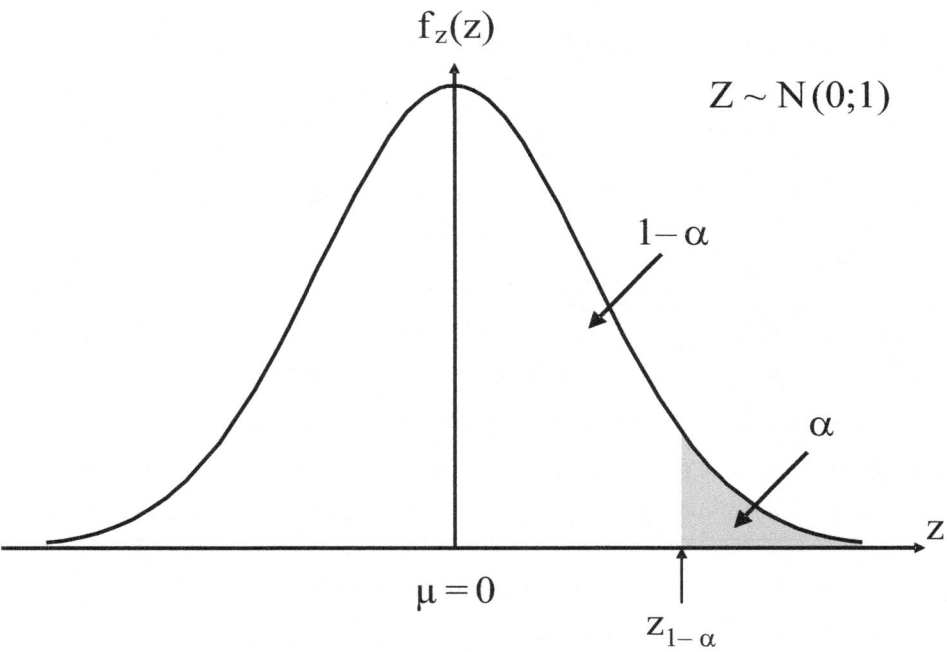

Abb. 7.9 Quantil der Standardnormalverteilung

Beispiel 7.5
Bis zu welchem Wert der standardnormalverteilten Zufallsvariablen Z hat sich 97,5 % der Wahrscheinlichkeitsmasse unter der Dichtefunktion kumuliert? Einerseits kann man die Aufgabe lösen, indem die Verteilungsfunktion (vgl. Tabelle B.3 im Anhang) herangezogen wird. Man sucht die Wahrscheinlichkeit 0,975 und liest den entsprechenden z-Wert ab:

$$z_{0,975} = 1,90 + 0,06 = 1,96 \, .$$

z	0,00	0,01	0,02	0,03	0,04	0,05	0,06	0,07	0,08	0,09
1,5	0,9332	0,9345	0,9357	0,9370	0,9382	0,9394	0,9406	0,9418	0,9429	0,9441
1,6	0,9452	0,9463	0,9474	0,9484	0,9495	0,9505	0,9515	0,9525	0,9535	0,9545
1,7	0,9554	0,9564	0,9573	0,9582	0,9591	0,9599	0,9608	0,9616	0,9625	0,9633
1,8	0,9641	0,9649	0,9656	0,9664	0,9671	0,9678	0,9686	0,9693	0,9699	0,9706
1,9	0,9713	0,9719	0,9726	0,9732	0,9738	0,9744	0,9750	0,9756	0,9761	0,9767

Alternativ lässt sich der gesuchte Wert aus der Tabelle B.4 „Quantile der Standardnormalverteilung" bestimmen. Die Zufallsvariable Z nimmt also mit einer Wahrscheinlichkeit von 97,5 % einen Wert an, der kleiner oder gleich 1,96 ist.

α	$1-\alpha$	$z_{1-\alpha}$	$z_{1-\alpha/2}$
0,0455	0,9545	1,690	2,000
0,0250	0,9750	1,960	2,242
0,0200	0,9800	2,054	2,326
0,0100	0,9900	2,326	2,576

Das abgelesene Quantil kann man auch grafisch darstellen:

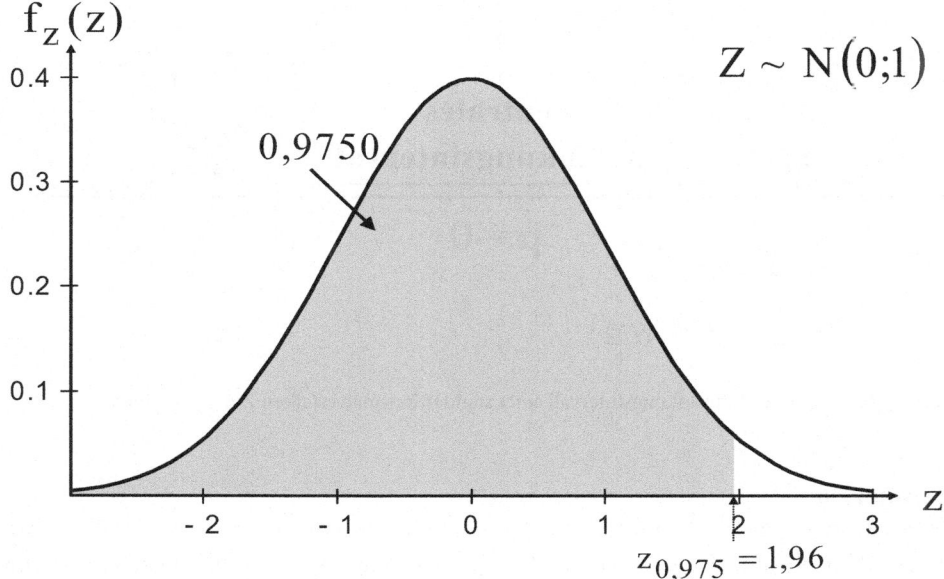

Mit Hilfe der Quantile lässt sich ein symmetrisches Intervall um den Erwartungswert 0 (zentrales Schwankungsintervall) für eine standardnormalverteilte Zufallsvariable Z berechnen:

$$P\left(z_{\alpha/2} \leq Z \leq z_{1-\alpha/2}\right) = 1 - \alpha. \tag{7.15}$$

> Das **zentrale Schwankungsintervall** gibt das symmetrische Intervall an, in das die Zufallsvariable Z mit einer Wahrscheinlichkeit $1 - \alpha$ hineinfällt.

Aufgrund der Symmetrie der Standardnormalverteilung um $\mu = 0$ gilt (vgl. Abb. 7.10):

$$z_{\alpha/2} = -z_{1-\alpha/2}. \tag{7.16}$$

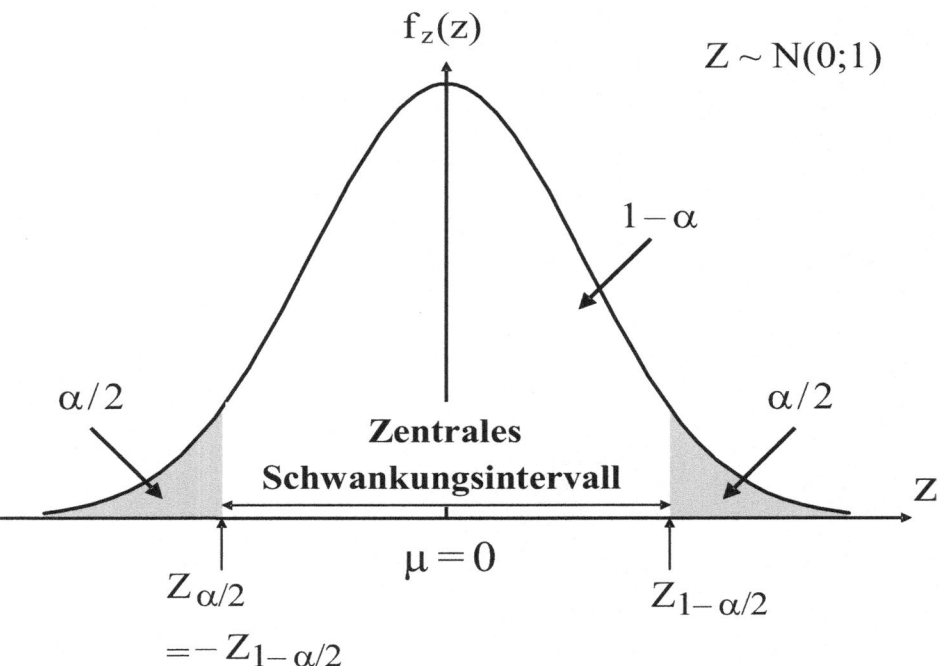

Abb. 7.10 Zentrales Schwankungsintervall einer standardnormalverteilten Zufallsvariablen

Beispiel 7.6

In welchem symmetrischen Intervall um 0 liegt die standardisierte Zufallsvariable Z mit einer Wahrscheinlichkeit von 99 %? Hier ist das zentrale Schwankungsintervall zum Niveau $1 - \alpha = 0,99$ zu bestimmen [vgl. Formel (7.15)]:

$$P\left(z_{0,01/2} \leq Z \leq z_{1-0,01/2}\right) = 0,99$$

$$P\left(z_{0,005} \leq Z \leq z_{0,995}\right) = 0,99 \ .$$

Abzulesen ist das 99,5 %-Quantil der Standardnormalverteilung:

α	$1-\alpha$	$z_{1-\alpha}$	$z_{1-\alpha/2}$
0,0250	0,9750	1,960	2,242
0,0200	0,9800	2,054	2,326
0,0100	0,9900	2,326	2,576
0,0050	0,9950	2,576	2,807
0,0027	0,9973	2,782	3,000

Aufgrund der Symmetrie der Standardnormalverteilung um den Wert null entspricht das 0,5 %-Quantil dem mit negativen Vorzeichen versehenen 99,5 %-Quantil [vgl. Formel (7.16)]:

$$z_{0,995} = 2,576 \Rightarrow z_{0,005} = -z_{0,995} = -2,576 \ .$$

Die standardnormalverteilte Zufallsvariable Z liegt also mit einer Wahrscheinlichkeit von 99 % zwischen $-2,576$ und 2,576:

$$P\left(-2,576 \leq Z \leq 2,576\right) = 0,99 \ .$$

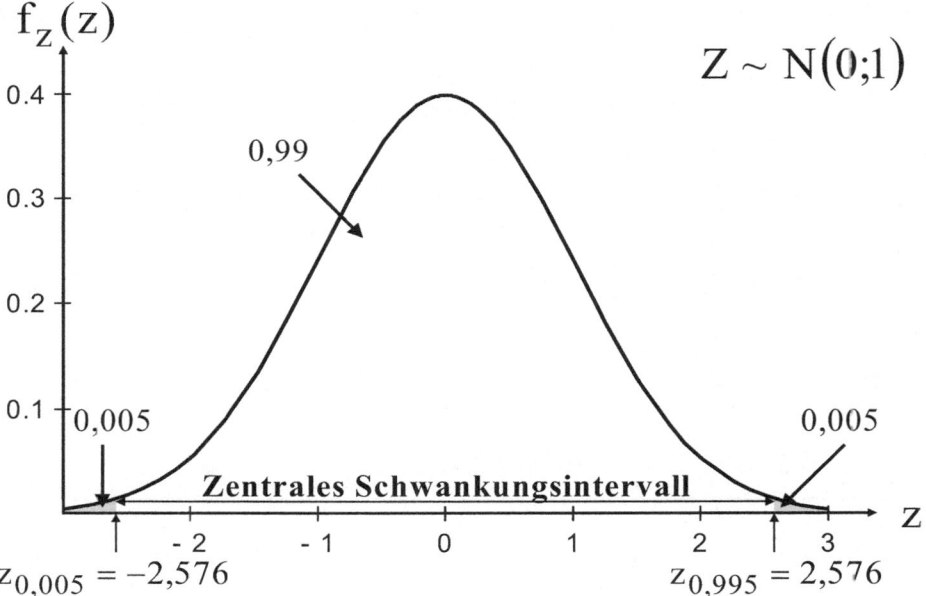

Liegt eine normalverteilte Zufallsvariable X mit dem Erwartungswert μ und der Varianz σ² vor, dann ist eine Standardisierung zur Berechnung des zentralen Schwankungsintervalls notwendig. Nach Einsetzen von (7.10),

$$Z = \frac{X - \mu}{\sigma},$$

in (7.15),

$$P\left(z_{\alpha/2} \leq Z \leq z_{1-\alpha/2}\right) = 1 - \alpha,$$

erhält man

$$P\left(z_{\alpha/2} \leq \frac{X - \mu}{\sigma} \leq z_{1-\alpha/2}\right) = 1 - \alpha. \tag{7.17}$$

Die beiden in (7.17) enthaltenen Ungleichungen sind nach X aufzulösen. Zuerst werden beide Seiten der Ungleichung mit der Standardabweichung σ multipliziert:

$$P\left(z_{\alpha/2} \cdot \sigma \leq X - \mu \leq z_{1-\alpha/2} \cdot \sigma\right) = 1 - \alpha.$$

Anschließend wird das arithmetische Mittel μ addiert, so dass man folgende Ungleichung erhält:

$$P\left(\mu + z_{\alpha/2} \cdot \sigma \leq X \leq \mu + z_{1-\alpha/2} \cdot \sigma\right) = 1 - \alpha. \tag{7.18}$$

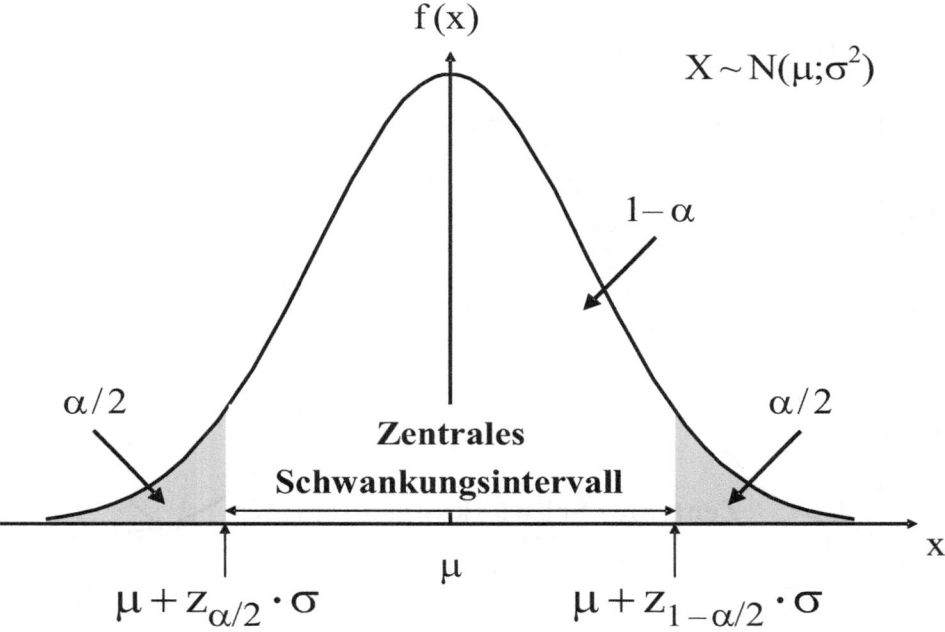

Abb. 7.11 Zentrales Schwankungsintervall einer normalverteilten Zufallsvariablen

Beispiel 7.7

In der Schreinerei eines Möbelherstellers werden Möbelstücke auf eine Länge von 60 cm zugeschnitten. Die Präzision der Maschine wird mit einer Standardabweichung von 4,66 cm angegeben. Aufgrund bisheriger Prüfungen kann davon ausgegangen werden, dass die Länge der Möbelstücke normalverteilt ist. In welchem Intervall wird die Länge eines zufällig kontrollierten Möbelstücks mit einer Wahrscheinlichkeit von 95 % liegen?

Zu berechnen ist das zentrale Schwankungsintervall für eine normalverteilte Zufallsvariable $N(\mu; \sigma^2) = N(60; 4,66^2)$ auf einem Niveau $1 - \alpha = 0,95$. Die Lösung erfolgt mit Formel (7.18):

$$P\left(\mu + z_{0,05/2} \cdot \sigma \leq X \leq \mu + z_{1-0,05/2} \cdot \sigma\right) = 0,95$$

$$P\left(60 + z_{0,025} \cdot 4,66 \leq X \leq 60 + z_{0,975} \cdot 4,66\right) = 0,95 \,.$$

Unter Verwendung des Tabellenwertes (Tabelle B.4 im Anhang):

α	$1-\alpha$	$z_{1-\alpha}$	$z_{1-\alpha/2}$
0,1000	0,9000	1,282	1,645
0,0750	0,9250	1,440	1,780
0,0500	0,9500	1,645	1,960
0,0455	0,9545	1,690	2,000
0,0250	0,9750	1,960	2,242

und Formel (7.16),

$$z_{0,975} = 1,96 \Rightarrow z_{0,025} = -z_{0,975} = -1,96 \,,$$

erhält man das Intervall:

$$P\left(60 + (-1,96) \cdot 4,66 \leq X \leq 60 + 1,96 \cdot 4,66\right) = 0,95$$

$$P\left(50,866 \leq X \leq 69,134\right) = 0,95 \,.$$

Die Länge eines zufällig kontrollierten Möbelstückes wird also mit einer Wahrscheinlichkeit von 95 % zwischen 50,866 cm und 69,134 cm liegen.

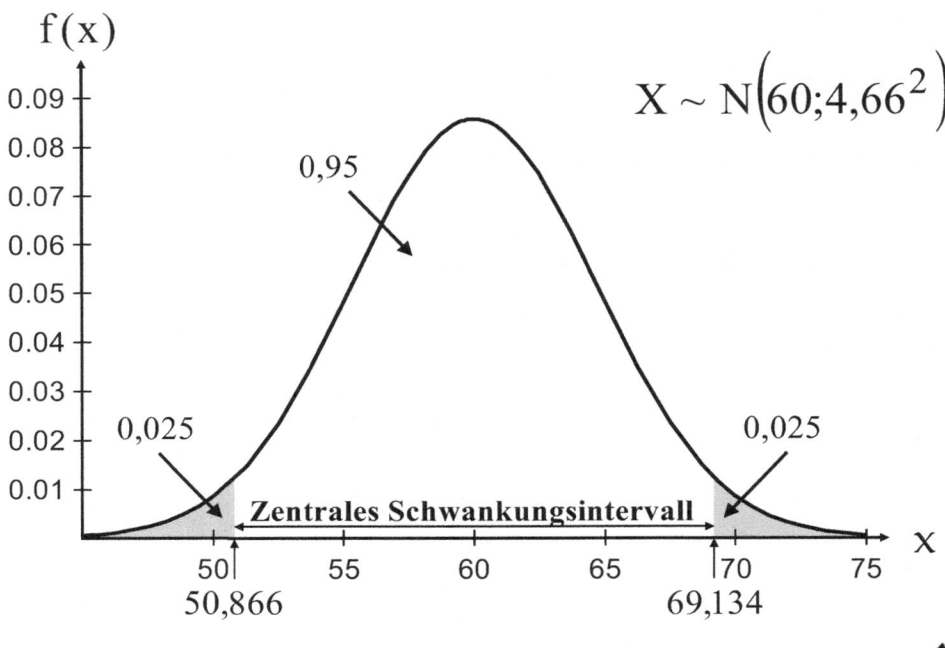

Die Verteilungen, die im Folgenden erläutert werden, basieren auf der Standardnormalverteilung (vgl. Abb. 7.12). Es handelt sich hierbei um Prüfverteilungen, die in der Induktiven Statistik zur Bildung von Konfidenzintervallen und zur Durchführung von
Hypothesentests herangezogen werden. Ihre Zweckmäßigkeit lässt sich allein hieraus
begründen. Man bezeichnet sie daher auch als Testverteilungen (Prüfverteilungen). Für alle
diese Verteilungen sind tabellierte Werte vorhanden [vgl. Tabellenanhang (Anhang B)].

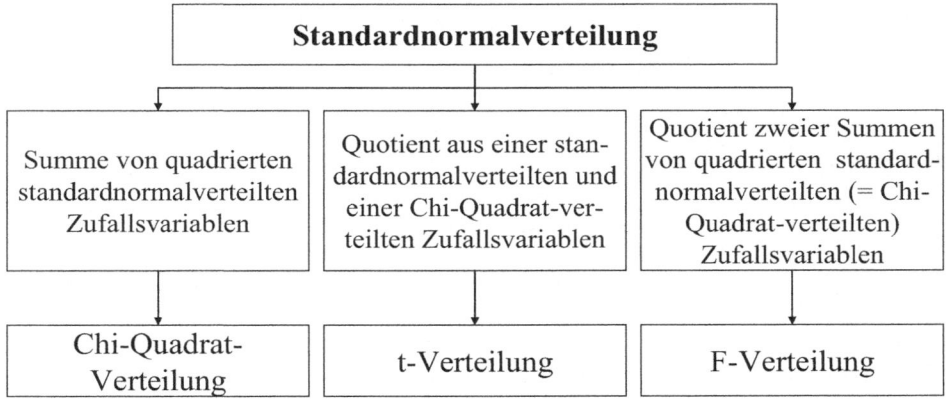

Abb. 7.12 Stetige Verteilungen, die auf der Standardnormalverteilung basieren

7.4 Chi-Quadrat-Verteilung

Die Chi-Quadrat-Verteilung ergibt sich aus der Standardnormalverteilung. Liegen n voneinander unabhängige standardnormalverteilte Zufallsvariablen Z_1, Z_2, ..., Z_n vor,

$$\left[E(Z_i) = 0; \sigma^2_{Z_i} = 1 \right],$$

so folgt die Zufallsvariable

$$\chi^2(v) = Z_1^2 + Z_2^2 + \ldots + Z_n^2 = \sum_{i=1}^{n} Z_i^2 \tag{7.19}$$

einer Chi-Quadrat-Verteilung. Der Parameter v – auch Freiheitsgrade oder „degrees of freedom" (df) genannt – bestimmt die konkrete Gestalt der Dichtefunktion.[18] Die Dichtefunktion verläuft nur im positiven Bereich und weist grundsätzlich eine Rechtsschiefe auf (vgl. Abb. 7.13). Mit steigender Anzahl von Freiheitsgraden verläuft die Funktion flacher.

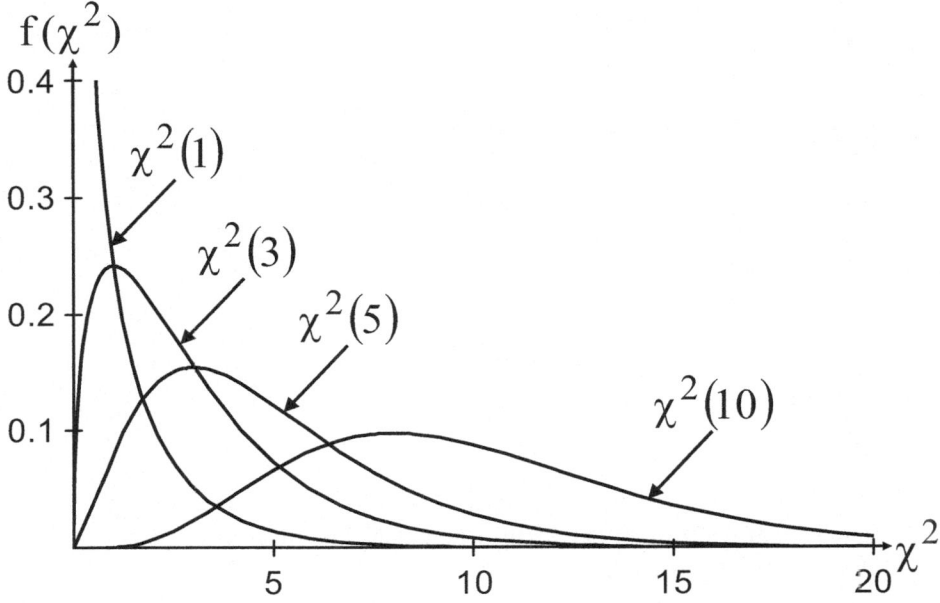

Abb. 7.13 Verschiedene Dichtefunktionen Chi-Quadrat-verteilter Zufallsvariabler

---

[18] Die Freiheitsgrade ergeben sich als Differenz zwischen den n aufsummierten Zufallsvariablen und von k geschätzten Parametern: $v = n - k$. Ist kein Parameter geschätzt, so gilt $v = n$.

Die **Chi-Quadrat-Verteilung** $\chi^2(v)$ ergibt sich als Summe von v unabhängigen quadrierten standardnormalverteilten Zufallsvariablen. Der Parameter v bezeichnet die **Freiheitsgrade**.

Ihre Dichtefunktion ist

$$f\left(\chi^2\right) = \begin{cases} K_v \cdot \left(\chi^2\right)^{\frac{v-2}{2}} \cdot e^{-\frac{\chi^2}{2}} & \text{für } \chi^2 \geq 0 \\ 0 & \text{sonst} \end{cases}.$$

Ihre Verteilungsfunktion für ($0 \leq \chi^2 \leq a$) lautet:

$$F\left(\chi^2\right) = K_v \cdot \int_0^a u^{\frac{v-2}{2}} \cdot e^{-\frac{u}{2}} \cdot du.$$

Dabei muss K_v so gewählt werden, dass $F(\infty) = 1$ wird. Dies ist dann der Fall, wenn

$$K_v = \frac{1}{2^{\frac{v}{2}} \cdot \Gamma\left(\frac{v}{2}\right)}$$

gilt, wobei $\Gamma(\alpha)$ eine Gammafunktion darstellt:

$$\Gamma(\alpha) = (\alpha - 1)!.$$

Der Erwartungswert,

$$\mu = E\left(\chi^2\right) = v,$$

und die Varianz,

$$\sigma^2 = E\left(\chi^2 - \mu\right)^2 = 2v,$$

hängen jeweils von der Anzahl der Freiheitsgrade ab. Mit steigender Anzahl an Freiheitsgraden erhöhen sich beide Maßzahlen.

  Die Berechnung von Wahrscheinlichkeiten mit der Dichtefunktion der Chi-Quadrat-Verteilung ist relativ kompliziert. Der Tabellenanhang (vgl. Tabelle B.5) enthält deshalb die Quantile

$$P\left(\chi^2 \leq \chi^2_{1-\alpha;v}\right) = 1 - \alpha. \tag{7.20}$$

Die Chi-Quadrat-verteilte Zufallsvariable mit v Freiheitsgraden nimmt mit einer Wahrscheinlichkeit von $1-\alpha$ einen Wert an, der kleiner oder gleich dem $1-\alpha$-**Quantil** $\chi^2_{1-\alpha;v}$ ist.

Beispiel 7.8

Eine Zufallsvariable weise eine Chi-Quadrat-Verteilung mit zehn Freiheitsgraden auf. Welchen Wert nimmt die Zufallsvariable mit 95 %-iger Wahrscheinlichkeit höchstens an?

Gesucht ist das 95 %-Quantil der Chi-Quadrat-Verteilung mit $v = 10$ Freiheitsgraden. Wir verwenden die Tabelle B.5 im Anhang und erhalten folgenden Wert:

$$\chi^2_{0,95;10} = 18{,}307\,.$$

$1-\alpha$ \ v	0,005	0,010	0,025	0,050	0,100	0,900	0,950	0,975	0,990	0,995
6	0,676	0,872	1,237	1,635	2,204	10,645	12,592	14,449	16,812	18,548
7	0,989	1,239	1,690	2,167	2,833	12,017	14,067	16,013	18,475	20,278
8	1,344	1,647	2,180	2,733	3,490	13,362	15,507	17,535	20,090	21,955
9	1,735	2,088	2,700	3,325	4,168	14,684	16,919	19,023	21,666	23,589
10	2,156	2,558	3,247	3,940	4,865	15,987	18,307	20,483	23,209	25,188

Bis zu dem Wert 18,307 hat sich also 95 % der Wahrscheinlichkeitsmasse kumuliert.

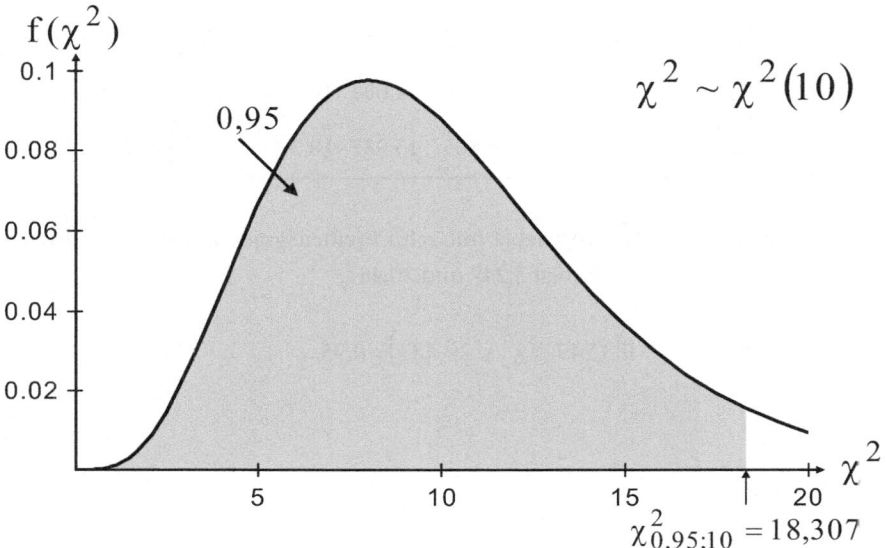

Da die Chi-Quadrat-Verteilung nicht symmetrisch ist, enthält die Tabelle B.5 im Anhang auch Quantile für eine geringe Wahrscheinlichkeit $1-\alpha$. Man erhält folgendes Schwankungsintervall:

$$P\left(\chi^2_{\alpha/2;v} \leq \chi^2 \leq \chi^2_{1-\alpha/2;v}\right) = 1-\alpha. \tag{7.21}$$

Beispiel 7.9 (Fortsetzung von Beispiel 7.8)

In welchem Intervall liegt eine Chi-Quadrat-verteilte Zufallsvariable mit einer Wahrscheinlichkeit von 95 % ($v = 10$)? Zu bestimmen ist also das Schwankungsintervall für ein $1-\alpha$ von 0,95. Es gilt:

$$P\left(\chi^2_{0,05/2;10} \leq \chi^2 \leq \chi^2_{1-0,05/2;10}\right) = 0,95$$

$$P\left(\chi^2_{0,025;10} \leq \chi^2 \leq \chi^2_{0,975;10}\right) = 0,95 .$$

In der Tabelle B.5 lesen wir das 2,5 %- und das 97,5 %-Quantil der Chi-Quadrat-Verteilung mit $v = 10$ Freiheitsgraden ab:

$1-\alpha$ v	0,005	0,010	0,025	0,050	0,100	0,900	0,950	0,975	0,990	0,995
6	0,676	0,872	1,237	1,635	2,204	10,645	12,592	14,449	16,812	18,548
7	0,989	1,239	1,690	2,167	2,833	12,017	14,067	16,013	18,475	20,278
8	1,344	1,647	2,180	2,733	3,490	13,362	15,507	17,535	20,090	21,955
9	1,735	2,088	2,700	3,325	4,168	14,684	16,919	19,023	21,666	23,589
10	2,156	2,558	3,247	3,940	4,865	15,987	18,307	20,483	23,209	25,188

Eine Chi-Quadrat-verteilte Zufallsvariable mit zehn Freiheitsgraden liegt also mit einer Wahrscheinlichkeit von 95 % zwischen 3,247 und 20,483:

$$P\left(3,247 \leq \chi^2 \leq 20,483\right) = 0,95 .$$

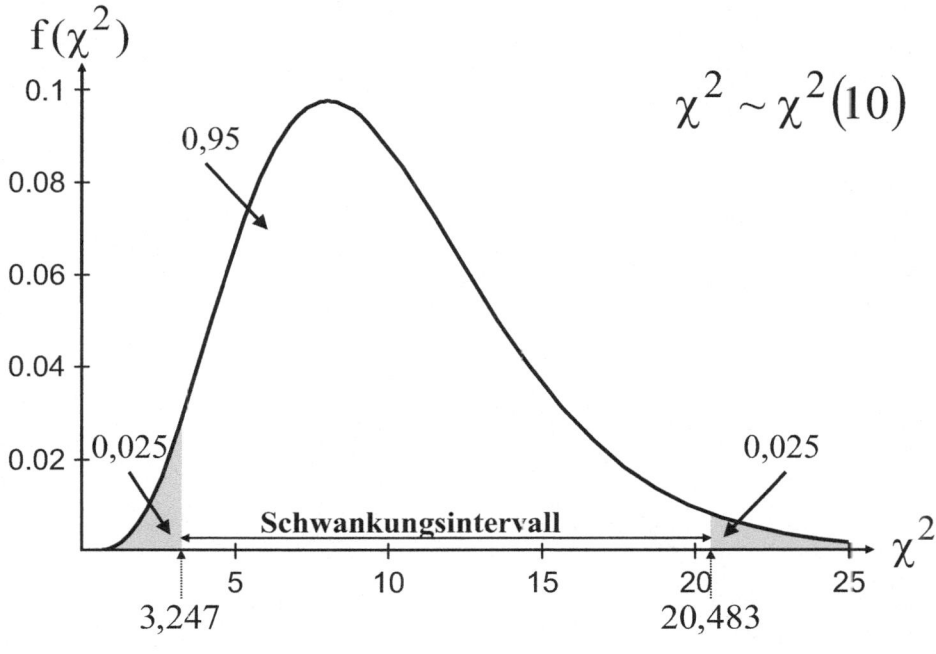

7.5 t-Verteilung

In der Induktiven Statistik liegt häufig der Quotient aus einer standardnormalverteilten Zufallsvariablen Z und einer Chi-Quadrat-verteilten Zufallsvariablen χ^2 mit v Freiheitsgraden,

$$T = \frac{Z}{\sqrt{\frac{1}{v} \cdot \chi^2(v)}},$$
(7.22)

vor. Diese Relation folgt einer t-Verteilung mit v Freiheitsgraden [t(v)-Verteilung]. Sie besitzt einen Parameter v, der die Chi-Quadrat-verteilte Zufallsvariable festlegt. Die t-Verteilung wird auch Student-Verteilung genannt, weil ihr Entdecker Gosset sie unter dem Pseudonym „Student" publiziert hat.

Die **t-Verteilung** t(v) mit v-Freiheitsgraden ergibt sich als Quotient aus einer normal- und einer Chi-Quadrat-verteilten Zufallsvariablen.

Die t-Verteilung verläuft symmetrisch um den Nullpunkt. Sie ist flacher als die Standardnormalverteilung, geht aber bei großer Anzahl an Freiheitsgraden in die Standardnormalverteilung über (vgl. Abb. 7.14).

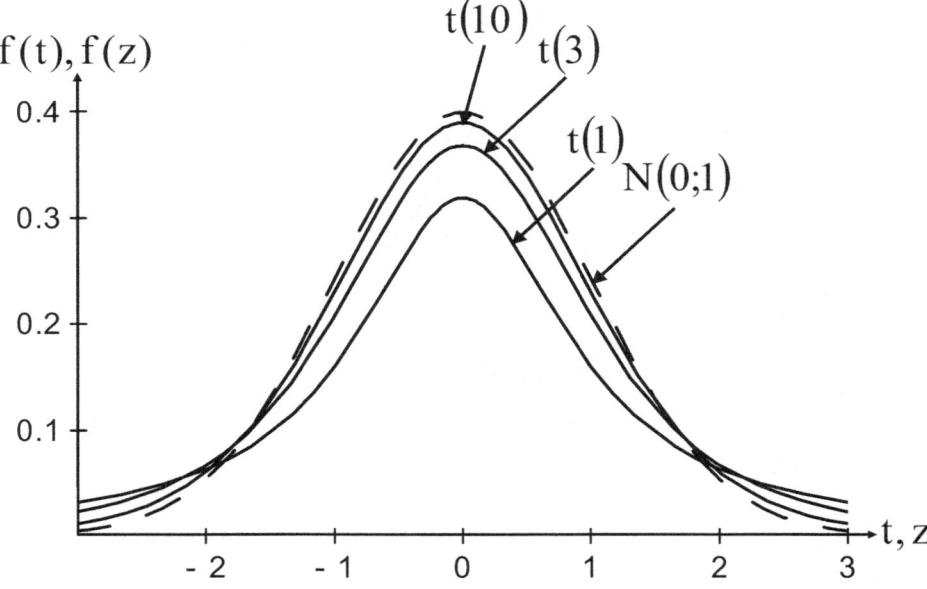

Abb. 7.14 Vergleich zwischen t-Verteilung und Standardnormalverteilung

Ihre Dichtefunktion lautet:

$$f(t) = \frac{\Gamma\left(\frac{v+1}{2}\right)}{\sqrt{n \cdot \pi} \cdot \Gamma\left(\frac{v}{2}\right)} \cdot \frac{1}{\left(1 + \frac{t^2}{v}\right)^{\frac{v+1}{2}}},$$

und ihre Verteilungsfunktion ($T \leq t$) ist durch

$$F(t) = \frac{\Gamma\left(\frac{v+1}{2}\right)}{\sqrt{v \cdot \pi} \cdot \Gamma\left(\frac{v}{2}\right)} \cdot \int_{-\infty}^{t} \frac{du}{\left(1 + \frac{u^2}{v}\right)^{\frac{v+1}{2}}}$$

gegeben.

Aufgrund der Symmetrie um den Nullpunkt weist die t-Verteilung einen Erwartungswert von null auf

$$\mu = E(T) = 0 \text{ für } v \geq 2 \,. \tag{7.23}$$

Die Varianz der t-Verteilung ist geringfügig größer als eins, nähert sich aber mit zuneh-
mender Anzahl an Freiheitsgraden v dem Wert eins an:

$$\sigma^2 = E(T - \mu)^2 = \frac{v}{v-2} \text{ für } v \geq 3 \,. \tag{7.24}$$

Die **Quantile** der t-Verteilung

$$P\left(T \leq t_{1-\alpha;v}\right) = 1 - \alpha \tag{7.25}$$

sind der Tabelle B.6 im Anhang zu entnehmen. Aufgrund der Symmetrie um den Nullpunkt gilt ähnlich wie bei der Standardnormalverteilung [vgl. (7.16)]:

$$t_{\alpha/2;v} = -t_{1-\alpha/2;v} \,. \tag{7.26}$$

Das zentrale Schwankungsintervall zum Niveau $1 - \alpha$ wird folgendermaßen bestimmt:

$$P\left(t_{\alpha/2;v} \leq T \leq t_{1-\alpha/2;v}\right) = 1 - \alpha \,. \tag{7.27}$$

Beispiel 7.10
Welchen Wert unterschreitet eine t-verteilte Zufallsvariable ($v = 8$) mit einer Wahrscheinlichkeit von 99 %? Unter Verwendung der Tabelle B.6 im Anhang erhält man den
gesuchten 99 %-Quantilswert von

$$t_{0,99;8} = 2{,}896 \,.$$

v \ $1-\alpha$	0,9000	0,9500	0,9750	0,9900	0,9950	0,9995
6	1,440	1,943	2,447	3,143	3,707	5,959
7	1,415	1,895	2,365	2,998	3,499	5,405
8	1,397	1,860	2,306	2,896	3,355	5,041
9	1,383	1,833	2,262	2,821	3,250	4,781
10	1,372	1,812	2,228	2,764	3,169	4,587

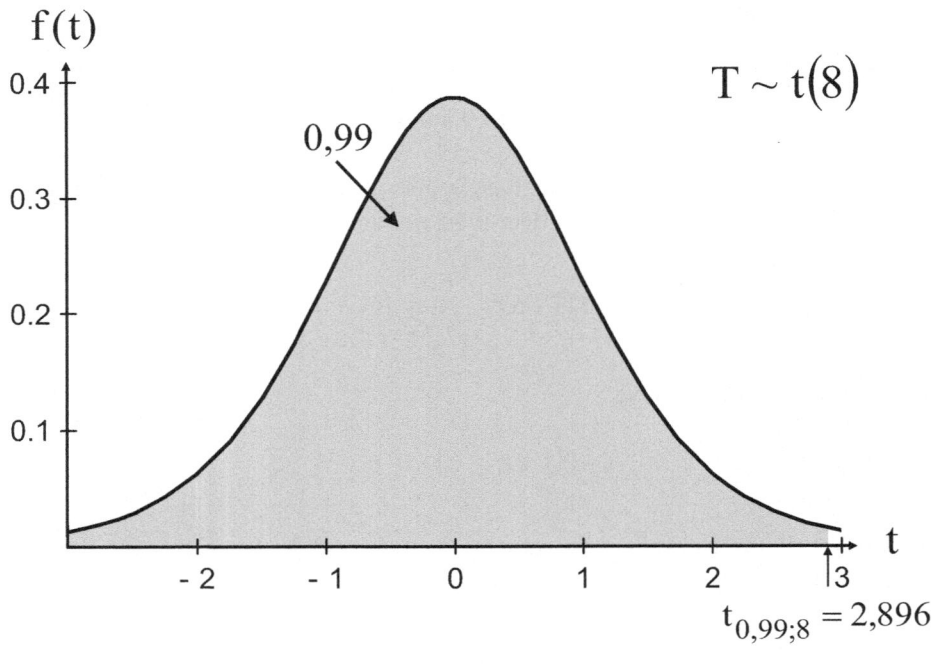

Beispiel 7.11

In welchem Intervall liegt die t-verteilte Zufallsvariable – 14 Freiheitsgrade – mit einer Wahrscheinlichkeit von 90 %? Gefragt ist nach dem zentralen Schwankungsintervall zum Niveau $1-\alpha$ von 90 %. Wir erhalten die Beziehung:

$$P\left(t_{0,10/2;14} \leq T \leq t_{1-0,10/2;14}\right) = 0,90$$

$$P\left(t_{0,05;14} \leq T \leq t_{0,95;14}\right) = 0,90 .$$

Die Tabelle B.6 im Anhang liefert das 95 %-Quantil:

$$t_{0,95;14} = 1,761 .$$

Mit diesem lässt sich wegen (7.26) das 5 %-Quantil bestimmen:

$$t_{0,05;14} = -t_{0,95;14} = -1,761 .$$

$\dfrac{1-\alpha}{v}$	0,9000	0,9500	0,9750	0,9900	0,9950	0,9995
11	1,363	1,796	2,201	2,718	3,106	4,437
12	1,356	1,782	2,179	2,681	3,055	4,318
13	1,350	1,771	2,160	2,650	3,012	4,221
14	1,345	1,761	2,145	2,624	2,977	4,140
15	1,341	1,753	2,131	2,602	2,947	4,073

Das zentrale Schwankungsintervall beträgt damit:

$$P(-1,761 \leq T \leq 1,761) = 0,90 \ .$$

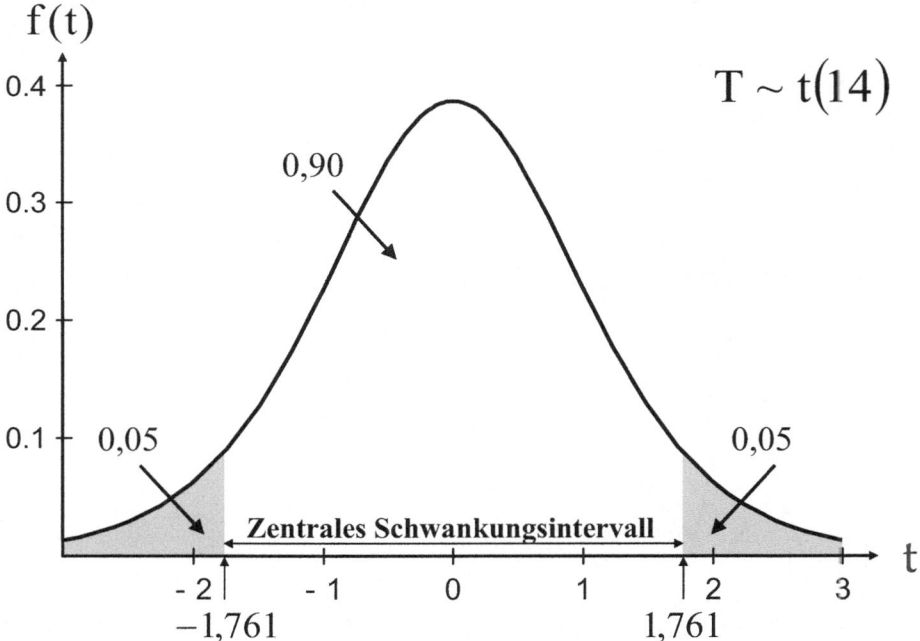

7.6 F-Verteilung

In der Induktiven Statistik wird auch häufig die F-Verteilung angewendet. Ein Quotient zweier Chi-Quadrat-verteilter Zufallsvariablen folgt einer F-Verteilung:

$$F = \frac{\frac{1}{v} \cdot \chi^2(v)}{\frac{1}{W} \cdot \chi^2(w)} \cdot \tag{7.28}$$

Die F-Verteilung besitzt zwei Parameter v und w, die sich aus den Freiheitsgraden der Chi-Quadrat-verteilten Zufallsvariablen ergibt. Man sagt auch, die F-Verteilung habe v Zähler- und w Nennerfreiheitsgrade.

> Die **F-Verteilung** F(v;w) mit v Zähler- und w Nennerfreiheitsgraden ergibt sich als Quotient zweier Chi-Quadrat-verteilter Zufallsvariablen.

Die Dichtefunktion der F-Verteilung hat eine ähnliche Gestalt wie die Chi-Quadrat-Verteilung. Sie weist positive Flächen für F > 0 auf. Weitere Charakteristika sind die Rechtsschiefe sowie die asymptotische (langsame) Annäherung an die Abszisse (vgl. Abb. 7.15).

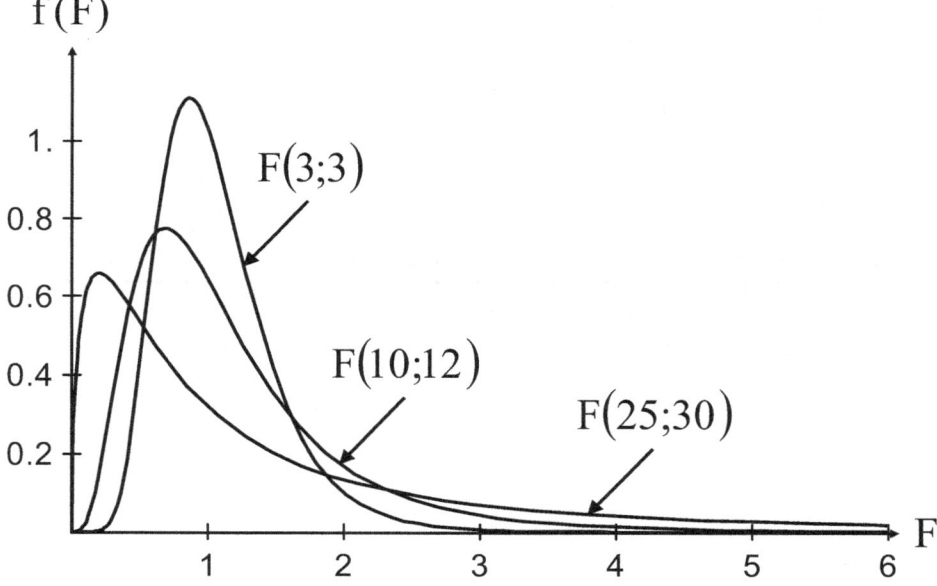

Abb. 7.15 Dichtefunktionen verschiedener F-Verteilungen

Aus der Dichtefunktion von F(v;w),

$$f(F) = \frac{\Gamma\left(\dfrac{v+w}{2}\right)}{\Gamma\left(\dfrac{v}{2}\right) \cdot \Gamma\left(\dfrac{w}{2}\right)} \cdot v^{\frac{v}{2}} \cdot w^{\frac{w}{2}} \cdot \frac{F^{\frac{v}{2}-1}}{(v \cdot F + w)^{\frac{v+w}{2}}} \quad \text{für } F > 0,$$

lässt sich die Verteilungsfunktion ableiten:

$$F(F) = \frac{\Gamma\left(\dfrac{v+w}{2}\right)}{\Gamma\left(\dfrac{v}{2}\right) \cdot \Gamma\left(\dfrac{w}{2}\right)} \cdot v^{\frac{v}{2}} \cdot w^{\frac{w}{2}} \cdot \int\limits_0^F \frac{u^{\frac{v}{2}-1}}{(v \cdot u + w)^{\frac{v+w}{2}}} \cdot du \ .$$

Erwartungswert und Varianz sind abhängig von den Zähler- und Nennerfreiheitsgraden. Sie lauten:

$$\mu = E(F) = \frac{w}{w-2} \quad \text{für } w > 2 \tag{7.29}$$

und

$$\sigma^2 = E(F-\mu)^2 = \frac{2w^2 \cdot (v+w-2)}{v \cdot (w-2)^2 \cdot (w-4)} \quad \text{für } w > 4 \ . \tag{7.30}$$

Für $w \le 2$ ($w \le 4$) existiert kein Erwartungswert (keine Varianz).

Unter Anwendung von Tabelle B.7 lässt sich der Wert $F_{1-\alpha;v;w}$ berechnen, den die F-verteilte Zufallsvariable mit einer Wahrscheinlichkeit $1-\alpha$ unterschreitet:

$$P\big(F \le F_{1-\alpha;v;w}\big) = 1 - \alpha \ . \ [19] \tag{7.31}$$

Beispiel 7.12

Eine Zufallsvariable sei F-verteilt mit $v = 4$ Zähler- und $w = 6$ Nennerfreiheitsgraden. Welchen Wert auf der Abszisse wird die Zufallsvariable mit einer Wahrscheinlichkeit von 95 % nicht unterschreiten?

In Tabelle B.7 im Anhang liest man folgenden Wert ab:

$$F_{0,95;4;6} = 4,53 \ .$$

---

[19] Ein Schwankungsintervall der F-Verteilung ist in der Induktiven Statistik eher nicht von Bedeutung. Hinzu kommt, dass im Anhang nur tabellierte Werte für eine Wahrscheinlichkeit von 95 % und 99 % vorliegen (Tabelle B.7). Deshalb wird auf das Schwankungsintervall nicht eingegangen.

w	v 1−α	1	2	3	4	5	6	7	8
5	0,950	6,61	5,79	5,41	5,19	5,05	4,95	4,88	4,82
	0,990	16,3	13,3	12,1	11,4	11,0	10,7	10,5	10,3
6	0,950	5,99	5,14	4,76	4,53	4,39	4,28	4,21	4,15
	0,990	13,7	10,9	9,78	9,15	8,75	8,47	8,26	8,10
7	0,950	5,59	4,74	4,35	4,12	3,97	3,87	3,79	3,73
	0,990	12,2	9,55	8,45	7,85	7,46	7,19	6,99	6,84

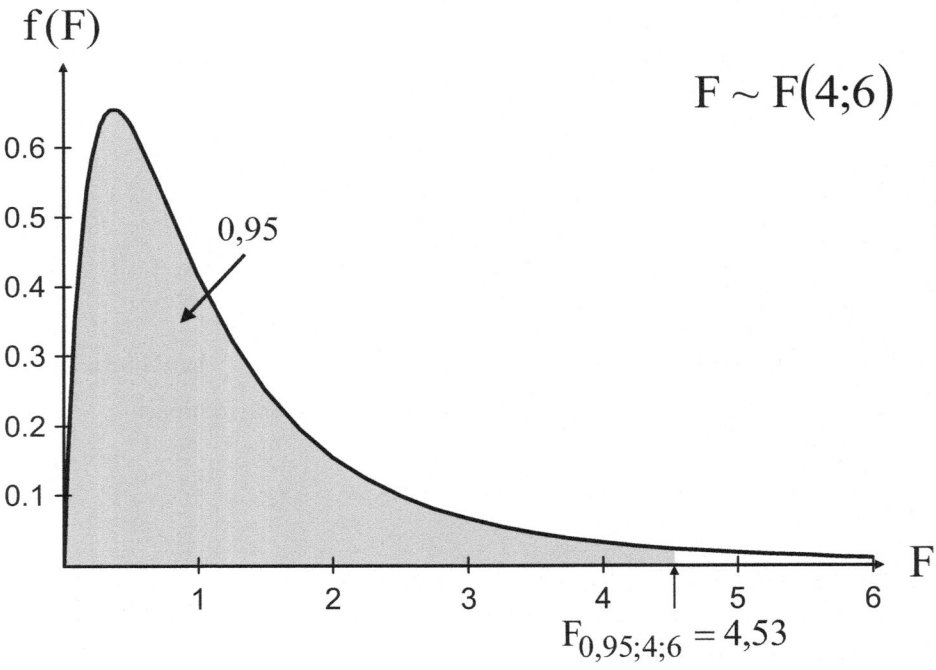

$$F \sim F(4;6)$$

$$F_{0,95;4;6} = 4,53$$

♦

7.7 Aufgaben

7.1 In einem Reisezentrum werden an den Schaltern Fahrkarten verkauft, Reservierungen vorgenommen und Fahrplanauskünfte erteilt. Aufgrund von Stichprobenerhebungen ist für die Verweildauer eines Kunden eine linkssteile Verteilung mit geometrischer Degression und einem Mittelwert von 6 Minuten ermittelt worden.

a) Wie groß ist die Wahrscheinlichkeit, dass ein Kunde zwischen 4 und 8 Minuten an einem Schalter bedient wird?

b) Wie groß ist die Wahrscheinlichkeit für eine Verweildauer von mehr als 10 Minuten?

7.2 Ein Schraubenhersteller möchte seinen Abnehmern bei seiner neuesten Sorte Präzisionsschrauben einen Durchmesser von 29,9 bis 30,1 mm garantieren. Aus umfangreichen Messungen ist bekannt, dass der mittlere Durchmesser dieser Schrauben $\mu = 30$ mm bei einer Varianz von $\sigma^2 = 0,0016$ mm^2 beträgt. Außerdem können die unvermeidlichen produktionsbedingten Abweichungen vom Sollwert als normalverteilt angesehen werden.

Mit wie viel Prozent Ausschuss muss der Schraubenhersteller rechnen?

7.3 Die Unternehmung B stellt Glühbirnen des Typs G her. Aufgrund betriebsstatistischer Untersuchungen kann davon ausgegangen werden, dass die Brenndauer der Glühbirnen normalverteilt ist mit einem Mittelwert von 1.000 Std. und einer Varianz von 10.000 Std.^{2}.

a) Ein Kunde möchte vom Betriebsleiter die Wahrscheinlichkeit dafür wissen, dass keine der 100 Glühbirnen einer Lieferung eine Brenndauer von weniger als 800 Stunden hat.

b) In welchem symmetrischen Bereich um den Mittelwert von 1.000 Stunden liegt die Brenndauer einer Glühbirne, die der Betrieb mit einer Wahrscheinlichkeit von 0,95 garantieren kann?

7.4 Beim Tischtennis ist bei Spitzengeschwindigkeiten des Plastikballs bis zu 170 km/h äußerste Konzentration der beiden Konkurrenten geboten. Bei harten Aufschlägen bleibt dem Angegriffenen in fast allen Fällen eine Reaktionszeit von 0,07 bis 0,25 Sekunden. Nur in etwa 1 % der Fälle sei bei einem erfolgreichen Ballwechsel eine Reaktionszeit außerhalb des symmetrischen Intervalls um die erwartete Reaktionszeit gemessen worden.

a) Wie groß ist bei einer Normalverteilung die Varianz der Reaktionszeit?

b) Wie groß ist unter einer Normalverteilung die Wahrscheinlichkeit eines erfolgreichen Ballwechsels bei einer Reaktionszeit von mehr als 0,20 Sekunden? (mit Interpolation)

7.8 Lösungen

7.1

a) Verweildauer zwischen 4 und 8 Minuten

Exponentialverteilung

ZV X: Verweildauer eines Kunden vor einem Schalter

$$E(X) = \frac{1}{\lambda} = 6$$

$$\lambda = \frac{1}{6}$$

$$F(x) = \begin{cases} 0 & \text{für } x < 0 \\ 1\text{-}e^{-\lambda x} & \text{für } x \geq 0, \ \lambda > 0 \end{cases}$$

$$P(4 \leq X \leq 8) = F(8) - F(4)$$
$$= 1 - e^{-\frac{1}{6}(8)} - \left(1 - e^{-\frac{1}{6}(4)}\right)$$
$$= -e^{-\frac{8}{6}} + e^{-\frac{4}{6}} = 0{,}2498$$

b) Verweildauer von mehr als 10 Minuten

$$P(X > 10) = 1 - P(x \leq 10)$$
$$= 1 - F(10)$$
$$= 1 - \left(1 - e^{-\frac{1}{6}(10)}\right) = 0{,}1889$$

7.2

$X \sim N(\mu = 30 \,; \sigma^2 = 0{,}0016)$

ZV X = Durchmesser [mm] einer Präzisionsschraube

Ges. Ausschusswahrscheinlichkeit:

$$1 - P(29{,}9 \leq X \leq 30{,}1) = 1 - \left(P(x \leq 30{,}1) - P(x \leq 29{,}9)\right)$$
$$= 1 - \left(P\left(z \leq \frac{30{,}1 - 30}{0{,}04}\right) - P\left(z \leq \frac{29{,}9 - 30}{0{,}04}\right)\right)$$
$$= 1 - \left(\Phi(2{,}5) - \Phi(-2{,}5)\right)$$
$$= 1 - \left(0{,}9938 - (1 - 0{,}9938)\right)$$
$$= 1 - 0{,}9876 = 0{,}0124$$

7.3

a) Brenndauer von mindestens 800 Stunden

$X \sim N(\mu = 1.000 ; \sigma^2 = 10.000)$

ZV X = Brenndauer [Std.] einer Glühbirne

$$P(x \geq 800) = 1 - P(x \leq 800) = 1 - P\left(z \leq \frac{800 - 1000}{100}\right) = 1 - \Phi(-2)$$
$$= 1 - \left(1 - \Phi(2)\right) = \Phi(2) = 0,9772$$

Wahrscheinlichkeit dafür, dass alle 100 Glühbirnen mindestens 100 Stunden brennen (Multiplikationssatz für unabhängige Ereignisse):

$$P(x \geq 800)^{100} = 0,9772^{100} = 0,0996$$

b) Zentrales Schwankungsintervall

$$P\left(\mu - z_{1-\frac{\alpha}{2}}\cdot\sigma \leq X \leq \mu + z_{1-\frac{\alpha}{2}}\cdot\sigma\right) = 1 - \alpha$$

$\mu = 1000$

$z_{1-\frac{\alpha}{2}} = z_{0,975} = 1,96$

$\sigma = 100$

$P(1000 - 1,96\cdot100 \leq x \leq 1000 + 1,96\cdot100) = 0,95$
$= P(804 \leq x \leq 1196) = 0,95$

7.4

a) gesucht σ^2

$$z = \frac{x - \mu}{\sigma} \quad \rightarrow \sigma = \frac{x - \mu}{z}$$

$\Psi(z) = 0,99 \rightarrow z_{1-\frac{\alpha}{2}} = 2,5758$

$x_{0,995} = 0,25$

$$\mu = \frac{0,07 + 0,25}{2} = 0,16$$

$$\sigma = \frac{0,25 - 0,16}{2,5758} = 0,0349$$

$\sigma^2 = 0,0012$

b) Erfolgreicher Ballwechsel bei Reaktionszeit von mehr als 0,20 Sekunden

$$P(X > 0,20) = 1 - P(X \leq 0,20) = 1 - P\left(Z \leq \frac{0,20 - 0,16}{0,0349}\right)$$
$$= 1 - \Phi(1,1461)$$

Interpolation:

$\Phi(1{,}14) = 0{,}8729$

$\Phi(1{,}1461) = ?$

$\Phi(1{,}15) = 0{,}8749$

$\Delta p = 0{,}002 \quad \rightarrow 0{,}002 \cdot 0{,}61 = 0{,}0012$

$\Phi(1{,}1461) = \Phi(1{,}14) + 0{,}0012 = 0{,}8741$

$P(X > 0{,}20) = 1 - 0{,}8741 = 0{,}1259$

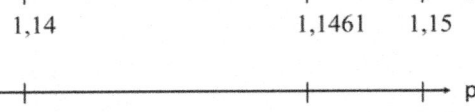

Mehrdimensionale Zufallsvariablen

8

In den vorangegangenen Kapiteln haben wir die Möglichkeiten aufgezeigt, eine Zufallsvariable grafisch darzustellen und statistisch auszuwerten. Typischerweise werden aber in Untersuchungen mehrere Merkmale gleichzeitig erhoben, die bei Stichproben als Zufallsvariablen interpretiert werden können. So interessiert bei einer Person beispielsweise nicht nur das Einkommen, sondern auch Geschlecht, Alter, Beruf usw. In diesem Fall macht es Sinn, die Variablen nicht nur unabhängig voneinander zu überprüfen, sondern auch zu untersuchen, ob ein Zusammenhang zwischen ihnen besteht.

Im Folgenden beschränken wir uns auf die Beantwortung dieser Fragen für zwei Zufallsvariablen, die wir mit X und Y bezeichnen wollen. Mit bivariaten Verteilungen lassen sich die Konzepte mehrdimensionaler Verteilungen anschaulich aufzeigen. Einige Konzepte können ohne weiteres auf mehr als zwei Dimensionen verallgemeinert werden.

Im weiteren Verlauf dieses Kapitels gehen wir analog zum eindimensionalen Fall vor:

- Zunächst werden mehrdimensionale Zufallsvariablen für den diskreten und den stetigen Fall getrennt betrachtet sowie die gemeinsame Wahrscheinlichkeitsfunktion und die gemeinsame Dichtefunktion definiert.
- Daran anschließend führen wir Parameter von mehrdimensionalen Zufallsvariablen ein.

8.1 Wahrscheinlichkeitsfunktion von zwei Zufallsvariablen

Eine zweidimensionale Zufallsvariable (X, Y) heißt **diskret**, wenn sie nur abzählbar viele Werte (x_j, y_k) annehmen kann.

© Springer Fachmedien Wiesbaden GmbH, ein Teil von Springer Nature 2019
R. Kosfeld et al., *Wahrscheinlichkeitsrechnung und Induktive Statistik*,
https://doi.org/10.1007/978-3-658-28713-9_8

Wenn (X, Y) diskret ist, lassen sich Wahrscheinlichkeiten für das Eintreten der Realisationen (x_j, y_k) angeben. Die Funktion f, die diesen Realisationen die Wahrscheinlichkeiten $P(X = x_j, Y = y_k) = p_{jk}$ zuordnet, heißt gemeinsame Wahrscheinlichkeitsfunktion der Zufallsvariablen (X, Y).

Die **gemeinsame Wahrscheinlichkeitsfunktion** $f(x, y)$ gibt für die Werte (x_j, y_k) die zugehörigen Wahrscheinlichkeiten p_{jk} an.

Die **Funktionsvorschrift** der gemeinsamen Wahrscheinlichkeitsfunktion lautet

$$f(x, y) = \begin{cases} P(X = x_j, Y = y_k) = p_{jk} & \text{für } x = x_j, y = y_k \\ 0 & \text{sonst} \end{cases}. \tag{8.1}$$

Analog zum eindimensionalen Fall summieren sich alle Wahrscheinlichkeiten zu eins [vgl. (5.4)]:

$$\sum_{j=1}^{r} \sum_{k=1}^{c} p_{jk} = 1. \tag{8.2}$$

Auch die Folgerung aus den ersten beiden Axiomen, dass die gemeinsamen Wahrscheinlichkeiten zwischen null und eins liegen müssen [vgl. (5.5)], ist hier relevant:

$$0 \leq p_{jk} \leq 1. \tag{8.3}$$

Anschaulicher als die Funktionsvorschrift ist die **tabellarische Darstellung**. Die gemeinsame Wahrscheinlichkeitsfunktion einer zweidimensionalen Zufallsvariablen (X, Y) ist in einer sog. Verteilungstabelle darstellbar, wenn X und Y jeweils nur endlich viele Werte annehmen können. Bei r Ausprägungen von X und c Ausprägungen von Y erhält man eine $r \times c$-Tabelle, die erweitert um die eindimensionalen Verteilungen – grau unterlegt dargestellt – die in Tabelle 8.1 abgebildete Gestalt hat.

Die eindimensionalen Wahrscheinlichkeitsverteilungen (= Randverteilungen) erhält man durch Summation der gemeinsamen Wahrscheinlichkeiten. Der Punkt kennzeichnet den Index, über den summiert wird. Die Wahrscheinlichkeiten der Randverteilung von X berechnet man über

$$p_{j\bullet} = \sum_{k=1}^{c} p_{jk}, \quad j = 1, \ldots, r \text{ (Summierung über alle Spalten)} \tag{8.4}$$

Tabelle 8.1 Verteilungstabelle für eine zweidimensionale Zufallsvariable

X \ Y	y_1	y_2	$\cdots$	y_c	$\sum\limits_{k=1}^{c}$
x_1	p_{11}	p_{12}	$\cdots$	p_{1c}	$p_{1\bullet} = \sum\limits_{k=1}^{c} p_{1k}$
x_2	p_{21}	p_{22}	$\cdots$	p_{2c}	$p_{2\bullet} = \sum\limits_{k=1}^{c} p_{2k}$
$\vdots$	$\vdots$	$\vdots$		$\vdots$	$\vdots$
x_r	p_{r1}	p_{r2}	$\cdots$	p_{rc}	$p_{r\bullet} = \sum\limits_{k=1}^{c} p_{rk}$
$\sum\limits_{j=1}^{r}$	$p_{\bullet 1} = \sum\limits_{j=1}^{r} p_{j1}$	$p_{\bullet 2} = \sum\limits_{j=1}^{r} p_{j2}$	$\cdots$	$p_{\bullet c} = \sum\limits_{j=1}^{r} p_{jc}$	$\sum\limits_{j=1}^{r}\sum\limits_{k=1}^{c} p_{jk} = \sum\limits_{j=1}^{r} p_{j\bullet}$ $= \sum\limits_{k=1}^{c} p_{\bullet k} = 1$

und diejenigen der Randverteilung von Y über

$$p_{\bullet k} = \sum_{j=1}^{r} p_{jk}, \quad k = 1, \ldots, c \text{ (Summierung über alle Zeilen)}. \tag{8.5}$$

Die **Randwahrscheinlichkeit** $p_{j\bullet}$ gibt die Wahrscheinlichkeit für x_j (das Merkmal Y bleibt unberücksichtigt) an. Entsprechend ist $p_{\bullet k}$ die Wahrscheinlichkeit für das Eintreten von y_k.

Da die Randwahrscheinlichkeiten den Wahrscheinlichkeiten eindimensionaler Verteilungen entsprechen, summieren sie sich zu eins auf:

$$\sum_{j=1}^{r} p_{j\bullet} = 1 \text{ (Randwahrscheinlichkeiten von X)}, \tag{8.6}$$

$$\sum_{k=1}^{c} p_{\bullet k} = 1 \text{ (Randwahrscheinlichkeiten von Y)}. \tag{8.7}$$

Beispiel 8.1

Eine Versicherungsgesellschaft will überprüfen, ob ein Zusammenhang zwischen Geschlecht und Unfallhäufigkeit besteht. Es wurden hierfür folgende Wahrscheinlichkeiten ermittelt:

Y (Geschlecht) X (Unfall- häufigkeit)	y_1 (männlich)	y_2 (weiblich)
x_1 (keinmal)	0,20	0,30
x_2 (ein- oder zweimal)	0,15	0,20
x_3 (mehr als zweimal)	0,10	0,05

Mit diesen Informationen lässt sich eine Verteilungstabelle (vgl. Tabelle 8.1) erstellen. Die Randwahrscheinlichkeiten $p_{j\bullet}$ und $p_{\bullet k}$ ergeben sich durch Summation der gemeinsamen Wahrscheinlichkeiten p_{jk}.

Y (Geschlecht) X (Un- fallhäufigkeit)	y_1 (männlich)	y_2 (weiblich)	$\sum\limits_{k=1}^{2}$
x_1 (keinmal)	$p_{11} = 0,20$	$p_{12} = 0,30$	$p_{1\bullet} = \sum\limits_{k=1}^{2} p_{1k}$ $= 0,20 + 0,30$ $= 0,50$
x_2 (ein- oder zweimal)	$p_{21} = 0,15$	$p_{22} = 0,20$	$p_{2\bullet} = \sum\limits_{k=1}^{2} p_{2k}$ $= 0,15 + 0,20$ $= 0,35$
x_3 (mehr als zweimal)	$p_{31} = 0,10$	$p_{32} = 0,05$	$p_{3\bullet} = \sum\limits_{k=1}^{2} p_{3k}$ $= 0,10 + 0,05$ $= 0,15$
$\sum\limits_{j=1}^{3}$	$p_{\bullet 1} = \sum\limits_{j=1}^{3} p_{j1} = 0,2$ $+ 0,15 + 0,1$ $= 0,45$	$p_{\bullet 2} = \sum\limits_{j=1}^{3} p_{j2} = 0,3$ $+ 0,2 + 0,05$ $= 0,55$	$\sum\limits_{j=1}^{3}\sum\limits_{k=1}^{2} p_{jk} = 0,2 + 0,3$ $+ 0,15 + 0,2 + 0,1$ $+ 0,05 = 1$

Zur Kontrolle sollte geprüft werden, ob die Summe der Randwahrscheinlichkeiten jeweils 1 ergibt [vgl. (8.6) und (8.7)]. Diese Bedingungen sind erfüllt:

- $$\sum_{j=1}^{3} p_{j\bullet} = p_{1\bullet} + p_{2\bullet} + p_{3\bullet} = 0{,}50 + 0{,}35 + 0{,}15 = 1 \text{,}$$

- $$\sum_{k=1}^{2} p_{\bullet k} = p_{\bullet 1} + p_{\bullet 2} = 0{,}45 + 0{,}55 = 1 \text{.} \qquad\qquad \blacklozenge$$

Zwei Merkmale X und Y sind dann voneinander unabhängig, wenn das Produkt der Einzelwahrscheinlichkeiten der gemeinsamen Wahrscheinlichkeit entspricht:

$$f(x,y) = f(x) \cdot f(y) \implies \text{stochastische Unabhängigkeit.}$$

Da die Wahrscheinlichkeiten der eindimensionalen Verteilungen mit den Randwahrscheinlichkeiten übereinstimmen, gilt alternativ:

$$p_{jk} = p_{j\bullet} \cdot p_{\bullet k} \text{ für alle } j=1,2,\ldots,r \text{ und alle } k=1,2,\ldots,c \qquad (8.8)$$
$$\implies \text{stochastische Unabhängigkeit.}$$

Auf Unabhängigkeit darf nur geschlossen werden, wenn die Beziehung (8.8) für alle gemeinsamen Wahrscheinlichkeiten zutrifft. Unterscheidet sich mindestens eine gemeinsame Wahrscheinlichkeit p_{jk} von dem Produkt $p_{j\bullet} \cdot p_{\bullet k}$, dann sind beide Zufallsvariablen abhängig.

Zwei Zufallsvariablen sind stochastisch **unabhängig**, wenn die Produkte der Randwahrscheinlichkeiten $p_{j\bullet} \cdot p_{\bullet k}$ mit den gemeinsamen Wahrscheinlichkeiten p_{jk} übereinstimmen.

Beispiel 8.2 (Fortsetzung von Beispiel 8.1)
Sind die Zufallsvariablen Unfallhäufigkeit und Geschlecht unabhängig voneinander? Zur Beantwortung dieser Frage berechnen wir das Produkt der Einzelwahrscheinlichkeiten $p_{j\bullet} \cdot p_{\bullet k}$, das wir in einer Tabelle ausweisen (vgl. nächste Seite oben).

Beide Merkmale sind abhängig, da die berechneten Wahrscheinlichkeitsprodukte $p_{j\bullet} \cdot p_{\bullet k}$ nicht mit den gemeinsamen Wahrscheinlichkeiten übereinstimmen. So ist beispielsweise $(p_{1\bullet} \cdot p_{\bullet 1} =) 0{,}225 \neq 0{,}20 (= p_{11})$.

X (Un- fallhäufigkeit) \ Y (Geschlecht)	y_1 (männlich)	y_2 (weiblich)	$\sum\limits_{k=1}^{2}$
x_1 (keinmal)	$p_{1\bullet} \cdot p_{\bullet 1}$ $= 0,5 \cdot 0,45$ $= 0,225$ $(p_{11} = 0,20)$	$p_{1\bullet} \cdot p_{\bullet 2}$ $= 0,5 \cdot 0,55$ $= 0,275$ $(p_{12} = 0,30)$	$p_{1\bullet} = 0,50$
x_2 (ein- oder zweimal)	$p_{2\bullet} \cdot p_{\bullet 1}$ $= 0,35 \cdot 0,45$ $= 0,1575$ $(p_{21} = 0,15)$	$p_{2\bullet} \cdot p_{\bullet 2}$ $= 0,35 \cdot 0,55$ $= 0,1925$ $(p_{22} = 0,20)$	$p_{2\bullet} = 0,35$
x_3 (mehr als zweimal)	$p_{3\bullet} \cdot p_{\bullet 1}$ $= 0,15 \cdot 0,45$ $= 0,0675$ $(p_{31} = 0,10)$	$p_{3\bullet} \cdot p_{\bullet 2}$ $= 0,15 \cdot 0,55$ $= 0,0825$ $(p_{32} = 0,05)$	$p_{3\bullet} = 0,15$
$\sum\limits_{j=1}^{3}$	$p_{\bullet 1} = 0,45$	$p_{\bullet 2} = 0,55$	1

Beispiel 8.3

Bei einem Cafébesitzer entfallen 60 % der Bestellungen auf Kaffee und Kuchen sowie 40 % auf Eis. An seinen Öffnungstagen herrscht zu 30 % Sonnenschein und zu 70 % Bewölkung oder Regen. Wie groß sind die gemeinsamen Wahrscheinlichkeiten, wenn die beiden Zufallsvariablen „Bestellungen" und „Wetter" unabhängig voneinander sind?

Gegeben sind die Randverteilungen der beiden Zufallsvariablen X und Y. Ihr Produkt muss bei Unabhängigkeit mit den gemeinsamen Wahrscheinlichkeiten p_{jk} identisch sein. Wir bestimmen die p_{jk} wiederum in einer Verteilungstabelle:

X (Be- stellung) \ Y (Wetter)	y_1 (Sonnenschein)	y_2 (Bewölkung oder Regen)	$\sum\limits_{k=1}^{2}$
x_1 (Kaffee und Kuchen)	$p_{11} = p_{1\bullet} \cdot p_{\bullet 1}$ $= 0,60 \cdot 0,30$ $= 0,18$	$p_{12} = p_{1\bullet} \cdot p_{\bullet 2}$ $= 0,60 \cdot 0,70$ $= 0,42$	$p_{1\bullet} = 0,60$
x_2 (Eis)	$p_{21} = p_{2\bullet} \cdot p_{\bullet 1}$ $= 0,40 \cdot 0,30$ $= 0,12$	$p_{22} = p_{2\bullet} \cdot p_{\bullet 2}$ $= 0,40 \cdot 0,70$ $= 0,28$	$p_{2\bullet} = 0,40$
$\sum\limits_{j=1}^{2}$	$p_{\bullet 1} = 0,30$	$p_{\bullet 2} = 0,70$	1

8.2   Dichtefunktion von zwei Zufallsvariablen

Eine zweidimensionale Zufallsvariable (X, Y) heißt **stetig**, wenn sowohl X als auch Y überabzählbar viele Werte annehmen können.

Die **gemeinsame Dichtefunktion** $f(x, y)$ von (X, Y) muss entsprechend zu (5.6) grundsätzlich nicht-negative Funktionswerte

$$f(x,y) \geq 0 \quad \text{für alle} (x,y) \tag{8.9}$$

aufweisen. Wegen (8.9) darf die Funktion in keinem Bereich unterhalb der (x, y)-Ebene verlaufen.

Da gemeinsame Wahrscheinlichkeiten nicht eins übersteigen dürfen, muss als zweite Bedingung

$$\int\limits_{-\infty}^{\infty} \int\limits_{-\infty}^{\infty} f(x,y) \cdot dx \cdot dy = 1 \tag{8.10}$$

erfüllt sein [vgl. auch (5.7)]. (8.10) bedeutet, dass der Raum zwischen der (x, y)-Ebene und der gemeinsamen Dichtefunktion den Wert eins annehmen muss. Nur wenn eine gemeinsame Dichtefunktion die Anforderung (8.9) und (8.10) erfüllt, ist sie zulässig.

Die gemeinsame Wahrscheinlichkeit $f(x, y)$ zweier stetiger Variablen

$$P(a_1 \leq X \leq b_1 \,; a_2 \leq Y \leq b_2)$$

errechnet man durch Lösung des Doppelintegrals

$$f(x,y) = \int\limits_{a_2}^{b_2} \int\limits_{a_1}^{b_1} f(x,y) \cdot dx \cdot dy \;. \tag{8.11}$$

Beispiel 8.4
Gegeben sei die Funktion

$$f(x,y) = \begin{cases} x+y & \text{für } 0 < x < 1,\, 0 < y < 1 \\ 0 & \text{sonst} \end{cases} .$$

Es soll überprüft werden, ob diese Funktion eine gemeinsame Dichtefunktion sein kann. Dazu muss sie die beiden Anforderungen (8.9) und (8.10) erfüllen:

(1) Die Funktion weicht nur für das Intervall zwischen null und eins – gilt für X und Y – von null ab. Egal welche Werte zwischen null und eins man für x sowie y in den Ausdruck $x + y$ einsetzt, der Funktionswert ist grundsätzlich größer oder gleich null:

$$f(x, y) \geq 0 \quad \text{für alle } (x, y).$$

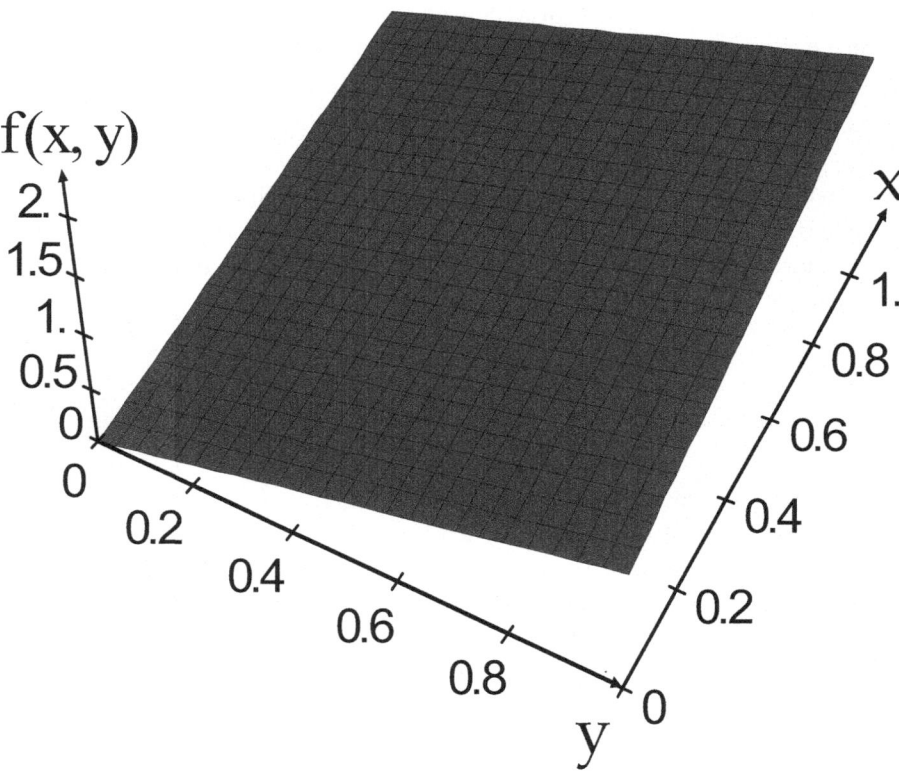

(2) Die Fläche unterhalb der Dichtefunktion muss eins sein. Um das Doppelintegral

$$\int_0^1 \int_0^1 (x + y) \cdot dx \cdot dy$$

zu lösen, kann zuerst nach x oder y integriert werden. Anschließend erfolgt die Integration nach der anderen Zufallsvariablen. Wir bilden das Integral zuerst nach x, wobei y jetzt eine Konstante darstellt:

$$\int_0^1 \left(\int_0^1 (x + y)\, dx \right) dy = \int_0^1 \left(\left| \frac{1}{2} x^2 + xy \right|_0^1 \right) dy .$$

In die Stammfunktion werden jetzt die Integrationsgrenzen eingesetzt:

$$\int_0^1 \left(\left. \frac{1}{2}x^2 + xy \right|_0^1 \right) dy = \int_0^1 \left[\frac{1}{2} \cdot 1^2 + 1 \cdot y - \left(\frac{1}{2} \cdot 0^2 + 1 \cdot 0 \right) \right] dy = \int_0^1 \left(\frac{1}{2} + y \right) dy \cdot$$

Anschließend ist das verbleibende Integral zu lösen:

$$\int_0^1 \left(\frac{1}{2} + y \right) dy = \left. \frac{1}{2} \cdot y + \frac{1}{2} \cdot y^2 \right|_0^1 = \frac{1}{2} \cdot 1 + \frac{1}{2} \cdot 1^2 - 0 = 1$$

Die zwei Bedingungen sind damit erfüllt. Es liegt also eine zulässige Dichtefunktion vor.

◆

Beispiel 8.5 (Fortsetzung von Beispiel 8.4)
Wie groß ist die Wahrscheinlichkeit dafür, dass die zweidimensionale Zufallsvariable, deren Dichtefunktion durch

$$f(x,y) = \begin{cases} x + y & \text{für } 0 < x < 1, 0 < y < 1 \\ 0 & \text{sonst} \end{cases}$$

gegeben ist, für X im Intervall zwischen 0,5 und 1 und für Y im Intervall zwischen 0,4 und 0,6 liegt? Gesucht ist also $P(0,5 \le X \le 1; 0,4 \le Y \le 0,6)$.

Die Fragestellung wird unter Verwendung von (8.11) bearbeitet, es wird also das Doppelintegral

$$\int_{0,4}^{0,6} \int_{0,5}^{1} (x + y) \cdot dx \cdot dy$$

gelöst. Wir integrieren wiederum zuerst nach x:

$$\int_{0,4}^{0,6} \left(\int_{0,5}^{1} (x + y) dx \right) dy = \int_{0,4}^{0,6} \left(\left. \frac{1}{2}x^2 + xy \right|_{0,5}^{1} \right) dy$$

$$= \int_{0,4}^{0,6} \left[0,5 \cdot 1^2 + 1 \cdot y - \left(0,5 \cdot 0,5^2 + 0,5 \cdot y \right) \right] dy$$

$$= \int_{0,4}^{0,6} (0,5 + y - 0,125 - 0,5y) dy = \int_{0,4}^{0,6} (0,5y + 0,375) dy$$

und anschließend nach y:

$$\int\limits_{0,4}^{0,6}\int\limits_{0,5}^{1}(x+y)\,dx\,dy = \int\limits_{0,4}^{0,6}(0,5y+0,375)\,dy = \left|0,5\cdot 0,5\cdot y^2 + 0,375\cdot y\right|_{0,4}^{0,6}$$

$$= \left|0,25y^2 + 0,375y\right|_{0,4}^{0,6}$$

$$= 0,25\cdot 0,6^2 + 0,375\cdot 0,6 - \left(0,25\cdot 0,4^2 + 0,375\cdot 0,4\right)$$

$$= 0,090 + 0,225 - 0,190 = 0,125\,.$$

Die gesuchte Wahrscheinlichkeit $P(0,5 \le X \le 1; 0,4 \le Y \le 0,6)$ beträgt also 0,125. Mit einer Wahrscheinlichkeit von 12,5 % liegen X zwischen 0,5 und 1 sowie Y zwischen 0,4 und 0,6.   ◆

Aus der gemeinsamen Dichtefunktion lassen sich die eindimensionalen Dichtefunktionen – **Randdichtefunktionen** – durch Integration bestimmen:

$$f(x) = \int\limits_{-\infty}^{\infty} f(x,y)\cdot dy\,, \tag{8.12}$$

$$f(y) = \int\limits_{-\infty}^{\infty} f(x,y)\cdot dx\,. \tag{8.13}$$

Beispiel 8.6 (Fortsetzung von Beispiel 8.5)
Die eindimensionalen Dichtefunktionen von

$$f(x,y) = \begin{cases} x+y & \text{für } 0 < x < 1,\, 0 < y < 1 \\ 0 & \text{sonst} \end{cases}$$

erhält man unter Verwendung von (8.12)

$$f(x) = \int\limits_{0}^{1}(x+y)\,dy = \left| xy + \frac{1}{2}y^2 \right|_0^1 = x\cdot 1 + \frac{1}{2}\cdot 1^2 - 0 = x + 0,5$$

bzw. von (8.13)

$$f(y) = \int\limits_{0}^{1}(x+y)\,dx = \left| \frac{1}{2}x^2 + xy \right|_0^1 = \frac{1}{2}1^2 + y\cdot 1 - 0 = 0,5 + y\,. \qquad ◆$$

8.3 Parameter mehrdimensionaler Verteilungen

Kovarianz

Die Kovarianz zwischen den beiden Variablen X und Y $(= \text{Cov}(X, Y))$ ist ein Maß der Verbundstreuung, also der Abweichungen beider Zufallsvariablen von ihrem Erwartungswert:

$$\text{Cov}(X, Y) = E\big[(X - E(X)) \cdot (Y - E(Y))\big] \ . \qquad (8.14)$$

Die **Kovarianz** quantifiziert den (linearen) Zusammenhang zwischen zwei Zufallsvariablen. Bei einer Kovarianz von null liegt kein Zusammenhang vor. Eine positive Kovarianz weist einen positiven Zusammenhang aus, d. h. mit steigenden Werten von X gehen tendenziell höhere Werte von Y einher (und umgekehrt). Bei einer negativen Kovarianz und damit einem negativen Zusammenhang sinkt X tendenziell bei einer Erhöhung von Y.

Für zwei diskrete Zufallsvariablen berechnet sich die Kovarianz mit Hilfe der Beziehung

$$\text{Cov}(X, Y) = \sum_{j=1}^{r} \sum_{k=1}^{c} \big[x_j - E(X)\big] \cdot \big[y_k - E(Y)\big] \cdot p_{jk} \, , \qquad (8.15)$$

während für zwei stetige Zufallsvariablen

$$\text{Cov}(X, Y) = \int_{-\infty}^{\infty} \int_{-\infty}^{\infty} [x - E(X)]\,[y - E(Y)] \cdot f(x, y) \cdot dx \cdot dy \qquad (8.16)$$

gilt.

Beispiel 8.7

Für ein Aktienengagement spielen nicht nur die vergangenen Renditen der Aktien (ihre Performance), sondern insbesondere auch die zukünftig erwarteten Renditen eine Rolle, deren Eintreten jedoch mit Unsicherheit verbunden und von den Rahmenbedingungen abhängig ist. Investoren werden daher versuchen, eine Wahrscheinlichkeitsverteilung für die in Zukunft möglichen Rahmenbedingungen zu entwickeln. Dabei ergibt sich folgende Einschätzung:

Rahmenbedingung	Beschreibung	Eintrittswahrscheinlichkeit
1	unverändertes ökonomisches Umfeld	0,5
2	Rezession	0,3
3	Hochkonjunktur	0,2

Die möglichen Rahmenbedingungen beeinflussen die Ertragssituation von Unternehmen und damit die Kursentwicklung ihrer Aktien. Abhängig von der Rahmenbedingung erwarten die Investoren als Renditen für zwei Aktien X und Y:

Rahmenbedingung	Rendite X	Rendite Y
1	3,5 %	5,0 %
2	4,0 %	−1,0 %
3	2,0 %	7,0 %

Wie groß ist nun die Kovarianz? Man erhält folgende Verteilungstabelle, wobei man die Ausprägungen der Zufallsvariablen, also die Renditen, gewöhnlich in aufsteigender Reihenfolge in der Kopfzeile und -spalte anordnet. Es können nur die drei genannten Rahmenbedingungen mit einer von null verschiedenen Wahrscheinlichkeit eintreten. Die gemeinsamen Wahrscheinlichkeiten für alle übrigen Kombinationen der beiden Renditen sind null:

X (Rendite X) \\ Y (Rendite Y)	$y_1\,(-1\,\%)$	$y_2\,(5\,\%)$	$y_3\,(7\,\%)$	$p_{j\bullet}=\sum\limits_{k=1}^{3}p_{jk}$
$x_1\ (2\,\%)$	$p_{11}=0$	$p_{12}=0$	$p_{13}=0,2$	$p_{1\bullet}=0+0+0,2$ $=0,2$
$x_2\ (3,5\,\%)$	$p_{21}=0$	$p_{22}=0,5$	$p_{23}=0$	$p_{2\bullet}=0+0,5+0$ $=0,5$
$x_3\ (4\,\%)$	$p_{31}=0,3$	$p_{32}=0$	$p_{33}=0$	$p_{3\bullet}=0,3+0+0$ $=0,3$
$p_{\bullet k}=\sum\limits_{j=1}^{3}p_{jk}$	$p_{\bullet 1}=0+0$ $+0,3$ $=0,3$	$p_{\bullet 2}=0+$ $0,5+0$ $=0,5$	$p_{\bullet 3}=0,2$ $+0+0$ $=0,2$	$\sum\limits_{j=1}^{3}\sum\limits_{k=1}^{3}p_{jk}=0+0$ $+0,2+0+0,5+0$ $+0,3+0+0=1$

Zunächst sind die durchschnittlichen Renditen, also die Erwartungswerte, zu berechnen. Man erhält:

$$E(X)=\sum_{j=1}^{3}x_j\cdot p_j=0,02\cdot 0,2+0,035\cdot 0,5+0,04\cdot 0,3=0,0335\,,$$

$$E(Y) = \sum_{k=1}^{3} y_k \cdot p_k = (-0,01) \cdot 0,3 + 0,05 \cdot 0,5 + 0,07 \cdot 0,2 = 0,0360.$$

Für die Kovarianz ergibt sich mit (8.15)

$$\begin{aligned}
Cov(X,Y) &= \sum_{j=1}^{3} \sum_{k=1}^{3} \left[x_j - E(X)\right] \cdot \left[y_k - E(Y)\right] \cdot p_{jk} \\
&= 0 + 0 + (0,02 - 0,0335) \cdot (0,07 - 0,036) \cdot 0,2 \\
&\quad + 0 + (0,035 - 0,0335) \cdot (0,05 - 0,036) \cdot 0,5 + 0 \\
&\quad + (0,04 - 0,0335) \cdot (-0,01 - 0,036) \cdot 0,3 + 0 + 0 \\
&= -0,000171.
\end{aligned}$$

Da die Kovarianz negativ ist, besteht zwischen den Renditen der beiden Aktien ein negativer linearer Zusammenhang. Mit einer höheren Rendite der einen Aktie geht also tendenziell eine niedrigere Rendite der anderen Aktie einher.   ◆

Korrelationskoeffizient
Die Kovarianz gibt allerdings keine Auskunft über die Stärke des Zusammenhangs, weil sie nicht auf ein bestimmtes Intervall normiert ist. Hier liegt auch der Unterschied zum Korrelationskoeffizienten ρ, der stets Werte innerhalb des Intervalls $[-1 \leq \rho \leq +1]$ annimmt. Er ist folgendermaßen zu interpretieren:

- Von einem ausgeprägten negativen Zusammenhang ist auszugehen, wenn ein hoher negativer Korrelationskoeffizient vorhanden ist.
- Ein hoher positiver Korrelationskoeffizient weist auf einen ausgeprägten positiven Zusammenhang zwischen X und Y hin.
- Liegt der Korrelationskoeffizient in der Nähe von 0, so besteht zwischen X und Y nur ein sehr schwacher oder gar kein Zusammenhang.

Zur Normierung wird die Kovarianz durch das Produkt der beiden Standardabweichungen dividiert:

$$\rho(X,Y) = \frac{Cov(X,Y)}{\sigma_x \cdot \sigma_y}. \tag{8.17}$$

Der **Korrelationskoeffizient** ρ ist auf das Intervall zwischen minus und plus eins normiert.

Beispiel 8.8 (Fortsetzung von Beispiel 8.7)

Greifen wir auf das Beispiel 8.7 zurück. Wie stark ist der Zusammenhang zwischen beiden Zufallsvariablen, also den Renditen?

Diese Fragestellung lässt sich mit dem Korrelationskoeffizienten beantworten, der unter Verwendung von (8.17) zu bestimmen ist. Hierfür sind die beiden Varianzen [vgl. (5.19)] zu berechnen:

$$
\sigma_x^2 = E[X - E(X)]^2 = \sum_{j=1}^{3}(x_j - \mu_x)^2 \cdot p_j
$$
$$
= (0{,}02 - 0{,}0335)^2 \cdot 0{,}2 + (0{,}035 - 0{,}0335)^2 \cdot 0{,}5 + (0{,}04 - 0{,}0335)^2 \cdot 0{,}3
$$
$$
= 0{,}00005025
$$

und

$$
\sigma_y^2 = E[Y - E(Y)]^2 = \sum_{k=1}^{3}(y_k - \mu_y)^2 \cdot p_k
$$
$$
= (-0{,}01 - 0{,}036)^2 \cdot 0{,}3 + (0{,}05 - 0{,}036)^2 \cdot 0{,}5 + (0{,}07 - 0{,}036)^2 \cdot 0{,}2
$$
$$
= 0{,}000964 .
$$

Damit lassen sich die Standardabweichungen

$$
\sigma_x = \sqrt{0{,}00005025} = 0{,}0071 \text{ und}
$$

$$
\sigma_y = \sqrt{0{,}000964} = 0{,}0310
$$

bestimmen, die zur Ermittlung des Korrelationskoeffizienten benötigt werden:

$$
\rho(X, Y) = \frac{Cov(X, Y)}{\sigma_x \cdot \sigma_y} = \frac{-0{,}000171}{0{,}0071 \cdot 0{,}0310} = -0{,}7769 .
$$

Da der Korrelationskoeffizient schon recht nahe bei minus eins liegt, besteht zwischen den Renditen ein enger negativer Zusammenhang.   ◆

Regressionskoeffizient (Steigungsmaß)

Liegt eine hohe Korrelation zwischen beiden Zufallsvariablen vor, dann kann eine Regression durchgeführt werden, um den Einfluss von X auf Y zu quantifizieren.[20] Das Steigungsmaß β ist durch die Beziehung

---

[20] Konvention ist, dass die unabhängige Variable, die die abhängige Variable Y beeinflusst, mit X bezeichnet wird. Hypothesen, welche Variable einen Einfluss auf die andere Variable ausübt, sind von der ökonomischen Theorie abzuleiten.

$$\beta = \frac{\text{Cov}(X, Y)}{\sigma_x^2}$$

$$(8.18)$$

gegeben und wie folgt zu interpretieren: Steigt die unabhängige Zufallsvariable X um eine Einheit an, dann wächst die abhängige Variable Y im Durchschnitt um β Einheiten.

> Das **Steigungsmaß** β weist die Art des Zusammenhangs zwischen den beiden Zufallsvariablen X und Y aus.

Beispiel 8.9 (Fortsetzung von Beispiel 8.8)
Wir unterstellen einen Einfluss der Rendite von X auf die Rendite von Y und erhalten ein Steigungsmaß in Höhe von

$$\beta = \frac{\text{Cov}(X, Y)}{\sigma_x^2} = \frac{-0,000171}{0,00005025} = -3,403 \cdot$$

Beide Renditen liegen in den Einheiten Prozent vor. Steigt die Rendite der Aktie X um einen Prozentpunkt an, so sinkt die Rendite der Aktie Y im Durchschnitt um 3,403 Prozentpunkte. ◆

8.4 Aufgaben

8.1 Ein Marktforschungsinstitut interessiert sich dafür, ob der Kauf eines Produkts P_2,

$$y = \begin{bmatrix} 1 & \text{Kauf von } P_2 \\ 0 & \text{Nicht-Kauf von } P_2 \end{bmatrix}$$

von dem Besitz eines anderen Produkts P_1,

$$x = \begin{bmatrix} 1 & \text{Kauf von } P_1 \\ 0 & \text{Nicht-Kauf von } P_1 \end{bmatrix}$$

abhängt oder nicht. Aufgrund bisheriger Erfahrungen lässt sich von folgender gemeinsamer Wahrscheinlichkeitsverteilung der Zufallsvariablen X und Y ausgehen:

X \ Y	Y=0	Y=1
X=0	0,3	0,1
X=1	0,1	0,5

Beurteilen Sie anhand der bedingten Verteilung von Y gegeben X und des Korrelations-koeffizienten, ob ein Zusammenhang zwischen den Zufallsvariablen X und Y vorliegt! Welche Bedeutung ist einer Kenntnis über den Besitz des Produktes P_1 zur Einschätzung eines Kaufs des Produktes P_2 beizumessen?

8.2 In Abhängigkeit davon, ob ein Unternehmen an drei Großprojekten (X) beteiligt ist, unterscheidet sich die Neueinstellungen (Y):

		Neueinstellungen (Y)	
		$y_1 = 2$	$y_2 = 5$
Beteiligung bei	$x_1 = 0$	0,6	0
Großprojekten (X)	$x_2 = 3$	0,2	0,2

a) Geben Sie die Randverteilungen der beiden Zufallsvariablen X und Y an.
b) Berechnen Sie die Erwartungswerte und Varianzen der beiden Zufallsvariablen X und Y.
c) Welche Werte nehmen die Kovarianzen und der Korrelationskoeffizient an?

8.3 Bei gegebenen Preisen ist der Absatz von Gütern noch nicht eindeutig determiniert. Aufgrund einer Vielzahl von Einflussfaktoren enthalten die Absatzmengen eine zufalls-abhängige Komponente. Für zwei Produkte A und B sei die gemeinsame Dichte ihrer Absatzmengen X und Y durch die Funktion

$$f(x,y) = \begin{cases} \frac{7}{4}x^2 + \frac{2}{9}y + \frac{1}{12}x^2y + \frac{7}{9} & \text{für } 0 \leq x \leq 1, 0 \leq y \leq 1 \\ 0 \text{ sonst} \end{cases}$$

a) Leiten Sie die Randverteilungen der beiden Absatzmengen X und Y her!
b) Zeigen Sie, dass die Absatzmengen X und Y stochastisch unabhängig sind!
c) Wie lautet die Verteilungsfunktion der zweidimensionalen Zufallsvariablen (X, Y)?

8.4 Gegeben ist die gemeinsame Dichtefunktion der Zufallsvariablen X und Y :

$$f(x,y) = \begin{cases} \frac{9}{8}x^2y^2 & \text{für } 0 \leq x \leq 2, 0 \leq y \leq 1 \\ 0 \text{ sonst} \end{cases}$$

a) Wie groß ist die Wahrscheinlichkeit, dass die Zufallsvariable X Werte aus dem Inter-vall zwischen 0 und 0,5 und die Zufallsvariable Y gleichzeitig Werte aus dem Intervall zwischen 0,4 und 0,8 annimmt?
b) Geben Sie die Randdichten von X und Y an!
c) Bestimmen Sie die Kovarianz der zweidimensionalen Zufallsvariablen (X,Y) unter Verwendung von E(XY)!

8.5   Lösungen

8.1
Bedingte Verteilung

$$f(y|x) = \frac{f(x,y)}{f_x(x)}$$

$$f(y = 0|x = 0) = \frac{0,3}{0,4} = 0,75$$

$$f(y = 0|x = 1) = \frac{0,1}{0,6} = 0,1666$$

$$f(y = 1|x = 0) = \frac{0,1}{0,4} = 0,25$$

$$f(y = 1|x = 1) = \frac{0,5}{0,6} = 0,8333$$

Stochastische Unabhängigkeit

$$P(A|B) = P(A)$$

$$P(y = 0|x = 0) = 0,75 \neq P(y = 0) = 0,4$$
$$P(y = 0|x = 1) = 0,1666 \neq P(y = 0) = 0,4$$
$$P(y = 1|x = 0) = 0,25 \neq P(y = 1) = 0,6$$
$$P(y = 1|x = 1) = 0,8333 \neq P(y = 1) = 0,6$$

Ungleichheit der bedingten und unbedingten Wahrscheinlichkeiten

→ Zusammenhang zwischen X und Y

$$Corr(X,Y) = \frac{Cov(X,Y)}{\sqrt{Var(X) \cdot Var(Y)}}$$

$$Cov(X,Y) = E(X \cdot Y) - E(X) \cdot E(Y)$$

$$E(X) = 0 \cdot 0,4 + 1 \cdot 0,6 = 0,6$$

$$E(Y) = 0 \cdot 0,4 + 1 \cdot 0,6 = 0,6$$

$$E(X \cdot Y) = 0 \cdot 0 \cdot 0,3 + 0 \cdot 1 \cdot 0,1 + 1 \cdot 0 \cdot 0,1 + 1 \cdot 1 \cdot 0,5 = 0,5$$

$$Cov(X,Y) = 0,5 - 0,6 \cdot 0,6 = 0,14$$

$$Var(X) = E(X^2) - E(X)^2$$

$$E(X^2) = 0^2 \cdot 0,4 + 1^2 \cdot 0,6 = 0,6$$

$$Var(X) = 0,6 - 0,6^2 = 0,24$$

$$Var(Y) = 0,24$$

$$Corr(X,Y) = \frac{0,14}{\sqrt{0,24 \cdot 0,24}} = 0,5833$$

Es gibt einen mittleren positiven Zusammenhang zwischen dem Kauf der Produkte.

8.2

a) Randverteilungen

$$f_x(x_1 = 0) = 0{,}6 + 0 = 0{,}6$$

$$f_x(x_2 = 3) = 0{,}2 + 0{,}2 = 0{,}4$$

$$f_y(y_1 = 2) = 0{,}6 + 0{,}2 = 0{,}8$$

$$f_y(y_2 = 5) = 0 + 0{,}2 = 0{,}2$$

b) Erwartungswert und Varianz

$$E(X) = \mu_x = \sum_{j=1}^{2} x_j \cdot p_j = 0 \cdot 0{,}6 + 3 \cdot 0{,}4 = 1{,}2$$

$$Var(X) = \sigma_x^2 = E(X^2) - [E(X)]^2 = (0^2 \cdot 0{,}6 + 3^2 \cdot 0{,}4) - 1{,}2^2 = 2{,}16$$

$$E(Y) = \mu_y = \sum_{k=1}^{2} x_k \cdot p_k = 2 \cdot 0{,}8 + 5 \cdot 0{,}2 = 2{,}6$$

$$Var(Y) = \sigma_y^2 = E(Y^2) - [E(Y)]^2 = (2^2 \cdot 0{,}8 + 5^2 \cdot 0{,}2) - 2{,}6^2 = 1{,}44$$

c) Kovarianz und Korrelationskoeffizient

$$Cov(X,Y) = E(X \cdot Y) - E(X) \cdot E(Y)$$
$$= [0 \cdot 2 \cdot 0{,}6 + 0 \cdot 5 \cdot 0 + 3 \cdot 2 \cdot 0{,}2 + 3 \cdot 5 \cdot 0{,}2] - 1{,}2 \cdot 2{,}6$$
$$= 1{,}08$$

$$Corr(X,Y) = \frac{Cov(X,Y)}{\sqrt{Var(X) \cdot Var(Y)}} = \frac{1{,}08}{\sqrt{2{,}16 \cdot 1{,}44}} = 0{,}6124$$

8.3

a) Randverteilungen

$$f(x) = \int_{-\infty}^{\infty} f(x,y)\, dy = \int_{0}^{1} \frac{7}{24}x^2 + \frac{2}{9}y + \frac{1}{12}x^2 y + \frac{7}{9}\, dy$$

$$= \frac{7}{24}x^2 y + \frac{2}{18}y^2 + \frac{1}{24}x^2 y^2 + \frac{7}{9}y \Big|_{y=0}^{y=1}$$

$$= \left(\frac{7}{24}x^2 + \frac{2}{18} + \frac{1}{24}x^2 + \frac{7}{9}\right) - 0$$

$$= \frac{1}{3}x^2 + \frac{8}{9}$$

$$f(y) = \int\limits_{-\infty}^{\infty} f(x,y)\,dx = \int\limits_{0}^{1} \frac{7}{24}x^2 + \frac{2}{9}y + \frac{1}{12}x^2y + \frac{7}{9}\,dx$$

$$= \frac{7}{72}x^3 + \frac{2}{9}xy + \frac{1}{36}x^3y + \frac{7}{9}x \Big|_{x=0}^{x=1}$$

$$= \frac{7}{72} + \frac{2}{9}y + \frac{1}{36}y + \frac{7}{9}$$

$$= \frac{1}{4}y + \frac{7}{8}$$

b) Stochastische Unabhängigkeit

$$f(x,y) = f(x) \cdot f(y)$$

$$= \left(\frac{1}{3}x^2 + \frac{8}{9}\right) \cdot \left(\frac{1}{4}y + \frac{7}{8}\right)$$

$$= \frac{1}{12}x^2y + \frac{7}{24}x^2 + \frac{8}{36}y + \frac{56}{72}$$

$$= \frac{7}{24}x^2 + \frac{2}{9}y + \frac{1}{12}x^2y + \frac{7}{9}$$

c) Verteilungsfunktion

$$F(x,y) = \int\limits_{-\infty}^{y} \int\limits_{-\infty}^{x} f(u,v)\,du\,dv$$

$$= \int\limits_{0}^{y} \int\limits_{0}^{x} \frac{7}{24}u^2 + \frac{2}{9}v + \frac{1}{12}u^2v + \frac{7}{9}\,du\,dv$$

$$= \int\limits_{0}^{y} \left(\frac{7}{72}u^3 + \frac{2}{9}uv + \frac{1}{36}u^3v + \frac{7}{9}u \Big|_{u=0}^{u=x}\right)dv$$

$$= \int\limits_{0}^{y} \frac{7}{72}x^3 + \frac{2}{9}xv + \frac{1}{36}x^3v + \frac{7}{9}x\,dv$$

$$= \frac{7}{72}x^3v + \frac{1}{9}xv^2 + \frac{1}{72}x^3v^2 + \frac{7}{9}xv \Big|_{v=0}^{v=y}$$

$$= \frac{7}{72}x^3y + \frac{1}{9}xy^2 + \frac{1}{72}x^3y^2 + \frac{7}{9}xy$$

$$F(x,y) = \begin{cases} 0 & \text{für } x < 0 \text{ oder } y < 0 \\ \frac{7}{72}x^3y + \frac{1}{9}xy^2 + \frac{1}{72}x^3y^2 + \frac{7}{9}xy & \text{für } 0 \le x \le 1, 0 \le y \le 1 \\ 1 & \text{für } x > 1, y > 1 \end{cases}$$

8.4

a) $P(0 \leq X \leq 0{,}5 \; ; 0{,}4 \leq Y \leq 0{,}8)$

$$\int\limits_{0{,}4}^{0{,}8} \int\limits_{0}^{0{,}5} \frac{9}{8} x^2 y^2 \; dx \; dy$$

$$= \int\limits_{0{,}4}^{0{,}8} \frac{9}{24} x^3 y^2 \left|\begin{matrix} x = 0{,}5 \\ x = 0 \end{matrix}\right. dy = \int\limits_{0{,}4}^{0{,}8} \left(\frac{9}{24}(0{,}5)^3 y^2 \right) - 0 \; dy$$

$$= \int\limits_{0{,}4}^{0{,}8} \frac{3}{64} y^2 \; dy = \frac{1}{64} y^3 \left|\begin{matrix} y = 0{,}8 \\ y = 0{,}4 \end{matrix}\right.$$

$$= \frac{1}{64}(0{,}8)^3 - \frac{1}{64}(0{,}4)^3 = 0{,}007$$

b) Randdichten
- Randdichte von X

$$f(x) = \int\limits_{0}^{1} \frac{9}{8} x^2 y^2 \; dy = \frac{9}{24} x^2 y^3 \left|\begin{matrix} y = 1 \\ y = 0 \end{matrix}\right.$$

$$f(x) = \frac{3}{8} x^2$$

- Randdichte von Y

$$f(y) = \int\limits_{0}^{2} \frac{9}{8} x^2 y^2 \; dx = \frac{9}{24} x^3 y^2 \left|\begin{matrix} x = 2 \\ x = 0 \end{matrix}\right.$$

$$f(y) = 3y^3$$

c) Kovarianz

$$Cov(X,Y) = E(X{\cdot}Y) - E(X){\cdot}E(Y)$$

$$E(X) = \int\limits_{-\infty}^{\infty} x{\cdot}f(x) \; dx$$

$$= \int\limits_{0}^{2} x{\cdot}\frac{3}{8} x^2 \; dx = \int\limits_{0}^{2} \frac{3}{8} x^3 \; dx = \frac{3}{8{\cdot}4} x^4 \left|\begin{matrix} 2 \\ 0 \end{matrix}\right. = \frac{3}{32}(2)^4 - 0 = \frac{3}{2}$$

$$E(Y) = \int\limits_{-\infty}^{\infty} y \cdot f(y) \, dy$$

$$= \int\limits_{0}^{1} y \cdot 3y^2 \, dy = \int\limits_{0}^{1} 3y^3 \, dx = \frac{3}{4} y^4 \Big|_{0}^{1} = \frac{3}{4} (1)^4 - 0 = \frac{3}{4}$$

$$E(X \cdot Y) = \int\limits_{0}^{1} \int\limits_{0}^{2} xy \cdot \frac{9}{8} x^2 y^2 \, dx \, dy = \int\limits_{0}^{1} \int\limits_{0}^{2} \frac{9}{8} x^3 y^3 \, dx \, dy$$

$$= \int\limits_{0}^{1} \frac{9}{4 \cdot 8} x^4 y^3 \Big|_{x=0}^{x=2} \, dy = \int\limits_{0}^{1} \left(\frac{9}{32} (2)^4 y^3 \right) - 0 \, dy$$

$$= \int\limits_{0}^{1} \frac{9}{2} y^3 \, dy = \frac{9}{2 \cdot 4} y^4 \Big|_{0}^{1} = \frac{9}{8}$$

$$Cov(X,Y) = \frac{9}{8} - \frac{3}{2} \cdot \frac{3}{4} = 0$$

Grenzwertsätze und Approximation von Verteilungen

9

Die Grenzwertsätze bilden den Abschluss der Wahrscheinlichkeitsrechnung und sind von zentraler Bedeutung vor allem für die Induktive Statistik. Das Gesetz der großen Zahlen macht eine Aussage über die Genauigkeit der Abschätzung eines unbekannten Mittelwertes der Grundgesamtheit durch den Stichprobenmittelwert. Dagegen gibt der Zentrale Grenzwertsatz an, gegen welche Verteilung Summen und Durchschnitte beliebig verteilter Zufallsvariablen bei großem Stichprobenumfang tendieren. Die Tschebyscheffsche Ungleichung wird einerseits für den Beweis des Gesetzes der großen Zahlen benötigt. Andererseits lässt sie sich aber auch eigenständig zur Abschätzung von Wahrscheinlichkeiten bei einem unbekannten Verteilungstyp verwenden.

9.1 Tschebyscheffsche Ungleichung

Sofern für eine Zufallsvariable X die Verteilung, also die Wahrscheinlichkeits- oder Dichtefunktion, bekannt ist, lässt sich die Wahrscheinlichkeit dafür bestimmen, dass X in einem bestimmten Intervall liegt (vgl. hierzu Kapitel 5.2 und 5.3). Wie ist aber eine solche Wahrscheinlichkeit zu ermitteln, wenn der Verteilungstyp nicht vorliegt?

Abgegrenzt wird ein Intervall mit der Breite $\pm\varepsilon$ um den Mittelwert μ (= ε-Umgebung um den Mittelwert μ). ε ist dabei eine reelle positive Zahl. Wie groß ist die Wahrscheinlichkeit, dass X außerhalb dieser ε-Umgebung liegt? Die gesuchte Wahrscheinlichkeit ist in der Abb. 9.1 grau unterlegt dargestellt. Sie beträgt höchstens

$$\sigma^2 / \varepsilon^2 \, .$$

© Springer Fachmedien Wiesbaden GmbH, ein Teil von Springer Nature 2019
R. Kosfeld et al., *Wahrscheinlichkeitsrechnung und Induktive Statistik*,
https://doi.org/10.1007/978-3-658-28713-9_9

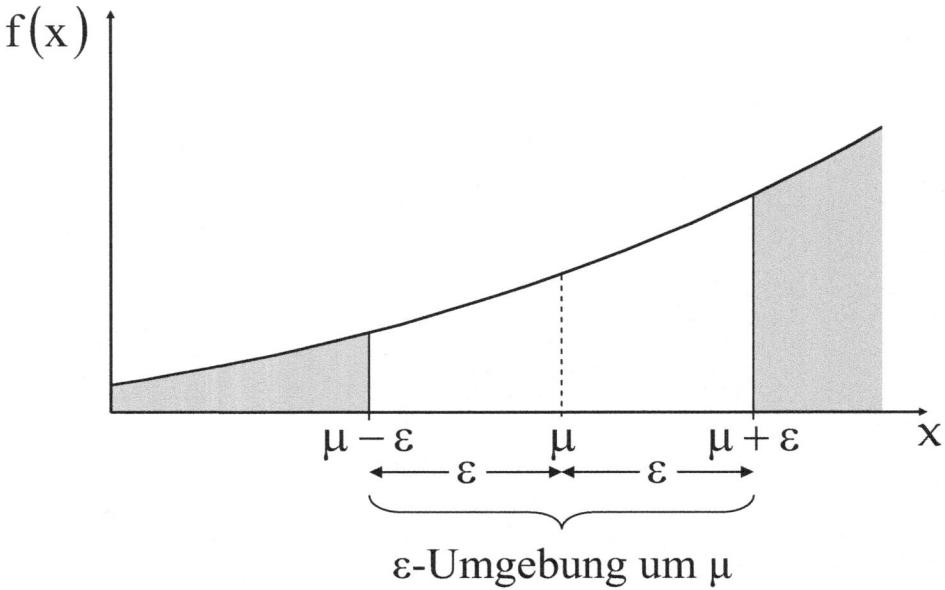

Abb. 9.1 ε-Umgebung um μ

Die Aussage wird als Tschebyscheffsche Ungleichung bezeichnet:

$$P\big(|X-\mu|\geq\varepsilon\big)\leq\frac{\sigma^2}{\varepsilon^2}\ .\tag{9.1}$$

Mit der **Tschebyscheffsche Ungleichung** kann die **Höchstwahrscheinlichkeit** dafür bestimmt werden, dass die Zufallsvariable X mindestens um ε vom Mittelwert μ abweicht.

Beweis von Formel (9.1)
Wir beschränken uns auf den diskreten Fall. Betrachtet man von der Varianz [vgl. (5.19)],

$$\sigma^2 = \text{Var}(X) = \sum_{j=1}^{m}\big(x_j-\mu\big)^2\cdot p_j,$$

nur die Summanden, deren absolute Abweichung vom Erwartungswert μ mindestens gleich ε ist,

$$\left| x_j - \mu \right| \geq \varepsilon \, ,$$

so gilt:

$$\sigma^2 \geq \sum_{\left| x_j - \mu \right| \geq \varepsilon} \left(x_j - \mu \right)^2 p_j . \tag{9.2}$$

Eine Teilsumme nicht negativer Zahlen ist nämlich immer kleiner oder gleich der Gesamtsumme. Da die Abweichungen $\left| x_j - \mu \right|$ mindestens gleich ε sind, gilt:

$$\sum_{\left| x_j - \mu \right| \geq \varepsilon} \left(x_j - \mu \right)^2 p_j \geq \sum_{\left| x_j - \mu \right| \geq \varepsilon} \varepsilon^2 p_j = \varepsilon^2 \sum_{\left| x_j - \mu \right| \geq \varepsilon} p_j . \tag{9.3}$$

Aus (9.2) und (9.3) folgt

$$\sigma^2 \geq \varepsilon^2 \sum_{\left| x_j - \mu \right| \geq \varepsilon} p_j .$$

Da die Summe die Wahrscheinlichkeit angibt, dass die Zufallsvariable X mindestens um ε von ihrem Erwartungswert abweicht

$$\sum_{\left| x_j - \mu \right| \geq \varepsilon} p_j = P\left(\left| X - \mu \right| \geq \varepsilon \right) ,$$

gilt

$$\sigma^2 \geq \varepsilon^2 \cdot P\left(\left| X - \mu \right| \geq \varepsilon \right),$$

woraus sich unmittelbar die Tschebyscheffsche Ungleichung ergibt.

Wird in (9.1) speziell $\varepsilon = k \cdot \sigma$ gesetzt (vgl. Abb. 9.2a), dann folgt

$$P\left(\left| X - \mu \right| \geq k\sigma \right) \leq \frac{1}{k^2} . \tag{9.4}$$

Die Höchstwahrscheinlichkeit, dass eine Zufallsvariable X um mindestens dem k-fachen ihrer Standardabweichung vom Erwartungswert abweicht, beträgt $1/k^2$. Bei einer geringeren Standardabweichung wird das Intervall schmaler, so dass die Höchstwahrscheinlichkeit zunimmt. Mit steigendem k verringert sich die Wahrscheinlichkeit für außerhalb der ε-Umgebung liegende Realisationen.

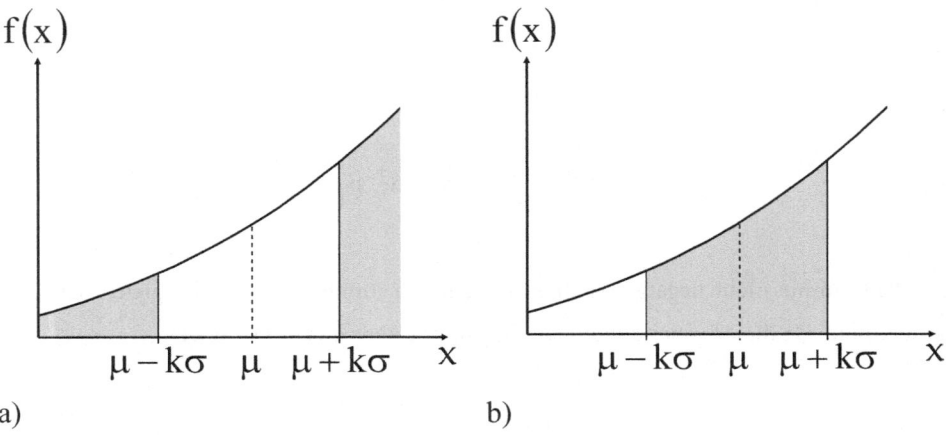

a)   b)

Abb. 9.2 $k \cdot \sigma$-Umgebung um μ

Formuliert man die Tschebyscheffsche Ungleichung für **Mindestwahrscheinlichkeiten** (vgl. Abb. 9.2b), ergibt sich

$$P\bigl(|X - \mu| < \varepsilon\bigr) \geq \frac{\sigma^2}{\varepsilon^2} \tag{9.5}$$

und

$$P\bigl(|X - \mu| < k\sigma\bigr) \geq 1 - \frac{1}{k^2} \tag{9.6}$$

aufgrund der Wahrscheinlichkeit des Komplementärereignisses. Wie wirkt sich das k auf die Höhe der Mindestwahrscheinlichkeiten aus? Wir berechnen die Mindestwahrscheinlichkeit, dass eine beliebig verteilte Zufallsvariable X um nicht mehr als das k = 1, 2, 3-fache ihrer Standardabweichung vom Erwartungswert abweicht. Wegen (9.6) erhält man:

k	Wahrscheinlichkeit
1	$P\bigl(|X - \mu| < 1\sigma\bigr) \geq 1 - \dfrac{1}{1^2} = 1 - 1 = 0$
2	$P\bigl(|X - \mu| < 2\sigma\bigr) \geq 1 - \dfrac{1}{2^2} = 1 - 0,25 = 0,75$
3	$P\bigl(|X - \mu| < 3\sigma\bigr) \geq 1 - \dfrac{1}{3^2} = 1 - 0,111 = 0,889$

Die Wahrscheinlichkeit, dass eine Zufallsvariable um nicht mehr als ihre Standardabweichung vom Erwartungswert abweicht, ist mindestens gleich 0. In dieser Situation liefert die Tschebyscheffsche Ungleichung keinen Informationsgewinn, da Wahrscheinlichkeiten stets nicht negativ sind. Die Mindestwahrscheinlichkeiten nehmen jedoch zu, wenn k steigt. So beträgt die Mindestwahrscheinlichkeit, dass eine Zufallsvariable um nicht mehr als das 3-fache ihrer Standardabweichung von μ abweicht, also Werte im Intervall $[\mu - 3\sigma; \mu + 3\sigma]$ annimmt, bereits 0,889.

Beispiel 9.1

Der Benzinpreis ist bei gegebenem Nachfrageverhalten der Autofahrer von Einflussgrößen wie z. B. dem Rohölpreis und dem Bestand an Kraftfahrzeugen abhängig. Bei einer Mineralölfirma rechnet man für eine Planungsperiode mit einem mittleren Benzinpreis von 1,30 € pro Liter. Da Preisschwankungen nicht ausgeschlossen werden können, wird von einer Standardabweichung in Höhe von 0,12 € ausgegangen.

  Wie groß ist

a) mindestens die Wahrscheinlichkeit, dass der Benzinpreis innerhalb eines 2σ-Bereichs um den Erwartungswert liegen wird,

b) höchstens die Wahrscheinlichkeit, dass der Benzinpreis um mehr als 0,15 € vom Erwartungswert abweicht,

wenn die Vermutungen der Mineralölfirma zutreffen?

ad a)   Es ist ε = 2σ. Mit der Tschebyscheffschen Ungleichung (9.6) erhält man die Mindestwahrscheinlichkeit

$$P\big(|X - \mu| < 2\sigma\big) \geq 1 - \frac{1}{2^2} = 1 - 0,25 = 0,75$$

ad b)   Hier gilt ε = 0,15. Mit der Tschebyscheffschen Ungleichung in der Formulierung (9.1) ergibt sich daraus die Höchstwahrscheinlichkeit

$$P\big(|X - \mu| \geq 0,15\big) \leq \frac{0,12^2}{0,15^2} = \frac{0,0144}{0,0225} = 0,64 \cdot \qquad \blacklozenge$$

Die Aussagen der Tschebyscheffschen Ungleichung gelten für den Fall, dass außer dem Erwartungswert und der Varianz nichts über die Verteilung der Zufallsvariablen X bekannt ist. Wenn wir zusätzlich die Verteilung der Zufallsvariablen – d. h. ihre Wahrscheinlichkeits- bzw. Dichtefunktion – kennen, dann kann aufgrund dieser Mehrinformation eine höhere Mindestwahrscheinlichkeit angegeben werden. Die durch die Tschebyscheffsche Ungleichung (9.5) bzw. (9.6) gegebenen Wahrscheinlichkeiten stellen also in diesem Sinne eine Untergrenze dar.

9.2 Gesetz der großen Zahlen

Das Gesetz der großen Zahlen liefert eine theoretische Begründung für die Verwendung des Stichprobenmittelwertes zur Abschätzung des unbekannten Mittelwertes einer Grundgesamtheit.

Schwaches Gesetz der großen Zahlen von Tschebyscheff

Wir betrachten eine Zufallsvariable X mit dem Erwartungswert $E(X) = \mu$ und der Varianz $Var(X) = \sigma^2$. Der Zufallsvorgang, zu dem X gehört, wird n-mal unabhängig voneinander durchgeführt, wobei wir uns vorstellen, dass eine Zufallsauswahl vom Umfang n mit Zurücklegen erfolgt:

- Es bezeichnet X_i die Zufallsvariable, die angibt, welchen Wert X bei der i-ten Durchführung des Zufallsvorgangs annehmen wird.
- Der nach der i-ten Durchführung beobachtete Wert x_i ist eine Realisation der Zufallsvariablen X_i, $i = 1, …, n$.

Da die n Durchführungen unabhängig voneinander erfolgen, sind auch die X_i unabhängig. Außerdem wird angenommen, dass alle X_i identisch, nämlich wie X verteilt sind. Die n Zufallsvariablen X_1, X_2, …, X_n haben somit die gleiche Wahrscheinlichkeits- bzw. Dichtefunktion wie X. Insbesondere gilt

$$E(X_i) = \mu \text{ für alle } i = 1, …, n \tag{9.7}$$

und

$$Var(X_i) = \sigma^2 \text{ für alle } i = 1, …, n. \tag{9.8}$$

Ausgegangen wird von n unabhängig und identisch verteilten Zufallsvariablen X_i.

Das arithmetische Mittel $\overline{X}_n$ der n Zufallsvariablen X_1, X_2, …, X_n

$$\overline{X}_n = \frac{1}{n} \sum_{i=1}^{n} X_i \tag{9.9}$$

ist eine Zufallsvariable, die den durchschnittlichen Wert von X in den n Durchführungen des Zufallsvorgangs bezeichnet. Der nach den n Durchführungen beobachtete konkrete Durchschnittswert

$$\overline{x}_n = \frac{1}{n}\sum_{i=1}^{n} x_i \tag{9.10}$$

ist dann eine mögliche Realisation der Zufallsvariablen $\overline{X}_n$.

Für den Erwartungswert von $\overline{X}_n$ ergibt sich

$$E(\overline{X}_n) = E\left(\frac{1}{n}\sum_{i=1}^{n} X_i\right) = \frac{1}{n}\sum_{i=1}^{n} E(X_i) = \frac{1}{n} n\mu = \mu \,. \tag{9.11}$$

Der Erwartungswert der Zufallsvariablen $\overline{X}_n$ ist gleich dem Erwartungswert der Zufallsvariablen X.

Die Varianz von $\overline{X}_n$ ist durch

$$Var(\overline{X}_n) = Var\left(\frac{1}{n}\sum_{i=1}^{n} X_i\right) = \frac{1}{n^2} Var\left(\sum_{i=1}^{n} X_i\right) = \frac{1}{n^2}\sum_{i=1}^{n} Var(X_i)$$

gegeben, da angenommen wurde, dass die X_i unabhängig sind. Wegen $Var(X_i)$ gleich σ^2 für alle i = 1, …, n folgt

$$Var(\overline{X}_n) = \frac{1}{n^2} n\sigma^2 = \frac{\sigma^2}{n} \,. \tag{9.12}$$

Man sieht, dass die Varianz von $\overline{X}_n$ um den Faktor 1/n kleiner ist als die Varianz der Zufallsvariablen X.

Das bedeutet, dass sich $\overline{X}_n$ stabiler verhält als X, d. h. die Zufallsvariable $\overline{X}_n$ ist nicht so starken Schwankungen unterworfen wie die Zufallsvariable X. Mit steigender Anzahl der Durchführungen des Zufallsvorgangs – also mit wachsendem n – nimmt die Varianz von $\overline{X}_n$ immer mehr ab und geht bei n gegen unendlich gegen 0. Diese Eigenschaft wird beim Gesetz der großen Zahlen von Bedeutung sein.

Es seien X_1, X_2, …, X_n stochastisch unabhängige und identisch verteilte Zufallsvariablen mit

$$E(X_i) = \mu$$

und

$$\text{Var}\big(X_i\big) = \sigma^2$$

für alle i = 1, ..., n. Dann gilt für das arithmetische Mittel $\overline{X}_n$ der n Zufallsvariablen das (schwache) Gesetz der großen Zahlen von Tschebyscheff:

$$\lim_{n \to \infty} P\big(\big|\overline{X}_n - \mu\big| < \varepsilon\big) = 1 \ . \tag{9.13}$$

> Aufgrund des **schwachen Gesetzes der großen Zahlen** strebt die Wahrscheinlichkeit einer Abweichung des arithmetischen Mittels $\overline{X}_n$ vom Erwartungswert μ von weniger als ε ($\varepsilon > 0$) mit zunehmendem n gegen eins.

Die Folge von Zufallsvariablen ($\overline{X}_n$) **konvergiert stochastisch** gegen μ. Diese stochastische Konvergenz bedeutet:

- nicht, dass die Abweichung $\big|\overline{X}_n - \mu\big|$ immer kleiner wird, sondern nur,

- dass es bei n gegen unendlich fast sicher ist, dass die Zufallsvariable $\overline{X}_n$ Werte in einer ε-Umgebung um μ annimmt.

Anders ausgedrückt: Die Wahrscheinlichkeit, mit der die Zufallsvariable $\overline{X}_n$ in ein beliebig kleines Intervall,

$$[\mu - \varepsilon ; \mu + \varepsilon],$$

um den Erwartungswert μ der Zufallsvariablen X fällt, konvergiert bei steigender Anzahl der Durchführungen des Zufallsvorgangs gegen 1. Für große n nimmt $\overline{X}_n$ daher mit hoher Wahrscheinlichkeit Werte im Intervall $[\mu - \varepsilon ; \mu + \varepsilon]$ an.

> Man kann also mit einer hohen Wahrscheinlichkeit den Erwartungswert μ der Zufallsvariablen X durch eine konkrete Realisierung der Zufallsvariablen $\overline{X}_n$ abschätzen, sofern man n nur genügend groß werden lässt.

Beweis von Formel (9.13)

Das Gesetz der großen Zahlen lässt sich leicht mit der Ungleichung von Tschebyscheff beweisen, die für eine beliebige Zufallsvariable X definiert ist. Wenn man die Tschebyscheffsche Ungleichung (9.5) für das arithmetische Mittel $\overline{X}_n$ formuliert, erhält man

$$P\left(\left|\overline{X}_n - \mu < \varepsilon\right|\right) \geq 1 - \frac{\text{Var}(\overline{X}_n)}{\varepsilon^2}.$$

Wegen (9.12) geht diese Ungleichung in die Form

$$P\left(\left|\overline{X}_n - \mu < \varepsilon\right|\right) \geq 1 - \frac{\sigma^2}{n\varepsilon^2}$$

über. Aufgrund von

$$\lim_{n \to \infty} \frac{\sigma^2}{n\varepsilon^2} = 0$$

folgt für $n \to \infty$ hieraus unmittelbar das Gesetz der großen Zahlen (9.13).

Schwaches Gesetz der großen Zahlen von Bernoulli

Das Gesetz der großen Zahlen ist unter den Annahmen abgeleitet worden, dass die n Zufallsvariablen X_i stochastisch unabhängig und identisch verteilt sind. Eine spezielle Annahme bezüglich des Typs der Verteilung wurde dabei nicht getroffen. Nun soll ein Spezialfall – die n Zufallsvariablen X_i sind Bernoulli-verteilt – diskutiert werden.

Wir interessieren uns bei einem Zufallsvorgang, der n-mal unabhängig voneinander durchgeführt wird, für das Eintreten eines Ereignisses A. Die Zufallsvariable X_i gibt nun an, ob das Ereignis A bei der i-ten Durchführung des Zufallsvorgangs eintreten wird oder nicht. Falls das Ereignis A eintritt, nimmt die Zufallsvariable den Wert eins und ansonsten den Wert null an. Jede der n Zufallsvariablen X_i ist also entweder null oder eins. Damit sind die n stochastisch unabhängigen Zufallsvariablen X_i identisch Bernoulli-verteilt mit

$$E(X_i) = p$$

und

$$\text{Var}(X_i) = p \cdot (1 - p),$$

wobei $P(A) = p$ ist. Wie wir wissen, ist dann die Zufallsvariable

$$Y = \sum_{i=1}^{n} X_i \, ,$$

die sich als Summe Bernoulli-verteilter Zufallsvariablen ergibt, binomialverteilt mit den Parametern n und p. Man erhält

$$E(Y) = n \cdot p \tag{9.14}$$

und

$$Var(Y) = n \cdot p \cdot (1-p) \ . \tag{9.15}$$

Die binomialverteilte Zufallsvariable Y gibt die Anzahl – also die absolute Häufigkeit für die Realisationen des Ereignisses A – an, die sich in n unabhängigen Durchführungen eines Zufallsvorgangs einstellen wird. Damit bezeichnet die Zufallsvariable

$$\overline{P}_n = \frac{1}{n} Y \tag{9.16}$$

als Anteilswert die relative Häufigkeit für das Eintreten von Ereignis A, die sich bei den n Durchführungen ergeben wird. Die Zufallsvariable $\overline{P}_n$ kann also nur Werte im Intervall [0; 1] annehmen. Für den Erwartungswert von $\overline{P}_n$ erhält man

$$E\big(\overline{P}_n\big) = E\left(\frac{1}{n} Y\right) = \frac{1}{n} E(Y) = \frac{1}{n} np = p \tag{9.17}$$

und für die Varianz

$$Var\big(\overline{P}_n\big) = Var\left(\frac{1}{n} Y\right) = \frac{1}{n^2} Var(Y) = \frac{1}{n^2} np(1-p) = \frac{p(1-p)}{n}. \tag{9.18}$$

Man sieht, dass die Varianz von $\overline{P}_n$ um den Faktor $1/n^2$ kleiner ist als die Varianz von Y. Darin kommt zum Ausdruck, dass sich die relativen Häufigkeiten stabiler als die absoluten Häufigkeiten verhalten, also nicht so großen Schwankungen unterworfen sind. Für die Zufallsvariable $\overline{P}_n$ gilt nun das (schwache) **Gesetz der großen Zahlen von Bernoulli**:

$$\lim_{n \to \infty} P\big(\big|\overline{P}_n - p\big| < \varepsilon\big) = 1 \text{ für jedes beliebig kleine } \varepsilon > 0. \tag{9.19}$$

Da das Gesetz der großen Zahlen von Bernoulli ein Spezialfall von (9.13) ist, kann auf einen Beweis verzichtet werden.

Aufgrund des **Gesetzes der großen Zahlen von Bernoulli** beträgt die Wahrscheinlichkeit einer geringeren Abweichung $\big|\overline{P}_n - p\big|$ als ein beliebiges positives ε eins.

Damit **konvergiert** die Wahrscheinlichkeit, mit der die Zufallsvariable $\overline{P}_n$ in ein beliebig kleines Intervall $[p - \varepsilon; p + \varepsilon]$ um p fällt, bei steigender Anzahl der Durchführungen des Zufallsvorgangs gegen 1. Die Werte, die $\overline{P}_n$ annehmen kann, sind die relativen Häufigkeiten für das Eintreten des Ereignisses A, die sich bei n unabhängigen Durchführungen eines Zufallsvorgangs ergeben können. Das bedeutet aber, dass man mit hoher Sicherheit die Wahrscheinlichkeit p für das Eintreten des Ereignisses A durch eine konkrete Realisation der Zufallsvariablen $\overline{P}_n$ abschätzen kann. Die Abschätzung wird dabei umso sicherer, je größer n ist.

Das Gesetz von Bernoulli liefert also die Begründung dafür, dass man eine unbekannte Wahrscheinlichkeit durch eine konkret ermittelte relative Häufigkeit abschätzen kann, sofern die Anzahl der Beobachtungen n nur groß genug ist.

9.3 Grenzwertsätze

Der Zentrale Grenzwertsatz macht eine Aussage über das Grenzverhalten einer Folge von Verteilungsfunktionen $\left(F_{X_n} \right)$, die zu einer gegebenen Folge von Zufallsvariablen (X_n) gehört. Für den Zentralen Grenzwertsatz gibt es unterschiedliche Verallgemeinerungsgrade und zahlreiche Varianten. Auf die Beweise der Sätze, die recht umfangreich sind, wird im Rahmen dieses Lehrbuchs verzichtet. Der interessierte Leser findet dazu Material bei Fisz (1970, S. 210 ff.) sowie bei Feller (1968, S. 182 ff. und 1971, S. 258 ff.). Wir werden uns stattdessen darauf beschränken, die Wirkungsweise einiger dieser Sätze an Beispielen zu demonstrieren. Begonnen wird die Darstellung mit dem Grenzwertsatz von Lindeberg und Lévy.

Grenzwertsatz von Lindeberg und Lévy

Beim Zentralen Grenzwertsatz von Lindeberg und Lévy setzt man keinen Verteilungstyp voraus. Wir betrachten eine Summe von n unabhängig beliebig verteilten Zufallsvariablen, die aus einer identischen Grundgesamtheit stammen.

Es seien X_1, X_2, ..., X_n unabhängige und identisch verteilte Zufallsvariablen mit

$$E(X_i) = \mu \text{ und } \mathrm{Var}(X_i) = \sigma^2 \qquad .$$

Dann hat die Summenvariable

$$Y_n = \sum_{i=1}^{n} X_i \qquad\qquad (9.20)$$

den Erwartungswert

$$E(Y_n) = E\left(\sum_{i=1}^{n} X_i\right) = \sum_{i=1}^{n} E(X_i) = n\mu \qquad (9.21)$$

und die Varianz

$$Var(Y_n) = Var\left(\sum_{i=1}^{n} X_i\right) = \sum_{i=1}^{n} Var(X_i) = n\sigma^2 \quad . \qquad (9.22)$$

Für ein steigendes n ergibt sich wieder eine Folge von Zufallsvariablen (Y_n). Die Zufallsvariablen Y_n in dieser Folge, die sich alle als Summe unabhängiger und identisch verteilter Zufallsvariablen X_i ergeben, unterscheiden sich nur in der Anzahl der jeweils einbezogenen Summanden.

Der **Grenzwertsatz von Lindeberg und Lévy** besagt nun, dass die Folge der Verteilungsfunktionen $\left(F_{Y_n}\right)$, die zur Folge der Zufallsvariablen (Y_n) gehört, für n gegen unendlich stochastisch gegen die Verteilungsfunktion F(y) einer Normalverteilung mit den Parametern

$$E(Y_n) = n\mu \ \text{ und } \ Var(Y_n) = n\sigma^2 \qquad\qquad .$$

konvergiert, d. h. es ist

$$\lim_{n\to\infty} F_{Y_n}(y) = \lim_{n\to\infty} P(Y_n \leq y) = F(y) \ .$$

Anders formuliert ist die Summe unabhängiger und identisch verteilter Zufallsvariablen X_i asymptotisch normalverteilt:

$$Y_n \overset{a}{\sim} N\!\left(n\mu;\, n\sigma^2\right) . \qquad (9.23)$$

Sobald sich eine beliebige Zufallsvariable als Summe unabhängiger und identisch verteilter Zufallsvariablen X_i interpretieren lässt, kann aufgrund von (9.23) gefolgert werden, dass diese Zufallsvariable asymptotisch normalverteilt ist.

Wenn allerdings die unabhängigen Zufallsvariablen X_i in der Summe

$$Y_n = \sum_{i=1}^{n} X_i$$

speziell identisch normalverteilt sind, dann folgt Y_n nicht nur asymptotisch, sondern auch für kleine n einer Normalverteilung.[21] Wird die Zufallsvariable Y_n standardisiert, ergibt sich

$$Z_n = \frac{Y_n - n\mu}{\sigma \cdot \sqrt{n}},\qquad (9.24)$$

so dass

$$Z_n \overset{a}{\sim} N(0,1) \qquad (9.25)$$

gilt. Die standardisierte Summenvariable Z_n ist somit asymptotisch standardnormalverteilt.

Für n→∞ lassen sich über diese Beziehung die Wahrscheinlichkeiten einer beliebigen Zufallsvariablen Y_n, die als Summe von unabhängigen und identisch verteilten Zufallsvariablen X_i interpretierbar ist, exakt durch die Verteilungsfunktion der Standardnormalverteilung berechnen. In der Praxis benötigt man eine Faustregel, von der ab die Approximation durch eine Normalverteilung zulässig ist. Natürlich ist die Güte der Approximation bei gegebenem n umso besser, je symmetrischer die Verteilung von Y_n ist. In den meisten Anwendungen wird man jedoch für n > 30 mit der Normalverteilung befriedigende Ergebnisse erzielen.

> Aufgrund des Grenzwertsatzes von Lindeberg und Lévy kann eine Summenvariable, die sich aus identisch verteilten Zufallsvariablen zusammensetzt, durch eine Normalverteilung approximiert werden. Eine spezielle Verteilungsannahme ist hierfür nicht erforderlich.

Beispiel 9.2
Eine Einzelhandelskette plant, in einer Region mit 1 Mio. Haushalten ein Filialnetz zu errichten. Das Marktvolumen beträgt gegenwärtig 150 Mio. € pro Quartal, was einem durchschnittlichen Umsatz von 150 € je Haushalt entspricht. Die Varianz der Haushaltsausgaben pro Quartal liegt ebenfalls bei 150 [€²]. Eine Testfiliale, die in angemessener Zeit für 900 Haushalte erreichbar ist, hat in einem Quartal einen Gesamtumsatz von 144.000 € erzielt. Die Marktforschungsabteilung wird damit beauftragt, einzuschätzen, welche Wahrscheinlichkeit einem in dieser Höhe erzielten oder größeren Umsatz unter unveränderten Marktbedingungen zukommt.

---

[21] In diesem Fall ist Y_n als Linearkombination aus normalverteilten Zufallsvariablen aufgrund der Reproduktivitätseigenschaft stets normalverteilt.

Die Zufallsvariable X_i bezeichnet die Ausgaben des i-ten Haushalts in Euro. Dann ist

$$E(X_i) = \mu = 150$$

und

$$\text{Var}(X_i) = \sigma^2 = 150$$

für alle i = 1, 2, …, n (n = 900). Wir können annehmen, dass die X_i unabhängige und identisch verteilte Zufallsvariablen sind. Das bedeutet insbesondere, dass sich die Ausgaben unterschiedlicher Haushalte nicht gegenseitig beeinflussen. Dann gibt die Zufallsvariable

$$Y_n = \sum_{i=1}^{900} X_i$$

die gesamten in der Testfiliale erzielten Ausgaben der Haushalte an. Für den Erwartungswert und die Varianz der Summenvariablen Y_n erhält man

$$E(Y_n) = n\mu = 900 \cdot 150 = 135.000$$

und

$$\text{Var}(Y_n) = n\sigma^2 = 900 \cdot 150 = 135.000,$$

womit sich eine Standardabweichung in Höhe von

$$\sqrt{\text{Var}(Y_n)} = \sqrt{135.000} = 4.500$$

ergibt.

Die Summe der n = 900 Haushaltsausgaben – 144.000 € – ist die konkrete Realisation der Zufallsvariablen Y_n. Gesucht wird nun die Wahrscheinlichkeit, dass Y_n Werte annimmt, die größer oder gleich 144.000 sind, d. h.

$$P(Y_n \geq 144.00).$$

Wegen der Wahrscheinlichkeit des Komplementärereignisses gilt zunächst

$$P(Y_n \geq 144.000) = 1 - P(Y_n \leq 144.000).$$

Da hier die Voraussetzungen des Zentralen Grenzwertsatzes von Lindeberg und Lévy erfüllt sind (n = 900 > 30), lässt sich die gesuchte Wahrscheinlichkeit approximativ über die Verteilungsfunktion der Standardnormalverteilung bestimmen

$$P(Y_n \leq 144.000) = F_z\left(\frac{144.000 - 135.000}{4.500}\right) = F_z(2) = 0{,}9772 \cdot$$

z	0,00	0,01	0,02	0,03	0,04	0,05	0,06	0,07	0,08	0,09
2,0	0,9772	0,9778	0,9783	0,9788	0,9793	0,9798	0,9803	0,9808	0,9812	0,9817

Die Komplementärwahrscheinlichkeit ist damit durch

$$P(Y_n \geq 144.000) = 1 - P(Y_n \leq 144.000) = 1 - 0{,}9772 = 0{,}0228$$

gegeben. Die Wahrscheinlichkeit, bei unveränderten Marktbedingungen einen Umsatz von mindestens 144.000 € zu erzielen, liegt bei 2,3 %.

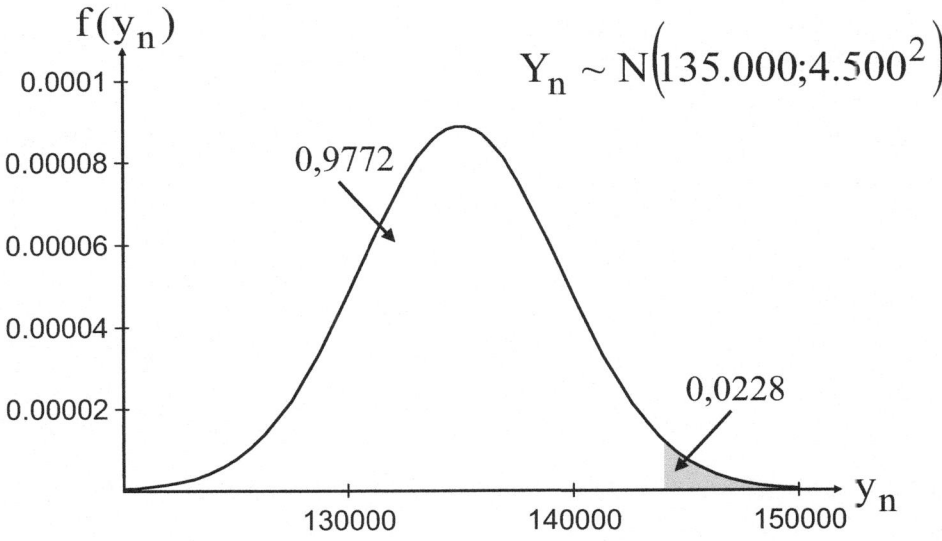

♦

Grenzwertsatz von de Moivre und Laplace

Der Grenzwertsatz von Lindeberg und Lévy setzt keinen speziellen Verteilungstyp voraus, während der Grenzwertsatz de Moivre und Laplace speziell für binomialverteilte, d. h. für eine Summe von n identisch Bernoulli-verteilten Zufallsvariablen, gilt. Ein zufälliges Ereignis A tritt bei einem Zufallsvorgang mit einer Wahrscheinlichkeit P(A) = p auf. Die Zufallsvariable Y_n bezeichnet die Anzahl des Auftretens von A in n unabhängigen Durchführungen des Zufallsvorgangs. Damit ist

$$Y_n = \sum_{i=1}^{n} X_i$$

als Summe der identisch Bernoulli-verteilten Zufallsvariablen X_i binomialverteilt mit den Parametern n und p. Wir betrachten nun die Folge von binomialverteilten Zufallsvariablen

$$(Y_n) = Y_1, Y_2, Y_3, \dots \; .$$

Dann ist jede der Zufallsvariablen Y_n in dieser Folge binomialverteilt mit den Parametern n und p. Wenn wir die zu (Y_n) gehörende Folge der Verteilungsfunktionen

$$(F_{Y_n}) = F_{Y_1}, F_{Y_2}, F_{Y_3}, \dots$$

betrachten, dann ist jedes Glied in dieser Folge eine Verteilungsfunktion der Binomialverteilung.

Der **Grenzwertsatz von de Moivre und Laplace** besagt nun, dass die Folge der Verteilungsfunktionen (F_{Y_n}) für n gegen unendlich stochastisch gegen die Verteilungsfunktion einer Normalverteilung F(y) mit den Parametern

$$E(Y_n) = n \cdot p \; \text{ und } \; \text{Var}(Y_n) = n \cdot p \cdot (1-p)$$

konvergiert, d. h.

$$\lim_{n \to \infty} F_{Y_n}(y) = \lim_{n \to \infty} P(Y_n \le y) = F(y), \tag{9.26}$$

wobei diese Beziehung an allen Stellen y gilt. Das gleiche wird ausgedrückt, wenn man

$$Y_n \overset{a}{\sim} N[n \cdot p;\, n \cdot p(1-p)] \tag{9.27}$$

schreibt.

Eine mit den Parametern n und p binomialverteilte Zufallsvariable Y_n ist asymptotisch (für n→∞) normalverteilt mit den Parametern $\mu = np$ und $\sigma^2 = np(1-p)$.

Aufgrund des Grenzwertsatzes von de Moivre und Laplace lassen sich bei großem n Wahrscheinlichkeiten für binomialverteilte Zufallsvariablen Y_n über die Verteilungsfunktion $F(y)$ einer Normalverteilung mit den Parametern $\mu = np$ und $\sigma^2 = np(1-p)$ bestimmen. Wie wir wissen, ist die Verteilungsfunktion der Normalverteilung jedoch nur für $\mu = 0$ und $\sigma^2 = 1$ tabelliert. Um zur Standardnormalverteilung zu gelangen, muss daher die Zufallsvariable Y_n vorher standardisiert werden. Für die standardisierte Zufallsvariable,

$$Z_n = \frac{Y_n - np}{\sqrt{np(1-p)}}, \qquad (9.28)$$

gilt

$$Z_n \overset{a}{\sim} N(0,1) . \qquad (9.29)$$

Da nun die binomialverteilte Zufallsvariable Y_n nach dem Grenzwertsatz von de Moivre und Laplace asymptotisch normalverteilt und Z_n die Standardisierung der Zufallsvariablen Y_n ist, folgt die standardisierte Zufallsvariable Z_n asymptotisch einer Standardnormalverteilung. Anders formuliert bedeutet das, dass die Folge der Verteilungsfunktionen $\left(F_{Z_n} \right)$, die zur Folge der standardisierten Zufallsvariablen (Z_n) gehört, für n gegen unendlich stochastisch gegen die Verteilungsfunktion der Standardnormalverteilung $F_Z(z)$ konvergiert:

$$\lim_{n \to \infty} F_{Z_n}(z) = \lim_{n \to \infty} P(Z_n \leq z) = F_Z(z) . \qquad (9.30)$$

Wegen des Zentralen Grenzwertsatzes von de Moivre und Laplace lassen sich für $n \to \infty$ die Wahrscheinlichkeiten für binomialverteilte Zufallsvariablen exakt über die Verteilungsfunktion der Standardnormalverteilung berechnen. Da in der Praxis n jedoch immer endlich ist, können diese Wahrscheinlichkeiten nur approximativ ermittelt werden. Die näherungsweise Berechnung der Wahrscheinlichkeiten einer binomialverteilten Zufallsvariablen über die Standardnormalverteilung ist dabei umso genauer, je größer die Anzahl der Beobachtungen n ist. Die Frage ist, wie groß n mindestens sein muss, damit diese Approximation brauchbare Ergebnisse liefert. In der Praxis wird dazu als **Faustregel** meist

$$n > \frac{9}{p(1-p)} \qquad (9.31)$$

verwendet.

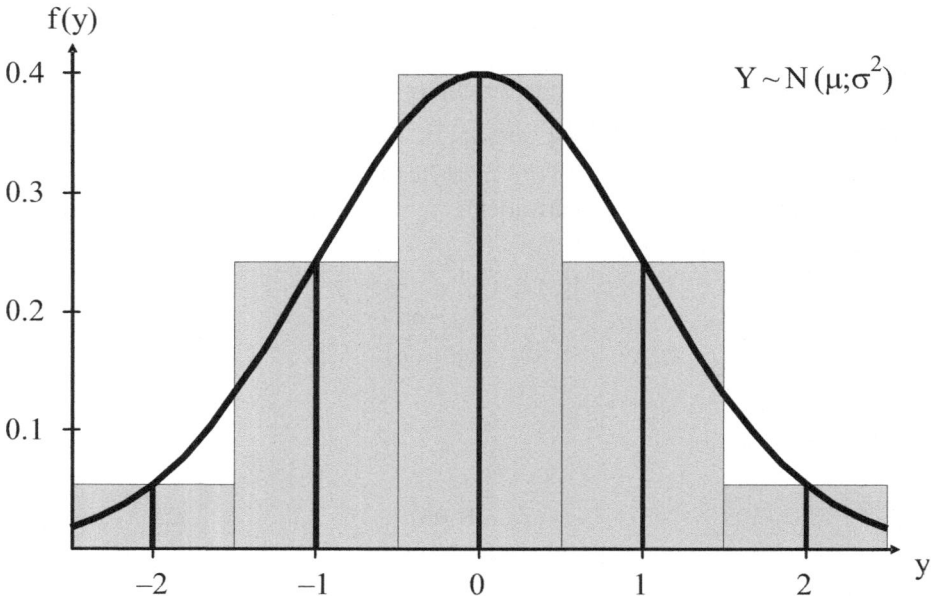

Abb. 9.3 Visualisierung der Stetigkeitskorrektur

In Faustregel (9.31) wird berücksichtigt, ob die zu approximierende Binomialverteilung symmetrisch oder schief verläuft. Falls die Binomialverteilung näherungsweise symmetrisch ist, liegt der Parameter p in der Nähe von p = 0,5. In diesem Fall reichen nach der Faustregel bereits etwa 40 Beobachtungen aus, damit die Approximation zuverlässige Ergebnisse liefert. Wenn die Binomialverteilung dagegen z. B. rechtsschief (p < 0,5) ist, dann sind nach der Faustregel bei p = 0,2 etwa 60 und bei p = 0,1 etwa 100 Beobachtungen erforderlich. Damit gelingt die Approximation durch die symmetrische Standardnormalverteilung umso besser, je symmetrischer die Wahrscheinlichkeitsfunktion der Binomialverteilung verläuft. Speziell für große n und kleine p empfiehlt sich dagegen meist die Approximation der Binomialverteilung durch die Poisson-Verteilung.

Bei der Approximation der Binomial- durch die Normalverteilung nimmt man häufig noch eine **Stetigkeitskorrektur** vor, die in Abb. 9.3 verdeutlicht wird. Eine binomialverteilte Zufallsvariable Y kann nur die Werte y = 0, 1, ..., n mit den Wahrscheinlichkeiten P(Y = y) annehmen. Um eine kontinuierliche Fläche zu erhalten, konstruiert man Säulen mit einer Breite von eins um die Stäbe (vgl. Abb. 9.3). Die Wahrscheinlichkeit, dass die binomialverteilte Zufallsvariable Y einen bestimmten Wert a annimmt, entspricht der Fläche des Rechtecks über dem Intervall $[a - 0,5; a + 0,5]$:

$$P(Y = a) = P(a - 0,5 \leq Y \leq a + 0,5). \tag{9.32}$$

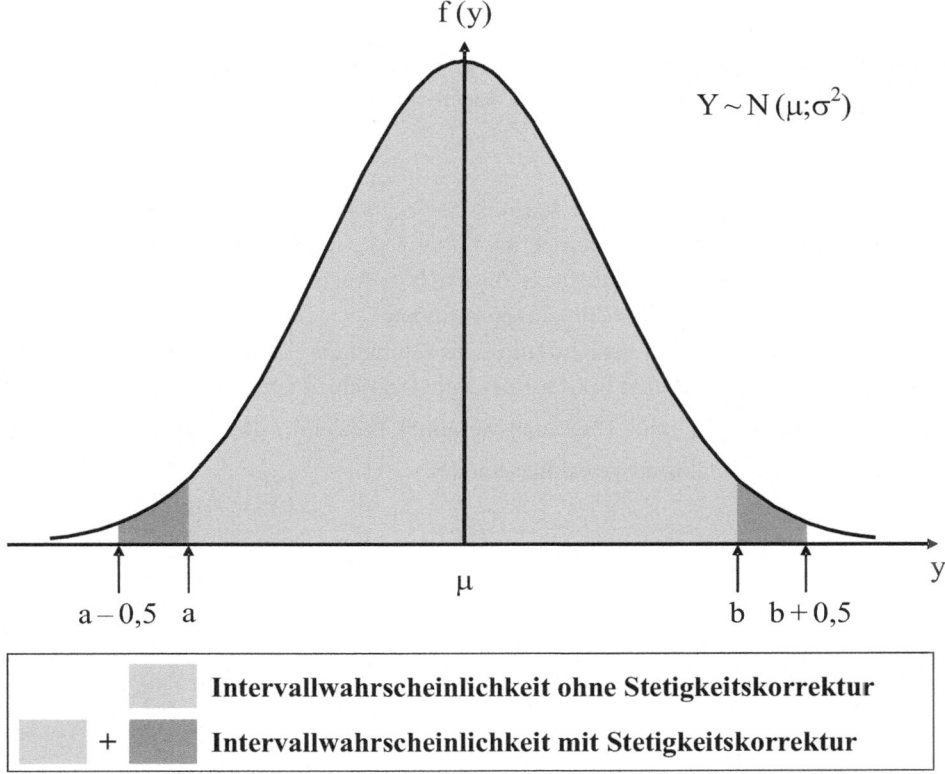

Abb. 9.4 Berechnung einer Intervallwahrscheinlichkeit mit Stetigkeitskorrektur

Entsprechend ist die Wahrscheinlichkeit, dass eine binomialverteilte Zufallsvariable zwischen den Grenzen a und b liegt, durch:

$$P(a \leq Y \leq b) = F(b+0{,}5) - F(a-0{,}5) \tag{9.33}$$

gegeben. Dabei ist $F(y)$ die Verteilungsfunktion einer Normalverteilung mit den Parametern $\mu = np$ und $\sigma^2 = np(1-p)$. Folglich kann die gesuchte Wahrscheinlichkeit aus

$$P(a \leq Y \leq b) = F_z\left(\frac{b+0{,}5-np}{\sqrt{np(1-p)}}\right) - F_z\left(\frac{a-0{,}5-np}{\sqrt{np(1-p)}}\right) \tag{9.34}$$

bestimmt werden.

Die Berücksichtigung von $\pm 0{,}5$ im Argument von $F(y)$ und $F_z(z)$ wird als **Stetigkeitskorrektur** bezeichnet. Je größer n ist, desto weniger wirkt sich die Stetigkeitskorrektur auf die Berechnung der Wahrscheinlichkeiten aus.

Beispiel 9.3

Ein Betrieb liefert Glühlampen in Kartons zu je 1000 Stück. Aus früheren Untersuchungen ist bekannt, dass der Betrieb im Mittel 3 % Ausschuss produziert. Wir interessieren uns für die Wahrscheinlichkeit, dass sich in einem zufällig ausgewählten Karton zwischen 20 und 40 defekte Glühlampen befinden.

Es sei A das Ereignis, dass eine entnommene Glühlampe defekt ist. Für eine defekte Glühbirne – das Ereignis A tritt bei der i-ten Zufallsvariablen ein – nimmt X_i den Wert eins an. Andernfalls ist X_i null. Die Zufallsvariable Y bezeichnet die Anzahl der defekten Glühlampen in dem zufällig ausgewählten Karton:

$$Y_n = \sum_{i=1}^{1000} X_i \, .$$

Dann wissen wir, dass Y binomialverteilt ist mit den Parametern $n = 1000$ und $p = 0{,}03$. Die gesuchte Wahrscheinlichkeit dafür, dass Y in das Intervall $[20; 40]$ fällt, ergibt sich dann aus

$$P(20 \leq Y \leq 40) = \sum_{y=20}^{40} \binom{1000}{y} 0{,}03^y \cdot 0{,}97^{1000-y} \, .$$

Eine Berechnung der Wahrscheinlichkeit mit dieser Formel ist jedoch zu umständlich. Nach dem Zentralen Grenzwertsatz von de Moivre und Laplace gilt jedoch, dass die standardisierte Zufallsvariable

$$Z = \frac{Y - np}{\sqrt{np(1-p)}}$$

für große n näherungsweise standardnormalverteilt ist. Da Faustregel (9.31):

$$\left(1.000 =\right) n > \frac{9}{p \cdot (1-p)} \left(= \frac{9}{0{,}03 \cdot (1-0{,}03)} = 309{,}278 \right)$$

erfüllt ist, lässt sich die Normalverteilung mit den Parametern

$$E(Y) = n \cdot p = 1000 \cdot 0{,}03 = 30$$

$$\text{Var}(Y) = n \cdot p(1-p) = 1000 \cdot 0{,}03 \cdot 0{,}97 = 29{,}1$$

anwenden. Wir erhalten folgende Beziehung:

$$P(20 \le Y \le 40) = F_Z\left(\frac{40-30}{\sqrt{29{,}1}}\right) - F_Z\left(\frac{20-30}{\sqrt{29{,}1}}\right) = F_Z(1{,}85) - F_Z(-1{,}85),$$

mit der sich unter Verwendung der Symmetrieeigenschaft der Standardnormalverteilung [vgl. (7.13)],

$$F_Z(-1{,}85) = 1 - F_Z(1{,}85),$$

und nach Ablesen des Wertes in der Verteilungstabelle (vgl. Tabelle B.3 im Anhang):

z	0,00	0,01	0,02	0,03	0,04	0,05	0,06	0,07	0,08	0,09
1,7	0,9554	0,9564	0,9573	0,9582	0,9591	0,9599	0,9608	0,9616	0,9625	0,9633
1,8	0,9641	0,9649	0,9656	0,9664	0,9671	0,9678	0,9686	0,9693	0,9699	0,9706
1,9	0,9713	0,9719	0,9726	0,9732	0,9738	0,9744	0,9750	0,9756	0,9761	0,9767

die gesuchte Wahrscheinlichkeit bestimmen lässt:

$$F_Z(1{,}85) - F_Z(-1{,}85) = F_Z(1{,}85) - \left[1 - F_Z(1{,}85)\right]$$
$$= 0{,}9678 - (1 - 0{,}9678) = 0{,}936.$$

Die Wahrscheinlichkeit, dass in einem zufällig ausgewählten Karton von 1000 Glühlampen zwischen 20 und 40 Ausschussstücke vorhanden sind, ist also 93,6 %. Allerdings haben wir dieses Ergebnis ermittelt, ohne zu berücksichtigen, dass bei der Approximation der Binomial- durch die Normalverteilung eine diskrete durch eine stetige Verteilung angenähert (= approximiert) wird. Wenn die gesuchte Wahrscheinlichkeit unter Berücksichtigung der Stetigkeitskorrektur berechnet wird, ergibt sich

$$P(20 \le Y \le 40) = F_Z\left(\frac{40+0{,}5-30}{\sqrt{29{,}1}}\right) - F_Z\left(\frac{20-0{,}5-30}{\sqrt{29{,}1}}\right)$$
$$= F_Z(1{,}95) - F_Z(-1{,}95) = F_Z(1{,}95) - \left[1 - F_Z(1{,}95)\right]$$
$$= 0{,}9744 - (1 - 9744) = 0{,}949.$$

Wenn also die Stetigkeitskorrektur vorgenommen wird, erhöht sich die Wahrscheinlichkeit um 1,3 Prozentpunkte.

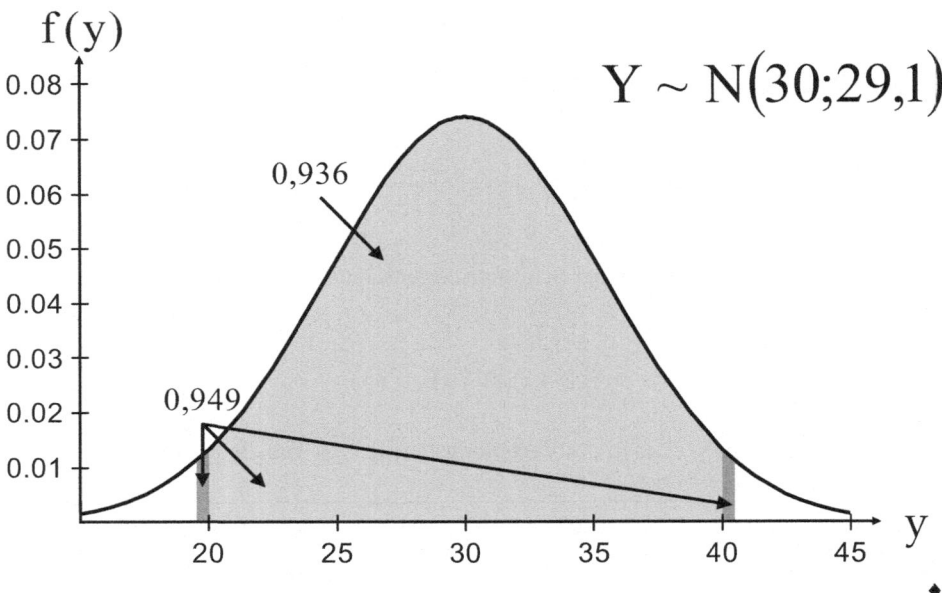

Eine binomialverteilte Zufallsvariable Y_n bezeichnet die absolute Häufigkeit des Eintretens eines Ereignisses A in n unabhängigen Durchführungen eines Zufallsvorgangs. Die Zufallsvariable

$$\overline{P}_n = \frac{1}{n} Y_n$$

gibt dann die relative Häufigkeit des Eintretens von A in den n Durchführungen an. Als Lineartransformation von Y_n ist die Zufallsvariable $\overline{P}_n$ ebenfalls asymptotisch normalverteilt. Mit (9.17) und (9.18) gilt

$$\overline{P}_n \overset{a}{\sim} N\left(p, \frac{p(1-p)}{n}\right) .$$

Die standardisierte Zufallsvariable

$$Z_n = \frac{\overline{P}_n - p}{\sqrt{\dfrac{p(1-p)}{n}}} \tag{9.35}$$

ist somit asymptotisch standardnormalverteilt:

$$Z_n \overset{a}{\sim} N(0,1) . \tag{9.36}$$

Aus dem Grenzwertsatz von de Moivre und Laplace folgt, dass eine Binomialverteilung bei großem n durch eine Normalverteilung approximiert (näherungsweise ersetzt) werden kann.

Weitere Grenzwertsätze

Für den Zentralen Grenzwertsatz von Lindeberg und Lévy gibt es weitere Verallgemeinerungen. Der **Grenzwertsatz von Ljapunoff** zeigt etwa die hinreichenden Bedingungen auf, unter denen der Zentrale Grenzwertsatz von Lindeberg und Lévy auch im Fall **unabhängiger, aber nicht notwendig identisch verteilter** Zufallsvariablen gilt. Der Satz von Lindeberg-Feller gibt für diesen Fall darüber hinaus die notwendigen Bedingungen an. Es zeigt sich, dass unter recht allgemeinen Bedingungen die Summe unabhängiger und beliebig (nicht notwendig identisch) verteilter Zufallsvariablen stets asymptotisch normalverteilt ist. Insbesondere lässt sich aus dieser Verallgemeinerung zeigen, dass eine Summenvariable Y, die als additive Überlagerung vieler kleiner unabhängiger Zufallseinflüsse mit relativ kleinen Varianzen interpretierbar ist, asymptotisch einer Normalverteilung folgt. Geringfügige Abweichungen von der Unabhängigkeitsannahme schränken die Anwendbarkeit nicht ein.

9.4   Approximation von Verteilungen

Aus den Grenzwertsätzen lassen sich allgemein Kriterien ableiten, für die Verteilungen durch andere näherungsweise ersetzt (approximiert) werden können. Insbesondere folgt aus den Grenzwertsätzen, dass viele Verteilungen gegen die Normalverteilung streben. Aufgrund dessen begründet sich die herausragende Bedeutung der Normalverteilung in der Induktiven Statistik.

Tabelle 9.1   Übersicht wichtiger Verteilungen

Bezeichnung	Parameter
Binomialverteilung $B(n;p)$	n = Anzahl der durchgeführten Zufallsexperimente p = Wahrscheinlichkeit für das Auftreten des interessierenden Ereignisses A
Hypergeometrische Verteilung $H(N;M;n)$	N = Gesamtzahl der Kugeln M = Anzahl der Kugeln mit der gewünschten Eigenschaft n = Anzahl der durchgeführten Zufallsexperimente
Poisson-Verteilung $Ps(\lambda)$	$\lambda = n \cdot p$ (siehe Binomialverteilung)
Normalverteilung $N(\mu;\sigma^2)$	μ = arithmetisches Mittel σ^2 = Varianz
Chi-Quadrat-Verteilung $\chi^2(v)$	v = Anzahl der Freiheitsgrade
t-Verteilung $t(v)$	v = Anzahl der Freiheitsgrade

Tabelle 6.1 gibt einen Überblick der wichtigsten speziellen Verteilungen. Für sie gelten die in Tabelle 9.2 dargestellten Approximationsmöglichkeiten. Bei der Approximation von den diskreten Verteilungen $B(n;p)$, $H(N;M;n)$ sowie $Ps(\lambda)$ durch die Normalverteilung bietet sich die Durchführung einer Stetigkeitskorrektur an (vgl. Abschnitt 9.3).

Tabelle 9.2 Übersicht von Approximationsmöglichkeiten

Verteilung	kann approximiert werden durch	unter der Voraussetzung
$B(n;p)$	$N(n \cdot p; n \cdot p \cdot (1-p))$	$n > \dfrac{9}{p(1-p)}$
$B(n;p)$	$Ps(n \cdot p)$	$p \le 0{,}1$ u. $n \cdot p \le 5$
$H(N;M;n)$	$B\left(n; \dfrac{M}{N}\right)$	$n/N \le 0{,}05$
$H(N;M;n)$	$N\left(n \cdot \dfrac{M}{n}; n \cdot \dfrac{M}{N}\left(1-\dfrac{M}{N}\right) \cdot \dfrac{N-n}{N-1}\right)$	$n > \dfrac{9}{\dfrac{M}{N}\cdot\left(1-\dfrac{M}{N}\right)}$ u. $n/N \le 0{,}05$
$Ps(\lambda)$	$N(\lambda; \lambda)$	$\lambda \ge 10$
$\chi^2(v)$	$N(v; 2v)$	$v > 30$
$t(v)$	$N(0;1)$	$v > 30$

Beispiel 9.4

Ein Problemviertel weist eine relativ hohe Quote an „Schwarzfahrern" (Personen ohne Fahrschein) auf. In einer Straßenbahn sind 200 Fahrgäste, von denen 40 keinen gültigen Fahrausweis besitzen. Ein Kontrolleur wählt 20 Personen zufällig aus. Wie groß ist die Wahrscheinlichkeit, dass in dieser Stichprobe höchstens zwei „Schwarzfahrer" sind?

Veranschaulichen wir uns die Aufgabe mit einem Urnenmodell. Insgesamt liegen $N = 200$ Kugeln vor, von denen $M = 40$ schwarz – für „Schwarzfahrer" – sind. $n = 20$ Kugeln werden zufällig gezogen. Die Wahrscheinlichkeit für $X = 0$ schwarze Kugeln beträgt

$$f(0) = \frac{\binom{M}{x}\binom{N-M}{n-x}}{\binom{N}{n}} = \frac{\binom{40}{0}\binom{200-40}{20-0}}{\binom{200}{20}} = \frac{\binom{40}{0}\binom{160}{20}}{\binom{200}{20}} = 0{,}009 \; .$$

Auf gleiche Art lassen sich die Wahrscheinlichkeiten für ein und zwei Schwarzfahrer in der Stichprobe bestimmen:

$$f(1) = \frac{\binom{M}{x}\binom{N-M}{n-x}}{\binom{N}{n}} = \frac{\binom{40}{1}\binom{200-40}{20-1}}{\binom{200}{20}} = \frac{\binom{40}{1}\binom{160}{19}}{\binom{200}{20}} = 0{,}051,$$

$$f(2) = \frac{\binom{M}{x}\binom{N-M}{n-x}}{\binom{N}{n}} = \frac{\binom{40}{2}\binom{200-40}{20-2}}{\binom{200}{20}} = \frac{\binom{40}{2}\binom{160}{18}}{\binom{200}{20}} = 0{,}132 \ .$$

Die gesuchte Wahrscheinlichkeit beträgt damit:

$$P(X \le 2) = P(X = 0) + P(X = 1) + P(X = 2)$$
$$= f(0) + f(1) + f(2) = 0{,}009 + 0{,}051 + 0{,}132 = 0{,}192.$$

Mit einer Wahrscheinlichkeit von 19,2 % sind in der Stichprobe höchstens zwei „Schwarz-fahrer".

Alternativ ist zu prüfen, ob die Binomialverteilung angewendet werden kann. Für sie liegen nämlich tabellierte Werte (Tabelle B.1 im Anhang) vor. Da hier die Bedingung für eine Approximation durch die Binomialverteilung

$$(0{,}05 = 20/200 =)\text{n}/\text{N} \le 0{,}05$$

erfüllt ist, berechnen wir auch diesen zweiten Lösungsweg. Unter Anwendung von

$$B\left(n; \frac{M}{N}\right) = B\left(20; \frac{40}{200}\right) = B(20;0{,}2)$$

lassen sich die Wahrscheinlichkeiten unter Hinzuziehung der Wahrscheinlichkeits-funktion

$$f(x) = \binom{20}{x} \cdot 0{,}2^x \cdot 0{,}8^{n-x}$$

bestimmen. Alternativ kann allerdings die gesuchte Wahrscheinlichkeit der Tabelle B.1 im Anhang entnommen werden:

	p = 0,1		p = 0,2		p = 0,3		p = 0,4		p = 0,5	
	f(x)	F(x)	f(x)	F(x)	f(x)	F(x)	f(x)	F(x)	f(x)	F(x)
n = 20										
x = 0	0,1216	0,1216	0,0115	0,0115	0,0008	0,0008	0,0000	0,0000	0,0000	0,0000
x = 1	0,2702	0,3917	0,0576	0,0692	0,0068	0,0076	0,0005	0,0005	0,0000	0,0000
x = 2	0,2852	0,6769	0,1369	0,2061	0,0278	0,0355	0,0031	0,0036	0,0002	0,0002
x = 3	0,1901	0,8670	0,2054	0,4114	0,0716	0,1071	0,0123	0,0160	0,0011	0,0013

Unter Anwendung der Binomialverteilung erhält man folgendes Ergebnis:

$$P(X \leq 2) = P(X = 0) + P(X = 1) + P(X = 2)$$
$$= f(0) + f(1) + f(2) = 0,206 \, .$$

Der Unterschied im Vergleich zum Ergebnis unter Heranziehung der hypergeometrischen Verteilung – 0,192 versus 0,206 – ist relativ gering. Bei einem geringen Stichprobenumfang n im Vergleich zur Gesamtheit N führt eine Approximation durch die Binomialverteilung also nur zu geringen Abweichungen.

Zu prüfen wäre zudem, ob die hypergeometrische Verteilung durch die Normalverteilung approximiert werden kann und damit ein dritter Lösungsweg existiert. Für eine Approximation müssen die in Tabelle 9.2 genannten Bedingungen erfüllt sein. Dies ist aber nicht der Fall, weil

$$(20 =)n \leq \frac{9}{\dfrac{M}{N} \cdot \left(1 - \dfrac{M}{N}\right)} \left(= \frac{9}{\dfrac{40}{200} \cdot \left(1 - \dfrac{40}{200}\right)} = \frac{9}{0,2 \cdot 0,8} = 56,25 \right) \, . \qquad \blacklozenge$$

Beispiel 9.5 (Fortsetzung von Beispiel 7.11)

In Anlehnung an Beispiel 7.11 ist nach dem zentralen Schwankungsintervall zum Niveau $1 - \alpha$ von 90 %, allerdings für 50 Freiheitsgrade, einer t-verteilten Zufallsvariablen gefragt. Da für 50 Freiheitsgrade keine Quantile tabelliert sind, muss eine Approximation durch die Standardnormalverteilung durchgeführt werden. Die in Tabelle 9.2 genannte Voraussetzung ist erfüllt:

$$(50 =)v > 30 \, .$$

Unter Verwendung des Tabellenwertes (vgl. Tabelle B.4 im Anhang):

α	$1-\alpha$	$z_{1-\alpha}$	$z_{1-\alpha/2}$
0,1336	0,8664	1,109	1,500
0,1000	0,9000	1,282	1,645
0,0750	0,9250	1,440	1,780

und Formel (7.16),

$$z_{0,95} = 1,645 \Rightarrow z_{0,05} = -z_{0,95} = -1,645 \,,$$

erhält man das Intervall:

$$P(-1,645 \leq Z \leq 1,645) = 0,90 \,.$$ ◆

Beispiel 9.6 (Fortsetzung von Beispiel 7.8)
Im Unterschied zu Beispiel 7.8 gehen wir von einer Chi-Quadrat-verteilten Zufallsvariablen aus, die allerdings nicht zehn, sondern 35 Freiheitsgrade besitzt. Welchen Wert nimmt die Zufallsvariable mit 95 %-iger Wahrscheinlichkeit höchstens an? Wo liegt also das 95 %-Quantil?

Da kein tabellierter Wert in Tabelle B.5 für 35 Freiheitsgrade vorliegt, wird eine Approximation durch die Normalverteilung

$$N(v;2v) = N(35;2 \cdot 35) = N(35;70)$$

vorgenommen, weil die Bedingung

$$(35 =)v > 30$$

erfüllt ist. Man erhält die Beziehung:

$$P(Z \leq z_{1-\alpha}) = 1 - \alpha$$

$$P(Z \leq z_{0,95}) = 0,95 \,,$$

die zu entstandardisieren ist:

$$P\left(\frac{X-\mu}{\sigma} \leq z_{0,95}\right) = 0,95$$

$$P\left(\frac{X-35}{\sqrt{70}} \leq z_{0,95}\right) = 0,95$$

$$P\left(X \leq 35 + z_{0,95} \cdot \sqrt{70}\right) = 0,95$$

$$P\left(X \leq 35 + 1,645 \cdot \sqrt{70}\right) = 0,95$$

$$P\left(X \leq 48,763\right) = 0,95.$$

Mit einer Wahrscheinlichkeit von 95 % ist die Zufallsvariable also kleiner oder gleich 48,763.   ◆

9.5 Aufgaben

9.1 Die Reißfestigkeit eines Garnes ist im Mittel mit 9 Newton (N) bei einer Varianz von 16 N^2 angegeben. Der Besitzer der Spinnerei lässt eine Stichprobenunter-suchung vornehmen, um Aufschluss darüber zu erhalten, ob der Produktionsprozess normal verläuft. Für die detaillierte Untersuchung der Reißfestigkeit wird ein Stichprobenumfang von 9 Garnen gewählt.

a) Zu welchem Bereich werden die Stichprobenmittelwerte der Reißfestigkeit mit einer Wahrscheinlichkeit von mindestens 95 % liegen?

b) Wie ändert sich der 95 %-Bereich in Teil a), wenn für die Reißfestigkeit eine Normalverteilung unterstellt werden kann?

9.2 Wie oft muss das in Aufgabe 5.3 (Abschn. 5.8) beschriebene Glücksspiel gespielt werden, damit das arithmetische Mittel $\overline{X}_n$ des Auszahlungsbetrages mit einer durch die Tschebyscheffsche Ungleichung gegebenen Wahrscheinlichkeit von mindestens 96 % in einer ε-Umgebung von $\left|\overline{X}_n - \mu\right| = 0,25$ um den Erwartungswert μ liegt?

9.3 Eine Stichprobe von 16 Studenten der Universität Kassel hat ergeben, dass ein Student pro Semester im Durchschnitt 80 € für Lehrbücher, bei einer Stichprobenvarianz von 400 €^{2}, ausgibt.

a) Wie groß ist bei einer symmetrischen Verteilung die Wahrscheinlichkeit, dass ein zufällig ausgewählter Student der Universität Kassel mehr als 110 € für Lehrbücher ausgibt?

b) Wie groß ist die Wahrscheinlichkeit, dass 64 zufällig ausgewählte Kasseler in einem Semester insgesamt Ausgaben für Lehrbücher in Höhe von mindestens 5250 € tätigen (mit Interpolation)

9.4 Aus Meinungsumfragen ist bekannt, dass der Verbreitungsgrad des Internets in der älteren Bevölkerung 27 % beträgt.

Wie groß ist die Wahrscheinlichkeit, dass zwischen 620 und 700 von 2500 befragten älteren Personen das Internet nutzen?

- ohne Stetigkeitskorrektur
- mit Stetigkeitskorrektur

9.6 Lösungen

9.1

a) 95 %-Intervall

ZV X: Reißfestigkeit eines Garnes (Verteilung unbekannt)

$n = 9$, $\mu = 9$, $\sigma^2 = 16$

Tschebyscheffsche Ungleichung

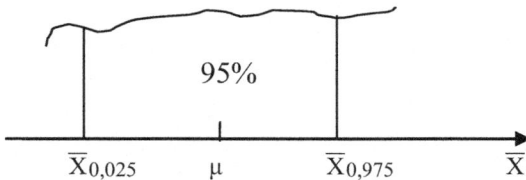

$$P(|\overline{X} - \mu| < \varepsilon) \geq 1 - \frac{\sigma^2/n}{\varepsilon^2}$$

$$P(|\overline{X} - 9| < \varepsilon) \geq 1 - \frac{16/9}{\varepsilon^2}$$

gesucht: ε

$$0{,}95 = 1 - \frac{16/9}{\varepsilon^2}$$

$$-0{,}05 = -\frac{16/9}{\varepsilon^2}$$

$$\varepsilon^2 = \frac{16/9}{0{,}05} = 35{,}5556$$

$$\varepsilon = 5{,}9628$$

$$\overline{x}_{0,025} = \mu - \varepsilon = 9 - 5{,}9628 = 3{,}0372$$

$$\overline{x}_{0,975} = \mu + \varepsilon = 9 + 5{,}9628 = 14{,}9628$$

95 %-Bereich: $\left[\overline{x}_{0,025} ; \overline{x}_{0,975}\right] = [3{,}037 ; 14{,}963]$

b) 95 %-Intervall

ZV X: Reißfestigkeit eines Garnes (Normalverteilung)

$$\Psi(z) = 0{,}95 \rightarrow z_{0,975} = 1{,}96$$

$$z_{0,975} = \frac{\bar{x}_{0,975} - \mu}{\sigma/\sqrt{n}}$$

$$\bar{x}_{0,975} = \mu + z_{0,975} \cdot \frac{\sigma}{\sqrt{n}} = 9 + 1{,}96 \cdot \frac{4}{\sqrt{9}} = 11{,}61$$

$$\bar{x}_{0,025} = \mu + z_{0,025} \cdot \frac{\sigma}{\sqrt{n}} = 9 - 1{,}96 \cdot \frac{4}{\sqrt{9}} = 6{,}39$$

95 %-Bereich: $\left[\bar{x}_{0,025} ; \bar{x}_{0,975}\right] = [6{,}39 ; 11{,}61]$

9.2

Anzahl der Wiederholungen des Glücksspiels:

$$P(|\bar{X} - \mu| < \varepsilon) \geq 1 - \frac{\sigma^2/n}{\varepsilon^2}$$

$$0{,}96 \overset{!}{=} 1 - \frac{1{,}5/n}{0{,}25^2}$$

$$n = \frac{1{,}5}{0{,}04 \cdot 0{,}25^2} = 600$$

9.3

a) Ausgaben höher 110 €

$$\frac{1}{2} P(|X - \mu| \geq \varepsilon) \leq \frac{1}{2} \cdot \frac{\sigma^2}{\varepsilon^2}$$

$$\frac{1}{2} P(|X - 80| \geq 30) \leq \frac{1}{2} \cdot \frac{400}{30^2} = 0{,}2222$$

b) Ausgaben insgesamt mind. 5250 €

$$Y_n = \sum X_i \quad \text{Summenvariable,} \quad n = 64 > 30$$

Lindeberg und Levy

$$P(Y_n \geq 5250) = 1 - P(Y_n \leq 5250)$$

$$= 1 - P\left(Z_n \leq \frac{\sum X_i - n\mu}{\sigma\sqrt{n}}\right)$$

$$= 1 - P\left(Z_n \leq \frac{5250 - 64 \cdot 80}{20 \cdot \sqrt{64}}\right) = 1 - \Phi(0{,}8125)$$

Interpolation:

$\Phi(0{,}81) = 0{,}7910$

$\Phi(0{,}8125) = ?$

$\Phi(0{,}82) = 0{,}7939$

$\Delta p = 0{,}0029 \;\rightarrow 0{,}0029 \cdot 0{,}25 = 0{,}000725$

$\Phi(0{,}8125) = \Phi(0{,}81) + 0{,}000725 = 0{,}791725 \approx 0{,}7917$

$\rightarrow 1 - 0{,}7917 = 0{,}2083$

9.4

Binomialverteilte Zufallsvariable

ZV Y = Anzahl der Internetnutzer, $\quad p = 0{,}27, \quad n = 2500$

$$n > \frac{9}{p(1\text{-}p)}$$

$$2500 > \frac{9}{0{,}27(1 - 0{,}27)} = 45$$

Grenzwertsatz von de Moivre und Laplace anwendbar

$$z_n = \frac{Y_n - n{\cdot}p}{\sqrt{n{\cdot}p(1 - p)}}$$

gesuchte Wahrscheinlichkeit: $P(620 \leq Y_n \leq 700)$

- ohne Stetigkeitskorrektur

$$\Phi\left(\frac{700 - 2500{\cdot}0{,}27}{2500{\cdot}0{,}27(1 - 0{,}27)}\right) - \Phi\left(\frac{620 - 2500{\cdot}0{,}27}{2500{\cdot}0{,}27(1 - 0{,}27)}\right)$$

$$= \Phi(1{,}126) - \Phi(-2{,}477) \approx \Phi(1{,}13) - \Phi(-2{,}48)$$

$$= 0{,}8708 - [1 - 0{,}9934] = 0{,}8642$$

- mit Stetigkeitskorrektur

$$\Phi\left(\frac{700 + 0{,}5 - 2500{\cdot}0{,}27}{2500{\cdot}0{,}27(1 - 0{,}27)}\right) - \Phi\left(\frac{620 - 0{,}5 - 2500{\cdot}0{,}27}{2500{\cdot}0{,}27(1 - 0{,}27)}\right)$$

$$= \Phi(1{,}1487) - \Phi(-2{,}5) \approx \Phi(1{,}15) - \Phi(-2{,}5)$$

$$= 0{,}8749 - [1 - 0{,}9938] = 0{,}8687$$

Stichproben

 10

10.1 Grundgesamtheit und Stichprobe

In der Induktiven Statistik, auch beurteilende oder analytische Statistik genannt, gehen wir von Stichprobendaten aus. Speziell stammen die Daten aus Zufallsstichproben. Die Stichprobenergebnisse sollen auf die Grundgesamtheit übertragen werden. Im Folgenden beschränken wir den Begriff der Stichprobe stets auf das Konzept der Zufallsstichprobe.[22]

> Eine **Grundgesamtheit** enthält alle Elemente (Käufer, Regionen etc.), während eine **Stichprobe** nur zufällig ausgewählte Elemente aus der Grundgesamtheit umfasst.

Bei einer **Vollerhebung** werden Merkmale bei allen statistischen Einheiten, also der gesamten Grundgesamtheit, erhoben. Für eine Stichprobenuntersuchung zieht man dagegen nur einige statistische Einheiten heran, die nach dem Zufallsprinzip ausgewählt werden müssen.

Mit Informationen einer Grundgesamtheit lassen sich Parameter, beispielsweise Durchschnittswerte, Korrelationen etc. exakt bestimmen, während die Verallgemeinerung von Stichprobenergebnissen auf die Grundgesamtheit aufgrund unvollständiger Informationen mit Ungenauigkeiten verbunden ist. Dieser Rückschluss von den Beobachtungen in der Stichprobe auf bestimmte Charakteristika der Grundgesamtheit wird als induktiver Schluss bezeichnet.

---

[22] In der Deskriptiven Statistik (s. Kosfeld/Eckey/Türck 2016, S. 28 ff.) sind wir von einem erweiterten Stichprobenbegriff ausgegangen. Dort hatten wir zwischen der Zufallsstichprobe (= zufällige Auswahl), der Beurteilungsstichprobe (= systematische Auswahl) und der willkürlichen Auswahl unterschieden.

© Springer Fachmedien Wiesbaden GmbH, ein Teil von Springer Nature 2019
R. Kosfeld et al., *Wahrscheinlichkeitsrechnung und Induktive Statistik*,
https://doi.org/10.1007/978-3-658-28713-9_10

Unter einem **induktiven Schluss** versteht man die Verallgemeinerung von Stichprobenergebnissen auf die Grundgesamtheit.

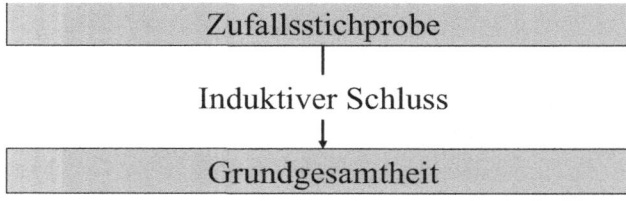

Abb. 10.1 Induktiver Schluss

Der induktive Schluss ist also stets fehlerbehaftet. Die Fehlermöglichkeit ergibt sich daraus, dass nicht alle, sondern nur einige Elemente der Grundgesamtheit bezüglich ihrer
Merkmalsausprägungen untersucht werden. Dieser Fehler, der als **Stichprobenfehler**
bezeichnet wird, ist bei Teilerhebungen unvermeidbar. Trotzdem gibt es einige wichtige
Gründe, die für eine Stichprobenuntersuchung sprechen:

- Eine Vollerhebung ist kostenaufwendig.
- Eine Vollerhebung ist mit einem erheblichen Zeitaufwand verbunden.
- Eine Vollerhebung kann nicht durchgeführt werden, wenn
    - die statistischen Einheiten bei der Messung der Merkmalswerte zerstört werden
      (z. B. bei Crash-Tests),
    - nicht alle statistischen Einheiten bekannt sind (ein Unternehmen besitzt möglich-
      erweise nicht die Namen aller Kunden) und
    - nicht alle statistischen Einheiten in einem angemessenen Zeitraum erreicht wer-
      den können.

Beispiel 10.1
Sie wollen im Rahmen Ihrer Diplomarbeit über die soziale Lage der Studierenden der
Universität Kassel schreiben, die u. a. über das durchschnittliche Monatseinkommen
erfasst werden soll.

Würden Sie alle ca. 17.000 Elemente der Grundgesamtheit, also alle Kasseler Studierenden, nach ihrem Einkommen befragen (und würden alle ehrlich antworten), so
könnten Sie den genauen Wert für das Durchschnittseinkommen, z. B. 661 €, berechnen.

Nun wird es im Rahmen einer Diplomarbeit praktisch unmöglich sein, alle Studierenden nach ihrem Einkommen zu befragen; Kosten- und Zeitgründe sowie Schwierigkeiten
bei der Erreichbarkeit stehen dem entgegen. Man wird sich auf die Durchführung einer
Stichprobe beschränken müssen.   ◆

10.2 Zufallsauswahl

In der Induktiven Statistik beschäftigt man sich ausschließlich mit den Verfahren der Zufallsauswahl. Denn nur ihr liegt ein Wahrscheinlichkeitskonzept zugrunde.

> Bei einer **Zufallsauswahl** gelangt jede statistische Einheit der Grundgesamtheit mit einer berechenbaren Wahrscheinlichkeit in die Stichprobe. Über den Zufallsmechanismus wird die Repräsentativität sichergestellt.

Eine Zufallsauswahl bedeutet nicht, dass die Stichprobenelemente nach eigenem Ermessen ausgewählt werden. Die Zufallsauswahl setzt stattdessen eine systematische Planung voraus.

Beispiel 10.2
Student K schreibt seine Diplomarbeit über die soziale Lage der Kasseler Studierenden und will hierzu 10 Personen nach ihrem Einkommen befragen. Er nutzt die Party, die seine Kommilitonin S veranstaltet, und befragt 10 auskunftswillige Gäste. Auf der Party sind allerdings fast nur männliche Studenten der Wirtschaftswissenschaften anwesend.

   Diese willkürliche Auswahl lässt keine Aussagen über alle Kasseler Studierenden zu. Studenten der Wirtschaftswissenschaften erzielen möglicherweise ein anderes Einkommen als Sozialwesenstudenten, da Tätigkeiten im sozialen Bereich traditionell schlechter bezahlt werden.   ◆

Aufgrund der Verwendung eines Wahrscheinlichkeitskonzepts bei der Auswahl der statistischen Einheiten können bei einer Zufallsauswahl Aussagen über die Genauigkeit der Ergebnisse gemacht werden. Der induktive Schluss gilt also nur mit einem mehr oder weniger hohen Grad an Sicherheit. Bei einer Zufallsauswahl kann man mit Hilfe der Wahrscheinlichkeitsrechnung den Sicherheitsgrad angeben, mit dem der induktive Schluss gilt.

> Stichprobenfehler und Sicherheitsgrad lassen sich bei Zufallsstichproben also quantifizieren.

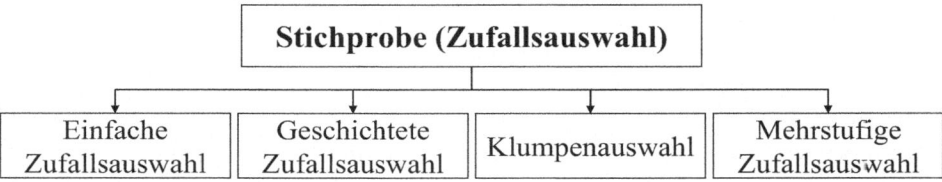

Abb. 10.2 Verfahren der Zufallsauswahl

Festzuhalten bleibt, dass es **mehrere Verfahren der Zufallsauswahl** gibt (vgl. Abb. 10.2). Diese werden im Folgenden erläutert.

Einfache Zufallsauswahl

> Bei der **einfachen Zufallsauswahl** gelangt jede statistische Einheit der Grundgesamtheit mit gleicher Wahrscheinlichkeit in die Stichprobe.

Die Durchführung der einfachen Zufallsauswahl setzt i. d. R. voraus, dass alle N Elemente der Grundgesamtheit als Liste vorliegen. Zu unterscheiden sind verschiedene Verfahren zur Auswahl der n Stichprobenelemente:

- Auswahl mit Zufallszahlentabelle bzw. Zufallsgenerator: Die Elemente der Grundgesamtheit werden durchnummeriert. Die zu ziehenden Untersuchungseinheiten entnimmt man einer Zufallszahlentabelle oder einem Zufallszahlengenerator, der beispielsweise in ein Computerprogramm integriert ist.
- Systematische Zufallsauswahl: Per Zufall wird aus den ersten N/n Untersuchungseinheiten ein Startpunkt ausgewählt und anschließend jedes N/n -te Element gezogen.[23]
- Schlussziffernverfahren: Entnommen werden alle Elemente, deren Schlussziffer in einer numerischen Liste einen durch einen Zufallsmechanismus bestimmten Wert aufweist.[24]

Beispiel 10.3

Bei der Vorgabe der Schlussziffer 6 erreicht man z. B., dass exakt 10 %, bei der Vorgabe der Schlussziffer 6 und zusätzlich den Schlussziffernkombinationen 58, 11, 35 und 99, dass exakt 14 % der Elemente aus der Grundgesamtheit in die Stichprobe gelangen. Mit dem Schlussziffernverfahren lässt sich also jeder angestrebte Auswahlsatz[25] genau erreichen.   ♦

In der Praxis liegen die Elemente der Grundgesamtheit meist als Tabelle vor. Die Ziehung erfolgt dann per Computer über einen Algorithmus (Zufallsgenerator). Aus diesem Grund spricht man auch von Pseudo-Zufallszahlen. Obwohl Pseudo-Zufallszahlen durch eine Rechenvorschrift ermittelt werden, lassen sie sich nicht von „echten" Zufallszahlen unterscheiden.

---

[23] N ist die Anzahl der Elemente in der Grundgesamtheit, n die Anzahl der Elemente in der Stichprobe.

[24] Abgewandelt werden kann dieses Schlussziffernverfahren durch die Buchstabenauswahl, bei der als Auswahlkriterium eine Buchstabenkombination herangezogen wird, mit der der Nachname beginnen muss.

[25] Der Auswahlsatz umfasst den Anteil der Grundgesamtheit, der in die Stichprobe gelangt.

Geschichtete Zufallsauswahl

Bei einer **geschichteten Zufallsauswahl** wird die Grundgesamtheit nach bestimmten Schichtungskriterien in Schichten eingeteilt (vgl. Abb. 10.3a). Die Schichten sollen untereinander heterogen sein, denn bei untereinander homogenen Schichten würde sich der zusätzliche Aufwand gegenüber einer einfachen Zufallsauswahl nicht lohnen. Aus den Schichten werden die statistischen Einheiten per Zufall ausgewählt. Ein Problem der geschichteten Zufallsauswahl besteht darin, dass bekannt sein muss, welche statistische Einheit welches Schichtungskriterium aufweist.

Beispiel 10.4

Ein Unternehmen will die Zufriedenheit seiner Kunden mit einem von ihm hergestellten Produkt erfragen. Hierzu teilt es die Kunden in drei Teilmengen ein, nämlich Großkunden, mittlere Abnehmer und Kleinkunden. Das Unternehmen interessiert insbesondere die Beurteilung von Großkunden, deshalb werden von ihnen 50 % ausgewählt. Weniger relevant sind die mittleren Abnehmer (Auswahlsatz von 10 %) sowie Kleinkunden (Auswahlsatz von 1 %). ◆

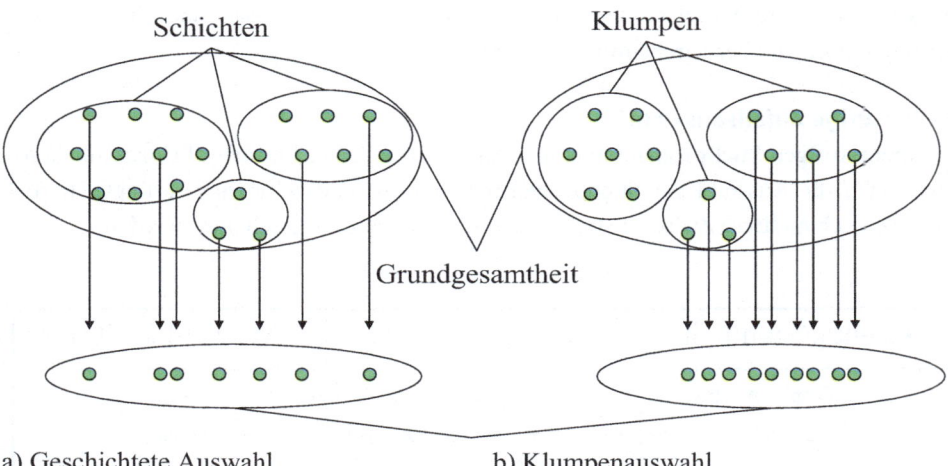

a) Geschichtete Auswahl   b) Klumpenauswahl

Abb. 10.3 Geschichtete Auswahl und Klumpenauswahl

Klumpenauswahl

Bei der **Klumpenauswahl** wird die Grundgesamtheit in Klumpen eingeteilt, die in sich heterogen und untereinander homogen sein sollen. Von den Klumpen werden einige per Zufall gezogen, und von den ausgewählten Klumpen untersucht man alle statistischen Einheiten.

Vorteile der Klumpenauswahl gegenüber der einfachen und der geschichteten Zufallsauswahl sind, dass

- die Grundgesamtheit nicht symbolisch vorliegen muss (z. B. als Datensatz) und dass
- eine Klumpenauswahl in der Regel kostengünstiger ist als die einfache und geschichtete Zufallsauswahl.

Ein Problem besteht darin, dass die Klumpen häufig in sich homogen und untereinander heterogen sind (Klumpeneffekt). In diesem Fall kann kein Repräsentanzschluss durchgeführt werden.

Beispiel 10.5
Die katholische Kirche möchte durch eine Mitgliederbefragung mehr über die Zufriedenheit mit der kirchlichen Seelsorge erfahren. Um Reisekosten zu sparen, wird keine einfache Zufallsauswahl, sondern eine Klumpenauswahl durchgeführt. Die Kirchengemeinen bilden die Klumpen. 10 Kirchengemeinden in Deutschland werden per Zufall ausgewählt, und alle Gemeindemitglieder werden befragt.

Die Anwendung des Verfahrens setzt allerdings voraus, dass die Gemeinden in sich eine heterogene Zusammensetzung, beispielsweise in der Sozialstruktur der Mitglieder, aufweisen. Ähneln sich die Mitgliedsstrukturen stark, dann könnten in die Stichprobe möglicherweise nur Gemeinden gelangen, die sich aus ausschließlich wohlhabenden Mitgliedern zusammensetzen. Die erhobenen Meinungen ließen sich dann nicht auf die Grundgesamtheit aller Kirchenmitglieder übertragen.   ◆

Mehrstufige Zufallsauswahl
Bei **mehrstufigen Stichproben** bildet man zuerst Zwischenstichproben (Primäreinheiten), aus denen die Auswahl der Stichprobenelemente (Sekundäreinheiten) erfolgt. Hierbei können auch mehrere Zwischenstichproben hintereinander „geschaltet" werden.

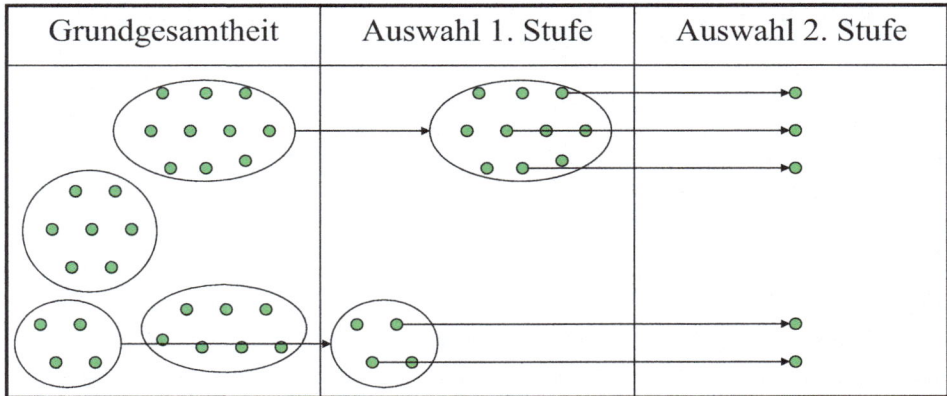

Abb. 10.4 Zweistufige Auswahl

Beispiel 10.6

In der amtlichen Statistik wird eine Repräsentativerhebung der Bevölkerung und des Arbeitsmarktes durchgeführt. Da sich die Erhebung auf das gesamte Bundesgebiet erstrecken soll, könnte eine mehrstufige Stichprobe wie folgt strukturiert sein. Der Auswahlprozess vollzieht sich in vier Stufen:

- 1. Stufe: Regierungsbezirke
- 2. Stufe: Städte
- 3. Stufe: Stadtteile
- 4. Stufe: Einwohner.

Auf der 1. Stufe werden Regierungsbezirke nach dem Zufallsprinzip gezogen, die auf der 2. Stufe die Auswahlbasis für die Städte bilden. Aus den zufällig ausgewählten Städten wird in Stufe 3 eine Zwischenstichprobe von Stadtteilen gezogen, deren Einwohner dann die Auswahlbasis für die Erhebungseinheiten darstellen.   ♦

10.3 Stichprobenvariablen und -funktionen

Stichprobenvariablen

Die Berechnung von Wahrscheinlichkeiten bei einer Zufallsauswahl ist dann besonders einfach, wenn eine einfache Zufallsstichprobe vorliegt, also:

- alle Elemente der Grundgesamtheit die gleiche Chance haben, in die Stichprobe zu gelangen. Dies ist bei einer **einfachen Zufallsauswahl** garantiert (uneingeschränkte Zufallsstichprobe).
- die **Ziehungen unabhängig voneinander** sind. Die Wahrscheinlichkeit, ausgewählt zu werden, ist dann bei jeder Ziehung gleich (Ziehung mit Zurücklegen oder Ziehung aus einer unendlichen Grundgesamtheit). Häufig liegen annähernd unabhängige Ziehungen vor. Es wird also aus einer endlichen Grundgesamtheit ohne Zurücklegen gezogen, wobei der Auswahlsatz n/N geringer als 5 % ist.

Wir gehen im Folgenden davon aus, dass die zwei Voraussetzungen erfüllt sind.

Beispiel 10.7

Ein Meinungsforschungsinstitut besitzt eine Datei mit allen Telefonnummern Deutschlands (ohne Geheimnummern). Der Computer wählt zufällig eine Telefonnummer aus, der Haushalt mit dieser Telefonnummer wird anschließend befragt. Um zu gewährleisten, dass Haushalte nicht mehrmals befragt werden, wird jede Telefonnummer höchstens einmal gezogen. Da der Auswahlsatz geringer als 5 % ist (aus 20 Millionen Telefonnummern werden 1000 ausgewählt; somit gilt 1000/20.000.000 < 0,05) sind die beiden genannten Bedingungen erfüllt.   ♦

Im Folgenden wird der Begriff der Stichprobenvariablen und ihrer Realisierung erläutert:

- Vor der Erhebung ist nicht bekannt, welche n Merkmalsträger in die Stichprobe gelangen. Damit liegen keine Informationen über die Ausprägungen beim Merkmal X vor. Somit sind n Zufallsvariablen vorhanden, die mit großen Buchstaben symbolisiert werden $X_i (i = 1, 2, \ldots, n)$. Die Stichprobenvariable X_i bezeichnet also die potenzielle Beobachtung der Zufallsvariablen X, die bei der i-ten Durchführung des Zufallsvorgangs gemacht wird.

- Nach der Erhebung liegen konkrete Realisationen der Stichprobenvariablen X_i vor, die wir x_i nennen. x_i ist also die Realisation der i-ten Stichprobenvariablen, also der x-Wert beim i-ten Stichprobenelement.

Damit lässt sich eine Zufallsstichprobe als n-dimensionale Zufallsvariable ($X_1, X_2, \ldots, X_n$) angeben, die aus **Stichprobenvariablen** X_i besteht. Eine konkrete Stichprobe ($x_1, x_2, \ldots, x_n$) stellt dann eine Realisation der n-dimensionalen Zufallsvariablen ($X_1, X_2, \ldots, X_n$) dar.

Beispiel 10.8
Es sollen zehn Studierende nach ihrem Einkommen (Merkmal X) befragt werden (n = 10). Damit liegen vor der Erhebung zehn Zufallsvariablen vor. Es ist nämlich nicht bekannt, was für ein Einkommen beispielsweise der erste Befragte haben wird:

$$X_1, X_2, X_3, X_4, X_5, X_6, X_7, X_8, X_9 \text{ und } X_{10}.$$

Nach der Erhebung sind konkrete Realisationen vorhanden. Gibt der erste Student ein Einkommen von 449 € an, so ist $x_1 = 449$. Insgesamt mögen sich bei der Befragung von 10 Studierenden folgende Stichprobenrealisationen ergeben haben:

$$x_1 = 449, x_2 = 662, x_3 = 389, x_4 = 802, x_5 = 523,$$
$$x_6 = 339, x_7 = 540, x_8 = 603, x_9 = 744 \text{ und } x_{10} = 459. \qquad \blacklozenge$$

Da wir uns bei dem Stichprobenverfahren für eine einfache Zufallsstichprobe (= Zufallsauswahl mit unabhängigen Ziehungen) entschieden haben, gilt:

- Die einzelnen Stichprobenvariablen X_i haben alle die gleiche Verteilungsfunktion (**identische Verteilung**). Damit sind die ersten beiden Momente (Erwartungswert und Varianz) für alle X_i gleich groß:

$$E(X_i) = \mu_i = \mu, \qquad (10.1)$$

$$Var(X_i) = \sigma_i^2 = \sigma^2. \qquad (10.2)$$

- Fassen wir mehrere Zufallsvariablen zusammen, so erhält man

$$E(X_1 + X_2 + \ldots + X_n) = E(X_1) + E(X_2) + \ldots + E(X_n)$$
$$= \mu + \mu + \ldots + \mu = n \cdot \mu$$

und aufgrund der Unabhängigkeit

$$Var(X_1 + X_2 + \ldots + X_n) = E(X_1 - \mu)^2 + \ldots + E(X_n - \mu)^2$$
$$= \sigma^2 + \sigma^2 + \ldots + \sigma^2 = n \cdot \sigma^2 \; .$$

Beispiel 10.9

Beträgt das Durchschnittseinkommen aller Kasseler Studierenden 604 € bei einer Varianz von 12.996 und befragt unser Student K 10 Personen, so beträgt der Erwartungswert für die Summe der 10 Stichprobenelemente $10 \cdot 604 \; € = 6.040 \; €$; die Varianz dieser Summe ist $10 \cdot 12.996 = 129.960$.   ♦

Stichprobenfunktionen

Aufgabe der Durchführung einer Stichprobenerhebung ist es bekanntlich, einen oder mehrere unbekannte Parameter der Grundgesamtheit zu schätzen oder zu testen. Hier gehen wir von einem unbekannten Parameter aus, den wir allgemein θ nennen. Es kann sich dabei um das arithmetische Mittel, die Varianz, den Anteilswert oder eine andere Größe handeln. Wir wollen nun die einzelnen Stichprobenvariablen X_i so miteinander verknüpfen, dass möglichst valide Rückschlüsse auf θ gezogen werden können. Das Ergebnis der Zusammenfassung der Stichprobenelemente sei mit $\hat{\theta}$ bezeichnet

$$\hat{\theta} = v(X_1, X_2, \ldots, X_n) \; . \tag{10.3}$$

Da $\hat{\theta}$ eine Zusammenfassung von Zufallsvariablen darstellt, ist $\hat{\theta}$ selbst wiederum eine Zufallsvariable. Sie kann eine Schätz- oder Testfunktion darstellen.

10.4 Eigenschaften von Punktschätzern

Eine Schätzfunktion liefert einen **Punktschätzer** für den unbekannten Parameter der Grundgesamtheit. In Abhängigkeit davon, welche Untersuchungseinheiten der Grundgesamtheit in die Stichprobe gelangen, werden wir unterschiedliche Punktschätzer erhalten. Ein Punktschätzer ist also immer mit einer Unsicherheit behaftet. Meistens wird er mit dem unbekannten Parameter der Grundgesamtheit auch nicht exakt übereinstimmen.

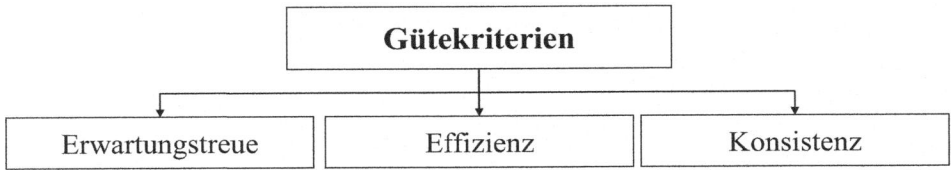

Abb. 10.5 Gütekriterien für eine Schätzfunktion

Um zu gewährleisten, dass der Punktschätzer geeignete Ergebnisse liefert, werden an ihn verschiedene Kriterien gestellt (vgl. Abb. 10.5). Punkteschätzer werden danach beurteilt, ob sie diese Gütekriterien erfüllen.

Erwartungstreue

Eine Schätzfunktion $\hat{\theta} = v(X_1,\ldots,X_n)$ für den unbekannten Parameter θ der Grundgesamtheit ist **erwartungstreu (unverzerrt)**, falls

$$E(\hat{\theta}) = \theta \tag{10.4}$$

gilt. Für $E(\hat{\theta}) - \theta \neq 0$ ist die Schätzfunktion **verzerrt**. Das Ausmaß der Verzerrung wird auch als **Bias** bezeichnet.

> Bei einem **erwartungstreuen** (unverzerrten) Schätzer stimmt der Erwartungswert der Schätzfunktion mit dem Parameter der Grundgesamtheit überein.

In Abb. 10.6 seien $\hat{\theta}_1$ und $\hat{\theta}_2$ Schätzfunktionen für den Parameter der Grundgesamtheit θ. Die Schätzfunktion $\hat{\theta}_2$ ist erwartungstreu, da ihr Erwartungswert mit θ übereinstimmt. Nicht erwartungstreu ist dagegen die andere Schätzfunktion $\hat{\theta}_1$, deren Verzerrung sich aus $E(\hat{\theta}_1) - \theta$ ergibt.

Beispiel 10.10

Die Funktion

$$\overline{X} = \frac{1}{n} \cdot \sum_{i=1}^{n} X_i$$

ist ein erwartungstreuer Schätzer für das arithmetische Mittel der Grundgesamtheit μ, weil

$$E\left(\overline{X}\right) = E\left(\frac{1}{n} \cdot \sum_{i=1}^{n} X_i\right) = \frac{1}{n} \cdot E\left(\sum_{i=1}^{n} X_i\right) = \frac{1}{n} \cdot \sum_{i=1}^{n} E(X_i) = \frac{1}{n} \cdot \left(\underbrace{\mu + \mu + \ldots + \mu}_{n-\text{mal}}\right)$$

$$= \frac{1}{n} \cdot n \cdot \mu = \mu$$

gilt.   ◆

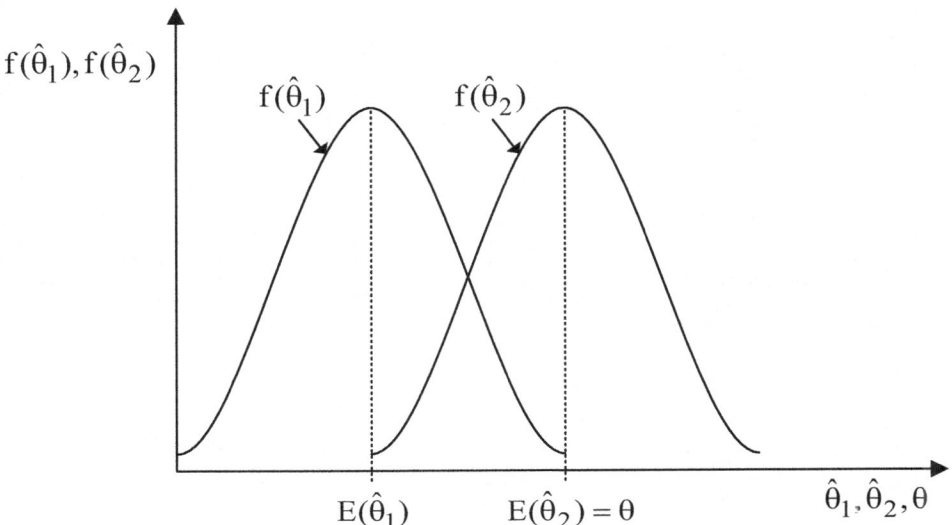

Abb. 10.6 Dichtefunktionen zweier Schätzer

Beispiel 10.11
Eine erwartungstreue Schätzfunktion für die Varianz bei unbekanntem arithmetischen Mittel der Grundgesamtheit μ ist

$$S^2 = \frac{1}{n-1} \cdot \sum_{i=1}^{n} (X_i - \overline{X})^2$$

und nicht die Funktion aus der Deskriptiven Statistik, die mit S^{*2} bezeichnet sei:

$$S^{*2} = \frac{1}{n} \sum_{i=1}^{n} (X_i - \overline{X})^2 \, .$$

Die Schätzfunktion

$$S^2 = \frac{1}{n-1} \cdot \sum_{i=1}^{n} (X_i - \overline{X})^2 = \frac{1}{n-1} \sum_{i=1}^{n} \left(X_i \underbrace{-\mu+\mu}_{=0} - \overline{X} \right)^2$$

$$= \frac{1}{n-1} \cdot \sum_{i=1}^{n} [(X_i - \mu) - (\overline{X} - \mu)]^2$$

lässt sich unter Anwendung der binomischen Formel umformen zu:

$$S^2 = \frac{1}{n-1} \cdot \sum_{i=1}^{n} \left[(X_i - \mu)^2 - 2(\overline{X} - \mu)(X_i - \mu) + (\overline{X} - \mu)^2 \right]$$

$$= \frac{1}{n-1} \cdot \left[\sum (X_i - \mu)^2 - 2(\overline{X} - \mu) \sum (X_i - \mu) + \sum (\overline{X} - \mu)^2 \right]$$

$$= \frac{1}{n-1} \cdot \left[\sum (X_i - \mu)^2 - 2(\overline{X} - \mu) \left(\sum X_i - n\mu \right) + n(\overline{X} - \mu)^2 \right].$$

Im zweiten Summanden ist $\sum X_i = n\overline{X}$ aufgrund der Definition des arithmetischen Mittels der Stichprobenvariablen. Damit folgt

$$S^2 = \frac{1}{n-1} \cdot \left[\sum (X_i - \mu)^2 - 2(\overline{X} - \mu)(n\overline{X} - n\mu) + n(\overline{X} - \mu)^2 \right]$$

$$= \frac{1}{n-1} \cdot \left[\sum (X_i - \mu)^2 - 2n(\overline{X} - \mu)^2 + n(\overline{X} - \mu)^2 \right]$$

$$= \frac{1}{n-1} \cdot \left[\sum (X_i - \mu)^2 - n(\overline{X} - \mu)^2 \right]$$

$$= \frac{1}{n-1} \cdot \sum_{i=1}^{n} (X_i - \mu)^2 - \frac{n}{n-1} (X_i - \mu)^2.$$

Der Erwartungswert der Schätzfunktion S^2 liegt deshalb bei

$$E(S^2) = \frac{1}{n-1} \cdot \sum_{i=1}^{n} E(X_i - \mu)^2 - \frac{n}{n-1} E(\overline{X} - \mu)^2.$$

Aufgrund von (10.2) gilt

$$E(S^2) = \frac{1}{n-1} \cdot \sum_{i=1}^{n} \sigma^2 - \frac{n}{n-1} E(\overline{X} - \mu)^2.$$

Wegen $E(\overline{X}) = \mu$ gibt $E(\overline{X} - \mu)^2$ die Varianz des arithmetischen Mittels $\overline{X}$ an. Unter Berücksichtigung von $Var(\overline{X}) = \sigma^2/n$ kann man den obigen Term zu

$$E(S^2) = \frac{1}{n-1} \cdot \sum_{i=1}^{n} \sigma^2 - \frac{n}{n-1} \cdot \frac{\sigma^2}{n} = \frac{1}{n-1} \cdot n\sigma^2 - \frac{1}{n-1} \cdot \sigma^2$$

$$= \frac{1}{n-1} \cdot \left(n\sigma^2 - \sigma^2 \right) = \frac{1}{n-1} \cdot (n-1) \cdot \sigma^2 = \sigma^2$$

vereinfachen.   ◆

Effizienz

Mit der Erwartungstreue wurde ein erstes Kriterium angegeben, nach dem die Güte einer Schätzfunktion beurteilt werden kann. Wichtig ist, dass sich die Erwartungstreue auf den Durchschnitt aller Stichproben eines bestimmten Umfangs bezieht. Werden mehrere Stichproben entnommen, dann werden sich die einzelnen erwartungstreuen Schätzwerte mehr oder weniger voneinander unterscheiden. Ergänzend zu der Erwartungstreue ist daher zu berücksichtigen, wie stark die Werte einer Schätzfunktion streuen bzw. wie groß ihre Varianz ist. Je geringere Werte die Varianz annimmt, desto präziser ist die Schätzung.

> Die erwartungstreue Schätzfunktion mit der geringsten Varianz heißt **effizient**.

Vergleicht man nicht alle erwartungstreuen Schätzer, sondern beispielsweise nur zwei, dann bezeichnet man denjenigen mit der geringeren Varianz auch als **relativ effizient**

$$\mathrm{Var}(\hat{\theta}_1) \leq \mathrm{Var}(\hat{\theta}_2) \implies \hat{\theta}_1 \text{ ist relativ effizient zu } \hat{\theta}_2. \tag{10.5}$$

Abb. 10.7 enthält zwei erwartungstreue Schätzfunktionen $\hat{\theta}_1$ und $\hat{\theta}_2$ für den Parameter der Grundgesamtheit θ. Welche Schätzfunktion ist vorzuziehen?

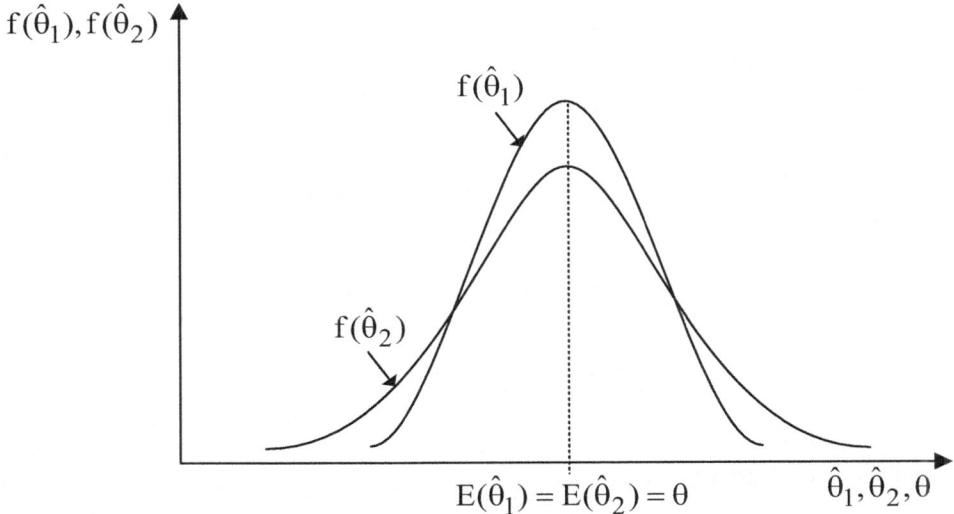

Abb. 10.7 Erwartungstreue Dichtefunktionen zweier Schätzer

Wir würden diejenige mit der geringeren Streuung, also $\hat{\theta}_1$, präferieren, weil sie im Mittel den unbekannten Parameter θ präziser schätzt. $\hat{\theta}_1$ ist also relativ effizient zu $\hat{\theta}_2$.

Beispiel 10.12

Gegeben seien zwei erwartungstreue Schätzer für das arithmetische Mittel

$$\hat{\mu}_1 = \frac{1}{3} \cdot (X_1 + X_2 + X_3),$$

$$\hat{\mu}_2 = \frac{1}{6} \cdot (X_1 + 2X_2 + 3X_3).$$

Welcher Schätzer weist die kleinere Varianz auf, ist also relativ effizient. Zuerst wird die Varianz von $\hat{\mu}_1$ bestimmt:

$$\text{Var}(\hat{\mu}_1) = E(\hat{\mu}_1 - \mu)^2 = E\left[\frac{1}{3} \cdot (X_1 + X_2 + X_3) - \mu\right]^2$$

$$= E\left(\frac{1}{3} \cdot X_1 + \frac{1}{3} \cdot X_2 + \frac{1}{3} \cdot X_3 - \underbrace{\frac{1}{3} \cdot 3}_{=1} \cdot \mu\right)^2$$

$$= E\left[\frac{1}{3} \cdot \left(X_1 + X_2 + X_3 \underbrace{-\mu - \mu - \mu}_{=-3\mu}\right)\right]^2$$

$$= \frac{1}{9} \cdot E[(X_1 - \mu) + (X_2 - \mu) + (X_3 - \mu)]^2$$

$$= \frac{1}{9} \cdot E\left[(X_1 - \mu)^2 + (X_2 - \mu)^2 + (X_3 - \mu)^2\right]$$

$$= \frac{1}{9} \cdot \left(\sigma^2 + \sigma^2 + \sigma^2\right) = \frac{1}{9} \cdot 3 \cdot \sigma^2 = \frac{1}{3} \cdot \sigma^2,$$

anschließend die Varianz von $\hat{\mu}_2$:

$$\text{Var}(\hat{\mu}_2) = E(\hat{\mu}_2 - \mu)^2 = E\left[\frac{1}{6} \cdot (X_1 + 2X_2 + 3X_3) - \mu\right]^2$$

$$= E\left[\frac{1}{6} \cdot (X_1 + 2X_2 + 3X_3) - \underbrace{\frac{1}{6} \cdot 6}_{=1} \cdot \mu\right]^2$$

$$= E\left[\frac{1}{6} \cdot (X_1 + 2X_2 + 3X_3 - 6 \cdot \mu)\right]^2$$

$$= \frac{1}{36} \cdot E(X_1 + 2X_2 + 3X_3 - 6 \cdot \mu)^2$$

$$= \frac{1}{36} \cdot E[(X_1 - \mu) + 2(X_2 - \mu) + 3 \cdot (X_3 - \mu)]^2$$

$$= \frac{1}{36} \cdot E\left[(X_1 - \mu)^2 + 2^2 \cdot (X_2 - \mu)^2 + 3^2 \cdot (X_3 - \mu)^2\right]$$

$$= \frac{1}{36} \cdot \left[E(X_1 - \mu)^2 + 4 \cdot E(X_2 - \mu)^2 + 9 \cdot E(X_3 - \mu)^2\right]$$

$$= \frac{1}{36} \cdot \left[\sigma^2 + 4 \cdot \sigma^2 + 9 \cdot \sigma^2\right] = \frac{1}{36} \cdot 14 \cdot \sigma^2 = \frac{7}{18} \cdot \sigma^2 .$$

Die Varianz der ersten Schätzfunktion ist kleiner als diejenige der zweiten:

$$\left[\mathrm{Var}(\hat{\mu}_1) =\right]\frac{1}{3} \cdot \sigma^2 < \frac{7}{18} \cdot \sigma^2 \left[= \mathrm{Var}(\hat{\mu}_2)\right].$$

Die erste Schätzfunktion ist damit der zweiten vorzuziehen. ◆

Konsistenz

Viele Schätzfunktionen, die in der statistischen Praxis auftreten, haben die Eigenschaft, dass bei steigendem Stichprobenumfang n sowohl ihr Bias (**asymptotische Erwartungstreue**),

$$\lim_{n \to \infty} \left[E(\hat{\theta}) - \theta\right] = 0 \quad , \qquad (10.6)$$

als auch ihre Varianz (**verschwindende Varianz**),

$$\lim_{n \to \infty} \mathrm{Var}(\hat{\theta}) = 0 , \qquad (10.7)$$

gegen 0 gehen. Man bezeichnet diese asymptotische Güteeigenschaft einer Schätzfunktion als Konsistenz.[26]

> Ein Schätzer, der die Eigenschaften asymptotische Erwartungstreue und verschwindende Varianz besitzt, heißt **konsistenter Schätzer**.

Die Konsistenz einer Schätzfunktion ist also die Garantie, dass sich ein steigender Aufwand lohnt, um im Durchschnitt bessere Schätzergebnisse zu erhalten. Allerdings ist diese Garantie eher von theoretischem Nutzen, weil sich in der Anwendung extrem große Stichprobenumfänge selten realisieren lassen. Dennoch wird die Konsistenz in der Praxis häufig als minimale Güteanforderung angesehen, die an eine Schätzfunktion zu stellen ist.

Beispiel 10.13
Die Schätzfunktion

$$\overline{X} = \frac{1}{n} \sum_{i=1}^{n} X_i$$

ist eine konsistente Schätzung für den unbekannten Erwartungswert μ einer Grundgesamtheit. $\overline{X}$ ist erwartungstreu für den unbekannten Parameter μ (vgl. Beispiel 10.10) und damit natürlich auch asymptotisch erwartungstreu.[27]

Für den Nachweis der Konsistenz ist daher nur noch zu zeigen, dass die Varianz von $\overline{X}$ bei $n \to \infty$ gegen 0 geht. Da $Var(\overline{X}) = \sigma^2/n$ ist, folgt

$$\lim_{n \to \infty} Var(\overline{X}) = \lim_{n \to \infty} \frac{1}{n} \sigma^2 = 0 \cdot$$

Damit ist $\overline{X}$ konsistent für den unbekannten Erwartungswert μ einer Grundgesamtheit. Bei steigendem n konzentrieren sich also die Realisationen von $\overline{X}$ immer enger um μ, da die Streuung von $\overline{X}$ um den Erwartungswert abnimmt. Bei sehr großem Stichprobenumfang ist es also praktisch sicher, den wahren Parameter μ genau zu treffen.   ◆

---

[26] Die Gleichungen (10.6) und (10.7) geben die hinreichenden Bedingungen für die Konsistenz eines Schätzers an.

[27] Ist eine Erwartungstreue für alle Stichprobengrößen bewiesen, dann gilt dieser Beweis selbstverständlich auch für einen Stichprobenumfang, der gegen unendlich strebt.

Zusammenstellung verschiedener Punktschätzer

Welches sind nun Schätzfunktionen für interessierende Parameter, die die obigen Anforderungen erfüllen? Tabelle 8.1 gibt hierüber einen Überblick. Es handelt sich um Punktschätzer, die sich vom Parameter der Grundgesamtheit mit ziemlicher Sicherheit unterscheiden. Schließlich werden nur einige Elemente der Grundgesamtheit – nämlich diejenigen, die in die Stichprobe gelangt sind – zu seiner Berechnung verwendet.

Tabelle 10.1 Erwartungstreue, effiziente und konsistente Schätzfunktionen für ausgewählte Parameter

Bezeichnung	Parameter der Grundgesamtheit	Schätzfunktion	Realisation der Schätzfunktion
allgemein	θ	$\hat{\theta}$	$\hat{\theta}$
arithmetisches Mittel	μ	$\overline{X} = \frac{1}{n} \cdot \sum_{i=1}^{n} X_i$	$\overline{x}$
Varianz	σ^2	$S^2 = \frac{1}{n-1} \cdot \sum_{i=1}^{n} (X_i - \overline{X})^2$	s^2
Anteilswert	p	$\overline{P} = \frac{n_A}{n}$ [28]	$\overline{p}$

Beispiel 10.14 (Fortsetzung von Beispiel 10.8)

Mit den durch eine Zufallsauswahl gewonnenen Beobachtungswerten:

$$x_1 = 449, \, x_2 = 662, \, x_3 = 389, \, x_4 = 802, \, x_5 = 523,$$

$$x_6 = 339, \, x_7 = 540, \, x_8 = 603, \, x_9 = 744 \text{ und } x_{10} = 459$$

erhält man folgendes geschätztes arithmetisches Mittel:

$$\overline{x} = \frac{1}{10} \cdot \sum_{i=1}^{10} x_i$$

$$= \frac{1}{10} \cdot (449 + 662 + 389 + 802 + 523 + 339 + 540 + 603 + 744 + 459)$$

$$= \frac{1}{10} \cdot 5.510 = 551 \, [\text{€}].$$

---

[28] n_A ist die Anzahl der Elemente mit der interessierenden Eigenschaft A (vgl. Beispiel 10.15).

Das Durchschnittseinkommen aller Kasseler Studenten beträgt also schätzungsweise 551 €. Da wir nur 10 Merkmalswerte verwendet haben, wird das arithmetische Mittel aller Studenten – also der Grundgesamtheit – von dem Punktschätzer abweichen.

Die Quadratwurzel aus der Varianz,

$$s^2 = \frac{1}{10-1} \cdot \left[(449 - 551)^2 + (662 - 551)^2 + \ldots + (459 - 551)^2 \right]$$

$$= \frac{1}{9} \cdot 206.236 = 22.915{,}111 \ [\text{€}^2],$$

ist die Standardabweichung:

$$s = \sqrt{22.915{,}111} = 151{,}377 \ [\text{€}].$$

Sie ist als durchschnittliche Abweichung vom arithmetischen Mittel zu interpretieren. ♦

Beispiel 10.15 (Fortsetzung von Beispiel 10.14)
Wie groß ist der geschätzte Anteilswert von den Studenten mit einem Einkommen von weniger als 500 €? Vier der zehn Studenten,

$$x_1 = 449, \ x_3 = 389, \ x_6 = 339 \ \text{und} \ x_{10} = 459,$$

weisen einen Verdienst von unter 500 € auf. Der geschätzte Anteilswert beträgt

$$\overline{p} = \frac{n_A}{n} = \frac{4}{10} = 0{,}4 \cdot$$

♦

10.5 Schätzmethoden für Punktschätzer

Bisher wurde aufgezeigt, welche Eigenschaften Punktschätzer aufweisen sollen. Tabelle **10.1** enthält auch die Schätzfunktionen für verschiedene Punktschätzer, die als bekannt vorausgesetzt wurden. Wie kann aber ausgehend von einem Parameter der Grundgesamtheit eine Schätzfunktion entwickelt werden? Die wichtigsten Schätzmethoden seien kurz erläutert.

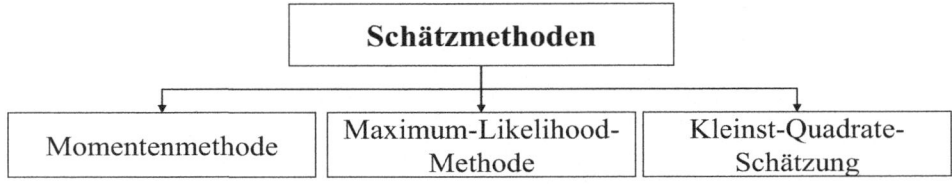

Abb. 10.8 Wichtige Schätzmethoden

Momentenmethode

Die Momente stellen eine Verallgemeinerung des arithmetischen Mittels dar. Da die gewöhnlichen Momente,

$$\mu_r = E\left(X^r\right), r = 1,2,\ldots, \tag{10.8}$$

in der Grundgesamtheit unbekannt sind, werden sie durch die vergleichbaren empirischen Momente der Stichprobe,

$$\overline{X}_r = \frac{1}{n}\sum_{i=1}^{n}X_i^r, \quad r = 1,2,\ldots, \tag{10.9}$$

ersetzt.

Die **Momentenmethode** verwendet die empirischen Momente einer Stichprobe, um unbekannte Parameter der Grundgesamtheit zu schätzen.

Beispiel 10.16

Der unbekannte Erwartungswert μ entspricht dem ersten gewöhnlichen Moment. Unter Anwendung der Formel für die Stichprobe (10.9) erhält man die Schätzfunktion

$$\overline{X}_1 = \frac{1}{n}\sum_{i=1}^{n}X_i^1 = \frac{1}{n}\sum_{i=1}^{n}X_i \ .$$

Diese Schätzfunktion ist erwartungstreu, effizient und konsistent.   ◆

Beispiel 10.17

Auch die unbekannte Varianz der Grundgesamtheit σ^2 kann unter Verwendung der ersten beiden Momente dargestellt werden [vgl. (5.21)]:

$$\sigma^2 = \mu_2 - \mu_1^2 = E\left(X^2\right) - \left[E(X)\right]^2 \ .$$

Einen Momentenschätzer erhält man, indem man die unbekannten Momente der Grundgesamtheit durch die empirischen Momente der Stichprobe ersetzt:

$$\overline{X}_2 - \overline{X}_1^2 = \frac{1}{n}\sum_{i=1}^{n}X_i^2 - \left(\frac{1}{n}\sum_{i=1}^{n}X_i^1\right)^2 \ .$$

Nach einigen Umformungen ergibt sich daraus

$$\overline{X}_2 - \overline{X}_1^2 = \frac{1}{n}\sum_{i=1}^{n}\left(X_i - \overline{X}\right)^2 \ .$$

Wie im letzten Abschnitt gezeigt wurde, ist diese Schätzfunktion nicht erwartungstreu für die unbekannte Varianz σ^2 einer Grundgesamtheit. Die Momentenmethode liefert also nicht grundsätzlich erwartungstreue Schätzfunktionen.   ♦

Maximum-Likelihood-Methode
Ein wichtiges Verfahren ist die Maximum-Likelihood-Methode (Prinzip der größten Mutmaßlichkeit). Nach der Stichprobenziehung liegen n Stichprobenwerte vor:

$$x_1, x_2, \ldots, x_n \ .$$

Der Schätzwert $\hat{\theta}$ des unbekannten Parameters θ wird so bestimmt, dass die Wahrscheinlichkeit des Eintretens der n Stichprobenwerte maximal ist. Gesucht ist also der Schätzwert $\hat{\theta}$, bei dem die Stichprobenwerte die größte Wahrscheinlichkeit aufweisen.
   Mathematisch erfolgt die Lösung durch Maximieren der sog. Likelihood-Funktion L[29] unter Anwendung der Differentialrechnung. Dafür muss allerdings die anzuwendende Verteilung bekannt sein. Ein Problem besteht darin, dass die Maximum-Likelihood-Schätzer bei kleinen Stichproben nicht unbedingt erwartungstreu sind. Sie erfüllen allerdings die asymptotische Erwartungstreue.

> Die **Maximum-Likelihood-Methode** weist den Schätzer aus, der bei gegebenen Stichprobenwerten die maximale Wahrscheinlichkeit besitzt.

Beispiel 10.18
Einen Statistik-Professor interessiert, welcher Anteil seiner Studenten im Grundstudium die Klausur zum ersten Mal mitschreibt. Er wählt zehn Studenten mit Zurücklegen zufällig aus. Von diesen sind vier noch nicht „durchgefallen". Damit ist die Binomialverteilung mit der Likelihood-Funktion

$$L(p) = \binom{n}{x} \cdot p^x \cdot (1-p)^{n-x} = \binom{10}{4} \cdot p^4 \cdot (1-p)^6$$

heranzuziehen. Im Unterschied zur Wahrscheinlichkeitsfunktion ist hier nicht x, sondern p variabel. Den Parameter p bestimmt man so, dass die Likelihood-Funktion maximal wird. Setzen wir für p 0,1 ein, so erhalten wir eine Mutmaßlichkeit von

---

[29] Die Likelihood-Funktion L unterscheidet sich von der gemeinsamen Wahrscheinlichkeits- oder Dichtefunktion f dadurch, dass θ als variabel und die Stichprobenwerte als gegeben angesehen werden, während für f genau das Umgekehrte gilt.

$$L(0,1) = \binom{10}{4} \cdot 0{,}1^4 \cdot 0{,}9^6 = 0{,}011 \cdot$$

Man müsste jetzt alle möglichen Werte zwischen null und eins für p einsetzen und ermitteln, welches p die maximale Likelihood besitzt. In der folgenden Grafik sind für alle
p im Bereich zwischen null und eins die Likelihood-Werte L abgetragen. Das Maximum
liegt über einem p von 0,4. Der Maximum-Likelihood-Schätzer für den unbekannten
Parameter p liegt also im vorliegenden Beispiel bei 0,4. Er stimmt mit dem Sticproben-
anteilswert

$$\overline{P} = \frac{n_A}{n} = \frac{4}{10} = 0{,}4$$

überein.

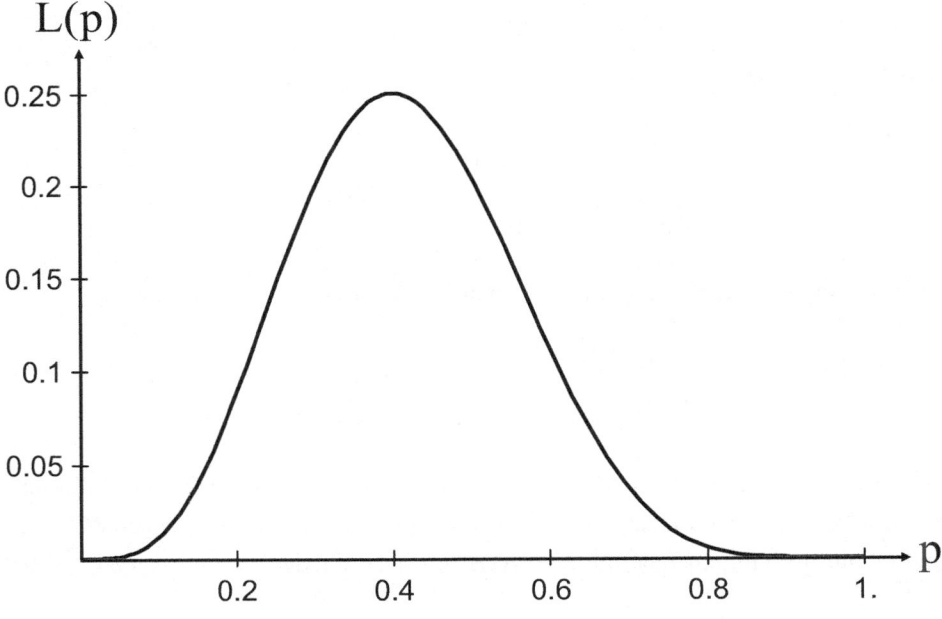

Kleinst-Quadrate-Schätzung

Eine weitere Schätzmethode ist die Kleinst-Quadrate-Schätzung (KQ-Schätzung). Diese
Methode wurde bereits in der Deskriptiven Statistik zur Schätzung der Regressions-
koeffizienten herangezogen (vgl. Kosfeld/Eckey/Türck 2016, S. 227 ff.). Der unbekannte
Parameter der Grundgesamtheit wird so bestimmt, dass die quadrierten Abweichungen
der Beobachtungswerte von ihrem Schätzwert (Fehlervarianz) minimiert werden.

Mit der **Kleinst-Quadrate-Schätzung** ermittelt man den Schätzer so, dass die Fehler-varianz minimiert wird. Aufgrund der Quadrierung werden absolut große Fehler überproportional berücksichtigt.

Beispiel 10.19

Ausgegangen wird von den n Zufallsvariablen einer Stichprobe,

$$X_1, X_2, X_3, \ldots, X_n,$$

die zur Schätzung des arithmetischen Mittels der Grundgesamtheit μ herangezogen wer-den. Der Kleinst-Quadrate-Schätzer $\hat{\mu}$ für den unbekannten Mittelwert der Grundge-samtheit ergibt sich durch Minimierung der quadrierten Abweichungsquadratsumme:

$$Q(\mu) = \sum_{i=1}^{n} (X_i - \mu)^2 \to \underset{\mu}{\text{Min}},$$

indem nach μ abgeleitet wird:

$$\frac{\partial Q(\mu)}{\partial \mu} = \frac{\partial \left[\sum\limits_{i=1}^{n} (X_i - \mu)^2 \right]}{\partial \mu} = \sum_{i=1}^{n} \frac{\partial (X_i - \mu)^2}{\partial \mu}.$$

Unter Anwendung der Kettenregel erhält man den Ausdruck

$$\frac{\partial Q(\mu)}{\partial \mu} = \sum_{i=1}^{n} \underbrace{2 \cdot (X_i - \mu)}_{\text{äußere Ableitung}} \cdot \underbrace{(-1)}_{\text{innere Ableitung}} \cdot$$

Zur Bestimmung des Kleinst-Quadrate-Schätzers μ muss die erste Ableitung gleich null gesetzt werden. Die dadurch definierte Berechnung ist nicht mehr für beliebige Werte μ, sondern nur noch für einen bestimmten Wert von μ erfüllt, den wir mit $\hat{\mu}$ bezeichnen:

$$\sum_{i=1}^{n} 2 \cdot (X_i - \hat{\mu}) \cdot (-1) = 0$$

$$\sum_{i=1}^{n} (X_i - \hat{\mu}) = 0$$

$$\sum_{i=1}^{n} X_i - \sum_{i=1}^{n} \hat{\mu} = 0$$

$$n \cdot \hat{\mu} = \sum_{i=1}^{n} X_i$$

$$\hat{\mu} = \frac{1}{n} \cdot \sum_{i=1}^{n} X_i = \overline{X} \, .$$

Der Kleinst-Quadrate-Schätzer für den unbekannten Mittelwert der Grundgesamtheit erweist sich somit als das arithmetische Mittel der Stichprobenvariablen. Damit haben wir mit der Methode der kleinsten Quadrate dieselbe Schätzfunktion wie unter Anwendung der Momentenmethode erhalten (s. Beispiel 10.16).   ♦

10.6 Aufgaben

10.1 Auf einer Messe werden aus einer Gruppe von sechs Messebesuchern (= Grundgesamtheit) drei zufällig ausgewählt und nach ihrer beruflichen Erfahrung befragt. Im Einzelnen können die sechs Messebesucher folgende Anzahl von Berufsjahren vorweisen:

Messebesucher i	1	2	3	4	5	6
Berufsjahre x_i	12	15	10	8	5	10

a) Geben Sie die Stichprobenverteilung der durchschnittlichen Berufsjahre für das Modell „Ziehen ohne Zurücklegen" an (n = 3)!
b) Berechnen Sie den Mittelwert μ der Grundgesamtheit und den Erwartungswert des Stichprobenmittels $\overline{X}_3$.

10.2 Gegeben sind die beiden Schätzfunktionen (n ≥ 5)

$$\hat{\mu}_1 = \frac{1}{3}(X_1 + X_3 + X_5)$$

$$\hat{\mu}_2 = 0{,}4 \cdot X_1 + 0{,}6 \cdot X_2$$

a) Zeigen Sie, dass die beiden Schätzfunktionen $\hat{\mu}_1$ und $\hat{\mu}_2$ erwartungstreue Schätzer für μ sind!
b) Welche der beiden Schätzfunktionen $\hat{\mu}_1$ und $\hat{\mu}_2$ ist relativ effizienter?
c) Ist $\hat{\mu}_2$ ein konsistenter Schätzer für μ?

10.3 Eine Abfüllmaschine für Zuckerpakete arbeitet mit einem Sollgewicht von 500g. Bei einer Stichprobe von sechs Paketen sind die Gewichte (g)

488	510	492	498	504	496

gemessen worden.

a) Bestimmen Sie den Punktschätzer für das unbekannte mittlere Gewicht μ und die Varianz σ^2 in der Grundgesamtheit nach der Momentenmethode!

b) Zeigen Sie, dass Ihr in Teil a) bestimmter Punktschätzer für μ ein erwartungstreuer und konsistenter Schätzer ist!

10.4 In einem Krankenhaus sind für eine klinische Zwillingsstudie zufällig 10 Zwillingspaare ausgewählt worden. Unter ihnen befinden sich zwei eineiige Paare, die für die Untersuchung der Erblichkeit von Krankheiten von besonderem Interesse sind.

a) Der Leiter der klinischen Studie möchte einen Aufschluss über die Mutmaßlichkeit diverser plausibler Anteile eineiiger Zwillinge an den Zwillingen überhaupt erhalten. Geben Sie die „Likelihood" für die Anteilswerte 0,05; 0,1; 0,15; 0,2; 0,25 und 0,3 unter der gegebenen Stichprobe an!

b) Zeigen Sie, dass $\hat{p} = 0,2$ der Maximum-Likelihood-Schätzer für den Anteil der eineiigen Zwillinge an den Zwillingen der Population ist!

10.7 Lösungen

10.1

a) Stichprobenverteilung von $\overline{X}_3$

$\overline{X}_3 = \overline{x}_3$	Anzahl der Stichproben : $\binom{6}{3} = 20$	$P(\overline{X}_3 = \overline{x}_3)$
$7\frac{2}{3}$	$(5, 8, 10_1), (5, 8, 10_2)$	$\frac{2}{20} = 0{,}1$
$8\frac{1}{3}$	$(5, 10_1, 10_2), (5, 8, 12)$	$\frac{2}{20} = 0{,}1$
9	$(5, 10_1, 12), (5, 10_2, 12)$	$\frac{2}{20} = 0{,}1$
$9\frac{1}{3}$	$(8, 10_1, 10_2), (5, 8, 15)$	$\frac{2}{20} = 0{,}1$
10	$(8, 10_1, 12), (8, 10_2, 12), (5, 10_1, 15), (5, 10_2, 15)$	$\frac{4}{20} = 0{,}2$
$10\frac{2}{3}$	$(10_1, 10_2, 12), (5, 12, 15)$	$\frac{2}{20} = 0{,}1$
11	$(8, 10_1, 15), (8, 10_2, 15)$	$\frac{2}{20} = 0{,}1$
$11\frac{2}{3}$	$(10_1, 10_2, 15), (8, 12, 15)$	$\frac{2}{20} = 0{,}1$
$12\frac{1}{3}$	$(10_1, 12, 15), (10_2, 12, 15)$	$\frac{2}{20} = 0{,}1$

b) Mittelwert der Grundgesamtheit:

$$\mu = E(X) = \sum x_j \cdot P(X = x_j) = 5 \cdot \frac{1}{6} + 8 \cdot \frac{1}{6} + 10 \cdot \frac{1}{3} + 12 \cdot \frac{1}{6} + 15 \cdot \frac{1}{6}$$

$$= \frac{5 + 8 + 20 + 12 + 15}{6} = \frac{60}{6} = 10$$

Erwartungswert des Stichprobenmittels:

$$E(\overline{X}_3) = 7\frac{2}{3} \cdot 0{,}1 + 8\frac{1}{3} \cdot 0{,}1 + 9 \cdot 0{,}1 + 9\frac{1}{3} \cdot 0{,}1 + 10 \cdot 0{,}2 + 10\frac{2}{3} \cdot 0{,}1 + 11 \cdot 0{,}1 + 11\frac{2}{3} \cdot 0{,}1$$

$$+ 12\frac{1}{3} \cdot 0{,}1$$

$$= \frac{23 + 25 + 27 + 28 + 60 + 32 + 33 + 35 + 37}{30} = \frac{300}{30} = 10$$

10.2

a) Erwartungstreue

$$E(\hat{\mu}_1) = E\left[\frac{1}{3}(X_1 + X_3 + X_5)\right] = \frac{1}{3}E(X_1 + X_3 + X_5)$$

$$= \frac{1}{3}[E(X_1) + E(X_3) + E(X_5)]$$

$$= \frac{1}{3}(\mu + \mu + \mu) = \frac{1}{3} \cdot 3\mu = \mu$$

$$E(\hat{\mu}_2) = E(0{,}4 \cdot X_1 + 0{,}6 \cdot X_2) = E(0{,}4X_1) + E(0{,}6X_2) = 0{,}4E(X_1) + 0{,}6E(X_2)$$

$$= 0{,}4 \cdot \mu + 0{,}6 \cdot \mu = \mu$$

b) Relative Effizienz

$$\text{Var}(\hat{\mu}_1) = \text{Var}\left(\frac{1}{3}(X_1 + X_3 + X_5)\right) = \frac{1}{9}\text{Var}(X_1 + X_3 + X_5)$$

$$= \frac{1}{9}[\text{Var}(X_1) + \text{Var}(X_3) + \text{Var}(X_5)]$$

$$= \frac{1}{9}(\sigma^2 + \sigma^2 + \sigma^2) = \frac{1}{3}\sigma^2 = 0{,}333\sigma^2$$

$$\text{Var}(\hat{\mu}_2) = \text{Var}(0{,}4 \cdot\cdot X_1 + 0{,}6X_2)$$

$$= \text{Var}(0{,}4 \cdot X_1) + \text{Var}(0{,}6 \cdot X_2) = 0{,}4^2 \cdot \text{Var}(X_1) + 0{,}6^2 \cdot \text{Var}(X_2)$$

$$= 0{,}52\sigma^2$$

$$\text{Var}(\hat{\mu}_1) < \text{Var}(\hat{\mu}_2) \rightarrow \hat{\mu}_1 \text{ ist rel. eff. zu } \hat{\mu}_2$$

c) Konsistenz

1. Asymptotische Erwartungstreue

$$\lim_{n \to \infty} E(\hat{\mu}_2) = \lim_{n \to \infty} \mu = \mu$$

2. Asymptotisch verschwindende Varianz

$$\lim_{n \to \infty} Var(\hat{\mu}_2) = \lim_{n \to \infty} 0{,}52 \cdot \sigma^2 \neq 0$$

$\hat{\mu}_2$ ist nicht konsistent

10.3

a) Momentenmethode

Punktschätzer für μ:

$\overline{X}$ $\longrightarrow$ $E(X) = E(X_1) = \mu_1$

(1. gewöhnl. Stich-   (1. gewöhnl. Moment
probenmoment)   der Grundgesamtheit)

$$\overline{x} = \frac{1}{n} \sum_{i=1}^{n} x_i = \frac{1}{6} \cdot (488+510+492+498+504+496) = \frac{1}{6} \cdot 2988 = 498$$

Punktschätzer für σ^2:

$\overline{X_2} - \overline{X_1}^2$ $\longrightarrow$ $\sigma^2 = E(X^2) - [E(X)]^2 = \mu_2 - \mu_1^2$

(2. zentrales   (2. zentrales Moment der Grundgesamtheit
Stichproben-   = 2. gewöhnl. Moment minus
moment =   Quadrat des 1. gewöhnl. Moments der GG)
2. gewöhnl. Stichproben-
moment minus Quadrat
des 1. gewöhnl.
Stichprobenmoments)

$$s^{*2} = \overline{x_2} - \overline{x_1}^2 = \frac{1}{n} \sum_{i=1}^{n} x_i^2 - 498^2$$

$$= \frac{1}{6} \cdot \left(488^2 + 510^2 + 492^2 + 498^2 + 504^2 + 496^2\right) - 498^2 = 53{,}333$$

b) Erwartungswert von $\overline{X}$ ($\to$ Erwartungstreue):

$$E(\overline{X}) = E\left(\frac{1}{n} \sum_{i=1}^{n} X_i\right) = \frac{1}{n} \sum_{i=1}^{n} E(X_i) = \frac{1}{n} \sum_{i=1}^{n} \mu = \frac{1}{n} \cdot n \cdot \mu = \mu$$

Varianz von $\overline{X}$:

$$\mathrm{Var}(\overline{X}) = \mathrm{Var}\left(\frac{1}{n}\sum_{i=1}^{n} X_i\right) = \frac{1}{n^2}\mathrm{Var}\left(\sum_{i=1}^{n} X_i\right) = \frac{1}{n^2}\sum_{i=1}^{n}\mathrm{Var}(X_i) = \frac{1}{n^2}\cdot n\cdot\sigma^2 = \frac{\sigma^2}{n}$$

Konsistenz:

Asymptotische Erwartungstreue

$$\lim_{n\to\infty} E\left(\overline{X}_n\right) = \lim_{n\to\infty} \mu = \mu$$

Asymptotisch verschwindende Varianz

$$\lim_{n\to\infty} \mathrm{Var}(\overline{X}_n) = \lim_{n\to\infty} \frac{\sigma^2}{n} = 0$$

10.4

a) Likelihood:

ZV X (Anz. der eineiigen Zwillinge) binomialverteilt

x = 2 in einer Stichprobe vom Umfang n = 10 realisiert

$$L(p = 0{,}05) = \binom{10}{2} 0{,}05^2\cdot 0{,}95^8 = 45\cdot 0{,}0025\cdot 0{,}6634 = 0{,}0746$$

$$L(p = 0{,}10) = \binom{10}{2} 0{,}10^2\cdot 0{,}90^8 = 45\cdot 0{,}01\cdot 0{,}4305 = 0{,}1937$$

$$L(p = 0{,}15) = \binom{10}{2} 0{,}15^2\cdot 0{,}85^8 = 45\cdot 0{,}0225\cdot 0{,}2725 = 0{,}2759$$

$$L(p = 0{,}20) = \binom{10}{2} 0{,}20^2\cdot 0{,}80^8 = 45\cdot 0{,}04\cdot 0{,}1678 = 0{,}3020$$

$$L(p = 0{,}25) = \binom{10}{2} 0{,}25^2\cdot 0{,}75^8 = 45\cdot 0{,}0625\cdot 0{,}1001 = 0{,}2816$$

$$L(p = 0{,}30) = \binom{10}{2} 0{,}30^2\cdot 0{,}70^8 = 45\cdot 0{,}09\cdot 0{,}0576 = 0{,}2335$$

b) Maximum-Likelihood-Schätzer:

$$L(p|x = 2, n = 10) = \binom{10}{2}\cdot p^2\cdot(1 - p)^8$$

$$\frac{dL}{dp} = \binom{10}{2}\cdot 2\cdot p\cdot(1 - p)^8 + \binom{10}{2}\cdot p^2\cdot 8\cdot(1 - p)^7\cdot(-1) = 0$$

$$\Leftrightarrow (1 - p) - 4\cdot p = 0 \Leftrightarrow 1 - 5\cdot p = 0 \Leftrightarrow 5\cdot p = 1 \rightarrow \hat{p} = \frac{1}{5} = 0{,}2$$

Intervallschätzung (Konfidenzintervalle) 11

11.1 Prinzip des Konfidenzintervalls

Im Kapitel 10 wurde bereits angesprochen, dass man mit unterschiedlichen Stichproben verschiedene Punktschätzer $\hat{\theta}$ für den Parameter der Grundgesamtheit θ erzielt. Die Punktschätzer werden i. d. R. auch von θ abweichen. Mit einer Zufallsauswahl lässt sich der Stichprobenfehler berechnen. Man kann also ein Intervall zwischen C_1 und C_2 angeben, in dem sich der Parameter der Grundgesamtheit mit der Wahrscheinlichkeit $1-\alpha$ befindet:

$$P(C_1 \leq \theta \leq C_2) = 1 - \alpha \ . \tag{11.1}$$

$1 - \alpha$ heißt **Konfidenzniveau** oder Vertrauenswahrscheinlichkeit, $C_1 \leq \theta \leq C_2$ **Konfidenzintervall** oder Vertrauensintervall. Mit einer Wahrscheinlichkeit von $1 - \alpha$ befindet sich der unbekannte Parameter θ zwischen C_1 und C_2.

Die Intervallgrenzen C_1 und C_2 sind hierbei Stichprobenfunktionen, d. h. Zufallsvariablen, die sich aus den Stichprobenvariablen X_1, X_2, ..., X_n ergeben. Gleichung (11.1) gibt die Situation vor der Stichprobenziehung wieder. Nach der Stichprobenziehung liegen konkrete Werte c_1 und c_2 vor. $[c_1; c_2]$ ist also das konkrete Konfidenzintervall zum Niveau $1 - \alpha$.[30]

---

[30] Nach der Stichprobenziehung sind nämlich keine Zufallsvariablen mehr vorhanden, weshalb der Wahrscheinlichkeitsoperator P nicht anwendbar ist.

© Springer Fachmedien Wiesbaden GmbH, ein Teil von Springer Nature 2019
R. Kosfeld et al., *Wahrscheinlichkeitsrechnung und Induktive Statistik*,
https://doi.org/10.1007/978-3-658-28713-9_11

Beispiel 11.1

Warum führt man eigentlich eine Intervallschätzung durch? Anhand mehrerer Stichproben wurden die konkreten Konfidenzintervalle bestimmt, die aus folgender Tabelle hervorgehen:

Stichprobe	Stichprobenmittel	Konfidenzintervalle
1	14,5	[13,7; 15,3]
2	16,0	[15,2; 16,8]
3	15,5	[14,7; 16,3]
4	14,8	[14,0; 15,6]

Das arithmetische Mittel in der Grundgesamtheit μ befinde sich bei 15. Damit stimmt kein Punktschätzer (= Stichprobenmittel) mit μ überein. Mit Ausnahme der zweiten Stichprobe liegt μ innerhalb des Intervallschätzers. Man kann also ziemlich sicher sein, dass das Konfidenzintervall den Parameter der Grundgesamtheit, der ja meistens unbekannt ist, überdeckt.

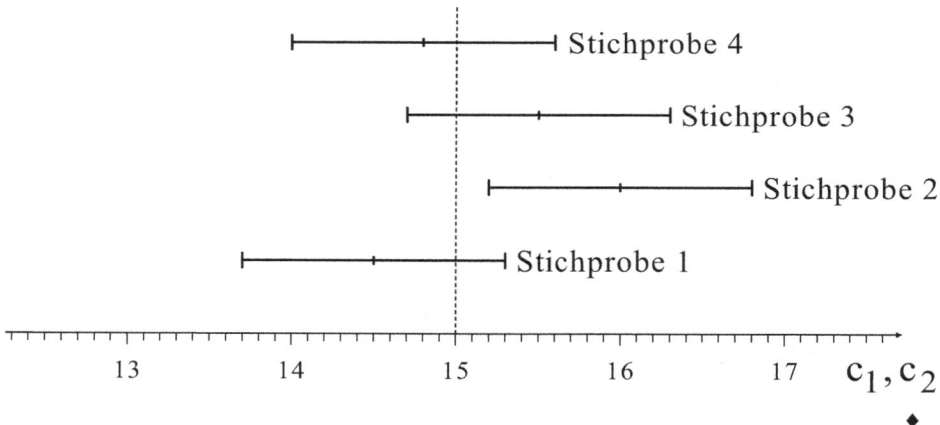

Wie ist nun ein solches Konfidenzintervall zu bestimmen? Hierzu sind in der Regel vier Arbeitsschritte erforderlich.

Abb. 11.1 Arbeitsschritte bei der Berechnung des Konfidenzintervalls

Arbeitsschritte bei der Berechnung des Konfidenzintervalls

Arbeitsschritt 1: Konfidenzniveau

Zunächst ist das Konfidenzniveau anzugeben; es wird zumeist mit $1 - \alpha = 0{,}95$ gewählt. Nähere Erläuterungen zur Festlegung erfolgen am Ende dieses Abschnitts.

Arbeitsschritt 2: Schätzfunktion und ihre Verteilung

Für den jeweils interessierenden Parameter der Grundgesamtheit ist ein geeigneter Punktschätzer festzulegen. Vorzuziehen sind hierbei Schätzfunktionen, die die in Kapitel 10 geforderten Schätzeigenschaften erfüllen. Außerdem muss man bestimmen, welcher Verteilung die Schätzfunktion folgt. Hier sind die in den Kapiteln 6 und 7 erläuterten Verteilungen relevant.

Arbeitsschritt 3: Kritische Werte

Im dritten Schritt sind die kritischen Werte mit den Tabellen B.4 bis B.7 zu bestimmen. Folgt die Schätzfunktion einer Normalverteilung, dann sind die kritischen Werte $z_{\alpha/2}$ und $z_{1-\alpha/2}$ in Tabelle B.4 abzulesen. Zwischen den Quantilen liegt nämlich eine standardnormalverteilte Zufallsvariable mit einer Wahrscheinlichkeit von $1 - \alpha$.

Beispiel 11.2

Ein Veterinärmediziner untersucht das Gewicht von neugeborenen Echsen. Bei einer Zufallsstichprobe vom Umfang $n = 5$ wird ein arithmetisches Mittel in Höhe von $\bar{x} = 100$ [g] ermittelt. Aus vergleichbaren Untersuchungen ist die Standardabweichung des Gewichts in der Grundgesamtheit bekannt. Dieses liegt bei $\sigma = 50$ [g], so dass der Standardfehler (= geschätzte Standardabweichung) des arithmetischen Mittels

$$\sigma_{\bar{x}} = \frac{\sigma}{n} = \frac{50}{5} = 10\,[g]$$

beträgt. Das Gewicht sei normalverteilt. Damit ist ein Konfidenzintervall mit der Normalverteilung

$$N\!\left(100;10^2\right)$$

zu berechnen. $1 - \alpha$ setzen wir auf $0{,}95$.

Eine direkte Bestimmung der Konfidenzintervallgrenzen mit Hilfe der Tabelle B.4, den Quantilen der Standardnormalverteilung, ist nicht möglich, da sie auf einer Normalverteilung mit dem Mittelwert 0 und der Varianz 1 basiert, also $N(0;1)$ verteilt ist. Für $N(0;1)$ erhalten wir durch Nachschlagen in Tabelle B.4 den 2,5 %-Punkt

$$z_{\alpha/2} = z_{0,025} = -z_{0,975} = -1{,}96$$

und den 97,5 %-Punkt

$$z_{1-\alpha/2} = z_{0,975} = +1,96 \,.$$

Für eine standardnormalverteilte Zufallsvariable Z gilt somit folgende Beziehung:

$$P(-1,96 \le Z \le +1,96) = 0,95 \,.$$

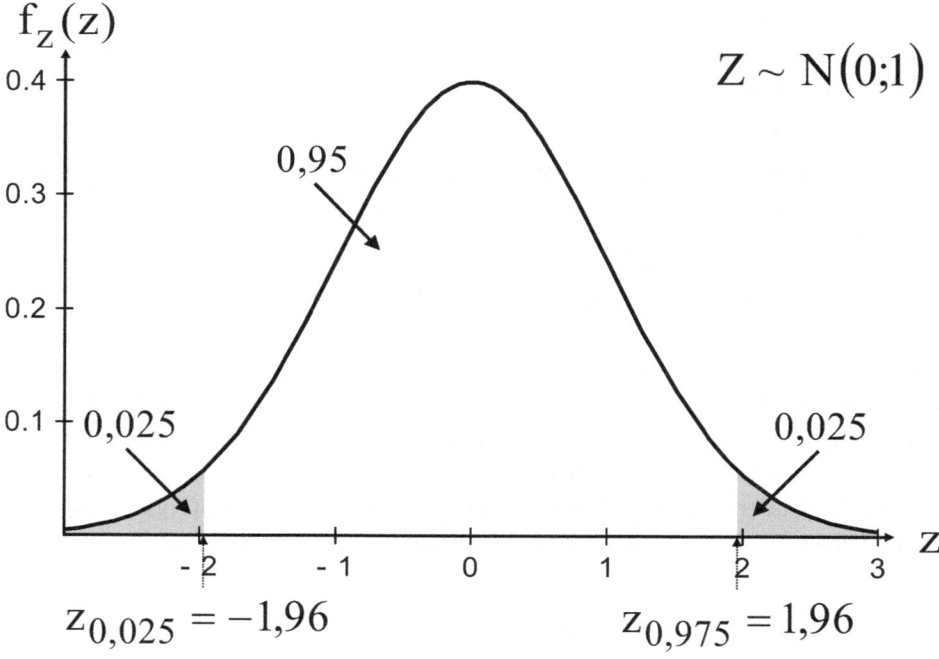

Arbeitsschritt 4: Konkretes Konfidenzintervall
Wir gehen von dem Konfidenzintervall für das arithmetische Mittel bei bekannter Standardabweichung aus, um die allgemeine Vorgehensweise aufzuzeigen.[31] Die kritischen Werte wurden der Standardnormalverteilung $N(0;1)$ entnommen. Durch eine Entstandardisierung wollen wir von $N(0;1)$ zu $N\left(\overline{X};\sigma_{\overline{X}}^{2}\right)$ gelangen, um aus $z_{\alpha/2}$ und $z_{1-\alpha/2}$ c_1 und c_2 bestimmen zu können. Zu standardisierten Werten kommt man bekanntlich, indem man von einer Variablen ihren Mittelwert abzieht und durch die Standardabweichung dividiert:

---

[31] Für bestimmte Parameter, beispielsweise den Median, wird das Konfidenzintervall allerdings auf andere Weise konstruiert.

$$\frac{\overline{X} - \mu}{\sigma_{\overline{x}}}$$

bzw.

$$P\left(z_{\alpha/2} \leq \frac{\overline{X} - \mu}{\sigma_{\overline{x}}} \leq z_{1-\alpha/2} \right) = 1 - \alpha \, .$$

Die Ungleichung in der Klammer muss nach μ aufgelöst werden. Hierzu wird sie zunächst mit $\sigma_{\overline{x}}$ multipliziert:

$$P\left(z_{\alpha/2} \cdot \sigma_{\overline{x}} \leq \overline{X} - \mu \leq z_{1-\alpha/2} \cdot \sigma_{\overline{x}} \right) = 1 - \alpha \, .$$

Anschließend wird der Schätzer $\overline{X}$ subtrahiert:

$$P\left(-\overline{X} + z_{\alpha/2} \cdot \sigma_{\overline{x}} \leq -\mu \leq -\overline{X} + z_{1-\alpha/2} \cdot \sigma_{\overline{x}} \right) = 1 - \alpha$$

sowie die Ungleichung mit minus eins multipliziert. Hierbei ist zu beachten, dass sich die Ungleichzeichen umdrehen:

$$P\left(\overline{X} - z_{\alpha/2} \cdot \sigma_{\overline{x}} \geq \mu \geq \overline{X} - z_{1-\alpha/2} \cdot \sigma_{\overline{x}} \right) = 1 - \alpha \, .$$

Gewöhnlich ordnet man die Terme innerhalb der Klammer anders an, so dass man die Beziehung

$$P\left(\underbrace{\overline{X} - z_{1-\alpha/2} \cdot \sigma_{\overline{x}}}_{C_1} \leq \mu \leq \underbrace{\overline{X} - z_{\alpha/2} \cdot \sigma_{\overline{x}}}_{C_2} \right) = 1 - \alpha$$

erhält.

Beispiel 11.3 (Fortsetzung von Beispiel 11.2)
Für unser Beispiel soll das endgültige Konfidenzintervall mit der Verteilung $N(100;10)$ berechnet werden. Das konkrete Konfidenzintervall nach Stichprobenziehung wird in eckige Klammern gesetzt. Das Stichprobenmittel ist jetzt keine Zufallsvariable, sondern eine konkrete Realisation, die mit kleinen Buchstaben bezeichnet wird:

$$\left[\overline{x} - z_{0{,}975} \cdot \sigma_{\overline{x}} ; \overline{x} - z_{0{,}025} \cdot \sigma_{\overline{x}} \right]$$

$$\left[100 - 1{,}96 \cdot 10; 100 - (-1{,}96) \cdot 10\right]$$

$$\left[100 - 19{,}6; 100 + 19{,}6\right]$$

$$\left[80{,}4; 119{,}6\right] \ .$$

Mit einer Sicherheit von 95 % liegt das Durchschnittsgewicht in der Grundgesamtheit aller neugeborenen Echsen dieser Art zwischen 80,4 g und 119,6 g.[32] Das Konfidenzintervall ist in der folgenden Abbildung grafisch veranschaulicht.[33]

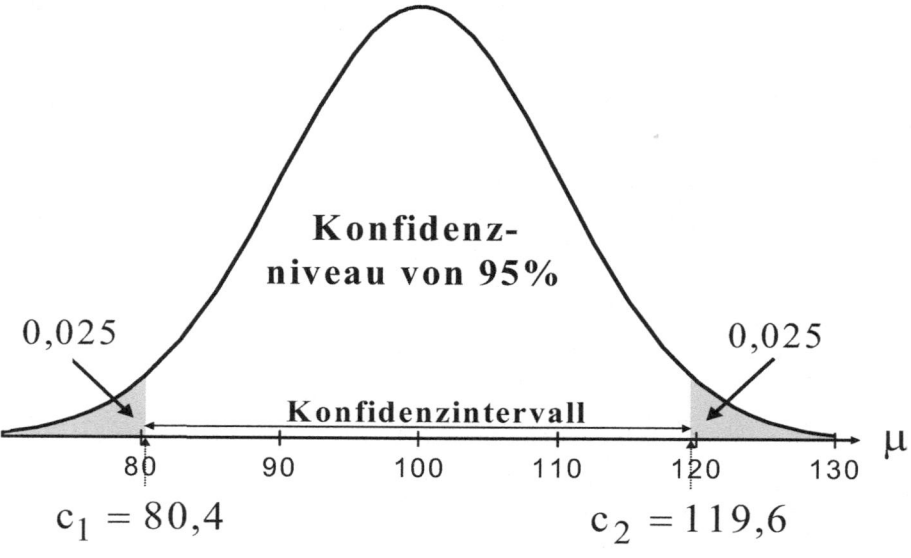

Konfidenzniveau $1 - \alpha$

Was passiert, wenn man das Konfidenzniveau $1 - \alpha$ erhöht? Dann werden die kritischen Werte größer und damit verbreitert sich das Konfidenzintervall. Hier besteht also ein Zielkonflikt:

- Man möchte Aussagen für eine hohe Sicherheit erhalten. Damit wäre ein großer Wert für $1 - \alpha$ zu wählen.

- Ein Interesse besteht an einem schmalen Konfidenzintervall und damit genauer Aussagen. Dies impliziert einen geringen Wert für $1 - \alpha$.

---

[32] Wir verwenden den Begriff Sicherheit anstelle von Wahrscheinlichkeit, weil eine Wahrscheinlichkeitsinterpretation nach Stichprobenziehung unzulässig ist (vgl. Fußnote 28).

[33] Hierbei handelt es sich allerdings nicht um eine Dichtefunktion. Beim konkreten Konfidenzintervallen sind nämlich keine Zufallsvariablen mehr vorhanden.

Mit steigender Wahrscheinlichkeit für die Richtigkeit der Aussage wird das Konfidenzintervall breiter, die Aussage also weniger informativ. Im Extremfall würde gelten: $P(-\infty \leq \theta \leq +\infty) = 100\%$. Eine 100 % richtige Aussage hat also keinerlei Informationsgehalt mehr.

> In diesem Zielkonflikt zwischen Sicherheit und Informationsgehalt der Aussage wird man sich in der Regel für ein Konfidenzniveau $1 - \alpha = 95\%$ entscheiden. Das entspricht einer Konvention und lässt sich nicht eindeutig ableiten.

Beispiel 11.4 (Fortsetzung von Beispiel 11.3)
Wie breit wäre das Konfidenzintervall für ein Konfidenzniveau von $1 - \alpha = 0{,}99$? Mit Hilfe der kritischen Werte

$$z_{\alpha/2} = z_{0,005} = -z_{0,995} = -2{,}576$$

und

$$z_{1-\alpha/2} = z_{0,995} = 2{,}576$$

erhält man das konkrete Konfidenzintervall:

$$\left[\overline{x} - z_{0,995} \cdot \sigma_{\overline{x}}; \overline{x} - z_{0,005} \cdot \sigma_{\overline{x}}\right]$$

$$\left[100 - 2{,}576 \cdot 10; 100 - (-2{,}576) \cdot 10\right]$$

$$\left[74{,}24; 125{,}76\right] \ .$$

Das Konfidenzintervall würde sich also gegenüber Beispiel 11.3 verbreitern:

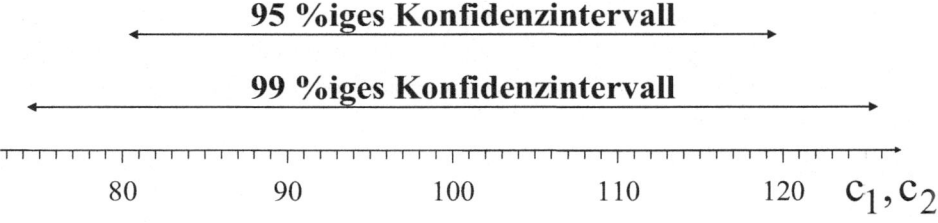

Übersicht

Fassen wir die Arbeitsschritte der Berechnung eines Konfidenzintervalls für den unbekannten Parameter θ der Grundgesamtheit zusammen. Wir gehen dabei von dem konkreten Konfidenzintervall nach Stichprobenziehung aus, das in eckige Klammern gesetzt wird:

Tabelle 11.1 Arbeitsschritte zur Berechnung eines konkreten Konfidenzintervalls bei einer normalverteilten Schätzfunktion

Arbeitsschritt	Erläuterung
Festlegung des Konfidenzniveaus $1 - \alpha$	$1 - \alpha$ stellt das Konfidenzniveau dar. Meistens setzt man es auf 0,95.
Bestimmung einer Schätzfunktion $\hat{\theta}$ für θ und Festlegung ihrer Verteilung	Die Schätzfunktion sollte erwartungstreu, effizient und konsistent sein. Die Verteilung wird benötigt, um die kritischen Werte im nächsten Schritt ablesen zu können.
Tabellarische Ermittlung der kritischen Werte	Bei einer normalverteilten Schätzfunktion lauten die kritischen Werte $z_{\alpha/2}$ und $z_{1-\alpha/2}$.
Konkretes Konfidenzintervall	Das konkrete Konfidenzintervall beträgt: $$\left[\hat{\theta} - z_{1-\alpha/2} \cdot \sigma_{\hat{\theta}}; \hat{\theta} - z_{\alpha/2} \cdot \sigma_{\hat{\theta}}\right].$$

11.2 Konkrete Konfidenzintervalle

Wir setzen im Folgenden voraus, dass das Merkmal in der Grundgesamtheit einer Normalverteilung folgt. Für große Stichproben lässt sich aus dem Zentralen Grenzwertsatz eine asymptotische Normalverteilung ableiten.

11.2.1 Erwartungswert (Heterograder Fall)[34]

Im Folgenden wird erläutert, wie man das Konfidenzintervall für das arithmetische Mittel eines Merkmals X ermittelt. Wir gehen davon aus, dass die Varianz von X in der Grundgesamtheit unbekannt ist.[35] Zur Berechnung des Konfidenzintervalls sind die vier Arbeitsschritte aus Tabelle 8.1 durchzuführen.

---

[34] Der Begriff „heterograder Fall" für das Konfidenzintervall des Erwartungswertes wird im Marketing verwendet.

[35] Bei bekannter Varianz sind die kritischen Werte der Standardnormalverteilung zu entnehmen. Voraussetzung ist, dass das Merkmal in der Grundgesamtheit normalverteilt ist.

Tabelle 11.2 Arbeitsschritte zur Berechnung eines konkreten Konfidenzintervalls bei einer normalverteilten Schätzfunktion

Arbeitsschritt	Erläuterung
Arbeitsschritt 1: Konfidenzniveau	$1 - \alpha = ?$
Arbeitsschritt 2: Schätzfunktionen und ihre Verteilung	Die Realisationen der Schätzfunktionen lauten: $$\overline{x} = \frac{1}{n} \cdot \sum_{i=1}^{n} x_i ; \; s^2 = \frac{1}{n-1} \cdot \sum_{i=1}^{n} (x_i - \overline{x})^2 ; \; s_{\overline{x}} = \sqrt{\frac{s^2}{n}} \cdot$$ Es ist eine t(n–1)-Verteilung[36] heranzuziehen. Diese kann für n > 30 durch eine Standardnormalverteilung approximiert werden.
Arbeitsschritt 3: Kritische Werte	Die kritischen Werte $t_{\alpha/2;n-1}$ und $t_{1-\alpha/2;n-1}$ sind aus der Tabelle B.6 im Anhang zu entnehmen. Bei einer Approximation lassen sich $z_{\alpha/2}$ und $z_{1-\alpha/2}$ aus Tabelle B.4 ablesen.
Arbeitsschritt 4: Konkretes Konfidenzintervall	Das konkrete Konfidenzintervall lautet: $$\left[\overline{x} - t_{1-\alpha/2;n-1} \cdot s_{\overline{x}} ; \overline{x} - t_{\alpha/2;n-1} \cdot s_{\overline{x}} \right] \cdot$$ Bei einer Approximation durch die Standardnormalverteilung gilt: $$\left[\overline{x} - z_{1-\alpha/2} \cdot s_{\overline{x}} ; \overline{x} - z_{\alpha/2} \cdot s_{\overline{x}} \right] \cdot$$

Beispiel 11.5

Wir befragen 10 Studierende der Universität Kassel nach ihrem Einkommen und erhalten folgende Antworten jeweils in €: $x_1 = 449$, $x_2 = 662$, $x_3 = 389$, $x_4 = 802$, $x_5 = 523$, $x_6 = 339$, $x_7 = 540$, $x_8 = 603$, $x_9 = 744$ und $x_{10} = 459$. Berechnet werden soll das Konfidenzintervall für μ – das Durchschnittseinkommen aller ca. 17.000 Kasseler Studierenden – bei einem Konfidenzniveau von $1 - \alpha = 0,95$.

Arbeitsschritt 1: Konfidenzniveau

$1 - \alpha = 0,95$

Arbeitsschritt 2: Schätzfunktionen und ihre Verteilung

$$\overline{x} = \frac{1}{10} \cdot (449 + 662 + \ldots + 459) = \frac{1}{10} \cdot 5.510 = 551$$

---

[36] Die t-Verteilung besteht aus dem Verhältnis einer standardnormal- und einer χ^2-verteilten Zufallsvariablen (vgl. Abschnitt 7.5). Der gesamte Bruch folgt daher einer t-Verteilung mit n – 1 Freiheitsgraden. Ein Freiheitsgrad geht nämlich durch die Schätzung des arithmetischen Mittels verloren.

$$s^2 = \frac{1}{10-1} \cdot \left[(449 - 551)^2 + \ldots + (459 - 551)^2 \right]$$

$$= \frac{1}{9} \cdot 206.236 = 22.915,111$$

$$\bar{x} = \frac{1}{10} \cdot (449 + 662 + \ldots + 459) = \frac{1}{10} \cdot 5.510 = 551$$

$$s = \sqrt{s^2} = \sqrt{22.915,111} = 151,377$$

$$s_{\bar{x}} = \frac{s}{\sqrt{n}} = \frac{151,377}{\sqrt{10}} = 47,870.$$

Anzuwenden ist eine $t(10-1) = t(9)$-Verteilung.

Arbeitsschritt 3: Kritische Werte
Die kritischen Werte werden dem Tabellenanhang (Quantile der t-Verteilung) entnommen:

$$t_{\alpha/2;n-1} = t_{0,05/2;10-1} = t_{0,025;9} = -t_{0,975;9} = -2,262,$$

$$t_{1-\alpha/2;n-1} = t_{1-0,05/2;10-1} = t_{0,975;9} = 2,262.$$

Arbeitsschritt 4: Konkretes Konfidenzintervall

$$\left[\bar{x} - t_{0,975;9} \cdot s_{\bar{x}}; \bar{x} - t_{0,025;9} \cdot s_{\bar{x}} \right]$$

$$\left[551 - 2,262 \cdot 47,87; 551 - (-2,262) \cdot 47,87 \right]$$

$$\left[442,72; 659,28 \right].$$

Mit 95%iger Sicherheit liegt das Durchschnittseinkommen aller Kasseler Studierenden zwischen 442,72 und 659,28 €.   ♦

Beispiel 11.6
Ein Institut testet die durchschnittliche Lebensdauer von Batterien. Bei $n = 144$ ergab sich ein $\bar{x} = 96$ Stunden und $s^2 = 324$. Wie groß ist das Konfidenzintervall bei $1 - \alpha = 0,99$?

Arbeitsschritt 1: Konfidenzniveau
$1 - \alpha = 0,99$

Arbeitsschritt 2: Schätzfunktionen und ihre Verteilung
Mit Hilfe der Angaben lassen sich folgende Punktschätzer ermitteln:

$$\bar{x} = 96, \ s^2 = 324, \ s = \sqrt{s^2} = \sqrt{324} = 18 \ \text{und} \ s_{\bar{x}} = \frac{s}{\sqrt{n}} = \frac{18}{\sqrt{144}} = \frac{18}{12} = 1,5$$

Die $t(144-1) = t(143)$-Verteilung ist heranzuziehen.

Arbeitsschritt 3: Kritische Werte

Für eine t(143)-Verteilung liegen keine tabellierten Werte vor; da (144 =) n > 30, kann diese t-Verteilung durch eine Standardnormalverteilung approximiert werden. Die kritischen Werte werden in Tabelle B.4 abgelesen:

$$z_{\alpha/2} = z_{0,01/2} = z_{0,005} = -z_{0,995} = -2,576,$$

$$z_{1-\alpha/2} = z_{1-0,01/2} = z_{0,995} = 2,576.$$

Arbeitsschritt 4: Konkretes Konfidenzinterval

$$\left[\overline{x} - z_{0,995} \cdot s_{\overline{x}}; \overline{x} - z_{0,005} \cdot s_{\overline{x}}\right]$$

$$\left[96 - 2,576 \cdot 1,5; 96 - (-2,576) \cdot 1,5\right]$$

$$\left[92,136; 99,864\right].$$

Mit 99 %iger Sicherheit liegt die durchschnittliche Lebensdauer der Batterien in der Grundgesamtheit zwischen 92,14 und 99,86 Stunden.   ◆

Das Ergebnis lässt sich auch grafisch veranschaulichen. Oberhalb des Konfidenzintervalls befindet sich 99 % der Fläche.

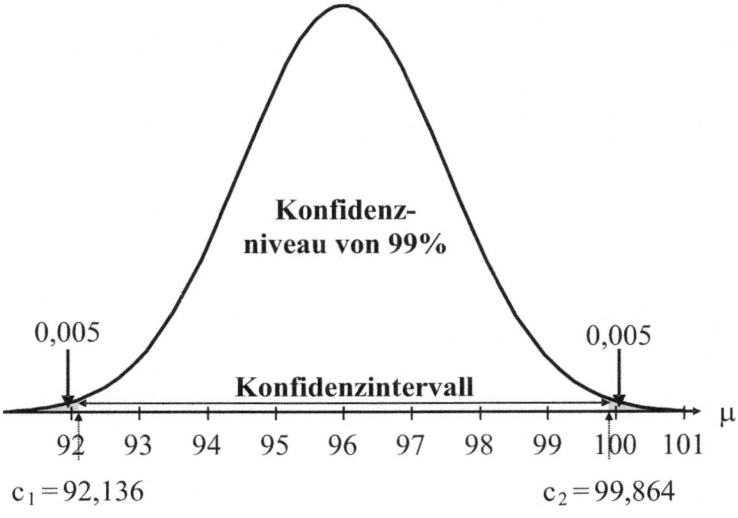

Wir betrachten nun die **Länge L des Konfidenzintervalls**, die sich als Differenz zwischen Intervallobergrenze und -untergrenze ergibt:

$$L = \overline{x} - t_{\alpha/2;n-1} \cdot \frac{s}{\sqrt{n}} - \left(\overline{x} - t_{1-\alpha/2;n-1} \cdot \frac{s}{\sqrt{n}}\right) = 2 \cdot t_{1-\alpha/2;n-1} \cdot \frac{s}{\sqrt{n}}, \qquad (11.2)$$

da aufgrund der Symmetrie der t-Verteilung um den Wert null die Beziehung

$$t_{\alpha/2;n-1} = -t_{1-\alpha/2;n-1}$$

gilt. Die Länge des Konfidenzintervalls ist also erstens bei festem Stichprobenumfang n und gegebener Standardabweichung s nur vom gewählten Konfidenzniveau $1-\alpha$ abhängig. Wird das Konfidenzniveau $1-\alpha$ erhöht, dann hat man zwar eine größere Sicherheit, dass der unbekannte Parameter μ in dem Konfidenzintervall liegt. Andererseits wird dadurch aber das Intervall breiter, da die kritischen Werte absolut zunehmen. Damit besteht ein Zielkonflikt zwischen der Sicherheit und der Genauigkeit der Konfidenzaussage, mit dem wir bei Intervallschätzungen generell konfrontiert sind.

Zweitens zeigt sich, dass die Länge des Konfidenzintervalls bei gegebenem Konfidenzniveau $1-\alpha$ und fester Standardabweichung s nur vom Stichprobenumfang n abhängt. Daraus ergibt sich, dass sich mit wachsendem Stichprobenumfang n die Länge des Konfidenzintervalls reduziert.

> Daher nimmt die Genauigkeit der Konfidenzaussage mit steigendem Stichprobenumfang zu. Der Aufwand einer größeren Stichprobe führt also zu einer präziseren Intervallschätzung.

Beispiel 11.7 (Fortsetzung von Beispiel 11.6)

Wie groß wäre das Konfidenzintervall für die durchschnittliche Lebensdauer der Batterien, wenn der Stichprobenumfang n nicht 144, sondern 324 betragen würde? Alle anderen Angaben bleiben unverändert: $\bar{x} = 96$, $s^2 = 324$ und $1-\alpha = 0{,}99$.

Arbeitsschritt 1: Konfidenzniveau

$1-\alpha = 0{,}99$

Arbeitsschritt 2: Schätzfunktionen und ihre Verteilung
Aufgrund des größeren Stichprobenumfangs ändern sich die geschätzte Standardabweichung von $\bar{x}$:

$$s_{\bar{x}} = \frac{s}{\sqrt{n}} = \frac{18}{\sqrt{324}} = \frac{18}{18} = 1$$

sowie die anzuwendende Verteilung: $t(324-1) = t(323)$.

Arbeitsschritt 3: Kritische Werte
Da die Approximationsbedingung [(324 =) n > 30] erfüllt ist, lesen wir die kritischen Werte der Standardnormalverteilung aus Tabelle B.4 ab:

$$z_{\alpha/2} = z_{0{,}01/2} = z_{0{,}005} = -z_{0{,}995} = -2{,}576,$$

$$z_{1-\alpha/2} = z_{1-0{,}01/2} = z_{0{,}995} = 2{,}576.$$

Arbeitsschritt 4: Konkretes Konfidenzinterval

$$\left[\overline{x} - z_{0,995} \cdot s_{\overline{x}}; \overline{x} - z_{0,005} \cdot s_{\overline{x}}\right]$$

$$\left[96 - 2,576 \cdot 1; 96 - (-2,576) \cdot 1\right]$$

$$\left[93,424; 98,576\right]$$
.

Aufgrund des größeren Stichprobenumfangs wird das Konfidenzintervall also schmaler (vgl. Beispiel 11.6). ◆

11.2.2 Anteilswert (Homograder Fall) [37]

Auch für den Anteilswert kann ein Konfidenzintervall für die Grundgesamtheit bestimmt werden. Zuerst sei wiederum die allgemeine Berechnung dargestellt:

Tabelle 11.3 Arbeitsschritte zur Berechnung eines konkreten Konfidenzintervalls für den Anteilswert

Arbeitsschritt	Erläuterung
Arbeitsschritt 1: Konfidenzniveau	$1 - \alpha = ?$
Arbeitsschritt 2: Schätzfunktionen und ihre Verteilung	Der geschätzte Anteilswert $$\overline{p} = \frac{n_A}{n}\ ^{38}$$ ist Parameter einer Binomialverteilung, die bei $$n > \frac{9}{\overline{p}(1-\overline{p})}$$ hinreichend genau durch eine Normalverteilung $$N\left(\overline{p}; s_{\overline{p}}^2 = \frac{\overline{p} \cdot (1-\overline{p})}{n}\right)$$ approximiert werden kann.[39]
Arbeitsschritt 3: Kritische Werte	Bei einer Approximation werden die kritischen Werte $z_{\alpha/2}$ und $z_{1-\alpha/2}$ Tabelle B.4 entnommen.
Arbeitsschritt 4: Konkretes Konfidenzintervall	Das konkrete Konfidenzintervall beträgt bei einer Approximation: $$\left[\overline{p} - z_{1-\alpha/2} \cdot s_{\overline{p}}; \overline{p} - z_{\alpha/2} \cdot s_{\overline{p}}\right].$$

Beispiel 11.8

Bei einer Qualitätskontrolle wurde an 100 von 500 Stücken ein Mangel festgestellt. Wie groß ist das Konfidenzintervall für p $(1 - \alpha = 0,95)$?

---

[37] Der Begriff „homograder Fall" für das Konfidenzintervall des Anteilswertes wird im Marketing verwendet.

[38] n_A: Anzahl der Untersuchungseinheiten mit der interessierenden Eigenschaft A.

[39] Schwarze (2001, S. 167 ff.) erläutert die Berechnung des Konfidenzintervalls, wenn keine Approximation durch die Normalverteilung durchgeführt werden kann.

Arbeitsschritt 1: Konfidenzniveau

$1-\alpha = 0,95$

Arbeitsschritt 2: Schätzfunktionen und ihre Verteilung

Da für den geschätzten Anteilswert,

$$\bar{p} = \frac{n_A}{n} = \frac{100}{500} = 0,2 \,,$$

die Approximationsbedingung,

$$(500 =) n > \frac{9}{\bar{p}(1-\bar{p})} \left(= \frac{9}{0,2 \cdot 0,8} = 56,25 \right),$$

erfüllt ist, kann die Binomialverteilung hinreichend genau durch Normalverteilung ersetzt werden. Man erhält folgende geschätzte Standardabweichung:

$$s_{\bar{p}} = \sqrt{\frac{\bar{p} \cdot (1-\bar{p})}{n}} = \sqrt{\frac{0,2 \cdot 0,8}{500}} = 0,018 \,.$$

Arbeitsschritt 3: Kritische Werte

Wir lesen die kritischen Werte in Tabelle B.4 ab:

$$z_{\alpha/2} = z_{0,05/2} = z_{0,025} = -z_{0,975} = -1,96 \,,$$

$$z_{1-\alpha/2} = z_{1-0,05/2} = z_{0,975} = 1,96 \,.$$

Arbeitsschritt 4: Konkretes Konfidenzintervall

$$\left[\bar{p} - z_{1-\alpha/2} \cdot s_{\bar{p}}; \bar{p} - z_{\alpha/2} \cdot s_{\bar{p}} \right]$$

$$\left[0,2 - 1,96 \cdot 0,018; 0,2 - (-1,96) \cdot 0,018 \right]$$

$$\left[0,165; 0,235 \right] \,.$$

Mit 95 %iger Sicherheit liegt der Anteilswert der defekten Stücke in der Grundgesamtheit zwischen 16,5 % und 23,5 %.

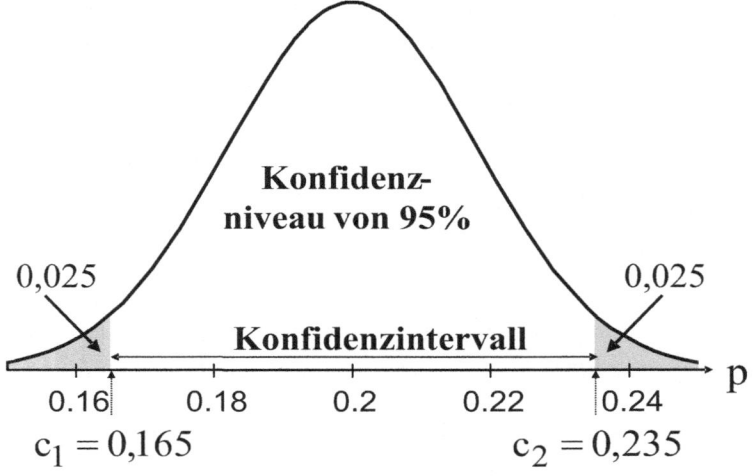

11.2.3 Varianz

Kommen wir zur Bestimmung des Konfidenzintervalls für die Varianz. Die vier Arbeitsschritte lauten:

Tabelle 11.4 Arbeitsschritte zur Berechnung eines konkreten Konfidenzintervalls für die Varianz

Arbeitsschritt	Erläuterung
Arbeitsschritt 1: Konfidenzniveau	$1 - \alpha = ?$
Arbeitsschritt 2: Schätzfunktionen und ihre Verteilung	Die Realisation der Schätzfunktion $$s^2 = \frac{1}{n-1} \cdot \sum_{i=1}^{n} (x_i - \bar{x})^2$$ folgt einer Chi-Quadrat-Verteilung (χ^2) mit $n-1$ Freiheitsgraden.[40] Bei $n > 30$ kann diese durch eine Normalverteilung $N(n-1; 2(n-1))$ approximiert werden.
Arbeitsschritt 3: Kritische Werte	Die kritischen Werte $\chi^2_{\alpha/2;n-1}$ und $\chi^2_{1-\alpha/2;n-1}$ entnehmen wir Tabelle B.5. Bei einer Approximation sind $z_{\alpha/2}$ und $z_{1-\alpha/2}$ aus Tabelle B.4 zu bestimmen.
Arbeitsschritt 4: Konkretes Konfidenzintervall	Das Konfidenzintervall lautet: $$\left[\frac{(n-1) \cdot s^2}{\chi^2_{1-\alpha/2;n-1}} ; \frac{(n-1) \cdot s^2}{\chi^2_{\alpha/2;n-1}} \right].$$ Bei einer Approximation mit der Normalverteilung sind die entstandardisierten Werte einzusetzen: $$\left[\frac{(n-1) \cdot S^2}{n-1+z_{1-\alpha/2} \cdot \sqrt{2(n-1)}} ; \frac{(n-1) \cdot S^2}{n-1+z_{\alpha/2} \cdot \sqrt{2(n-1)}} \right].$$

Beispiel 11.9 (Fortsetzung von Beispiel 11.5)

Wir greifen auf die Angaben in Beispiel 11.5 zurück und wollen ein Konfidenzintervall für die Varianz des Einkommens aller Kasseler Studierenden bestimmen. Das Konfidenzniveau betrage 95 %.

Arbeitsschritt 1: Konfidenzniveau
$1 - \alpha = 0{,}90$

---

[40] Durch die Schätzung des arithmetischen Mittels geht ein Freiheitsgrad verloren. Zur Chi-Quadrat-Verteilung vgl. Abschnitt 7.4.

Arbeitsschritt 2: Schätzfunktionen und ihre Verteilung

$$\bar{x} = \frac{1}{10} \cdot (449 + 662 + \ldots + 459) = \frac{1}{10} \cdot 5.510 = 551$$

$$s^2 = \frac{1}{10-1} \cdot \left[(449 - 551)^2 + \ldots + (459 - 551)^2 \right]$$

$$= \frac{1}{9} \cdot 206.236 = 22.915{,}111.$$

Anzuwenden ist eine $\chi^2(n-1) = \chi^2(10-1) = \chi^2(9)$-Verteilung.

Arbeitsschritt 3: Kritische Werte
Die kritischen Werte werden der Tabelle B.5 entnommen:

$$\chi^2_{\alpha/2;n-1} = \chi^2_{0,05/2;10-1} = \chi^2_{0,025;9} = 2{,}70 \, ,$$

$$\chi^2_{1-\alpha/2;n-1} = \chi^2_{1-0,05/2;10-1} = \chi^2_{0,975;9} = 19{,}0 \, .$$

Arbeitsschritt 4: Konkretes Konfidenzintervall
Das Konfidenzintervall für die Varianz beträgt:

$$\left[\frac{(n-1) \cdot s^2}{\chi^2_{1-\alpha/2;n-1}} ; \frac{(n-1) \cdot s^2}{\chi^2_{\alpha/2;n-1}} \right]$$

$$\left[\frac{(10-1) \cdot 22.915{,}111}{19{,}0} ; \frac{(10-1) \cdot 22.915{,}111}{2{,}7} \right]$$

$$[10.854{,}526; 76.383{,}703].$$

Durch Wurzelziehen erhält man das Konfidenzintervall für die Standardabweichung:

$$\left[\sqrt{10.854{,}526}; \sqrt{76.383{,}703} \right] = [104{,}19; 276{,}38] \quad .$$

Mit 95 %iger Sicherheit liegt die Varianz (Standardabweichung) des Einkommens der Grundgesamtheit zwischen 10.854,53 und 76.383,70 (104,19 und 276,38 €).

♦

Beispiel 11.10
Ein Unternehmen stellt Schrauben her. Eine Zufallsstichprobe vom Umfang 150 ergibt für den Durchmesser ein arithmetisches Mittel von 5 mm bei einer Standardabweichung von 0,1 mm. Die Präzision wird durch die Standardabweichung abgebildet. Wie präzise sind die Schrauben in der Grundgesamtheit mit einer Sicherheit von 90 %?

Arbeitsschritt 1: Konfidenzniveau

$$1 - \alpha = 0{,}90$$

Arbeitsschritt 2: Schätzfunktionen und ihre Verteilung

$\overline{x} = 5$

$s = 0,1$.

Anzuwenden ist eine $\chi^2(n-1) = \chi^2(150-1) = \chi^2(149)$-Verteilung. Für sie liegen allerdings keine tabellierten Werte vor. Da $(150 =) n > 30$ kann die Chi-Quadrat-Verteilung hinreichend genau durch eine Normalverteilung

$$N(n-1;2\cdot(n-1)) = N(150-1;2\cdot(150-1)) = N(149;298)$$

approximiert werden.

Arbeitsschritt 3: Kritische Werte
Die kritischen Werte werden dem Tabellenanhang (Quantile der Standardnormalverteilung) entnommen:

$$z_{\alpha/2} = z_{0,10/2} = z_{0,05} = -z_{0,95} = -1,645\,,$$

$$z_{1-\alpha/2} = z_{1-0,10/2} = z_{0,95} = 1,645\,.$$

Diese Werte müssen entstandardisiert werden, weil eine $N(149;298)$- und nicht $N(0;1)$-Verteilung relevant ist:

$$n-1+z_{\alpha/2}\cdot\sqrt{2(n-1)} = 149-1,645\cdot\sqrt{298} = 120,6029$$

$$n-1+z_{1-\alpha/2}\cdot\sqrt{2(n-1)} = 149+1,645\cdot\sqrt{298} = 177,3971\,.$$

Arbeitsschritt 4: Konkretes Konfidenzintervall
Konfidenzintervall für die Varianz:

$$\left[\frac{(n-1)\cdot s^2}{n-1+z_{1-\alpha/2}\cdot\sqrt{2(n-1)}};\frac{(n-1)\cdot s^2}{n-1+z_{\alpha/2}\cdot\sqrt{2(n-1)}}\right]$$

$$\left[\frac{149\cdot 0,1^2}{177,3971};\frac{149\cdot 0,1^2}{120,6029}\right]$$

$$[0,008;\,0,012]\,.$$

Durch Wurzelziehen erhält man das Konfidenzintervall für die Standardabweichung:

$$\left[\sqrt{0,008};\,\sqrt{0,012}\right] = [0,089;\,0,110]\,.$$

Mit 90 %iger Sicherheit liegt die Standardabweichung der Schrauben in der Grundgesamtheit zwischen 0,089 mm und 0,110 mm.

♦

Zusammenfassung

Konfidenzintervalle werden immer in den genannten vier Arbeitsschritten berechnet. Tabelle 11.5 gibt eine Übersicht der verschiedenen Formeln zur Ermittlung der konkreten Vertrauensintervalle.

Tabelle 11.5 Berechnung verschiedener Konfidenzintervalle

Parameter		Konkretes Konfidenzintervall	Standard-abweichung	Verteilung
Erwartungswert	μ (σ bekannt)	$\left[\bar{x} - z_{1-\alpha/2} \cdot \sigma_{\bar{x}}; \bar{x} - z_{\alpha/2} \cdot \sigma_{\bar{x}}\right]$	$\sigma_{\bar{x}} = \dfrac{\sigma}{\sqrt{n}}$	Normalverteilung *Voraussetzung:* Grundgesamtheit normalverteilt (bei kleinem n)
	μ (σ unbekannt)	$\left[\bar{x} - t_{1-\alpha/2;n-1} \cdot s_{\bar{x}}; \bar{x} - t_{\alpha/2;n-1} \cdot s_{\bar{x}}\right]$ bzw. bei Approximation $\left[\bar{x} - z_{1-\alpha/2} \cdot s_{\bar{x}}; \bar{x} - z_{\alpha/2} \cdot s_{\bar{x}}\right]$	$s_{\bar{x}} = \dfrac{s}{\sqrt{n}}$	t-Verteilung mit $\nu = n-1$ Freiheitsgraden; für n > 30 Approximation durch N(0;1) möglich *Voraussetzung:* Grundgesamtheit normalverteilt (bei kleinem n)
Anteilswert	p	$\left[\bar{p} - z_{1-\alpha/2} \cdot s_{\bar{p}}; \bar{p} - z_{\alpha/2} \cdot s_{\bar{p}}\right]$	$s_{\bar{p}}^2 = \dfrac{\bar{p} \cdot (1-\bar{p})}{n}$	Normalverteilung *Voraussetzung:* $n > \dfrac{9}{\bar{p}(1-\bar{p})}$
Varianz	σ^2	$\left[\dfrac{(n-1)\cdot s^2}{\chi^2_{1-\alpha/2;n-1}}; \dfrac{(n-1)\cdot s^2}{\chi^2_{\alpha/2;n-1}}\right]$ bzw. bei Approximation $\left[\dfrac{(n-1)\cdot s^2}{n-1+z_{1-\alpha/2} \cdot \sqrt{2(n-1)}};\right.$ $\left.\dfrac{(n-1)\cdot s^2}{n-1+z_{\alpha/2} \cdot \sqrt{2(n-1)}}\right]$	$s^2 = \dfrac{1}{n-1}\sum_{i=1}^{n}(x_i - \bar{x})^2$	Chi-Quadrat-Verteilung mit $\nu = n-1$ Freiheitsgraden Bei n > 30 kann $\chi^2(n-1)$ durch $N(n-1;2\cdot(n-1))$ approximiert werden. *Voraussetzung:* Grundgesamtheit normalverteilt

11.3 Notwendiger Stichprobenumfang

Bei der Berechnung der konkreten Konfidenzintervalle sind wir von einer gegebenen Stichprobe ausgegangen. Vor der Erhebung muss aber festgelegt werden, wie groß der Stichprobenumfang sein soll. Diesen kann man bei Vorgabe

- eines bestimmten Konfidenzniveaus $1 - \alpha$,
- einer geschätzten Varianz (beispielsweise aus anderen Untersuchungen) sowie
- einer Genauigkeit (meistens als halbe Länge des Konfidenzintervalls)

bestimmen.

Erwartungswert (Heterograder Fall)

Wir gehen von der Länge des Konfidenzintervalls des arithmetischen Mittels aus [vgl. (11.2)], dessen kritische Werte bei Kenntnis der Varianz in der Grundgesamtheit der Normalverteilung entstammen:

$$L = 2 \cdot z_{1-\alpha/2} \cdot \frac{\sigma}{\sqrt{n}} \cdot \quad (11.3)$$

Konventionsgemäß wird zur Bestimmung des notwendigen Stichprobenumfangs aber die halbe Länge des Konfidenzintervalls, die sog. **Fehlermarge** e, herangezogen:

$$e = \frac{1}{2} \cdot L = \frac{z_{1-\alpha/2} \cdot \sigma}{\sqrt{n}} \cdot \quad (11.4)$$

Aus (11.4) geht insbesondere hervor, dass z. B. eine Reduktion des Fehlers um die Hälfte nicht durch eine Verdoppelung des Stichprobenumfangs erreicht werden kann. Hierzu ist vielmehr eine Vervierfachung des Stichprobenumfangs erforderlich.

Allgemein geht eine Verringerung der Fehlermarge mit einer überproportionalen Erhöhung des Stichprobenumfangs einher.

Der notwendige Stichprobenumfang, der mindestens erforderlich ist, damit die vorgegebene Fehlermarge bei gegebenem Konfidenzniveau nicht überschritten wird, erhält man durch Umformung von (11.4)

$$n = \left(\frac{z_{1-\alpha/2} \cdot \sigma}{e} \right)^2 = \frac{z_{1-\alpha/2}^2 \cdot \sigma^2}{e^2} \cdot \quad (11.5)$$

Als notwendiger Stichprobenumfang ist immer die nächstgrößere ganze Zahl auszuweisen. Die Varianz der Grundgesamtheit σ^2 muss, falls sie nicht bekannt ist, durch einen plausiblen Schätzwert ersetzt werden.

Beispiel 11.11

Ein Marktforschungsinstitut führt eine Untersuchung über die Einkommenssituation der deutschen Bevölkerung durch. Aufgrund ähnlicher Untersuchungen in Frankreich und den Niederlanden wird eine Standardabweichung in der Grundgesamtheit von

$$\sigma = 2.000\,[\text{€}]$$

unterstellt. Wie groß muss der Stichprobenumfang mindestens sein, wenn die Fehlermarge bei 200 € und der Sicherheitsgrad $1 - \alpha$ bei 95 % liegen sollen?

Den notwendigen Stichprobenumfang bestimmen wir unter Verwendung von (11.5):

$$n = \frac{z_{0,975}^2 \cdot \sigma^2}{e^2} = \frac{1,96^2 \cdot 2.000^2}{200^2} = 384,16 \ .$$

Ausgewiesen wird die nächstgrößere ganze Zahl. Der Stichprobenumfang muss also mindestens 385 Personen umfassen.   ◆

Anteilswert (Homograder Fall)

Auf ähnliche Weise kann der notwendige Stichprobenumfang werden, wenn ein Konfidenzintervall für den Anteilswert relevant ist. Bei einer Approximation durch die Normalverteilung beträgt die Länge des Konfidenzintervalls:

$$L = \overline{p} - z_{\alpha/2} \cdot s_{\overline{p}} \cdot -\left(\overline{p} - z_{1-\alpha/2} \cdot s_{\overline{p}}\right) = 2 \cdot z_{1-\alpha/2} \cdot s_{\overline{p}} \ . \qquad (11.6)$$

Die halbe Länge des Konfidenzintervalls liegt dann bei

$$e = \frac{1}{2} \cdot L = \frac{z_{1-\alpha/2} \cdot \sqrt{\overline{p} \cdot (1 - \overline{p})}}{\sqrt{n}} \ . \qquad (11.7)$$

Zur Bestimmung des notwendigen Stichprobenumfangs ist jedoch der Anteilswert der Grundgesamtheit p relevant. Der Stichprobenanteilswert $\overline{p}$ mit dem die Intervalllänge berechnet wird, ergibt sich erst nach Ziehen der Stichprobe. Daher ist der notwendige Stichprobenumfang durch

$$n = \frac{z_{1-\alpha/2}^2 \cdot p \cdot (1 - p)}{e^2} \qquad (11.8)$$

gegeben. Ohne Vorabinformation würde man für p 0,5 ansetzen. Dann wären das Produkt

$$p \cdot (1 - p)$$

und damit der mit (11.8) bestimmte Stichprobenumfang maximal.

Ohne Kenntnisse von p würde man den ungünstigsten Fall wählen und für p 0,5 einsetzen.

Beispiel 11.12

Ein Meinungsforschungsinstitut soll ermitteln, mit welchem Stimmenanteil eine Partei rechnen könnte, wenn am nächsten Sonntag Bundestagswahl wäre (sog. „Sonntagsfrage"). Wie groß ist der Stichprobenumfang mindestens zu wählen, wenn die Genauigkeit der Schätzung bei einem Konfidenzniveau von 90 % bei ± 3 % liegen soll?

Da keine Vorabinformationen über p vorhanden sind, setzen wir den Parameter auf 0,5. Damit beträgt der notwendige Stichprobenumfang

$$n = \frac{z_{0,95}^2 \cdot p \cdot (1-p)}{e^2} = \frac{1,64^2 \cdot 0,5 \cdot 0,5}{0,03^2} = 747,111 \cdot$$

Das Meinungsforschungsinstitut muss also mindestens 748 Personen befragen. ◆

Beispiel 11.13 (Fortsetzung von Beispiel 11.8)

Wie groß müsste der Stichprobenumfang sein, damit das Konfidenzintervall bei gleichem geschätzten Anteilswert $\overline{p} = 0,20$ und Konfidenzniveau $1 - \alpha = 0,95$ wie in Beispiel 11.8 die 0,18 nicht unter- und die 0,22 nicht überschreitet? Die halbe Länge des Konfidenzintervalls beträgt dann

$$\frac{1}{2} \cdot L = \frac{1}{2} \cdot (0,22 - 0,18) = 0,02 \cdot$$

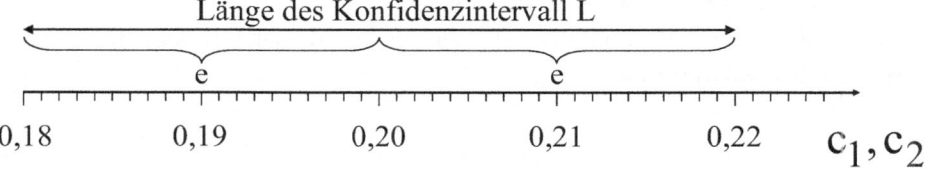

Der Anteilswert $\overline{p} = 0,20$ aus einer bereits vorliegenden vergleichbaren Stichprobe wird in diesem Fall als Vorabinformation verwendet. Man ersetzt daher p in (11.8) durch $\overline{p} = 0,20$ und erhält:

$$n = \frac{z_{0,975}^2 \cdot \overline{p} \cdot (1-\overline{p})}{e^2} = \frac{1,96^2 \cdot 0,2 \cdot 0,8}{0,02^2} = 1.536,64 \cdot$$

Man müsste also mindestens 1.537 Stücke untersuchen. ◆

11.4 Aufgaben

11.1 Ein Maschinenbauunternehmen hat bei 60 zufällig ausgewählten Maschinen-elementen eine durchschnittliche Produktionszeit von 34 Minuten und eine Varianz von 4 Minuten^2 ermittelt. Ein Kunde hat eine Bestellung von 300 Maschinenelementen in Auftrag gegeben.

a) Wie groß ist das Konfidenzintervall für die durchschnittliche Produktionszeit eines Maschinenelements mit einer Vertrauenswahrscheinlichkeit von 99 %?
b) Da die Lieferung der 300 Maschinenbauteile an den Kunden vorrangig ist, prüft das Maschinenbauunternehmen, wie es den Auftrag in die Produktionsplanung am bes-ten integrieren kann. Es möchte daher wissen, welche Produktionszeit für den Auf-trag fast sicher (99,9 % Sicherheitswahrscheinlichkeit) nicht überschritten wird.

11.2 In einer Stichprobenerhebung bei 64 Einzelhändlern ergab sich ein Durchschnitts-preis für ein technisches Produkt von 400 GE bei einer Standardabweichung von 50 GE.

a) Bestimmen Sie ein 95 %-Konfidenzintervall für den mittleren Produktpreis μ und interpretieren sie es!
b) Zeigen Sie, dass der Stichprobenumfang auf 256 Einzelhändler erhöht werden müss-te, wenn der Stichprobenfehler halbiert werden soll!

11.3 Bei einem Test des Wissens über das marktwirtschaftliche System konnten 35 % von 1.000 zufällig ausgewählten Schülern grundlegende Kenntnisse nachweisen.

Bestimmen Sie ein 95 %-Konfidenzintervall für den Anteil der Schüler, die fundierte Kenntnisse über das marktwirtschaftliche System besitzen!

11.4 In Aufgabe 11.1 ist bei 60 zufällig ausgewählten Maschinenelementen eine Varianz der Produktionszeiten von 4 Min.^{2} ermittelt worden.

Wie groß ist das 99 %-Konfidenzintervall der Standardabweichung der Produk-tionszeiten? (mit Interpolation)

11.5 Lösungen

11.1
a) Konfidenzintervall für durchschnittliche Produktionszeit,
    gegeben: $n = 60 > 30$, $\overline{X} = 34$, $s^2 = 4$

    1. Konfidenzniveau

        $1 - \alpha = 0,99$

    2. 99 % Konfidenzintervall für μ (Varianz unbek., n > 30)

$$P\left(\overline{X} - z_{1-\alpha/2} \cdot \frac{s}{\sqrt{n}} \leq \mu \leq \overline{X} + z_{1-\alpha/2} \cdot \frac{s}{\sqrt{n}}\right) = 0{,}99$$

3. Quantil

$$z_{1-\alpha/2} = z_{0{,}995} = 2{,}5758$$

4. Konkretes Intervall

$$\left[34 - 2{,}5758 \cdot \frac{2}{\sqrt{60}} \; ; 34 + 2{,}5758 \cdot \frac{2}{\sqrt{60}}\right]$$
$$= [34 - 0{,}665 \, ; 34 + 0{,}665] = [33{,}335 \, ; 34{,}665]$$

b) Produktionszeit für 300 Maschinenelemente aus Konfidenzintervall

1. Konfidenzniveau

$$1 - \alpha = 0{,}999$$

2. 99,9 %-Konfidenzintervall Obergrenze für μ (Varianz unbek., n > 30)

$$P\left(\mu \leq \overline{X} + z_{1-\alpha} \cdot \frac{s}{\sqrt{n}}\right) = 0{,}999$$

3. Quantil

$$z_{1-\alpha} = z_{0{,}999} = 3{,}0902$$

4. Bestimmung der Obergrenze

$$\overline{x}_{0{,}999} = 34 + 3{,}0902 \cdot \frac{2}{\sqrt{60}} = 34{,}7979$$

Für 300 Maschinen wäre dies eine max. Produktionszeit von

$$34{,}7979 \cdot 300 = 10.439{,}37 \text{ Minuten}$$
$$= 7 \text{ Tage 6 Std.}$$

11.2

a) Konfidenzintervall für mittleren Produktpreis,
gegeben: n = 64 > 30 , $\overline{X} = 400$, s = 50

1. Konfidenzniveau
$$1 - \alpha = 0{,}95$$

2. 95 % Konfidenzintervall Obergrenze für μ (Varianz unbek., n > 30)
$$P\left(\overline{X} - z_{1-\alpha/2} \cdot \frac{s}{\sqrt{n}} \leq \mu \leq \overline{X} + z_{1-\alpha/2} \cdot \frac{s}{\sqrt{n}}\right) = 0{,}95$$

3. Quantil
$$z_{1-\alpha/2} = z_{0{,}975} = 1{,}96$$

4. Konkretes Intervall

$$\left[400 - 1{,}96 \cdot \frac{50}{\sqrt{64}} \; ; \; 400 + 1{,}96 \cdot \frac{50}{\sqrt{64}}\right]$$

$$= [387{,}75 \; ; \; 412{,}25]$$

b) Stichprobenfehler halbieren

$$e = \left(\frac{1}{2}(412{,}25 - 387{,}75)\right) = 12{,}25$$

$$e_{halb} = \frac{e}{2} = 6{,}125$$

$$n = \frac{z_{1-\alpha/2}^2 \cdot S^2}{e_{halb}^2} = \frac{z_{0{,}975}^2 \cdot 50^2}{6{,}125^2} = \frac{1{,}96^2 \cdot 50^2}{6{,}125^2} = 256$$

11.3

Konfidenzintervall für Schüleranteil,

gegeben: $n = 1000$, $p = 0{,}35$

1. Konfidenzniveau

$$1 - \alpha = 0{,}95$$

2. 95 % Konfidenzintervall für p

$$n = 1000 > \frac{9}{\bar{p}(1 - \bar{p})} = \frac{9}{0{,}35(1 - 0{,}35)} = 39{,}56$$

$$P\left(\bar{X} - z_{1-\alpha/2} \cdot \sqrt{\frac{p \cdot (1 - p)}{n}} \le p \le \bar{X} + z_{1-\alpha/2} \cdot \sqrt{\frac{p \cdot (1 - p)}{n}}\right) = 0{,}95$$

3. Quantil

$$z_{1-\alpha/2} = z_{0{,}975} = 1{,}96$$

4. Konkretes Intervall

$$\left[0{,}35 - 1{,}96 \cdot \sqrt{\frac{0{,}35 \cdot 0{,}65}{1000}} \; ; \; 0{,}35 + 1{,}96 \cdot \sqrt{\frac{0{,}35 \cdot 0{,}65}{1000}}\right]$$

$$= [0{,}35 - 0{,}0296 \; ; \; 0{,}35 + 0{,}0296]$$

$$= [0{,}3204 \; ; \; 0{,}3796]$$

11.4

Konfidenzintervall für Standardabweichung der Produktionszeiten

1. Konfidenzniveau

$$1 - \alpha = 0{,}99$$

2. 99 % Konfidenzintervall für σ^2 (GG normalverteilt)

$$P\left(\frac{(n - 1)S^2}{\left(\chi_{n-1;\,0{,}995}\right)^2} \le \sigma^2 \le \frac{(n-1)S^2}{\left(\chi_{n-1;\,0{,}005}\right)^2}\right) = 0{,}99$$

3. Quantile

$$\chi^2_{n-1;\,0,995} = \chi^2_{60-1;\,0,995} = \chi^2_{59;\,0,995}$$
$$\chi^2_{n-1;\,0,005} = \chi^2_{60-1;\,0,005} = \chi^2_{59;\,0,005}$$

Interpolation:

$$\chi^2_{50;\,0,995} = 79,5$$
$$\chi^2_{60;\,0,995} = 92$$

Differenz: $12,5 \;\rightarrow\; 12,5 \cdot 0,90 = 11,25$

$$\chi^2_{59;\,0,995} = 79,5 + 11,25 = 90,75$$
$$\chi^2_{50;\,0,005} = 28$$
$$\chi^2_{60;\,0,005} = 35,5$$

Differenz: $7,5 \;\rightarrow\; 7,5 \cdot 0,90 = 6,75$

$$\chi^2_{59;\,0,005} = 28 + 6,25 = 34,75$$

4. Konkretes Intervall

$$\left[\frac{(n-1)s^2}{\left(\chi_{59;\,0,995}\right)^2} \;;\; \frac{(n-1)s^2}{\left(\chi_{59;\,0,005}\right)^2} \right] = \left[\frac{59 \cdot 4}{90,75} \;;\; \frac{59 \cdot 4}{34,75} \right] = [2,6 \;;\; 6,79]$$

99 % Konfidenzintervall für die Standardabweichung:

$$\left[\sqrt{2,6} \;;\; \sqrt{6,79} \right] = [1,61 \;;\; 2,61]$$

Parametrische Tests

12.1 Einführung

Wie die Schätzverfahren gehen auch die in diesem Kapitel zu diskutierenden Testverfahren von vorliegenden Stichproben aus. Da mit Hilfe der Stichprobenergebnisse auf die Grundgesamtheit geschlossen wird, bilden die Testverfahren zusammen mit den Schätzverfahren den Kern der Induktiven Statistik.

Null- und Alternativhypothese

Hier beschäftigen wir uns mit statistischen Tests. Ausgehend von den Stichprobenergebnissen soll eine **Nullhypothese** über

- Parameter, beispielsweise von μ (**Parameterhypothese**),
- die Verteilung eines Merkmals (**Verteilungshypothese**) oder
- die Unabhängigkeit von Merkmalen (**Unabhängigkeitshypothese**)

in der Grundgesamtheit überprüft werden.

> Da Aussagen über die Grundgesamtheit auf der Basis von Stichprobendaten mit einer Unsicherheit behaftet sind, kann nur mit einer (Irrtums-)wahrscheinlichkeit festgestellt werden, ob die Nullhypothese zutrifft oder nicht.

Einer Nullhypothese H_0 steht die Alternativhypothese H_1 gegenüber, deren Inhalt genau der komplementäre Sachverhalt zu H_0 ist. Immer dann, wenn die Nullhypothese H_0 nicht zutrifft, gilt automatisch die Alternativhypothese H_1.

© Springer Fachmedien Wiesbaden GmbH, ein Teil von Springer Nature 2019
R. Kosfeld et al., *Wahrscheinlichkeitsrechnung und Induktive Statistik*,
https://doi.org/10.1007/978-3-658-28713-9_12

Die beiden Hypothesen werden allgemein so formuliert, dass die Alternativhypothese den Sachverhalt enthält, dessen Nachweis interessiert. Die Alternativhypothese soll eigentlich nachgewiesen werden, während die Nullhypothese eine Herstellerangabe oder eine als bisher richtig unterstellte Meinung etc. beinhaltet, die bezweifelt wird.

Häufig werden auch Parallelen zu einem Strafprozess gezogen. Die Nullhypothese umfasst den Status quo, also die Unschuldsvermutung des Angeklagten. Erst wenn genügend Beweise gefunden sind und man mit großer Sicherheit die Unschuldsvermutung ablehnen kann, wird der Angeklagte verurteilt.

Wenn die Richtigkeit der Nullhypothese aufgrund der Stichprobenergebnisse sehr unwahrscheinlich ist, würde man sie verwerfen und von der Richtigkeit der Alternativhypothese ausgehen. Wird die Nullhypothese abgelehnt, dann bezeichnet man das Testergebnis auch als **statistisch signifikant**.

Beispiel 12.1

Ein Automobilwerk behaupte, dass ein von ihm gefertigter Pkw einen durchschnittlichen Spritverbrauch von höchstens 7,6 ℓ/100 km habe. Die Überprüfung einer Testzeitschrift anhand von 40 zufällig ausgewählten Autos ergab einen Durchschnittsverbrauch von 7,8 ℓ/100 km. Die Herstellerangabe für die Standardabweichung in der Grundgesamtheit $\sigma = 0{,}6$ wird als richtig vorausgesetzt.

Die Nullhypothese bezieht sich auf den Sachverhalt, der in Frage gestellt wird. Die Testzeitschrift möchte nachweisen, dass die Herstellerangabe falsch ist. Damit stehen sich zwei Hypothesen gegenüber, nämlich

* die Nullhypothese des Automobilwerks $H_0 : \mu \le 7{,}6$, die angezweifelt und überprüft werden soll, und
* die Alternativhypothese der Testzeitschrift $H_1 : \mu > 7{,}6$.   ◆

Ein- und zweiseitiger Test

θ_0 bezeichne den Parameter der Grundgesamtheit θ unter Gültigkeit der Nullhypothese. Bei einem einseitigen Test wird die Nullhypothese als Bereichshypothese formuliert:

$$H_0 : \theta \le (\ge) \theta_0 \,.^{41} \tag{12.1}$$

Für die Alternativhypothese, die ja eigentlich interessiert und nachgewiesen werden soll, ist dann nur die Abweichung in einer Richtung von θ_0 relevant. Hier ist nur ein größerer oder geringerer Wert als θ_0 bedeutsam:

---

[41] Teilweise gibt man die Nullhypothese auch als Punkthypothese beim einseitigen Test an.

$$H_1 : \theta \ge (\le)\theta_0 .\tag{12.2}$$

Im Gegensatz dazu stellt beim **zweiseitigen Test** die Nullhypothese eine Punkthypothese dar:

$$H_0 : \theta = \theta_0 .\tag{12.3}$$

Die Alternativhypothese enthält Abweichungen in beide Richtungen von θ_0 :

$$H_1 : \theta \ne \theta_0 .\tag{12.4}$$

Beispiel 12.2 (Fortsetzung von Beispiel 11.2)

Beim Spritverbrauch ist für die Testzeitschrift nur ein höherer Wert als die Herstellerangabe mit 7,8 ℓ/100 km relevant. Kein Autofahrer würde sich über einen zu geringen Benzinverbrauch beklagen. Damit liegt hier ein einseitiger Test mit

$$H_0 : \mu \le 7,6 (= \mu_0)$$

vor.   ◆

Beispiel 12.3

Psychologische Studien haben einen durchschnittlichen Intelligenzquotienten von 100 Punkten bei einer Standardabweichung von 15 Punkten ergeben. Ein Diplomand vermutet, dass sich der Durchschnittswert aufgrund des Medienkonsums verändert hat. Eine Stichprobe vom Umfang 64 liefert einen Durchschnittswert von 102 Punkten.

Hier liegt eine zweiseitige Fragestellung vor. Die durchgesetzte Meinung von $\mu = 100$ wird bezweifelt. Sie bildet gleichzeitig die Nullhypothese:

$$H_0 : \mu = 100 (= \mu_0).$$

Die Alternativhypothese soll eigentlich nachgewiesen werden. Sie enthält die Vermutung des Diplomanden:

$$H_1 : \mu \ne 100 (= \mu_0).\qquad\qquad\qquad ◆$$

Durchführung eines Tests

Nachdem in einem ersten Schritt die zu testende Nullhypothese H_0 festgelegt wurde, ist nun ein Test zu entwerfen, mit dem auf der Grundlage der vorliegenden Stichprobeninformationen zwischen H_0 und H_1 entschieden werden kann. Im Rahmen der statistischen Testtheorie ist der Begriff der Prüfgröße von zentraler Bedeutung. Eine **Prüfgröße**

$$Z_0 = Z(X_1, \ldots, X_n \mid H_0) \qquad\qquad (12.5)$$

ist eine spezielle Stichprobenfunktion, die von den n Stichprobenvariablen X_i und zusätzlich von der zu testenden Nullhypothese H_0 abhängig ist. Somit ist Z_0 eine Zufallsvariable, deren Verteilung nur unter der Annahme gilt, dass H_0 richtig ist. Deshalb enthält die Prüfgröße den Index 0. Sie wird mit Z bezeichnet, wenn sie einer Standardnormalverteilung folgt.

Die Prüfgröße erhält man durch eine Standardisierung des geschätzten Parameters $\hat{\theta}$:

$$Z_0 = \frac{\hat{\theta} - \theta_0}{\sigma_\theta}. \qquad\qquad (12.6)$$

Bei Gültigkeit der Nullhypothese ist davon auszugehen, dass sich $\hat{\theta}$ und θ_0 nur geringfügig unterscheiden. Der Zähler in (12.6) müsste dann ebenso wie die gesamte Prüfgröße in der Nähe von null liegen. Es wäre zu erwarten, dass Z_0 nur zufällig von null abweicht. Die Prüfgröße fiele dann mit großer Wahrscheinlichkeit in den Annahmebereich für die Nullhypothese (vgl. Abb. 12.1). Befindet sich die Prüfgröße außerhalb des Annahmebereichs, dann ist die Gültigkeit der Nullhypothese unwahrscheinlich.

> Fällt die Prüfgröße nicht in den Annahmebereich, dann liegt die Wahrscheinlichkeit für ein fälschliches Verwerfen von H_0 höchstens bei α. Man würde die Nullhypothese deshalb verweisen.

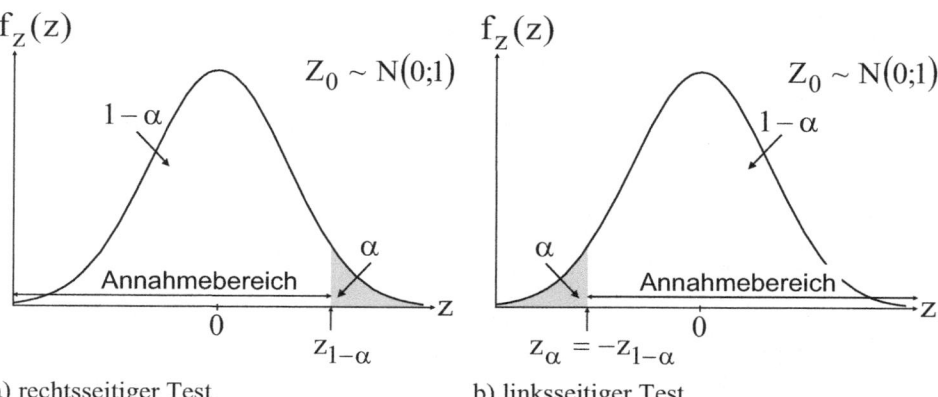

a) rechtsseitiger Test   b) linksseitiger Test

Abb. 12.1 Annahmebereich beim einseitigen Test

Um beim rechts- und linksseitigen Test nicht unterschiedliche Ungleichungen für die Testentscheidung angeben zu müssen, verwenden wir den absoluten Wert der Prüfgröße:

$$|Z_0| > z_{1-\alpha} \Rightarrow H_0 \text{ ablehnen.} \qquad (12.7)$$

Andernfalls kann die Nullhypothese nicht verwiesen werden:

$$|Z_0| \leq z_{1-\alpha} \Rightarrow H_0 \text{ lässt sich nicht ablehnen.} \qquad (12.8)$$

Bei der Testentscheidung werden also die Prüfgröße und der kritische Wert verglichen. Um hervorzuheben, dass die Prüfgröße mit empirischem Datenmaterial berechnet wurde, bezeichnet man sie auch als **empirischer Wert**.

Entsprechendes gilt für den zweiseitigen Test. Hier wird allerdings das $1-\alpha/2$-Quantil abgelesen. Wenn die Prüfgröße außerhalb des Annahmebereichs liegt, wird die Nullhypothese verwiesen:

$$|Z_0| > z_{1-\alpha/2} \Rightarrow H_0 \text{ ablehnen.} \qquad (12.9)$$

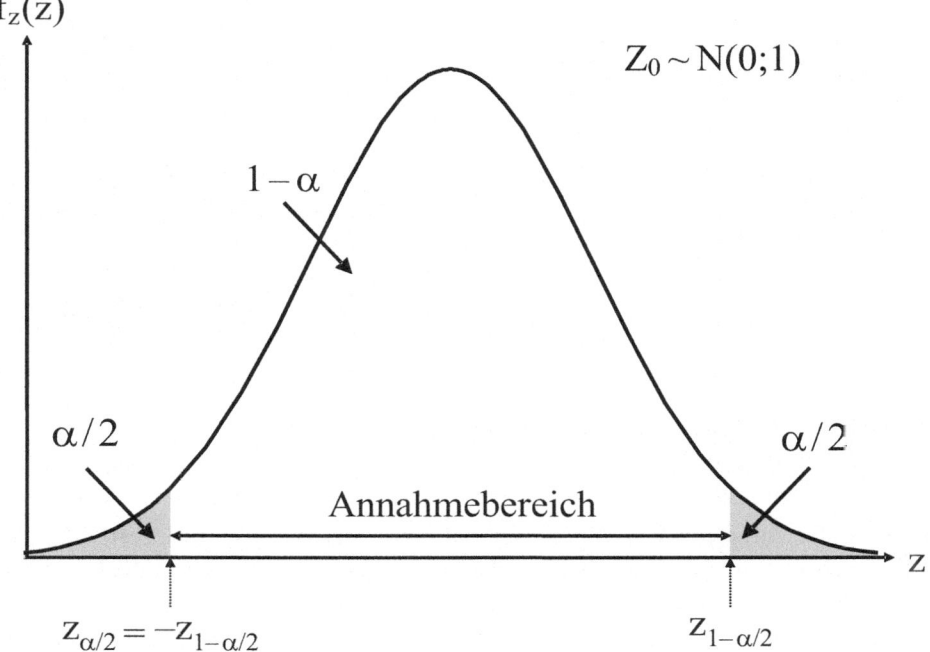

Abb. 12.2 Annahmebereich beim zweiseitigen Test

Die alternative Testentscheidung lautet:

$$|Z_0| \leq z_{1-\alpha/2} \Rightarrow \text{ H}_0 \text{ lässt sich nicht ablehnen.} \qquad (12.10)$$

Damit ist die allgemeine Vorgehensweise zur Durchführung eines statistischen Tests aufgezeigt. Die Arbeitsschritte sind noch einmal in Tabelle 12.1 dargestellt.

Tabelle 12.1 Arbeitsschritte zur Durchführung eines einseitigen Signifikanztests bei einer normalverteilten Prüfgröße

Arbeitsschritt	Erläuterung
1. Festlegung des Signifikanzniveaus α und der Nullhypothese	α ist die Wahrscheinlichkeit, die als maximal tolerierbar angesehen wird, einen Fehler 1. Art zu begehen, also die aufgestellte Nullhypothese abzulehnen, obwohl sie richtig ist. Meistens wird α auf 5 % gesetzt. Das Signifikanzniveau ist der Aufgabenstellung zu entnehmen.
2. Bestimmung der Prüfgröße und Festlegung ihrer Verteilung	Bestimmung der Verteilung notwendig, um den kritischen Wert $z_{1-\alpha}$ bzw. $z_{1-\alpha/2}$ aus der Tabelle ablesen zu können.
3. Ermittlung des kritischen Wertes	$z_{1-\alpha}$ bzw. $z_{1-\alpha/2}$ gibt die Grenze des Annahmebereichs für die Nullhypothese an.
4. Testentscheidung	Ist $|Z_0| \leq z_{1-\alpha}$ bzw. $|Z_0| \leq z_{1-\alpha/2}$, wird der Unterschied zwischen Hypothese und Schätzwert als zufällig angesehen. Man kann die aufgestellte Nullhypothese nicht ablehnen. Ist $|Z_0| > z_{1-\alpha}$ bzw. $|Z_0| > z_{1-\alpha/2}$, gilt der Unterschied zwischen Hypothese und Schätzwert als signifikant. Man verwirft die Nullhypothese und geht davon aus, dass der zu ihr komplementäre Sachverhalt, der in der Alternativhypothese hinterlegt ist, zutrifft.

Beispiel 12.4 (Fortsetzung von Beispiel 12.2)
Wir wollen einen statistischen Test mit den in Tabelle 12.1 dargestellten Arbeitsschritten für den Erwartungswert durchführen. Den Einstichprobentest für den Erwartungswert bei bekannter Varianz in der Grundgesamtheit bezeichnet man als **Gauß-Test**.

Ist also bei einem Signifikanzniveau α von 0,05 davon auszugehen, dass die Herstellerangabe falsch ist? Die Herstellerangabe für die Varianz wird als richtig unterstellt, die Varianz der Grundgesamtheit ist damit bekannt. Aufgrund des Stichprobenumfangs von (40 =) n > 30 gilt der Zentrale Grenzwertsatz und eine Normalverteilung des Merkmals in der Grundgesamtheit ist nicht Voraussetzung.

Arbeitsschritt 1: Signifikanzniveau und Nullhypothese

Die Nullhypothese $H_0 : \mu \leq 7{,}6 \, (= \mu_0)$ wurden bereits in Beispiel 12.2 aufgestellt. Das Signifikanzniveau beträgt $\alpha = 0{,}05$.

Arbeitsschritt 2: Prüfgröße und ihre Verteilung

Die Realisation der Prüfgröße wird mit einem kleinen z bezeichnet:

$$z_0 = \frac{\overline{x} - \mu_0}{\sigma_{\overline{x}}} = \frac{7{,}8 - 7{,}6}{0{,}095} = 2{,}105 \text{ mit}$$

$$\sigma_{\overline{x}} = \frac{\sigma}{\sqrt{n}} = \frac{0{,}6}{\sqrt{40}} = 0{,}095 \, .$$

Aufgrund der bekannten Varianz in der Grundgesamtheit ist die Standardnormalverteilung anzuwenden.

Arbeitsschritt 3: Kritischer Wert

Beim einseitigen Test ist der $1 - \alpha$ %-Punkt abzulesen:

$$z_{1-\alpha} = z_{1-0{,}05} = z_{0{,}95} = 1{,}645 \, .$$

Arbeitsschritt 4: Testentscheidung

Da $(2{,}105 =) |z_0| > z_{0{,}95} \, (= 1{,}645)$, wird die aufgestellte Nullhypothese des Automobilwerks $\mu \leq 7{,}6 \, \ell / 100 \, \text{km}$ abgelehnt. Die Prüfgröße fällt nämlich nicht in den Annahmebereich. Da die Wahrscheinlichkeit für ein fälschliches Verwerfen der Nullhypothese weniger als $\alpha = 5\,\%$ beträgt, lehnen wir H_0 ab. Wir gehen davon aus, dass die Alternativhypothese zutrifft und die Angabe des Automobilherstellers falsch ist.

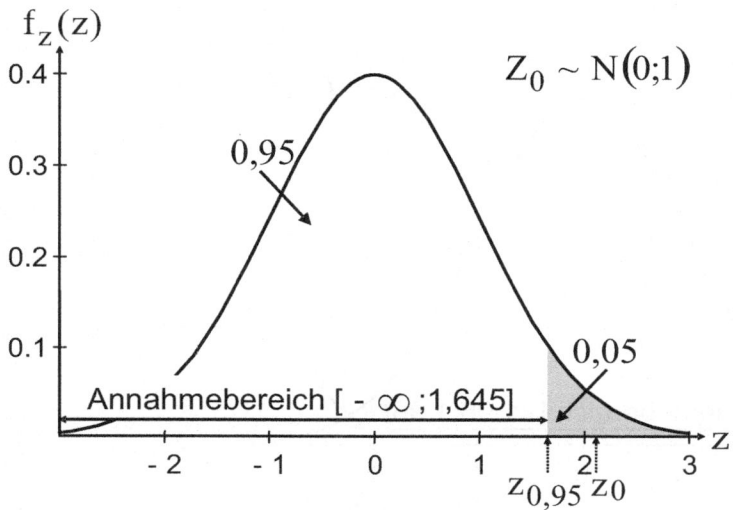

Beispiel 12.5 (Fortsetzung von Beispiel 12.3)

Der in Beispiel 12.4 beschriebene Gauß-Test lässt sich ebenfalls für die zweiseitige Frage-stellung aus Beispiel 12.3 anwenden. Die Hypothese des Diplomanden ist hier zu unter-suchen. Als Signifikanzniveau verwenden wir ein α von 5 %.

Arbeitsschritt 1: Signifikanzniveau und Nullhypothese

Die Nullhypothese ist beim zweiseitigen Test eine Punkthypothese $H_0 : \mu = 100 \left(= \mu_0\right)$. Das Signifikanzniveau liegt bei $\alpha = 0,05$.

Arbeitsschritt 2: Prüfgröße und ihre Verteilung

Mit Hilfe des geschätzten Standardfehlers für das arithmetische Mittel,

$$\sigma_{\overline{x}} = \frac{\sigma}{\sqrt{n}} = \frac{15}{\sqrt{64}} = \frac{15}{8} = 1,875,$$

wird die Prüfgröße ermittelt:

$$z_0 = \frac{\overline{x} - \mu_0}{s_{\overline{x}}} = \frac{102 - 100}{1,875} = \frac{2}{1,875} = 1,067.$$

Hier ist die Normalverteilung relevant.

Arbeitsschritt 3: Kritischer Wert

Aufgrund des zweiseitigen Tests beträgt der kritische Wert:

$$z_{1-\alpha/2} = z_{1-0,05/2} = z_{0,975} = 1,96.$$

Arbeitsschritt 4: Testentscheidung

Hier überschreitet die Prüfgröße nicht den kritischen Wert $\left(1,067 =\right)|z_0| \leq z_{0,975} \left(= 1,96\right)$. Die Prüfgröße liegt also im Annahmebereich für die Nullhypothese. Die Differenz zwi-schen $\overline{x} = 102$ und $\mu_0 = 100$ unter Berücksichtigung der Streuung ist also nicht so groß, als dass man die Nullhypothese verweisen könnte.

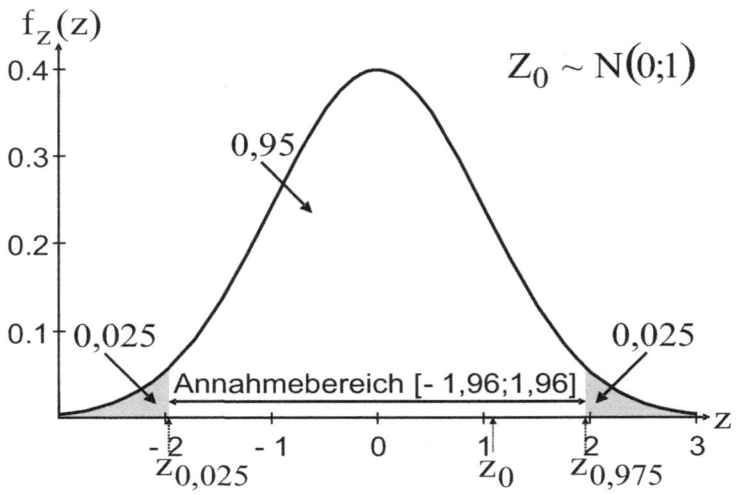

Fehler bei einem statistischen Test und Signifikanzniveau

Wie eingangs erläutert, bezieht sich die Nullhypothese auf Aussagen in der Grundgesamtheit. Die Testentscheidung ist damit immer mit einer gewissen Unsicherheit verbunden. Insgesamt sind vier Kombinationen zwischen der Testentscheidung und dem Wahrheitsgehalt der Nullhypothese möglich (vgl. Tabelle 8.1).

Tabelle 12.2 Testentscheidung und Realität

Wirklichkeit Entscheidung	Nullhypothese ist richtig	Nullhypothese ist falsch
Nullhypothese wird nicht abgelehnt	Richtige Entscheidung	Falsche Entscheidung (Fehler 2. Art)
Nullhypothese wird abgelehnt	Falsche Entscheidung (Fehler 1. Art)	Richtige Entscheidung

Die Testentscheidung ist richtig:

- wenn die wahre Nullhypothese nicht abgelehnt wird oder
- wenn man die nicht zutreffende Nullhypothese verweist.

Daneben gibt es aber zwei mögliche Fehlentscheidungen, den Fehler 1. Art und den Fehler 2.Art.

Ein **Fehler 1. Art**[42] beinhaltet ein fälschliches Verwerfen der Nullhypothese.

Die Wahrscheinlichkeit für einen Fehler 1. Art, die maximal toleriert werden soll, heißt **Signifikanzniveau** oder Irrtumswahrscheinlichkeit und wird mit α bezeichnet.

Die Wahrscheinlichkeit, einen Fehler 2. Art zu vermeiden, heißt **Macht eines Tests** oder Trennschärfe und wird $1 - \beta$ genannt. Also ist die Wahrscheinlichkeit, einen Fehler 2. Art zu begehen, β. Die Trennschärfe wird mit sog. Power-Analysen überprüft (vgl. Cohen 1988).

In Abb. 12.3 sind die Dichtefunktionen für den geschätzten Parameter $\hat{\theta}$ unter Gültigkeit von H_0 sowie H_1 grafisch dargestellt. Beide Fehler sind nicht unabhängig voneinander. Wird die Wahrscheinlichkeit α für einen Fehler 1. Art gesenkt, dann steigt automatisch die Wahrscheinlichkeit β für einen Fehler 2. Art (vgl. Abb. 12.4). Beide Fehler hängen vom Stichprobenumfang n ab. Ein höheres n bewirkt also, dass beide Dichtefunktionen schmaler und damit beide Fehlerwahrscheinlichkeiten geringer werden.

---

[42] Teilweise werden der Fehler 1. Art auch als α-Fehler und der Fehler 2. Art als β-Fehler bezeichnet.

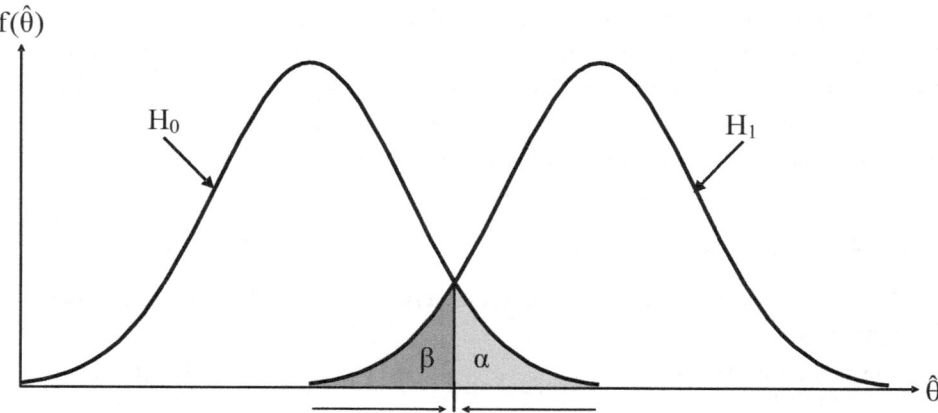

Abb. 12.3 Wahrscheinlichkeiten für einen Fehler 1. und 2. Art sind gleich groß

Bei einem festen Stichprobenumfang können aber beide Fehler nicht gleichzeitig gesenkt werden. Es besteht also ein Zielkonflikt zwischen einem geringen α und einem niedrigen β. Bei den meisten Signifikanztests wird ein Fehler 1. Art als schwerwiegender erachtet, so dass man nur diesen Fehler kontrolliert. Die Nullhypothese lehnt man dann nur mit einer geringen Wahrscheinlichkeit fälschlicherweise ab, da α klein gewählt wird. Bei einer Ablehnung von H_0 ist man sich also relativ sicher, mit der Annahme der Gegenhypothese die richtige Entscheidung getroffen zu haben.

Gleiches lässt sich aber bei einer Annahme von H_0 nicht behaupten. Bei einem kleinen α ist die Fehlerwahrscheinlichkeit β („fälschliches Annehmen der Nullhypothese")

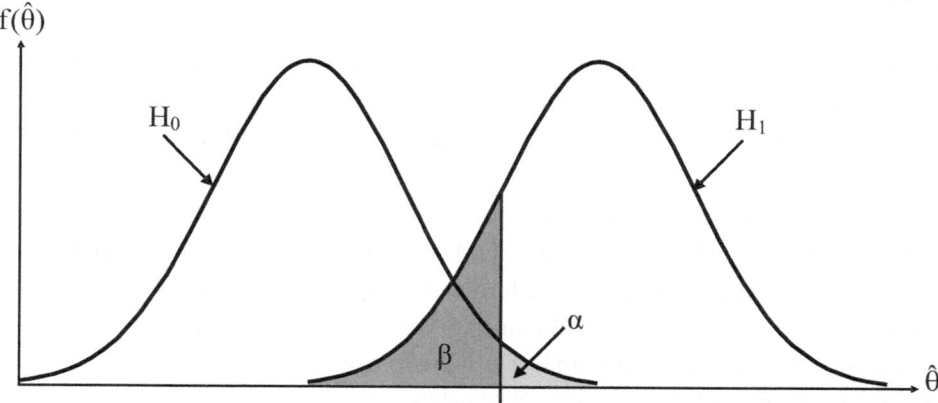

Abb. 12.4 Wahrscheinlichkeit für einen Fehler 1. Art ist kleiner als die Wahrscheinlichkeit für einen Fehler 2. Art

relativ hoch (vgl. Abb. 12.4). Daher hat die Ablehnung von H_0 eine wesentlich stärkere Aussagekraft als die Beibehaltung dieser Hypothese. Deshalb wird im Fall einer Annahme von H_0 gern auf die Formulierung:

- „die Nullhypothese kann nicht verwiesen werden" und
- nicht „die Nullhypothese wird angenommen"

zurückgegriffen. Die unterschiedliche Aussagekraft bei der Ablehnung oder der Annahme von H_0 hat natürlich Konsequenzen für die Festlegung der Nullhypothese.

> Da nur die Ablehnung von H_0 eine relativ sichere Entscheidung ist, wird man die zu testende Hypothese, deren Gültigkeit gezeigt werden soll, als Alternativhypothese formulieren.

Wie hoch ist die Irrtumswahrscheinlichkeit α konkret zu wählen? Die Vorgabe von α ist von der vorliegenden Fragestellung abhängig. Ist ein Fehler 1. Art mit hohen Konsequenzen verbunden, beispielsweise wenn es um die Sicherheit von Atomkraftwerken geht, dann wird man einen sehr geringen Wert – beispielsweise 0,1 % – vorgeben.

Bei ökonomischen Fragestellungen setzt man das Signifikanzniveau α i. d. R. auf 5 %. Wie für einen zweiseitigen Test werden gezeigt kann, ergänzen sich Konfidenzniveau $1 - \alpha$ und Signifikanzniveau α zu 1, so dass die Entscheidung für ein Konfidenzniveau von 95 % die Wahl einer Irrtumswahrscheinlichkeit α von 5 % bedingt. Teilweise wird aber auch ein Signifikanzniveau von 1 % vorgegeben. Wird die Nullhypothese bei einem α von 1 % verworfen, dann bezeichnet man das Ergebnis auch als **hochsignifikant**.

Beispiel 12.6 (Fortsetzung von Beispiel 12.4)
Die Wahrscheinlichkeit β für einen Fehler 2. Art lässt sich berechnen. Hierfür ist allerdings H_1 als Punkthypothese zu formulieren. Die Alternativhypothese lautete:

$$H_1 : \mu > 7,6 \, .$$

Wir müssen also jetzt H_1 genauer spezifizieren, also einen konkreten Durchschnittswert, der größer als 7,6 ist, angeben. Wie hoch ist beispielsweise β, wenn der Mittelwert μ_1 unter Gültigkeit der Alternativhypothese 7,7 ℓ /100 km beträgt?

Die Wahrscheinlichkeit für einen Fehler 2. Art wird über die Beziehung

$$\beta = F_z \left(\frac{\overline{x}_{1-\alpha} - \mu_1}{\sigma_{\overline{x}}} \right) \tag{12.11}$$

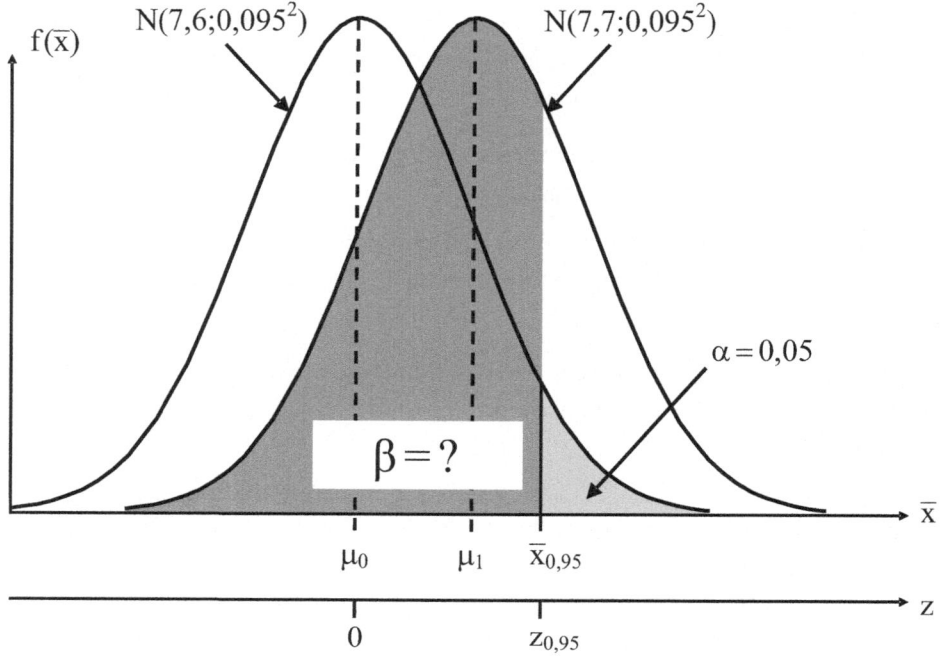

Abb. 12.5 Ermittlung von β im konkreten Beispiel

ermittelt (vgl. Abb. 12.5). Hier ist jedoch $\overline{x}_{1-\alpha}$ unbekannt. Seinem Wert entspricht $z_{1-\alpha}$ auf der z-Achse. Man löst die Beziehung für die linke Dichtefunktion in Abb. 12.5[43]

$$z_{1-\alpha} = \frac{\overline{x}_{1-\alpha} - \mu_0}{\sigma_{\overline{x}}}$$

nach $\overline{x}_{1-\alpha}$ auf:

$$\overline{x}_{1-\alpha} = \mu_0 + z_{1-\alpha} \cdot \sigma_{\overline{x}},$$

bzw. mit konkreten Werten

$$\overline{x}_{0,95} = \mu_0 + z_{0,95} \cdot \sigma_{\overline{x}} = 7,6 + z_{0,95} \cdot 0,095 = 7,6 + 1,645 \cdot 0,095 = 7,756.$$

---

[43] Hier muss die linke Dichtefunktion verwendet werden, weil der kritische Wert für sie bestimmt wurde. Nur bei ihr liegt der Gipfel der Dichtefunktion auf der z-Achse bei null.

Damit lässt sich β unter Verwendung von (12.11) berechnen:

$$\beta = F_z\left(\frac{\overline{x}_{0,95} - \mu_1}{\sigma_{\overline{x}}}\right) = F_z\left(\frac{7,756 - 7,7}{0,095}\right) = F_z(0,59),$$

wobei Tabelle B.3 eine Wahrscheinlichkeit von

$$\beta = F_z(0,59) = 0,7224$$

ausweist. Formuliert man die Alternativhypothese über $\mu_1 = 7,8$, so ergibt sich eine Fehlerwahrscheinlichkeit von:

$$\beta = F_z\left(\frac{\overline{x}_{0,95} - \mu_1}{\sigma_{\overline{x}}}\right) = F_z\left(\frac{7,756 - 7,8}{0,095}\right) = F_z(-0,46) = 1 - F_z(0,46)$$
$$= 1 - 0,6772 = 0,3228.$$

Unterstellt man ein $\mu_1 = 7,9$, so beträgt β 0,0643. Je größer μ_1 im Vergleich zu $\mu_0 = 7,6$ ist, desto geringer wird die Wahrscheinlichkeit für einen β-Fehler. Der Test wird dann die Abweichung von der Nullhypothese zuverlässiger aufdecken können.   ◆

p-Wert

Kommen wir zum p-Wert, den insbesondere Computerprogramme verwenden. Zur Erläuterung gehen wir von einer standardnormalverteilten Prüfgröße aus. Computerprogramme führen die Testentscheidung nicht durch einen Vergleich der Prüfgröße (empirischer Wert) und dem kritischen Wert durch. Stattdessen weisen sie einen p-Wert (in dem Statistikprogramm SPSS als „Signifikanz" bezeichnet) aus. Dieser stellt die Wahrscheinlichkeit beim einseitigen Test dafür dar, dass $|z_0|$ überschritten wird (**Überschreitungswahrscheinlichkeit**). Es handelt sich um die Fläche, die außerhalb des Intervalls

$$\left[-\infty; |z_0|\right]$$

liegt:

$$p = 1 - F_Z(|z_0|). \tag{12.12}$$

Während das Signifikanzniveau α die Wahrscheinlichkeit für einen Fehler 1. Art beinhaltet, die gerade noch akzeptiert werden soll, so weist der **p-Wert** die konkret vorliegende Wahrscheinlichkeit für einen Fehler 1. Art aus.

Man verwirft die Nullhypothese, wenn der p-Wert das vorher festgelegte Signifikanzniveau α unterschreitet. Dann ist die konkret ermittelte Wahrscheinlichkeit für einen Fehler 1. Art geringer als die entsprechende Wahrscheinlichkeit, die gerade noch akzeptiert werden soll:

$$p < \alpha \Rightarrow \text{Nullhypothese verwerfen.} \tag{12.13}$$

Andernfalls kann die Nullhypothese nicht abgelehnt werden.

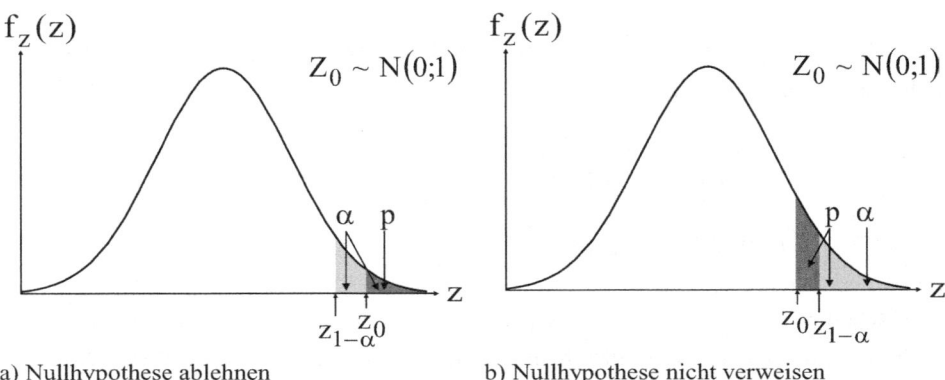

a) Nullhypothese ablehnen   b) Nullhypothese nicht verweisen

Abb. 12.6 Annahmebereich beim zweiseitigen Test

In Abb. 12.6 sind die p-Werte beim rechtsseitigen Test dargestellt. Beide Verfahren – traditionelle Methode mit einem Vergleich zwischen $|z_0|$ und kritischem Wert sowie das Verfahren mit dem p-Wert – kommen grundsätzlich zum gleichen Ergebnis. Bei der manuellen Vorgehensweise werden die Werte auf der z-Achse verglichen und bei Verwendung des p-Wertes (Computerprogramme) stellt man die dazu korrespondierenden Flächen in Beziehung. Wenn z_0 größer als der kritische Wert $z_{1-\alpha}$ ist, liegt immer ein größeres α im Vergleich zu p vor (vgl. Abb. 12.6a). Mit beiden Methoden würde man die Nullhypothese ablehnen. Auch bei der Nichtablehnung der Nullhypothese kommen beide Verfahren zur gleichen Testentscheidung (vgl. Abb. 12.6b).

Beispiel 12.7 (Fortsetzung von Beispiel 12.6)
Wir wollen uns den Test unter Verwendung des p-Wertes verdeutlichen. Der empirische Wert beträgt auf zwei Nachkommastellen gerundet $z_0 = 2,11$. Wir bestimmen die Überschreitungswahrscheinlichkeit [vgl. (12.12)] mit Hilfe von Tabelle B.3:

$$p = 1 - F_Z\big(|z_0|\big) = 1 - F_Z(2,11) = 1 - 0,9826 = 0,017 \ .$$

Da der p-Wert das Signifikanzniveau α = 0,05 unterschreitet,

$$(0{,}017 =)p < \alpha (= 0{,}05),$$

wird die Nullhypothese verwiesen. Wir kommen also zur gleichen Testentscheidung wie in Beispiel 12.4.

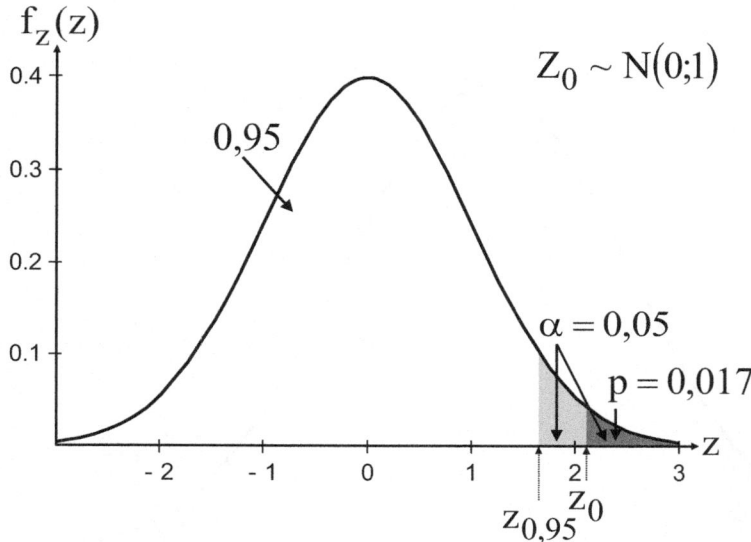

Beim zweiseitigen Test stellt der p-Wert die **zweiseitige Überschreitungswahrscheinlichkeit** dar. Weil beide grau unterlegten Flächen in Abb. 12.7 gleich groß sind, handelt es sich beim p-Wert zugleich um die zweifache rechte Fläche = zweifache Wahrscheinlichkeit, dass $|z_0|$ überschritten wird. Die grau unterlegte rechte Fläche kann mit Hilfe der Gegenwahrscheinlichkeit bestimmt werden:

$$\frac{p}{2} = 1 - F_Z(|z_0|).$$

Durch Multiplikation mit zwei erhält man die Berechnungsformel für den p-Wert:

$$p = 2 \cdot \left[1 - F_Z(|z_0|)\right] \ . \tag{12.14}$$

Auch hier gilt, dass die Nullhypothese verworfen wird, wenn die konkrete Wahrscheinlichkeit für einen Fehler 1. Art (p-Wert) kleiner als die entsprechende Wahrscheinlichkeit ist, die man gerade noch akzeptieren will (Signifikanzniveau α):

$$p < \alpha \Rightarrow \text{Nullhypothese verwerfen.}$$

Man trifft auch beim zweiseitigen Test die gleiche Testentscheidung wie unter Verwendung der Prüfgröße und des kritischen Wertes (vgl. Abb. 12.8). Immer wenn p/2 kleiner als $\alpha/2$ ist, dann überschreitet z_0 $z_{1-\alpha/2}$. Mit beiden Verfahren wird die Nullhypothese verwiesen.

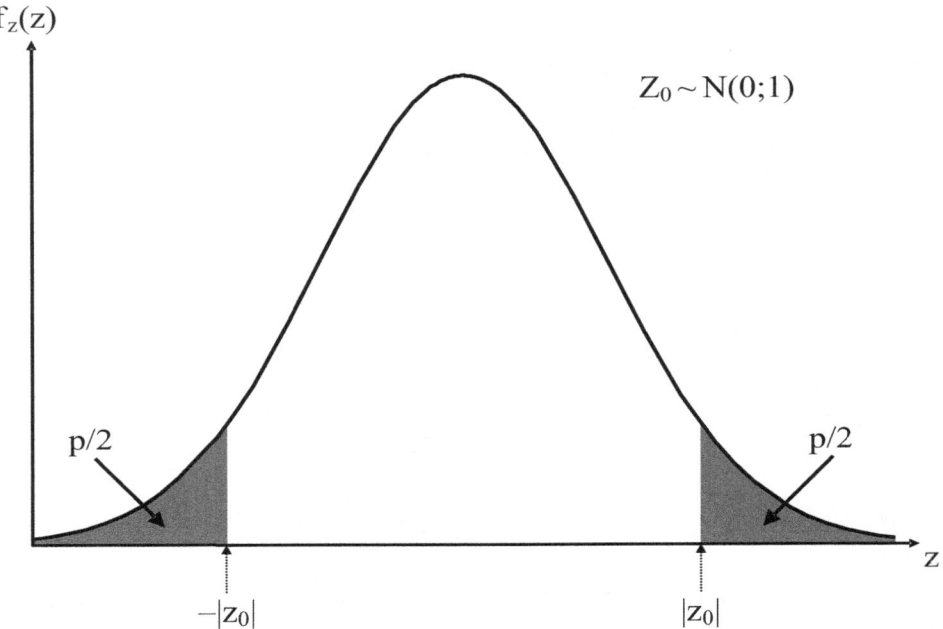

Abb. 12.7 p-Wert beim zweiseitigen Test

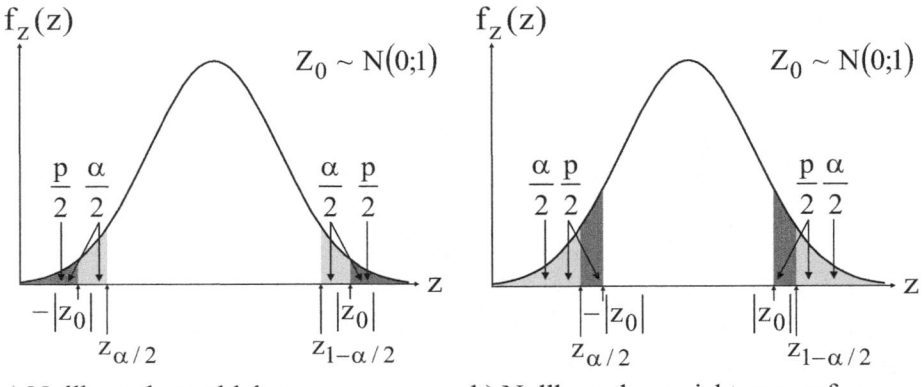

a) Nullhypothese ablehnen   b) Nullhypothese nicht verwerfen

Abb. 12.8 Testentscheidung beim zweiseitigen Test mit dem p-Wert

Beispiel 12.8 (Fortsetzung von Beispiel 12.5)

Die Prüfgröße für das Beispiel mit dem Intelligenzquotienten wurde bereits in Beispiel 12.5 mit einem Wert von $z_0 = 1{,}067$ ermittelt. Dann liegt der p-Wert bei

$$p = 2 \cdot \left[1 - F_Z\left(|z_0|\right)\right] = 2 \cdot \left[1 - F_Z(1{,}07)\right] = 2 \cdot (1 - 0{,}8577) = 0{,}285.$$

Damit kann die Nullhypothese nicht verworfen werden, weil

$$(0{,}285 =)p \geq \alpha\,(= 0{,}05).$$

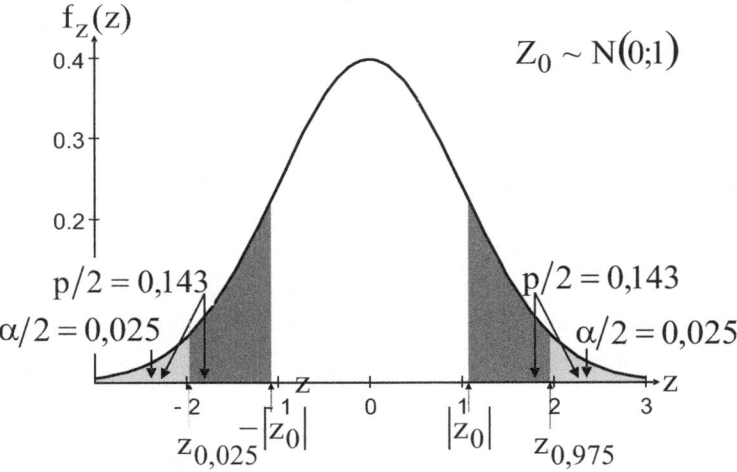

Arten von statistischen Tests

Zu unterscheiden sind verschiedene Arten von statistischen Tests (vgl. Abb. 12.9). Parametrische Tests setzen Verteilungsannahmen für die Grundgesamtheit voraus, während parameter- oder verteilungsfreie Tests solche Voraussetzungen nicht erfordern. Nichtparametrische Tests sind insbesondere in der Psychologie verbreitet, wo häufig aufgrund kleiner Stichprobenumfänge und damit einer Nichtanwendbarkeit des Zentralen Grenzwertsatzes Verteilungsannahmen nicht erfüllt sind.

Die parametrischen Testverfahren untergliedern sich in Ein- und Zweistichprobentests. Bei den Einstichprobentests gibt es eine Hypothese über einen Parameter in der Grundgesamtheit, beispielsweise arithmetisches Mittel oder Anteilswert, die überprüft werden soll. Einstichprobentests können ein- oder zweiseitig getestet werden. Bei einer einseitigen Fragestellung ist nur die Abweichung von der Nullhypothese in eine Richtung relevant. Zweistichprobentests basieren auf einem Vergleich zweier Parameter in

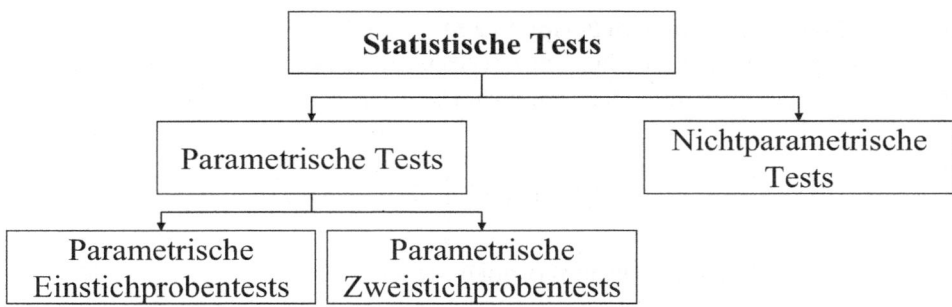

Abb. 12.9 Übersicht verschiedener statistischer Tests

der Grundgesamtheit. Hier geht es darum herauszufinden, ob sich zwei Untergruppen, beispielsweise Männer und Frauen, hinsichtlich eines Durchschnittswertes, einer Varianz etc. unterscheiden. Zweistichprobentests sind i. d. R. zweiseitige Fragestellungen.

12.2 Parametrische Einstichprobentests

Zuerst sei die generelle Vorgehensweise erläutert, bevor wir auf spezielle Einstichprobentests eingehen. Bei den Parametertests gehen wir davon aus, dass das Merkmal in der oder den Grundgesamtheiten normalverteilt ist. Wir sprechen auch verkürzt von normalverteilten Grundgesamtheiten.

12.2.1 Erwartungswert bei bekannter Varianz oder bei unbekannter Varianz und großen Stichproben (Gauß-Test)

Den Einstichprobentest für den Erwartungswert bei bekannter Varianz in der Grundgesamtheit bezeichnet man als **Gauß-Test**. Wir haben den Gauß-Test in Beispiel 12.4 und Beispiel 12.5 bereits durchgeführt, um die generelle Vorgehensweise bei statistischen Tests zu erläutern. Er ist auch bei nicht bekannter Varianz anwendbar, wenn eine große Stichprobe (n > 30) vorliegt.[44] Dann wird die Stichprobenvarianz anstele der Varianz von der Grundgesamtheit zur Berechnung der Prüfgröße verwendet. Voraussetzung ist bei kleinen Stichproben (n ≤ 30) eine Normalverteilung des Merkmals in der Grundgesamtheit. Bei großen Stichproben ist diese Annahme aufgrund des Zentralen Grenzwertsatzes nicht notwendig.

---

[44] Dann kann die t-Verteilung durch eine Standardnormalverteilung approximiert werden.

Tabelle 12.3 Arbeitsschritte zur Durchführung des Gauß-Tests

Arbeitsschritt	Erläuterung
Arbeitsschritt 1: Signifikanzniveau und Null-hypothese	Signifikanzniveau: $\alpha = ?$ Nullhypothese: • einseitig: $H_0 : \mu \leq (\geq)\mu_0$ • zweiseitig: $H_0 : \mu = \mu_0$.
Arbeitsschritt 2: Prüfgröße und ihre Verteilung	Prüfgröße (empirischer Wert): • bekannte Varianz: $Z_0 = \dfrac{\overline{X} - \mu_0}{\sigma_{\overline{x}}}$ mit $\sigma_{\overline{x}} = \dfrac{\sigma}{\sqrt{n}}$ • unbekannte Varianz und n > 30: $Z_0 = \dfrac{\overline{X} - \mu_0}{S_{\overline{x}}}$ mit $S_{\overline{x}} = \dfrac{S}{\sqrt{n}}$ Z_0 folgt einer $N(0;1)$-Verteilung.
Arbeitsschritt 3: Kritischer Wert	Kritischer Wert beim: • einseitigen Test: $z_{1-\alpha}$ • zweiseitigen Test: $z_{1-\alpha/2}$.
Arbeitsschritt 4: Testentscheidung	• $\|Z_0\| > z_{1-\alpha}$ bzw. $\|Z_0\| > z_{1-\alpha/2}$: H_0 ablehnen • $\|Z_0\| \leq z_{1-\alpha}$ bzw. $\|Z_0\| \leq z_{1-\alpha/2}$: H_0 kann nicht verworfen werden.

Beispiel 12.9

Bei der Überprüfung der ausgeschenkten Biermenge in 50 0,2 ℓ-Gläsern beim Gastwirt Schenk ergab sich eine durchschnittliche Füllung von 0,194 ℓ bei einer Standardabweichung von 0,1. Schenkt Gastwirt Schenk systematisch zu wenig Bier aus? Ist also davon auszugehen, dass auch in der Grundgesamtheit aller verkauften Biergläser ein zu geringer Inhalt vorhanden ist? Als Signifikanzniveau wird ein α von 5 % verwendet.

Da ein Zuviel an ausgeschenktem Bier die Kneipenbesucher nicht stören würde, ist ein einseitiger Test durchzuführen. Die Hypothese des Wirts, die bezweifelt und überprüft werden soll, bildet die Nullhypothese: $\mu \geq 0,2$. Weil n > 30 ist, wird der Gauß-Test auch bei unbekannter Varianz der Grundgesamtheit angewendet. Die konkreten Arbeitsschritte lauten wie folgt:

Arbeitsschritt 1: Signifikanzniveau und Nullhypothese
Signifikanzniveau: $\alpha = 0,05$
Nullhypothese: $H_0 : \mu \geq 0,2 (= \mu_0)$.

Arbeitsschritt 2: Prüfgröße und ihre Verteilung
Standardabweichung des arithmetischen Mittels:

$$s_{\overline{x}} = \frac{s}{\sqrt{n}} = \frac{0,1}{\sqrt{50}} = 0,0141 \,.$$

Prüfgröße (empirischer Wert):

$$z_0 = \frac{\overline{x} - \mu_0}{s_{\overline{x}}} = \frac{0,194 - 0,2}{0,0141} = -0,426 \,.$$

Zu verwenden ist beim Gauß-Test die Standardnormalverteilung.

Arbeitsschritt 3: Kritischer Wert
Da es sich um einen einseitigen Test handelt, muss der 95 %-Punkt der Standardnormalverteilung abgelesen werden (vgl. Tabelle B.4):

$$z_{1-\alpha} = z_{1-0,05} = z_{0,95} = 1,645 \,.$$

Arbeitsschritt 4: Testentscheidung
Weil $(0,426 =)|z_0| \le z_{0,95} (= 1,645)$ ist, kann die Nullhypothese nicht abgelehnt werden.

Der Unterschied zwischen $\overline{x} = 0,194$ und $\mu_0 = 0,2$ wird als zufallsbedingt angesehen.
Gastwirt Schenk kann mit Hilfe der Stichprobenergebnisse nicht nachgewiesen werden,
dass er systematisch zu wenig ausschenkt.   ◆

12.2.2 Erwartungswert bei unbekannter Varianz und kleinen Stichproben (t-Test)
Der t-Test untersucht die gleiche Nullhypothese wie der Gauß-Test. Die Varianz aus der
Grundgesamtheit liegt hier aber nicht vor. Ausgegangen wird von einem Stichprobenumfang $n \le 30$, weil ansonsten der Gauß-Test zu verwenden ist. Vorausgesetzt wird, dass
das Merkmal in der Grundgesamtheit normalverteilt ist.

Tabelle 12.4 Arbeitsschritte zur Durchführung des t-Tests

Arbeitsschritt	Erläuterung
Arbeitsschritt 1: Signifikanzniveau und Null-hypothese	Signifikanzniveau: $\alpha = ?$ Nullhypothese: • einseitig: $H_0 : \mu \le (\ge)\mu_0$ • zweiseitig: $H_0 : \mu = \mu_0$.
Arbeitsschritt 2: Prüfgröße und ihre Verteilung	Prüfgröße (empirischer Wert): $$T_0 = \frac{\overline{X} - \mu_0}{S_{\overline{x}}} \text{ mit } S_{\overline{x}} = \frac{S}{\sqrt{n}}.$$ T_0 folgt einer $t(n-1)$-Verteilung, weil die Zählergröße normal- und die Nennergröße Chi-Quadrat-verteilt ist. Durch die Schätzung des arithmetischen Mittels geht ein Freiheitsgrad verloren.
Arbeitsschritt 3: Kritischer Wert	Kritischer Wert beim: • einseitigen Test: $t_{1-\alpha;n-1}$ • zweiseitigen Test: $t_{1-\alpha/2;n-1}$.
Arbeitsschritt 4: Testentscheidung	• $|T_0| > t_{1-\alpha;n-1}$ bzw. $|T_0| > t_{1-\alpha/2;n-1}$: H_0 ablehnen • $|T_0| \le t_{1-\alpha;n-1}$ bzw. $|T_0| \le t_{1-\alpha/2;n-1}$: H_0 kann nicht verworfen werden.

Beispiel 12.10

Ein Pharmaunternehmer behauptet, dass seine Tabletten durchschnittlich 60 mg eines Spurenelements enthalten. Eine Stichprobenuntersuchung von n = 20 ergibt einen Inhalt von durchschnittlich 60,02 mg bei einer Varianz von 0,002 mg². Eine zu hohe Dosis wirkt sich ebenso wie eine zu geringe Dosis negativ auf die Gesundheit aus. Ist davon auszugehen, dass die Angaben des Pharmaunternehmers falsch sind (α = 0,10)?

Hier handelt es sich um einen zweiseitigen Test, weil Abweichungen in beide Richtungen vom Erwartungswert negative Folgen aufweisen. Die Hypothese des Pharmaunternehmers wird angezweifelt und bildet gleichzeitig die Nullhypothese.

Arbeitsschritt 1: Signifikanzniveau und Nullhypothese

Signifikanzniveau: $\alpha = 0{,}10$

Nullhypothese: $H_0 : \mu = 60 (= \mu_0)$.

Arbeitsschritt 2: Prüfgröße und ihre Verteilung

Mit Hilfe der Standardfehlers,

$$s_{\overline{x}} = \frac{s}{\sqrt{n}} = \frac{\sqrt{0{,}002}}{\sqrt{20}} = 0{,}01 \,,$$

wird der empirische Wert berechnet:

$$t_0 = \frac{\overline{x} - \mu_0}{s_{\overline{x}}} = \frac{60{,}02 - 60}{0{,}01} = 2 \,.$$

Dieser folgt einer $t(n-1) = t(20-1) = t(19)$-Verteilung.

Arbeitsschritt 3: Kritischer Wert

Aufgrund des zweiseitigen Tests ist der 95 %-Punkt der t-Verteilung mit 19 Freiheitsgraden relevant (vgl. Tabelle B.6):

$$t_{1-\alpha/2;n-1} = t_{1-0{,}10/2;20-1} = t_{0{,}95;19} = 1{,}729 \,.$$

Arbeitsschritt 4: Testentscheidung

Weil $(2 =) |t_0| > t_{0{,}95;19} (= 1{,}729)$ gilt, wird die Nullhypothese verwiesen. Die Tabletten enthalten in der Grundgesamtheit also entweder eine zu hohe oder eine zu geringe Dosis des Spurenelements. Es ist davon auszugehen, dass der Pharmaunternehmer Unrecht hat.   ◆

12.2.3 Anteilswert (Anteilswerttest)

Entsprechend zum arithmetischen Mittel lassen sich die Arbeitsschritte zur Durchführung eines Einstichprobentests beim Anteilswert formulieren. Im Unterschied zum t-Test ist die Varianz unter Gültigkeit der Nullhypothese aber stets bekannt.

Tabelle 12.5 Arbeitsschritte zur Durchführung eines Einstichprobentests für den Anteilswert

Arbeitsschritt	Erläuterung
Arbeitsschritt 1: Signifikanzniveau und Null-hypothese	Signifikanzniveau: $\alpha = ?$ Nullhypothese: • einseitig: $H_0 : p \leq (\geq) p_0$ • zweiseitig: $H_0 : p = p_0$.
Arbeitsschritt 2: Prüfgröße und ihre Verteilung	Prüfgröße (empirischer Wert): $$Z_0 = \frac{\overline{P} - p_0}{\sigma_{\overline{p}}} \text{ mit } \overline{P} = \frac{n_A}{n} \text{ und } \sigma_{\overline{p}} = \sqrt{\frac{p_0 \cdot (1 - p_0)}{n}}.$$ Die Binomialverteilung kann bei $$n > \frac{9}{p_0 \cdot (1 - p_0)}$$ durch eine Normalverteilung approximiert werden.
Arbeitsschritt 3: Kritischer Wert	Kritischer Wert bei einer Approximation für den: • einseitigen Test: $z_{1-\alpha}$ • zweiseitigen Test: $z_{1-\alpha/2}$.
Arbeitsschritt 4: Testentscheidung	• $|Z_0| > z_{1-\alpha}$ bzw. $|Z_0| > z_{1-\alpha/2}$: H_0 ablehnen • $|Z_0| \leq z_{1-\alpha}$ bzw. $|Z_0| \leq z_{1-\alpha/2}$: H_0 lässt sich nicht verwerfen.

Beispiel 12.11

Ein Hersteller von Werkzeugmaschinen behaupte, dass seine Produkte nur zu höchstens 10 % Mängel aufweisen. Eine Stichprobe vom Umfang n = 120 ergab 21 defekte Maschinen. Kann bei $\alpha = 0,01$ die Behauptung des Herstellers abgelehnt werden?

Da hier nur ein zu hoher Mängelanteil relevant ist, handelt es sich um einen einseitigen Test. Die Aussage des Werkzeugmaschinenherstellers soll überprüft werden. Sie stellt die Nullhypothese dar.

Arbeitsschritt 1: Signifikanzniveau und Nullhypothese

Signifikanzniveau: $\alpha = 0,01$

Nullhypothese: $H_0 : p \leq 0,10 (= p_0)$.

Arbeitsschritt 2: Prüfgröße und ihre Verteilung
Unter Verwendung des Stichprobenanteilswertes,

$$\overline{p} = \frac{n_A}{n} = \frac{21}{120} = 0,175,$$

sowie der geschätzten Standardabweichung,

$$\sigma_{\overline{p}} = \sqrt{\frac{p_0 \cdot (1-p_0)}{n}} = \sqrt{\frac{0{,}1 \cdot (1-0{,}1)}{120}} = 0{,}0274 \, ,$$

erhält man den empirischen Wert:

$$z_0 = \frac{\overline{p} - p_0}{\sigma_{\overline{p}}} = \frac{0{,}175 - 0{,}100}{0{,}0274} = 2{,}737 \, .$$

Aufgrund der Gültigkeit der Approximationsbedingung,

$$(120 =)\, n > \frac{9}{p_0 \cdot (1-p_0)} \left(= \frac{9}{0{,}1 \cdot (1-0{,}1)} = 100 \right),$$

kann die Standardnormalverteilung verwendet werden.

Arbeitsschritt 3: Kritischer Wert
Da es sich um einen einseitigen Test handelt, wird der 99 % Punkt der Standardnormalverteilung mit Hilfe der Tabelle B.4 bestimmt:

$$z_{1-\alpha} = z_{1-0{,}01} = z_{0{,}99} = 2{,}326 \, .$$

Arbeitsschritt 4: Testentscheidung
Weil $(2{,}737 =) |z_0| > z_{0{,}99} (= 2{,}326)$ ist, wird die Nullhypothese abgelehnt. Der Unterschied zwischen $\overline{p} = 0{,}175$ und $p_0 = 0{,}1$ wird als systematisch angesehen. Die Behauptung des Werkzeugmaschinenherstellers gilt als widerlegt. Es ist also davon auszugehen, dass der Mängelanteil in der Grundgesamtheit über 10 % liegt.

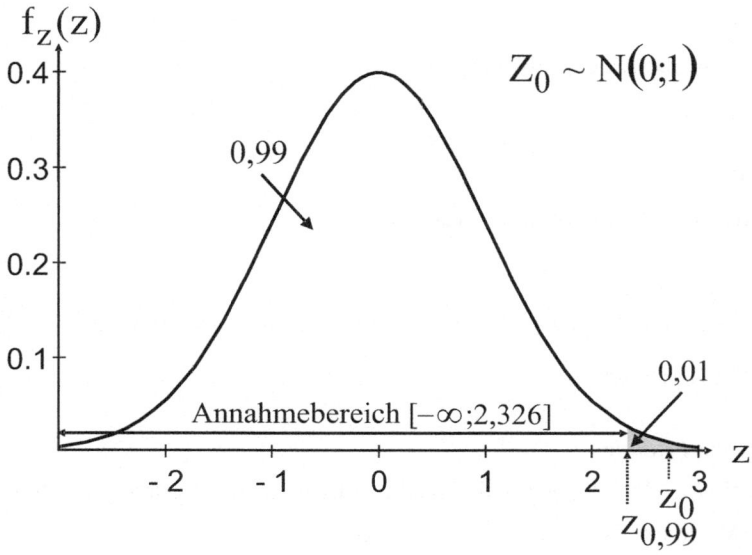

Beispiel 12.12

Ein Lebensmittelhersteller hat seinen Umsatz und seine Mitarbeiterzahlen auf einen Marktanteil von 25 % abgestimmt. Ein geringerer Marktanteil würde einen geringeren Umsatz und damit Gewinn nach sich ziehen. Ein höherer Marktanteil wäre mit einem Mitarbeitermangel und unzufriedenen Kunden verbunden. Eine Erhebung in 100 Supermärkten hat einen Marktanteil von 30 % ergeben. Ist davon auszugehen, dass der Marktanteil von 25 % abweicht ($\alpha = 0{,}05$)? Der Test ist zweiseitig durchzuführen, weil – wie oben dargestellt – ein höherer und geringerer Marktanteil mit Problemen verbunden wäre.

Arbeitsschritt 1: Signifikanzniveau und Nullhypothese

Signifikanzniveau: $\alpha = 0{,}05$

Nullhypothese: $H_0 : p = 0{,}25 \left(= p_0\right)$.

Arbeitsschritt 2: Prüfgröße und ihre Verteilung

Aus den Angaben in der Aufgabenstellung lassen sich der Stichprobenanteilswert,

$$\bar{p} = 0{,}30,$$

und der Standardfehler (Standardabweichung des Anteilswerts),

$$\sigma_{\bar{p}} = \sqrt{\frac{p_0 \cdot (1 - p_0)}{n}} = \sqrt{\frac{0{,}25 \cdot (1 - 0{,}25)}{100}} = 0{,}0433,$$

ermitteln. Der empirische Wert,

$$z_0 = \frac{\bar{p} - p_0}{\sigma_{\bar{p}}} = \frac{0{,}30 - 0{,}25}{0{,}0433} = 1{,}155,$$

kann wegen des relativ großen Stichprobenumfangs,

$$(100 =)\, n > \frac{9}{p_0 \cdot (1 - p_0)} \left(= \frac{9}{0{,}25 \cdot (1 - 0{,}25)} = 48 \right),$$

durch eine Normalverteilung approximiert werden.

Arbeitsschritt 3: Kritischer Wert

Wir bestimmen den kritischen Wert, der in Tabelle B.4 zweiseitig abgelesen wird:

$$z_{1-\alpha/2} = z_{1-0{,}05/2} = z_{0{,}975} = 1{,}96 \,.$$

Arbeitsschritt 4: Testentscheidung

Wegen $(1{,}155 =)|z_0| \leq z_{0{,}975}(= 1{,}96)$ kann die Nullhypothese nicht abgelehnt werden. Die Annahme eines Marktanteils von 25 % lässt sich nicht widerlegen.

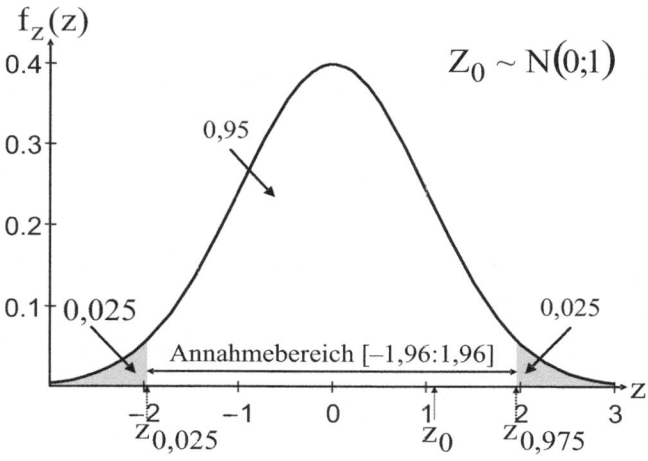

12.2.4 Varianz (Chi-Quadrat-Test für Varianzen)

Kommen wir zum Einstichprobentest für die Varianz. Unterstellt werden eine normalverteilte Grundgesamtheit sowie ein unbekannter Erwartungswert μ der Grundgesamtheit.

Tabelle 12.6 Arbeitsschritte zur Durchführung eines Einstichprobentests für die Varianz

Arbeitsschritt	Erläuterung
Arbeitsschritt 1: Signifikanzniveau und Null-hypothese	Signifikanzniveau: $\alpha = ?$ Nullhypothese: • einseitig: $H_0 : \sigma^2 \leq (\geq)\sigma_0^2$ • zweiseitig: $H_0 : \sigma^2 = \sigma_0^2$.
Arbeitsschritt 2: Prüfgröße und ihre Verteilung	Prüfgröße (empirischer Wert): $$\chi_0^2 = \frac{(n-1)\cdot S^2}{\sigma_0^2} \text{ mit } S^2 = \frac{1}{n-1}\cdot\sum_{i=1}^{n}(X_i - \overline{X})^2.$$ χ_0^2 folgt einer χ^2-Verteilung mit $(n-1)$ Freiheitsgraden. Bei $n > 30$ kann die χ^2-Verteilung hinreichend genau durch $N(n-1;2(n-1))$ approximiert werden.
Arbeitsschritt 3: Kritischer Wert	Kritischer Wert für den: • einseitigen Test: $\chi_{1-\alpha;n-1}^2$ bzw. bei einer Approximation $$\chi_{1-\alpha;n-1}^2 \approx n-1+z_{1-\alpha}\cdot\sqrt{2(n-1)}$$ • zweiseitigen Test: $\chi_{1-\alpha/2;n-1}^2$ bzw. bei einer Approximation $$\chi_{1-\alpha/2;n-1}^2 \approx n-1+z_{1-\alpha/2}\cdot\sqrt{2(n-1)}.$$
Arbeitsschritt 4: Testentscheidung	• $\chi_0^2 > \chi_{1-\alpha;n-1}^2$ bzw. $\chi_0^2 > \chi_{1-\alpha/2;n-1}^2$: H_0 ablehnen • $\chi_0^2 \leq \chi_{1-\alpha;n-1}^2$ bzw. $\chi_0^2 \leq \chi_{1-\alpha/2;n-1}^2$: H_0 lässt sich nicht ab-lehnen.

Beispiel 12.13

Im Rahmen einer Diskussion über die Einkommensverteilung in Deutschland behaupte die Bundesregierung, dass die Varianz des Einkommens höchstens $10.000[€^2]$ betrage. Bei einer Erhebung an 200 Haushalten ergab sich ein $s^2 = 14.000[€^2]$. Ist die Aussage der Bundesregierung widerlegt ($\alpha = 5\,\%$)?

Getestet werden soll die Behauptung der Bundesregierung, die gleichzeitig die Nullhypothese bildet. Der Test ist einseitig durchzuführen. Die Bundesregierung hat mit ihrer Behauptung nicht nur dann Recht, wenn die Varianz bei 10.000 liegt, sondern auch dann, wenn die Varianz 10.000 unterschreitet.

Arbeitsschritt 1: Signifikanzniveau und Nullhypothese

Signifikanzniveau: $\alpha = 0{,}05$

Nullhypothese: $H_0 : \sigma^2 \leq 10.000 \left(= \sigma_0^2\right)$.

Arbeitsschritt 2: Prüfgröße und ihre Verteilung

$s^2 = 14.000$

$$\chi_0^2 = \frac{(n-1)\cdot s^2}{\sigma_0^2} = \frac{199 \cdot 14.000}{10.000} = 278{,}6 \cdot$$

χ_0^2 folgt einer $\chi^2(n-1) = \chi^2(200-1) = \chi^2(199)$-Verteilung. Da $n > 30$ ist, kann die Chi-Quadrat- durch eine Normalverteilung $N(200-1;2(200-1)) = N(199;398)$ approximiert werden.

Arbeitsschritt 3: Kritischer Wert

Da es sich um einen einseitigen Test handelt, muss der 95 %-Punkt der Standardnormalverteilung abgelesen werden (vgl. Tabelle B.4):

$$z_{1-\alpha} = z_{1-0{,}05} = z_{0{,}95} = 1{,}645 \cdot$$

Weil $N(199;398)$ und nicht $N(0;1)$ relevant ist, führen wir eine Entstandardisierung durch

$$\chi_{0{,}95;199}^2 \approx 199 + 1{,}645 \cdot \sqrt{398} = 231{,}818 \cdot$$

Arbeitsschritt 4: Testentscheidung

Es ist $(278{,}6 =)\chi_0^2 > \chi_{0{,}95;199}^2 (\approx 231{,}818)$, so dass die Nullhypothese verworfen werden kann. Der Unterschied zwischen $s^2 = 14.000$ und $\sigma_0^2 = 10.000$ wird als systematisch angesehen. Die Behauptung der Bundesregierung gilt als widerlegt.

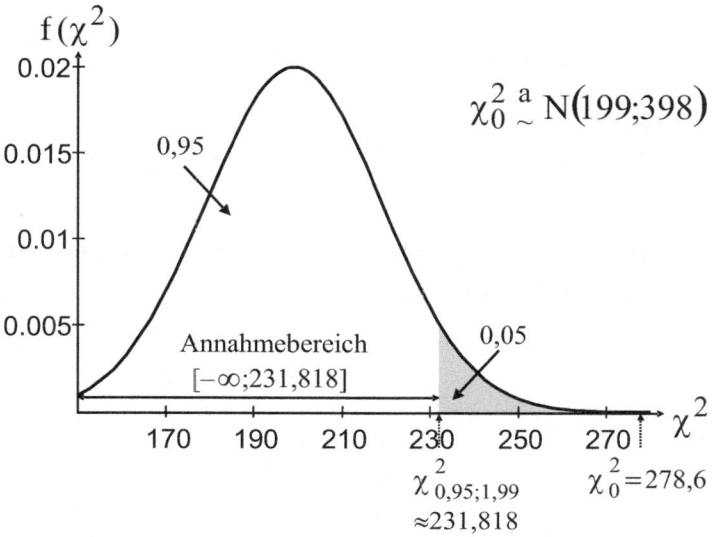

$$\chi_0^2 \overset{a}{\sim} N(199;398)$$

Annahmebereich
$[-\infty;231,818]$

$\chi_{0,95;1,99}^2$
$\approx 231,818$

$\chi_0^2 = 278,6$

◆

Beispiel 12.14

Das Risiko auf Kapitalmärkten wird häufig über die Streuung der Renditen gemessen. Je weiter die Renditen streuen, desto höher die Unsicherheit und damit das Risiko. Ein Aktienhändler behaupte, dass das durchschnittliche Risiko der Aktien auf einem bestimmten Markt, abgebildet durch die Varianz der Renditen, bei $10[\%^2]$ liege. Eine Stichprobenuntersuchung vom Umfang zehn ergibt eine Varianz von $12[\%^2]$. Ein risikoaverser Anleger möchte wissen, ob er der Aussage des Aktienhändlers im Hinblick auf das geringe Risiko trotzdem vertrauen kann. Testen Sie die Behauptung des Aktienhändlers bei einem α von 5 %.

Da der Anleger das geringe Risiko seiner Kapitalanlage präferiert, ist der Test einseitig durchzuführen. Den Anleger würde eine zu geringe Varianz nämlich nicht stören. Nachteilig wäre nur eine höhere Varianz, dann wäre die Unsicherheit nämlich größer als vom Aktienhändler behauptet.

Arbeitsschritt 1: Signifikanzniveau und Nullhypothese

Signifikanzniveau: $\alpha = 0,05$

Nullhypothese: $H_0 : \sigma^2 \leq 10 \left(= \sigma_0^2\right)$.

Arbeitsschritt 2: Prüfgröße und ihre Verteilung

Für den empirischen Wert,

$$\chi_0^2 = \frac{(n-1)\cdot s^2}{\sigma_0^2} = \frac{(10-1)\cdot 12}{10} = 10,8 \ ,$$

ist eine $\chi^2(n-1) = \chi^2(10-1) = \chi^2(9)$-Verteilung relevant.

Arbeitsschritt 3: Kritischer Wert

Das Nachschlagen in Tabelle B.5 liefert einen kritischen Wert von:

$$\chi^2_{1-\alpha;n-1} = \chi^2_{1-0,05;10-1} = \chi^2_{0,95;9} = 16,919 \, .$$

Arbeitsschritt 4: Testentscheidung

Wegen $(10,8=)\chi^2_0 \leq \chi^2_{0,95;9}(=16,919)$ kann die Nullhypothese nicht verworfen werden. Die Angabe des Aktienhändlers lässt sich nicht widerlegen.

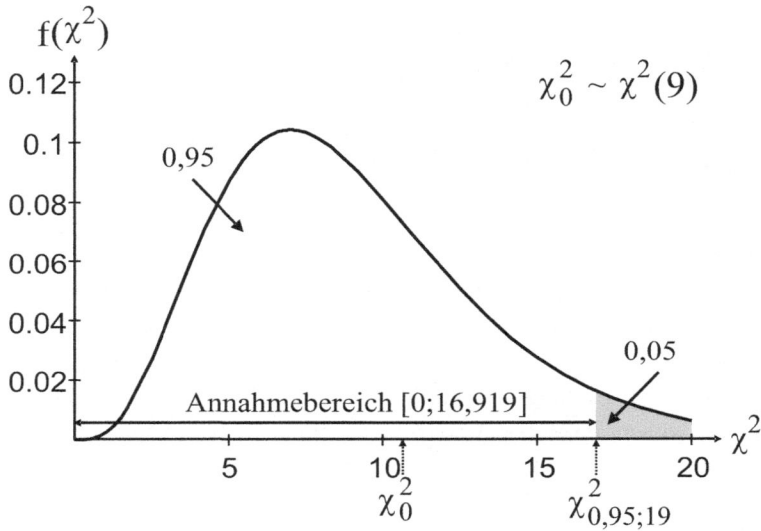

12.3 Parametrische Zweistichprobentests

In der statistischen Anwendung interessiert häufig, ob die Parameter zweier Grundgesamtheiten übereinstimmen oder sich unterscheiden. Beispiele für diese Fragestellung sind:

- Bei Wahlumfragen, die auf Stichprobenbasis durchgeführt werden, erhielt eine Partei 39 %, zwei Monate danach 43 % der Wählerstimmen. Die Frage ist, ob der beobachtete Anstieg in der Wählergunst statistisch signifikant, d. h. auf die Grundgesamtheit (also alle Wahlberechtigten) übertragbar oder nur auf Zufallseinflüsse zurückführbar ist.

- Eine Stichprobenuntersuchung ergab, dass in einer Stadt A 80 % und in einer Stadt B 85 % der befragten Haushalte ein Farbfernsehgerät besitzen. Lässt sich aus diesen Ergebnissen ableiten, dass der Anteil der Besitzer von Farbfernsehgeräten in Stadt B höher ist als in der Stadt A?

- In Industriebetrieben erfolgt die Qualitätskontrolle der Erzeugnisse auf Stichprobenbasis. Im Werk I eines Reifenherstellers wurde eine durchschnittliche Laufleistung der Reifen von 39.000 km ermittelt, während in Werk II ein Durchschnittswert von 40.000 km erreicht wurde. Der Reifenhersteller möchte wissen, ob auf der Grundlage dieser Stichprobenergebnisse die Hypothese gestützt wird, dass die Qualität des Produktionsprozesses in beiden Werken gleich ist.

Wir sehen, dass bei derartigen Fragestellungen zwei Stichproben aus zwei Grundgesamtheiten entnommen werden. Auf der Grundlage der Stichprobenergebnisse wird dann entschieden, ob bestimmte Parameter in beiden Grundgesamtheiten gleich oder verschieden sind:

$$H_0 : \theta_1 = \theta_2 \quad \text{oder} \quad H_0 : \theta_1 - \theta_2 = 0$$
$$H_1 : \theta_1 \neq \theta_2 \qquad H_1 : \theta_1 - \theta_2 \neq 0.$$

θ_1 bezeichnet den Parameter der ersten, θ_2 der zweiten Grundgesamtheit. Welche Grundgesamtheit wir mit eins oder zwei bezeichnet wird, ist beliebig.

Im Unterschied zu den Einstichprobentests werden wir bei den Zweistichprobentests die einseitige Fragestellung weitgehend vernachlässigen. Einseitige Zweistichprobentests sind in analoger Weise durchzuführen. In vielen Computerprogrammen werden Zweistichprobentests standardmäßig zweiseitig berechnet. Wir schließen uns dieser Vorgehensweise an.

Im Folgenden wird stets angenommen, dass die beiden Stichproben unabhängig voneinander entnommen werden. Abhängige Stichproben sind insbesondere in der Psychologie relevant. Statistische Tests zur Auswertung abhängiger Stichproben sind beispielsweise bei Clauß/Finze/Partzsch (2004) zu finden.

Stichproben sind unabhängig, wenn die Auswahl der Elemente für Stichprobe 1 keinen Einfluss auf die Ziehung der Elemente von Stichprobe 2 hat.

Beispiel 12.15
Abhängige Stichproben werden teilweise in der Psychologie und im Marketing eingesetzt:

- Stichprobenelemente können paarweise einander zugeordnet sein. Dann werden beispielsweise Ehepaare ausgewählt und die Frauen mit ihren Ehemännern in Bezug auf bestimmte Merkmale verglichen.

- Häufig führt man Messwiederholungen durch, beispielsweise bei Experimenten. Man befragt Personen dann zu verschiedenen Zeitpunkten und möchte erfahren, wie sich Einstellungen etc. im Zeitablauf geändert haben.   ♦

12.3.1 Erwartungswerte

Zur Überprüfung, ob sich die Erwartungswerte (arithmetischen Mittel) zweier Grundgesamtheiten unterscheiden, sind unterschiedliche Tests heranzuziehen (vgl. Abb. 12.10). Der doppelte Gauß-Test ist anzuwenden, wenn die Varianzen in den zwei Grundgesamtheiten bekannt sind. Liegen die Varianzen nicht vor, dann ist in Abhängigkeit davon, ob von gleichen Varianzen in den Grundgesamtheiten auszugehen ist, entweder der doppelte T-Test oder der Test von Welch anzuwenden.

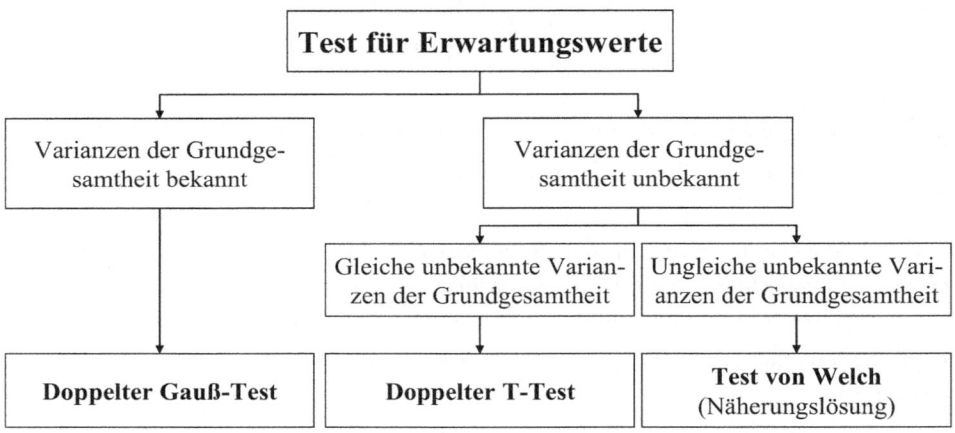

Abb. 12.10 Zweistichprobentests für Erwartungswerte

Erwartungswerte bei bekannten Varianzen (Doppelter Gauß-Test)

Der doppelte Gauß-Test wird zur Untersuchung des Unterschieds zweier arithmetischer Mittel angewendet, wenn die Varianzen der Grundgesamtheiten vorliegen. Bei kleinen Stichproben – $n_1 \leq 30$ und $n_2 \leq 30$ – ist zusätzlich die Annahme von normalverteilten Grundgesamtheiten erforderlich. Dann folgen nämlich die Zufallsvariablen $\overline{X}_1$ und $\overline{X}_2$ sowie deren Differenz $\overline{X}_1 - \overline{X}_2$ einer Normalverteilung.

Tabelle 12.7 Arbeitsschritte zur Durchführung des doppelten Gauß-Tests

Arbeitsschritt	Erläuterung
Arbeitsschritt 1: Signifikanzniveau und Null-hypothese	Signifikanzniveau: $\alpha = ?$ Nullhypothese: $H_0 : \mu_1 = \mu_2$.
Arbeitsschritt 2: Prüfgröße und ihre Verteilung	Prüfgröße (empirischer Wert): $$Z_0 = \frac{\overline{X}_1 - \overline{X}_2}{\sqrt{\sigma_1^2/n_1 + \sigma_2^2/n_2}}.$$ Z_0 folgt einer Standardnormalverteilung.
Arbeitsschritt 3: Kritischer Wert	Den kritischen Wert lesen wir zweiseitig ab: $z_{1-\alpha/2}$.
Arbeitsschritt 4: Testentscheidung	<ul><li>$\left\| Z_0 \right\| > z_{1-\alpha/2}$: H_0 verwerfen</li><li>$\left\| Z_0 \right\| \leq z_{1-\alpha/2}$: H_0 lässt sich nicht ablehnen.</li></ul>

Bei großen Stichproben ist aufgrund des Zentralen Grenzwertsatzes die Normalvertei-lungsannahme nicht notwendig. Das bedeutet, dass die Prüfgröße Z_0 im Fall nicht nor-malverteilter Grundgesamtheiten asymptotisch standardnormalverteilt ist. Damit der Zentrale Grenzwertsatz für die Verteilung von $\overline{X}_1$ und $\overline{X}_2$ wirksam wird, muss als Faustregel $n_1 > 30$ und $n_2 > 30$ erfüllt sein.

Beispiel 12.16

Ein Marktforschungsinstitut untersucht, ob sich die West- und Ostdeutschen in ihren Fernsehgewohnheiten unterscheiden. Für die 800 westdeutschen Befragten ergibt sich eine durchschnittliche Fernsehdauer von 2 Stunden. Die 600 Befragten aus den neuen Bundesländern wiesen dagegen einen Durchschnittswert von 2,5 Stunden auf. Die aus anderen Untersuchungen bekannten Standardabweichungen – 1 Stunde für West-deutschland und 0,5 Stunden für Ostdeutschland – werden als bekannte Varianzen für die Grundgesamtheiten vorausgesetzt. Testen Sie, ob zwischen den west- und ostdeut-schen Befragten bei der durchschnittlichen Fernsehdauer signifikante Differenzen beste-hen ($\alpha = 0,05$).

Wir verwenden den Index 1 für Westdeutschland. Er könnte aber auch für die neuen Bundesländer stehen. Aufgrund der großen Stichprobenumfänge

- $(800 =)$ $n_1 > 30$ und
- $(600 =)$ $n_2 > 30$

ist eine Normalverteilung der Merkmale in den Grundgesamtheiten nicht Voraussetzung. Damit lässt sich wegen der bekannten Varianzen in den Grundgesamtheiten der
doppelte Gauß-Test anwenden.

Arbeitsschritt 1: Signifikanzniveau und Nullhypothese
Signifikanzniveau: $\alpha = 0{,}05$
Nullhypothese: $H_0 : \mu_1 = \mu_2$.

Arbeitsschritt 2: Prüfgröße und ihre Verteilung
Gegeben sind die beiden arithmetischen Mittel $\bar{x}_1 = 2$ und $\bar{x}_2 = 2{,}5$ sowie die Stichpro-
benvarianzen $\sigma_1^2 = 1^2 = 1$ und $\sigma_2^2 = 0{,}5^2 = 0{,}25$. Mit diesen Angaben lässt sich die Prüfgröße bestimmen:

$$z_0 = \frac{\bar{x}_1 - \bar{x}_2}{\sqrt{\sigma_1^2 / n_1 + \sigma_2^2 / n_2}} = \frac{2 - 2{,}5}{\sqrt{1/800 + 0{,}25/600}} = \frac{-0{,}5}{0{,}0408}$$
$$= -12{,}255.$$

Relevant ist die Standardnormalverteilung.

Arbeitsschritt 3: Kritischer Wert
In Tabelle B.4 lesen wir den kritischen Wert zweiseitig ab:

$$z_{1-\alpha/2} = z_{1-0{,}05/2} = z_{0{,}975} = 1{,}96.$$

Arbeitsschritt 4: Testentscheidung
Unter Gültigkeit der Nullhypothese würde man geringe Abweichungen zwischen den
Stichprobenmitteln und eine Prüfgröße in der Nähe von null erwarten. Hier ist der empiri-
sche Wert aber deutlich größer als der kritische, $(12{,}255 =) |z_0| > z_{0{,}975} (= 1{,}96)$. Deshalb
wird die Nullhypothese verworfen. Es ist davon auszugehen, dass sich der durchschnittliche Fernsehkonsum in beiden Landesteilen signifikant voneinander unterscheidet.

◆

Erwartungswerte bei unbekannten, aber gleich großen Varianzen (Doppelter t-Test)

Der doppelte t-Test, auch t-Test für unabhängige Stichproben genannt, wird dann angewendet, wenn die Varianzen in den Grundgesamtheiten unbekannt, aber gleich groß
sind. Die Annahme gleicher Varianzen kann mit dem F-Test überprüft werden (vgl.
Abschnitt 12.3.3).

Voraussetzung ist aber auch eine Normalverteilung des Merkmals in den Grundgesamtheiten (normalverteilte Grundgesamtheiten), wenn kleine Stichproben vorliegen ($n_1 \leq 30$ oder $n_2 \leq 30$). Der t-Test für unabhängige Stichproben erweist sich aber als robust gegenüber einer Verletzung der beiden Voraussetzungen (bekannte Varianzen und Normalverteilungsannahme). Insbesondere bei stark unterschiedlichen Stichprobengrößen kann sich die Annahmeverletzung jedoch als problematisch erweisen (Bortz 1999, S. 138). Dann wäre der U-Test als Alternative anzuwenden.

Tabelle 12.8 Arbeitsschritte zur Durchführung des doppelten t-Tests

Arbeitsschritt	Erläuterung
Arbeitsschritt 1: Signifikanzniveau und Nullhypothese	Signifikanzniveau: $\alpha = ?$ Nullhypothese: $H_0 : \mu_1 = \mu_2$.
Arbeitsschritt 2: Prüfgröße und ihre Verteilung	Die Prüfgröße $$T_0 = \frac{\overline{X}_1 - \overline{X}_2}{S \cdot \sqrt{\dfrac{n_1 + n_2}{n_1 n_2}}}$$ wird unter Verwendung der „gepoolten" Varianz $$S^2 = \frac{(n_1 - 1) \cdot S_1^2 + (n_2 - 1) \cdot S_2^2}{n_1 + n_2 - 2}$$ berechnet. Die gepoolte Varianz ist als eine Art Mittelwert der Varianzen zwischen den beiden Gruppen zu interpretieren. Beide Stichproben werden zu einer zusammengefasst oder gepoolt. T_0 folgt einer $t(n-2)$-Verteilung, da zwei Freiheitsgrade durch die Schätzung der beiden arithmetischen Mittel „verloren" gehen. Die $t(n-2)$-Verteilung kann bei $n_1 + n_2 > 30$ durch eine $N(0;1)$-Verteilung approximiert werden.
Arbeitsschritt 3: Kritischer Wert	Die kritischen Werte lesen wir zweiseitig ab: $t_{1-\alpha/2; n_1 + n_2 - 2}$ bzw. $z_{1-\alpha/2}$ (bei einer Approximation).
Arbeitsschritt 4: Testentscheidung	• $\lvert T_0 \rvert > t_{1-\alpha/2; n_1 + n_2 - 2}$ bzw. $\lvert Z_0 \rvert > z_{1-\alpha/2}$: H_0 verwerfen • $\lvert T_0 \rvert \leq t_{1-\alpha/2; n_1 + n_2 - 2}$ bzw. $\lvert Z_0 \rvert \leq z_{1-\alpha/2}$: H_0 lässt sich nicht ablehnen.

Beispiel 12.17

Von Kasseler und Göttinger Studenten wurde das Einkommen pro Monat erhoben. Bei 10 zufällig ausgewählten Kasseler Studierenden betragen

- $\overline{x}_1 = 551[€]$ und

- $s_1^2 = \dfrac{1}{9} \cdot 206.236 = 22.915{,}111[€^2]$.

Für 18 Göttinger Studenten ergeben sich

- $\overline{x}_2 = 606[€]$ und

- $s_2^2 = \dfrac{1}{17} \cdot 354.224 = 20.836{,}706[€^2]$.

Stehen diese Stichprobenergebnisse in Übereinstimmung mit der Hypothese, dass alle Kasseler und alle Göttinger Studierenden ein gleiches Durchschnittseinkommen besitzen ($\alpha = 0{,}05$)? Der F-Test aus Abschnitt 12.3.3 habe ergeben, dass die Varianzen in beiden Grundgesamtheiten gleich groß sind.

Arbeitsschritt 1: Signifikanzniveau und Nullhypothese
Signifikanzniveau: $\alpha = 0{,}05$
Nullhypothese: $H_0 : \mu_1 = \mu_2$.

Arbeitsschritt 2: Prüfgröße und ihre Verteilung
Unter Verwendung der „gepoolten" Varianz,

$$s^2 = \frac{(n_1 - 1) \cdot s_1^2 + (n_2 - 1) \cdot s_2^2}{n_1 + n_2 - 2}$$
$$= \frac{(10 - 1) \cdot 22.915{,}111 + (18 - 1) \cdot 20.836{,}706}{10 + 18 - 2}$$
$$= \frac{206.236 + 354.224}{26} = 21.556{,}154,$$

erhält man den empirischen Wert,

$$t_0 = \frac{\overline{x}_1 - \overline{x}_2}{s \cdot \sqrt{\dfrac{n_1 + n_2}{n_1 \cdot n_2}}} = \frac{551 - 606}{\sqrt{21.556{,}154} \cdot \sqrt{\dfrac{10 + 18}{10 \cdot 18}}} = \frac{-55}{57{,}907}$$
$$= -0{,}950,$$

der $t(n_1 + n_2 - 2) = t(10 + 18 - 2) = t(26)$-verteilt ist.

Arbeitsschritt 3: Kritischer Wert

In Tabelle B.6 lesen wir den kritischen Wert ab:

$$t_{1-\alpha/2;n_1+n_2-2} = t_{1-0,05/2;10+18-2} = t_{0,975;26} = 2,056 \, .$$

Arbeitsschritt 4: Testentscheidung

Unter Gültigkeit der Nullhypothese würde man einen empirischen Wert t_0 in der Nähe von null erwarten. t_0 liegt nicht weit genug von null entfernt, als dass die Nullhypothese verwiesen werden kann:

$$(0,950 =)|t_0| \leq t_{0,975;26} \, (= 2,056) \, .$$

Unterschiedliche Einkommen lassen sich also nicht nachweisen.

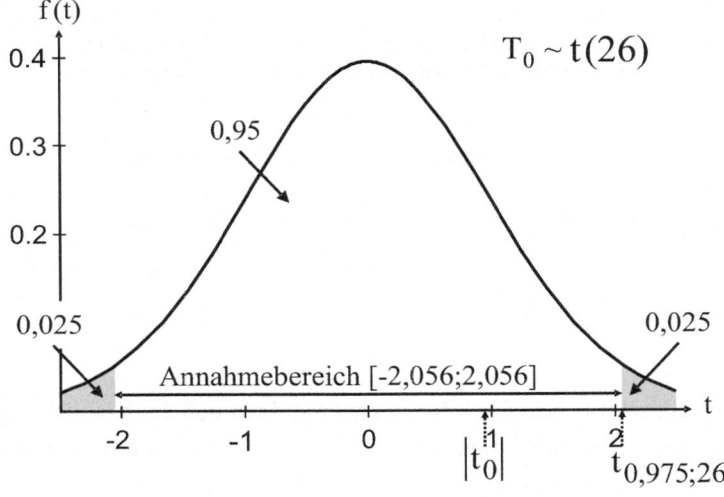

Erwartungswerte bei unbekannten, aber verschieden großen Varianzen (Test von Welch)

Kommen wir zu dem Fall, dass unbekannte Varianzen, die nicht gleich groß sind (vgl. hierzu den F-Test in Abschnitt 12.3.3), vorliegen. Bei Varianzheterogenität $\sigma_1^2 \neq \sigma_2^2$ stellt sich das Problem, ob es überhaupt einen adäquaten Signifikanztest für die Mittelwertdifferenz $\mu_1 - \mu_2$ gibt (Behrens-Fisher-Problem). In der Praxis verwendet man in dieser Situation den **Test von Welch**, der eine Näherungslösung dieses Problems darstellt (vgl. Tabelle 12.9).

Tabelle 12.9 Arbeitsschritte zur Durchführung des Tests von Welch

Arbeitsschritt	Erläuterung
Arbeitsschritt 1: Signifikanzniveau und Null- hypothese	Signifikanzniveau: $\alpha = ?$ Nullhypothese: $H_0 : \mu_1 = \mu_2$.
Arbeitsschritt 2: Prüfgröße und ihre Verteilung	Für die Prüfgröße, $$T_0 = \frac{\overline{X}_1 - \overline{X}_2}{\sqrt{\dfrac{S_1^2}{n_1} + \dfrac{S_2^2}{n_2}}},$$ wird eine t-Verteilung mit: $$v = \mathrm{int}\left(\frac{1}{\dfrac{w^2}{n_1-1} + \dfrac{(1-w)^2}{n_2-1}} \right) \text{ und } w = \frac{\dfrac{S_1^2}{n_1}}{\dfrac{S_1^2}{n_1} + \dfrac{S_2^2}{n_2}}$$ Freiheitsgraden verwendet. Zur Berechnung von v werden also die Nachkommastellen des Bruchs gestrichen.[45] Bei $v > 30$ kann eine Approximation durch die Standardnormalverteilung erfolgen.
Arbeitsschritt 3: Kritischer Wert	Die kritischen Werte lesen wir zweiseitig ab: $t_{1-\alpha/2;n_1+n_2-2}$ bzw. $z_{1-\alpha/2}$ (bei einer Approximation).
Arbeitsschritt 4: Testentscheidung	• $\lvert T_0 \rvert > t_{1-\alpha/2;n_1+n_2-2}$ bzw. $\lvert Z_0 \rvert > z_{1-\alpha/2}$: H_0 verwerfen • $\lvert T_0 \rvert \leq t_{1-\alpha/2;n_1+n_2-2}$ bzw. $\lvert Z_0 \rvert \leq z_{1-\alpha/2}$: H_0 lässt sich nicht ablehnen.

Beispiel 12.18

Ein Hersteller von Digitalkameras beliefert mit seinen Produkten den Fachhandel. Da die Fachhändler nicht an die Preisempfehlung des Herstellers gebunden sind, können die Kamerapreise für die Endkunden differieren. Um genauere Aussagen über die Preisunterschiede in zwei Verkaufsgebieten zu erhalten, wurde eine Stichprobenuntersuchung für einen bestimmten Kameratyp durchgeführt:

Verkaufsgebiet	Anzahl der befragten Händler	Durchschnittspreis (in €)	Standardabweichung (in €)
1	22	800	50
2	40	760	30

---

[45] Die Integer-Funktion liefert den ganzzahligen Teil. Nachkommastellen werden also gestrichen.

Die Marktforschungsabteilung wird beauftragt, bei einem Signifikanzniveau von 5 % zu überprüfen, ob sich die durchschnittlichen Endabnehmerpreise in den Verkaufsgebieten unterscheiden. Dabei wird angenommen, dass die Preise in den Verkaufsgebieten normalverteilt und die Varianzen in den Grundgesamtheiten ungleich sind. Es wird ein Signifikanzniveau von 5 % verwendet.

Arbeitsschritt 1: Signifikanzniveau und Nullhypothese
Signifikanzniveau: $\alpha = 0{,}05$
Nullhypothese: $H_0 : \mu_1 = \mu_2$.

Arbeitsschritt 2: Prüfgröße und ihre Verteilung
Für die Prüfgröße,

$$t_0 = \frac{\overline{x}_1 - \overline{x}_2}{\sqrt{\dfrac{s_1^2}{n_1} + \dfrac{s_2^2}{n_2}}} = \frac{800 - 760}{\sqrt{\dfrac{50^2}{22} + \dfrac{30^2}{40}}} = 3{,}428,$$

ist eine t-Verteilung relevant, deren Freiheitsgrade sich aus:

$$w = \frac{\dfrac{s_1^2}{n_1}}{\dfrac{s_1^2}{n_1} + \dfrac{s_2^2}{n_2}} = \frac{\dfrac{50^2}{22}}{\dfrac{50^2}{22} + \dfrac{30^2}{40}} = 0{,}8347 \text{ und}$$

$$v = \text{int}\left(\frac{1}{\dfrac{w^2}{n_1 - 1} + \dfrac{(1-w)^2}{n_2 - 1}}\right) = \text{int}\left(\frac{1}{\dfrac{0{,}8347^2}{22 - 1} + \dfrac{(1 - 0{,}8347)^2}{40 - 1}}\right)$$
$$= \text{int}(29{,}52) = 29$$

ergeben. Relevant ist also eine t(29)-Verteilung.

Arbeitsschritt 3: Kritischer Wert
In Tabelle B.6 lesen wir den kritischen Wert ab:

$$t_{1-\alpha/2;v} = t_{1-0{,}05/2;29} = t_{0{,}975;29} = 2{,}045.$$

Arbeitsschritt 4: Testentscheidung
Weil der empirische den kritischen Wert übersteigt,

$$(3{,}428 =)|t_0| \leq t_{0{,}975;29} (= 2{,}045),$$

wird die Nullhypothese verwiesen. Wir gehen davon aus, dass sich die Durchschnittspreise in beiden Verkaufsgebieten unterscheiden. ◆

12.3.2 Anteilswerte (Anteilswertdifferenzentest)

Getestet werden soll, ob sich die Anteilswerte zweier Grundgesamtheiten signifikant voneinander unterscheiden. Da die beiden Anteilswerte $\overline{P}_1$ als auch $\overline{P}_2$ asymptotisch normalverteilt sind (Zentraler Grenzwertsatz von de Moivre und Laplace), folgt auch deren Differenz näherungsweise einer Normalverteilung.

Tabelle 12.10 Arbeitsschritte zur Durchführung eines Zweistichprobentests für den Anteilswert

Arbeitsschritt	Erläuterung
Arbeitsschritt 1: Signifikanzniveau und Null-hypothese	Signifikanzniveau: $\alpha = ?$ Nullhypothese: $H_0 : p_1 = p_2$.
Arbeitsschritt 2: Prüfgröße und ihre Verteilung	Prüfgröße (empirischer Wert): $Z_0 = \dfrac{\overline{P}_1 - \overline{P}_2}{\sqrt{\overline{P}\cdot(1-\overline{P})\cdot\left(\dfrac{n_1+n_2}{n_1\cdot n_2}\right)}}$ mit $\overline{P} = \dfrac{n_1\cdot\overline{P}_1 + n_2\cdot\overline{P}_2}{n_1+n_2}$. Die Binomialverteilung lässt sich aufgrund des Zentralen Grenzwertsatzes von de Moivre und Laplace für $n_1 > \dfrac{9}{p_1\cdot(1-p_1)}$ und $n_2 > \dfrac{9}{p_2\cdot(1-p_2)}$ durch eine Standardnormalverteilung approximieren.
Arbeitsschritt 3: Kritischer Wert	Der kritische Wert lautet bei einer Approximation: $z_{1-\alpha/2}$.
Arbeitsschritt 4: Testentscheidung	• $\|Z_0\| > z_{1-\alpha/2}$: H_0 verwerfen • $\|Z_0\| \le z_{1-\alpha/2}$: H_0 lässt sich nicht ablehnen.

Beispiel 12.19

Ein Institut hat 1.500 Wahlberechtigte nach ihrer Wahlabsicht befragt. Von den 500 Männern gaben 230 an, CDU/CSU wählen zu wollen. Bei den Frauen lag der Anteil von CDU/CSU-Sympathisanten bei $430/1.000 = 0,43$. Unterscheiden sich beide Anteilswerte für die männlichen und weiblichen Befragten signifikant voneinander ($\alpha = 1\%$)?

Arbeitsschritt 1: Signifikanzniveau und Nullhypothese

Signifikanzniveau: $\alpha = 0,01$

Nullhypothese: $H_0 : p_1 = p_2$.

Arbeitsschritt 2: Prüfgröße und ihre Verteilung

Mit den Stichprobenanteilswerten,

$\overline{p}_1 = \dfrac{230}{500} = 0,46$ und $\overline{p}_2 = \dfrac{430}{1000} = 0,43$, wird der Gesamtanteilswert für beide Stichproben ermittelt:

$$\bar{p} = \frac{n_1 \cdot \bar{p}_1 + n_2 \cdot \bar{p}_2}{n_1 + n_2} = \frac{500 \cdot 0{,}46 + 1.000 \cdot 0{,}43}{500 + 1.000} = 0{,}44 \cdot$$

Der empirische Wert beträgt

$$z_0 = \frac{\bar{p}_1 - \bar{p}_2}{\sqrt{\bar{p} \cdot (1 - \bar{p}) \cdot \left(\frac{n_1 + n_2}{n_1 \cdot n_2} \right)}} = \frac{0{,}46 - 0{,}43}{\sqrt{0{,}44 \cdot 0{,}56 \cdot \left(\frac{500 + 1.000}{500 \cdot 1.000} \right)}}$$

$$= \frac{0{,}03}{0{,}0272} = 1{,}103.$$

Aufgrund der erfüllten Approximationsbedingungen,

$$(500 =) n_1 > \frac{9}{\bar{p}_1 \cdot (1 - \bar{p}_1)} \left(= \frac{9}{0{,}46 \cdot 0{,}54} = 36{,}232 \right)$$

und

$$(1.000 =) n_2 > \frac{9}{\bar{p}_2 (1 - \bar{p}_2)} \left(= \frac{9}{0{,}43 \cdot 0{,}57} = 36{,}720 \right),$$

ist die Standardnormalverteilung anzuwenden.

Arbeitsschritt 3: Kritischer Wert
Der kritische Wert wird Tabelle B.4 entnommen:
$$z_{1-\alpha/2} = z_{1-0{,}01/2} = z_{0{,}995} = 2{,}576.$$

Arbeitsschritt 4: Testentscheidung
Da $(1{,}103 =) |z_0| < z_{0{,}995} (= 2{,}576)$, kann die Nullhypothese der Gleichheit der Anteilswerte auf diesem Signifikanzniveau nicht abgelehnt werden. Unterschiedliche Stimmenanteile lassen sich also nicht nachweisen.

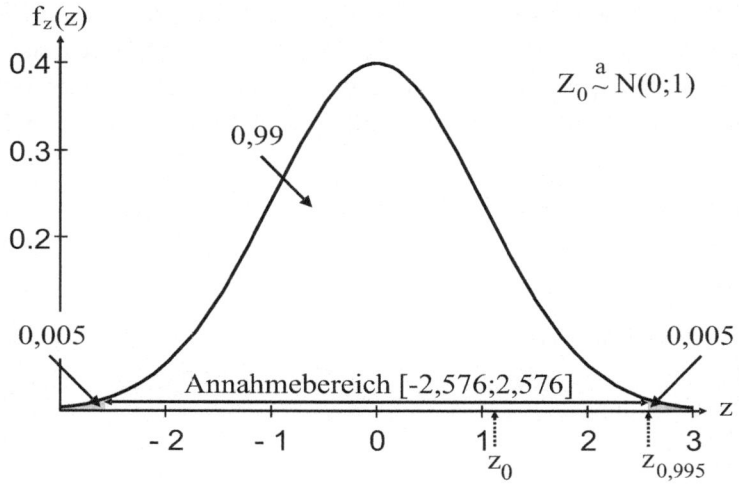

12.3.3 Varianz (F-Test)

Mit dem F-Test wird überprüft, ob zwei normalverteilte Grundgesamtheiten die gleiche Varianz aufweisen. Der F-Test kann somit zur Kontrolle der Voraussetzungen für den doppelten t-Test verwendet werden. Im Gegensatz zu den anderen Zwei-Stichproben-tests ist die Verteilung der Indizes für die Gruppen nicht beliebig. Es erhält die Stichprobe mit der größeren Stichprobenvarianz den Index 1 zugewiesen. Voraussetzung sind normalverteilte Grundgesamtheiten.

Tabelle 12.11 Arbeitsschritte zur Durchführung eines Zweistichprobentests für die Varianz

Arbeitsschritt	Erläuterung
Arbeitsschritt 1: Signifikanzniveau und Null-hypothese	Signifikanzniveau: $\alpha = ?$ Nullhypothese: $H_0 : \sigma_1^2 = \sigma_2^2$.
Arbeitsschritt 2: Prüfgröße und ihre Verteilung	Prüfgröße (empirischer Wert): In der Prüfgröße ist jeweils die größere Varianz in den Zähler zu setzen: $$F_0 = \frac{S_1^2}{S_2^2} \quad \text{mit } S_1^2 > S_2^2.$$ F_0 folgt als Quotient zweier χ^2-verteilter Größen einer F-Verteilung mit $(n_1 - 1; n_2 - 1)$-Freiheitsgraden.
Arbeitsschritt 3: Kritischer Wert	Der kritische Wert wird mit Tabelle B.7 bestimmt: $F_{1-\alpha/2; n_1-1; n_2-1}$.
Arbeitsschritt 4: Testentscheidung	• $F_0 > F_{1-\alpha/2; n_1-1; n_2-1}$: H_0 verwerfen • $F_0 \leq F_{1-\alpha/2; n_1-1; n_2-1}$: H_0 lässt sich nicht ablehnen.

Beispiel 12.20

Bei einer Erhebung in zwei Regionen 1 und 2 ergaben sich in Bezug auf das monatliche Einkommen die Ausprägungen $\overline{x}_1 = 3.314 \, €$ und $\overline{x}_2 = 2.625 \, €$. Die Varianzen sind $s_1^2 = 24.936$ und $s_2^2 = 14.516$. n_1 ist gleich 61, n_2 ist 121. Es interessiert die Frage, ob die Einkommensunterschiede, gemessen durch die Varianz, signifikant verschieden sind ($\alpha = 10\,\%$).

Arbeitsschritt 1: Signifikanzniveau und Nullhypothese

Signifikanzniveau: $\alpha = 0{,}10$
Nullhypothese: $H_0 : \sigma_1^2 = \sigma_2^2$.

Arbeitsschritt 2: Prüfgröße und ihre Verteilung
Die Prüfgröße lautet:

$$F_0 = \frac{s_1^2}{s_2^2} = \frac{24.936}{14.516} = 1{,}718.$$

F_0 folgt einer F-Verteilung mit $(n_1 - 1; n_2 - 1) = (61 - 1; 121 - 1) = (60; 120)$ Freiheitsgraden.

Arbeitsschritt 3: Kritischer Wert
Der kritische Wert aus Tabelle B.7 lautet:

$$F_{1-\alpha/2; n_1-1; n_2-1} = F_{1-0,1/2; 61-1; 121-1} = F_{0,95; 60; 120}$$
$$= 1,43.$$

Arbeitsschritt 4: Testentscheidung
Da $(1,718 =) F_0 > F_{0,95; 60; 120} (= 1,43)$, wird die Nullhypothese gleicher Streuungen auf diesem Signifikanzniveau abgelehnt. Wir gehen davon aus, dass in beiden Volkswirtschaften eine Ungleichheit bei den Einkommensstreuungen vorhanden ist.

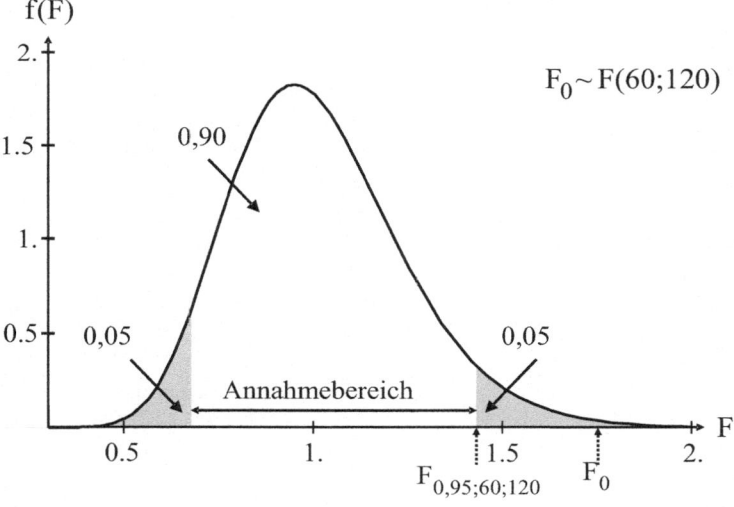

12.4 Zusammenfassung

Tabelle 11.5 fasst die behandelten parametrischen Signifikanztests noch einmal zusammen. Zu beachten ist, dass hier bei kleinen Stichproben Verteilungsannahmen, insbesondere normalverteilte Grundgesamtheiten oder Annahmen für die Varianzen der Grundgesamtheit vorausgesetzt werden. Sind diese Bedingungen nicht erfüllt, dann sollten nichtparametrische Tests angewendet werden (vgl. Kapitel 13).

Die Testdurchführung geschieht immer nach dem gleichen Prinzip in vier Arbeitsschritten. Zu beachten ist, dass die kritischen Werte der Einstichprobentests in Abhängigkeit der Nullhypothese entweder einseitig oder zweiseitig abgelesen werden. Die kritischen Werte bei den Zweistichprobentests bestimmen wir meistens zweiseitig.

Tabelle 12.12   Wichtige parametrische Tests

Name	Nullhypothese	Prüfgröße (empirischer Wert)	Anzuwendende Verteilung	
Gauß-Test	$\mu = (\geq;\leq)\mu_0$ (σ bekannt o. $n > 30$)	$Z_0 = \dfrac{\overline{X}-\mu_0}{\frac{\sigma}{\sqrt{n}}}$ bzw. $T_0 = \dfrac{\overline{X}-\mu_0}{\frac{s}{\sqrt{n}}}$	Standardnormalverteilung *Voraussetzung:* Grundgesamtheit normalverteilt (bei kleinen Stichproben)	Ein-Stichprobentests
t-Test	$\mu = (\geq;\leq)\mu_0$ (σ unbekannt u. $n \leq 30$)	$T_0 = \dfrac{\overline{X}-\mu_0}{\frac{s}{\sqrt{n}}}$	t-Verteilung mit $\nu = n-1$ Freiheitsgraden *Voraussetzung:* Grundgesamtheit normalverteilt	
Anteilswerttest	$p = (\geq;\leq)p_0$	$Z_0 = \dfrac{\overline{P}-p_0}{\sqrt{\frac{p_0 \cdot (1-p_0)}{n}}}$	Standardnormalverteilung *Voraussetzung:* $n > \dfrac{9}{\overline{p}(1-\overline{p})}$	
χ^2-Test für Varianzen	$\sigma^2 = (\geq;\leq)\sigma_0^2$	$\chi_0^2 = \dfrac{(n-1)\cdot S^2}{\sigma_0^2}$	χ^2-Verteilung mit $(n-1)$-Freiheitsgraden *Voraussetzung:* Grundgesamtheit normalverteilt	
Doppelter Gauß-Test	$\mu_1 = \mu_2$ (σ_1,σ_2 bekannt)	$Z_0 = \dfrac{\overline{X}_1-\overline{X}_2}{\sqrt{\sigma_1^2/n_1 + \sigma_2^2/n_2}}$	Standardnormalverteilung *Voraussetzung:* Grundgesamtheiten normalverteilt (bei kleinen Stichproben)	Zwei-Stichprobentests
Doppelter t-Test	$\mu_1 = \mu_2$ (σ_1,σ_2 unbekannt und $\sigma_1 = \sigma_2$)	$T_0 = \dfrac{\overline{X}_1-\overline{X}_2}{S \cdot \sqrt{\frac{n_1+n_2}{n_1 n_2}}}$ mit $S^2 = \dfrac{(n_1-1)\cdot S_1^2 + (n_2-1)\cdot S_2^2}{n_1+n_2-2}$	t-Verteilung mit $\nu = n-2$ Freiheitsgraden; *Voraussetzung:* normalverteilte Grundgesamtheiten (bei kleinen Stichproben)	
Test von Welch	$\mu_1 = \mu_2$ (σ_1,σ_2 unbekannt und $\sigma_1 \neq \sigma_2$)	$T_0 = \dfrac{\overline{X}_1-\overline{X}_2}{\sqrt{\frac{S_1^2}{n_1} + \frac{S_2^2}{n_2}}}$	t-Verteilung (Freiheitsgrade siehe S. 254) *Voraussetzung:* Grundgesamtheiten normalverteilt (bei kleinen Stichproben)	
Anteilswertdifferenzentest	$p_1 = p_2$	$Z_0 = \dfrac{\overline{P}_1-\overline{P}_2}{\sqrt{\overline{P}\cdot(1-\overline{P})\cdot\left(\frac{n_1+n_2}{n_1\cdot n_2}\right)}}$ mit $\overline{P} = \dfrac{n_1\cdot\overline{P}_1 + n_2\cdot\overline{P}_2}{n_1+n_2}$	Standardnormalverteilung *Voraussetzungen:* $n_1 > \dfrac{9}{\overline{p}_1\cdot(1-\overline{p}_1)}$ und $n_2 > \dfrac{9}{\overline{p}_2\cdot(1-\overline{p}_2)}$	
F-Test auf Gleichheit von Varianzen	$\sigma_1^2 = \sigma_2^2$	$F_0 = \dfrac{S_1^2}{S_2^2}$ mit $S_1^2 \geq S_2^2$	F-Verteilung mit $(n_1-1;n_2-1)$-Freiheitsgraden *Voraussetzung:* normalverteilte Grundgesamtheiten	

12.5 Aufgaben

12.1 Lässt sich trotz der in Aufgabe 11.3 aufgeführten Ergebnisse des Wissenstests bei einer Irrtumswahrscheinlichkeit von 1 % die Hypothese aufrechterhalten, dass 40 % der Schüler fundierte Kenntnisse über das marktwirtschaftliche System besitzen?

12.2 Eine Marktstudie (n = 100) hat offengelegt, dass 60 % der Kunden mit einem von einem Unternehmen vertriebenen Produkt zufrieden sind

a) Testen sie, ob der Stichprobenbefund bei einer Irrtumswahrscheinlichkeit von 1 % mit der Annahme eines Anteils von 50 % zufriedener Kunden in der Grundgesamtheit kompatibel ist!
b) Interpretieren Sie die Fehler 1. und 2. Art in Bezug auf das in Teil a) konkret vorgegebene Testproblem!

12.3 In den Firmen der Branche A, die keine Zeitarbeitnehmer beschäftigen, streuen die Löhne mit einer Standardabweichung von 400 Euro. Eine Stichprobe von 81 Arbeitnehmern aus Firmen der Branche A, die Zeitarbeitnehmer einsetzen, hat eine Standardabweichung von 420 Euro ergeben.

Sind die Löhne bei den Firmen mit Zeitarbeitnehmern in der Branche A heterogener ($\alpha = 0{,}01$)?

12.4 Zwei Schulklassen sind nach unterschiedlichen Lehrmethoden A und B unterrichtet worden. Bei einem Leistungsvergleich erreichten die Schüler der einen Klasse eine mittlere Punktzahl $\overline{x}_A = 54$ bei einer Varianz von $s^2_A = 16$, wohingegen die Schüler der anderen Klasse eine mittlere Punktzahl $\overline{x}_B = 48$ bei einer Varianz von $s^2_B = 9$ erzielten. Die Klassenstärken betrugen $n_A = 22$ und $n_B = 29$.

a) Lässt sich unter einer Irrtumswahrscheinlichkeit von 5 % die Hypothese stützen, die Lehrmethode A sei erfolgreicher als die Lehrmethode B, wenn sich die berechneten Varianzen nicht signifikant voneinander unterscheiden?
b) Interpretieren Sie die Fehler 1. und 2. Art!

12.6 Lösungen

12.1

1. Hypothesenformulierung:

   H_0: p = 0,4

   H_1: p < 0,4

2. Signifikanzniveau

   $\alpha = 0{,}01$

3. Wahl und Berechnung der Prüfgröße

$$n = 1000 > \frac{9}{p_0(1 - p_0)} = \frac{9}{0,4 \cdot 0,6} = 37,5 \rightarrow \text{großer Stichprobenumfang}$$

→ approximativer Binomialtest

$$z_0 = \frac{\overline{p} - p_0}{\sqrt{p_0(1 - p_0)/n}} = \frac{0,35 - 0,4}{\sqrt{0,4 \cdot 0,6/1000}} = \frac{-0,05}{0,0155} = -3,226$$

4. Tabellarische Ermittlung des kritischen Wertes

$$z_\alpha = -z_{1-\alpha} = -z_{0,99} = -2,3263$$

5. Testentscheidung

$$(z_0 = -3,226) < (-z_{1-\alpha} = -2,3263)$$

Die Nullhypothese wird abgelehnt. Es kann nicht davon ausgegangen werden, dass 40 % der Schüler fundierte Kenntnisse haben.

12.2

a)

1. Hypothesenformulierung:

$H_0: p = 0,5$

$H_1: p \neq 0,5$

2. Signifikanzniveau

$\alpha = 0,01$

3. Wahl und Berechnung der Prüfgröße

$$n = 100 > \frac{9}{p_0(1 - p_0)} = \frac{9}{0,5 \cdot 0,5} = 36 \rightarrow \text{großer Stichprobenumfang}$$

→ approximativer Binomialtest

$$z_0 = \frac{\overline{p} - p_0}{\sqrt{p_0(1 - p_0)/n}} = \frac{0,6 - 0,5}{\sqrt{0,5 \cdot 0,5/100}} = \frac{0,1}{0,05} = 2$$

4. Tabellarische Ermittlung des kritischen Wertes

$$z_{1-\alpha/2} = -z_{0,995} = 2,5758$$

5. Testentscheidung

$$(z_0 = 2) < (z_{0,995} = 2,5758)$$

Die Nullhypothese wird beibehalten. Der Stichprobenbefund steht nicht mit einem Anteil von 50 % an zufriedenen Kunden in Widerspruch.

b)

Fehler 1. Art: Davon auszugehen, dass der Anteil zufriedener Kunden von 50 % abweicht, obwohl in Wirklichkeit die Hälfte aller Kunden mit dem Produkt zufrieden sind.

Fehler 2. Art: Davon auszugehen, dass die Hälfte aller Kunden mit dem Produkt zufrieden ist, obwohl der Anteil der zufriedenen Kunden in Wirklichkeit niedriger oder höher ist.

12.3

1. Hypothesenformulierung:

   $H_0: \sigma^2 = 400^2$

   $H_1: \sigma^2 > 400^2$

2. Signifikanzniveau

   $\alpha = 0{,}01$

3. Wahl und Berechnung der Prüfgröße

   Annahme: GG normalverteilt

   $$\chi_0^2 = \frac{(n-1)s^2}{\sigma_0{}^2} = \frac{80 \cdot 420^2}{400^2} = 88{,}2$$

4. Tabellarische Ermittlung des kritischen Wertes

   $$\chi_{n-1;\,1-\alpha}^2 = \chi_{80;\,0{,}99}^2 = 112{,}33$$

5. Testentscheidung

   $$\left(\chi_0^2 = 88{,}2\right) < \left(\chi_{80;\,0{,}99}^2 = 112{,}33\right)$$

Die Hypothese der Streuungshomogenität der Löhne in den Firmen ohne und mit Zeitarbeitnehmern kann nicht verworfen werden

12.4

a)

1. Hypothesenformulierung:

   $H_0: \mu_1 = \mu_2$

   $H_1: \mu_1 > \mu_2$

2. Signifikanzniveau

   $\alpha = 0{,}05$

3. Wahl und Berechnung der Prüfgröße

   kleine Stichproben $n_1 = 22 < 30$, $n_2 = 29 < 30$

   unbekannte, aber gleiche Varianzen σ_1^2 und σ_2^2

   Annahme: GG normalverteilt

   → doppelter t-Test

   $$t_0 = \frac{\overline{X_1} - \overline{X_2}}{s \cdot \sqrt{\dfrac{1}{n_1} + \dfrac{1}{n_2}}} = \frac{54 - 48}{\sqrt{12} \cdot \sqrt{\dfrac{1}{22} + \dfrac{1}{29}}} = 6{,}1262$$

   mit $s^2 = \dfrac{(n_1 - 1) \cdot s_1^2 + (n_2 - 1) \cdot s_2^2}{n_1 + n_2 - 2} = \dfrac{21 \cdot 16 + 28 \cdot 9}{22 + 29 - 2} = 12$

4. Tabellarische Ermittlung des kritischen Wertes

$t_{n_1+n_2-2;\,1-\alpha} = t_{22+29-2;\,0,95} = t_{49;\,0,95}$

Interpolation:

$t_{40;\,0,95} = 1,68$

$t_{60;\,0,95} = 1,67$

Differenz: $0,01 \;\rightarrow\; 0,1 \cdot \dfrac{11}{20} = 0,0055$

$t_{49;\,0,95} = 1,68 - 0,0055 = 1,6755$

5. Testentscheidung

$(t_0 = 6,1261) > (t_{49;0,95} = 1,6755)$

Die Nullhypothese wird abgelehnt.

b)

Fehler 1. Art: Annehmen, dass die Lehrmethode A erfolgreicher ist als die Lehrmethode B, obwohl dies nicht der Fall ist.

Fehler 2. Art: Annehmen, dass beide Lehrmethoden gleichwertig sind, obwohl die Lehrmethode A effizienter ist.

Nichtparametrische Tests

Nichtparametrische (verteilungsfreie) Tests setzen keine Verteilungsannahmen voraus. Sie lassen sich insbesondere für drei Fragestellungen heranziehen (vgl. Abb. 13.1):

- Bei den nichtparametrischen Tests gibt es zum einen Anpassungstests zur Überprüfung, ob ein Merkmal in der Grundgesamtheit eine bestimmte Verteilung aufweist. Für kleine Stichproben ist insbesondere der KSA-Test geeignet. Mit den Anpassungstests lassen sich die Verteilungsvoraussetzungen für parametrische Tests überprüfen.
- Zum anderen kann untersucht werden, ob zwischen zwei Merkmalen ein Zusammenhang besteht. Der hier behandelte Chi-Quadrat-Unabhängigkeitstest ist bereits bei nominalskalierten Merkmalen einsetzbar.
- Drittens lässt sich ein nichtparametrischer Test anwenden, um Gruppenunterschiede herauszufinden. Dafür werden meistens Rangplätze herangezogen, so dass diese Tests

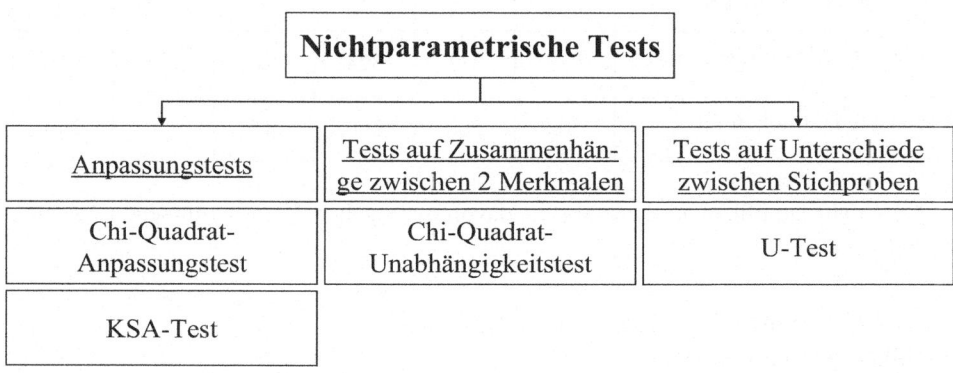

Abb. 13.1 Behandelte nichtparametrische Tests

© Springer Fachmedien Wiesbaden GmbH, ein Teil von Springer Nature 2019
R. Kosfeld et al., *Wahrscheinlichkeitsrechnung und Induktive Statistik*,
https://doi.org/10.1007/978-3-658-28713-9_13

bereits bei einem ordinalskalierten Merkmal durchführbar sind. Der hier behandelte U-Test stellt eine verteilungsfreie Alternative zum doppelten t-Test bzw. zum Test von Welch dar. Ein Nachteil der verteilungsfreien Tests liegt aber in einer geringeren Trennschärfe. Sind die Voraussetzungen eines parametrischen Tests erfüllt, dann liegt die Wahrscheinlichkeit für einen Fehler 2. Art bei einem nichtparametrischen Test höher.

Es existiert eine Fülle nichtparametrischer Tests, wobei hier nur auf einige wichtige eingegangen werden kann. Der interessierte Leser findet eine umfangreiche Zusammenstellung in Bortz/Lienert/Boehnke (1990).

13.1 Chi-Quadrat-Anpassungstest

Mit dem Chi-Quadrat-Anpassungstest lässt sich überprüfen, ob ein Merkmal X in der Grundgesamtheit einer bestimmten Verteilung folgt. Damit kann auch getestet werden, ob die Normalverteilungsannahme, die die parametrischen Tests in der Regel voraussetzen, vorliegt. Die Arbeitsschritte des Chi-Quadrat-Anpassungstests sind in Tabelle 13.1 dargestellt.

Beispiel 13.1

A als Teilnehmer an einem Glücksspiel bezweifelt, dass ein beim Spiel benutzter Würfel fair ist. Bei einem fairen Würfel würde man erwarten, dass jede Augenzahl ungefähr gleich häufig gewürfelt würde (Gleichverteilung). A stützt seine Vermutung darauf, dass die beobachtete Häufigkeit davon teilweise erheblich abweicht. Die Stichprobenergebnisse gehen aus folgender Tabelle hervor:

Augenzahl des Würfels	1	2	3	4	5	6
Beobachtete Häufigkeit (n_j)	279	311	324	263	367	256
Erwartete Häufigkeit ($\tilde{n}_j$)	300	300	300	300	300	300

Ist bei einem Signifikanzniveau von 5 % davon auszugehen, dass A mit seiner Vermutung richtig liegt?

Arbeitsschritt 1: Signifikanzniveau und Nullhypothese
Signifikanzniveau: $\alpha = 0{,}05$

Nullhypothese: Die Augenzahl ist in der Grundgesamtheit gleichverteilt. Die erwartete Häufigkeit bei Gleichverteilung stimmt mit der beobachteten Häufigkeit überein.

Tabelle 13.1 Arbeitsschritte zur Durchführung des Chi-Quadrat-Anpassungstests

Arbeitsschritt	Erläuterung

Arbeitsschritt 1: Signifikanzniveau und Nullhypothese	Signifikanzniveau: $\alpha = ?$
	 Nullhypothese: Die beobachteten Häufigkeiten stimmen mit den erwarteten Häufigkeiten in der Grundgesamtheit überein.
	     Die erwarteten Häufigkeiten würde man bei Gültigkeit der unterstellten Verteilung für die j-te Ausprägung oder Klasse annehmen. Die Nullhypothese bedeutet, dass das Merkmal die angenommene Verteilung in der Grundgesamtheit aufweist.
	     Bei den Anpassungstests ist die Nullhypothese anders formuliert als bei den bisher bekannten Tests (dort wurde der Sachverhalt, der nachgewiesen werden sollte, als Alternativhypothese spezifiziert). Hier ist deshalb der Fehler 2. Art gering zu halten. Da sich beide Fehler gegenläufig entwickeln (vgl. Abbildung 12.3), würde man ein hohes Signifikanzniveau, mindestens 5 %, wenn nicht gar 10 % oder gar 20 % wählen. Damit hält man die Wahrscheinlichkeit für einen Fehler 2. Art, also ein fälschliches Annehmen der Nullhypothese und damit der unterstellten Verteilung, gering.

Arbeitsschritt 2: Prüfgröße und ihre Verteilung	Prüfgröße (empirischer Wert): $$\chi_0^2 = \sum_{j=1}^{m} \frac{\left(n_j - \tilde{n}_j\right)^2}{\tilde{n}_j},$$ mit: • n_j: Beobachtete Häufigkeit der j-ten Merkmalsausprägung bzw. Klasse in der Stichprobe, • $\tilde{n}_j$: Erwartete Häufigkeit der j-ten Merkmalsausprägung bzw. Klasse in der Stichprobe bei Gültigkeit der angenommenen Verteilung. χ_0^2 folgt asymptotisch einer Chi-Quadrat-Verteilung mit $m - k - 1$ Freiheitsgraden, sofern: • höchstens 20 % der $\tilde{n}_j$ kleiner als 5 sind und • jedes $\tilde{n}_j$ 1 nicht unterschreitet. k steht für die Anzahl der Parameter, die zu schätzen sind.
Arbeitsschritt 3: Kritischer Wert	Den kritischen Wert lesen wir aus Tabelle B.5 einseitig ab. Große Abweichungen zwischen beobachteten und erwarteten Häufigkeiten führen nämlich aufgrund der Quadrierung stets zu einem hohen empirischen Wert: $\chi_{1-\alpha;p-k-1}^2$.
Arbeitsschritt 4: Testentscheidung	• $\chi_0^2 > \chi_{1-\alpha;p-k-1}^2$: H_0 verwerfen • $\chi_0^2 \leq \chi_{1-\alpha;p-k-1}^2$: H_0 lässt sich nicht ablehnen.

Arbeitsschritt 2: Prüfgröße und ihre Verteilung

$$\chi_0^2 = \sum_{j=1}^{6} \frac{\left(n_j - \tilde{n}_j\right)^2}{\tilde{n}_j}$$

$$= \frac{(279-300)^2}{300} + \frac{(311-300)^2}{300} + \frac{(324-300)^2}{300}$$

$$+ \frac{(263-300)^2}{300} + \frac{(367-300)^2}{300} + \frac{(256-300)^2}{300}$$

$$= 1,47 + 0,40 + 1,92 + 4,56 + 14,96 + 6,45 = 29,76$$

Da keine Parameter zu schätzen sind, folgt χ_0^2 einer Chi-Quadrat-Verteilung mit p – k – 1 = 6 – 0 – 1 = 5 Freiheitsgraden.

Arbeitsschritt 3: Kritischer Wert
Tabelle B.5 liefert einen kritischen Wert von:

$$\chi_{1-\alpha;p-k-1}^2 = \chi_{1-0,05;6-0-1}^2 = \chi_{0,95;5}^2 = 11,07 \,.$$

Arbeitsschritt 4: Testentscheidung
Bei Gültigkeit der Nullhypothese müsste der empirische Wert nahe bei null liegen. Dann wären die Differenzen zwischen beobachteten und erwarteten Stichprobenhäufigkeiten nämlich sehr gering.

Aufgrund der großen Differenzen im vorliegenden Beispiel erhält man einen empirischen Wert, der bei 29,76 liegt und den kritischen Wert erheblich übersteigt:

$$(29,76 =)\chi_0^2 > \chi_{0,95;5}^2 (= 11,07) \,.$$

Damit wird die Nullhypothese einer Gleichverteilung der Augenzahlen in der Grundgesamtheit verworfen. Es muss davon ausgegangen werden, dass ein unfairer Würfel vorliegt.

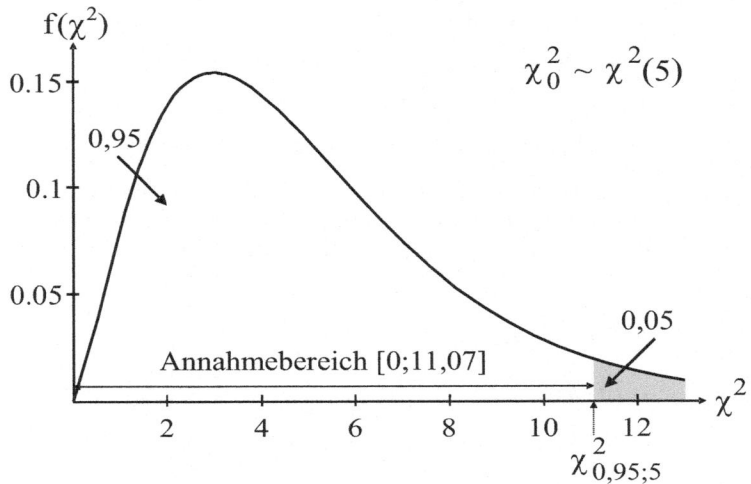

Beispiel 13.2
Bei der Befragung von 100 Kasseler Studierenden ergaben sich folgende Besatzziffern in den gewählten Einkommensklassen:

Einkommensklasse	<450	450–550	550–650	650–750	750–850	>850
Anzahl der Merkmalsträger	18	28	21	18	9	6

$\overline{x}$ sei gleich 551, $s^2 = 22.915$. Testen Sie bei einem Signifikanzniveau von 10 %, ob das Einkommen einer Normalverteilung folgt.

Arbeitsschritt 1: Signifikanzniveau und Nullhypothese
Signifikanzniveau: $\alpha = 0{,}10$
Nullhypothese: Das Einkommen ist in der Grundgesamtheit normalverteilt. Die erwartete Häufigkeit bei einer Normalverteilung stimmt mit der beobachteten Häufigkeit überein.

Arbeitsschritt 2: Prüfgröße und ihre Verteilung
Zuerst sind die erwarteten Häufigkeiten $\tilde{n}_j$ zu bestimmen. Diese lassen sich als Flächen unter der Dichtefunktion $N(551;22.915)$ für die einzelnen Einkommensklassen berechnen. Die Summe der erwarteten Häufigkeiten muss mit der Summe der beobachteten Häufigkeiten übereinstimmen. Insgesamt liegen Einkommensangaben von 100 Studierenden vor. Die Flächen unterhalb der Dichtefunktion ergeben zusammen eins. Deshalb sind die Wahrscheinlichkeiten mit 100 zu multiplizieren, um die erwarteten Häufigkeiten zu erhalten.

Beginnen wir mit der ersten Klasse. Zu berechnen ist die Fläche unterhalb der Dichtefunktion für $X < 450$:

$$F_z\left(\frac{450-551}{\sqrt{22.915}}\right) = F_z(-0{,}67) = 1 - F_z(0{,}67) = 1 - 0{,}7486 = 0{,}2514.$$

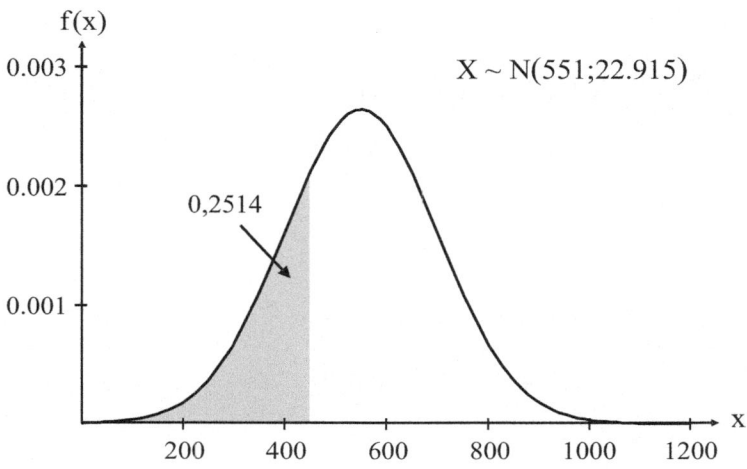

Die erwartete Häufigkeit $\tilde{n}_1$ erhalten wir durch Multiplikation dieser Fläche mit 100:

$$\Rightarrow \tilde{n}_1 = 0{,}2514 \cdot 100 = 25{,}14_.$$

Ebenso ist mit der zweiten Klasse zu verfahren. Zu berechnen ist die Fläche unterhalb der Dichtefunktion für den Bereich $450 < X < 550$:

$$F_z\left(\frac{550-551}{\sqrt{22.915}}\right) - F_z\left(\frac{450-551}{\sqrt{22.915}}\right) = F_z(-0{,}01) - 0{,}2514$$

$$= 1 - F_z(0{,}01) - 0{,}2514$$

$$= 1 - 0{,}5040 - 0{,}2514$$

$$= 0{,}2446.$$

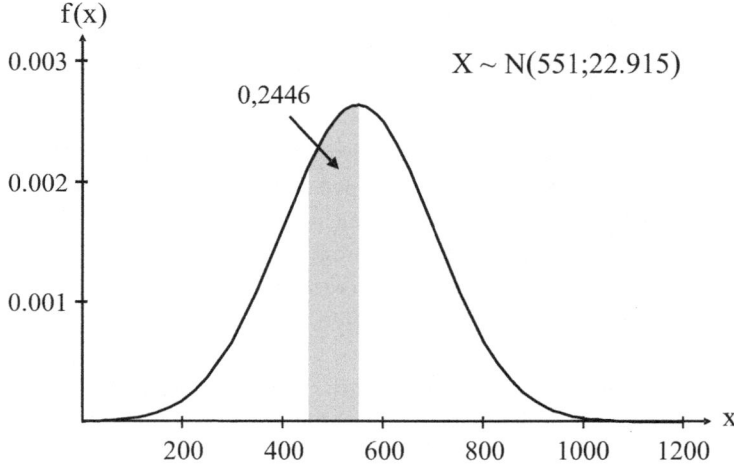

$$\Rightarrow \tilde{n}_2 = 0{,}2446 \cdot 100 = 24{,}46_.$$

Für die dritte Klasse erhalten wir:

$$F_z\left(\frac{650-551}{\sqrt{22.915}}\right) - F_z\left(\frac{550-551}{\sqrt{22.915}}\right) = F_z(0{,}65) - F_z(-0{,}01)$$

$$= 0{,}7422 - 0{,}4960 = 0{,}2462$$

$$\Rightarrow \tilde{n}_3 = 0{,}2462 \cdot 100 = 24{,}62_.$$

Vierte Klasse:

$$F_z\left(\frac{750-551}{\sqrt{22.915}}\right) - F_z\left(\frac{650-551}{\sqrt{22.915}}\right) = F_z(1{,}31) - F_z(0{,}65)$$

$$= 0{,}9049 - 0{,}7422 = 0{,}1627$$

$$\Rightarrow \tilde{n}_4 = 0{,}1627 \cdot 100 = 16{,}27_.$$

Fünfte Klasse:

$$F_z\left(\frac{850-551}{\sqrt{22.915}}\right) - F_z\left(\frac{750-551}{\sqrt{22.915}}\right) = F_z(1,98) - F_z(1,31)$$

$$= 0,9761 - 0,9049 = 0,0712$$

$$\Rightarrow \tilde{n}_5 = 0,0712 \cdot 100 = 7,12.$$

Sechste Klasse:

$$1 - F_z\left(\frac{850-551}{\sqrt{22.915}}\right) = 1 - F_z(1,98)$$

$$= 1 - 0,9761 = 0,0239$$

$$\Rightarrow \tilde{n}_6 = 0,0239 \cdot 100 = 2,39.$$

Die beobachteten und erwarteten Häufigkeiten seien zur Übersicht noch einmal in einer Tabelle dargestellt:

Einkommensklasse (j)	1	2	3	4	5	6
Beobachtete Häufigkeit(n_j)	18	28	21	18	9	6
Erwartete Häufigkeit($\tilde{n}_j$)	25,14	24,46	24,62	16,27	7,12	2,39

Der empirische Wert beträgt:

$$\chi_0^2 = \sum_{j=1}^{6} \frac{\left(n_j - \tilde{n}_j\right)^2}{\tilde{n}_j}$$

$$= \frac{(18-25,14)^2}{25,14} + \frac{(28-24,46)^2}{24,46} + \frac{(21-24,62)^2}{24,62}$$

$$+ \frac{(18-16,27)^2}{16,27} + \frac{(9-7,12)^2}{7,12} + \frac{(6-2,39)^2}{2,39}$$

$$= 2,028 + 0,512 + 0,532 + 0,184 + 0,496 + 5,453 = 9,205.$$

Hier wurden zwei Parameter (arithmetisches Mittel und Standardabweichung) geschätzt. Damit gehen zwei Freiheitsgrade verloren. χ_0^2 folgt einer Chi-Quadrat-Verteilung mit $p - k - 1 = 6 - 2 - 1 = 3$ Freiheitsgraden.

Arbeitsschritt 3: Kritischer Wert
Aus Tabelle B.5 entnehmen wir den kritischen Wert:

$$\chi^2_{1-\alpha;p-k-1} = \chi^2_{1-0,10;6-2-1} = \chi^2_{0,90;3} = 6,251.$$

Arbeitsschritt 4: Testentscheidung
Da $\left(9,205 =\right)\chi_0^2 > \chi^2_{0,90;3}\left(= 6,251\right)$, wird die Nullhypothese einer Normalverteilung verworfen. ◆

13.2 Kolmogorov-Smirnoff-Anpassungstest (KSA-Test)

Der Kolmogorov-Smirnoff-Anpassungstest ist insbesondere auch bei kleinen Stichprobenumfängen n anwendbar, wenn die Voraussetzungen für den Chi-Quadrat-Anpassungstest (vgl. Tabelle 13.1)[46] nicht mehr erfüllt sind. Allerdings liefert dieser Test nur im Fall stetiger Zufallsvariablen zuverlässige Ergebnisse. Bei einer Anwendung auf diskrete Zufallsvariablen ist der Kolmogorov-Smirnoff-Anpassungstest konservativ, so dass die Nullhypothese nicht so leicht verworfen werden kann.

Tabelle 13.2 Arbeitsschritte zur Durchführung des Kolmogorov-Smirnoff-Anpassungstests

Arbeitsschritt	Erläuterung
Arbeitsschritt 1: Signifikanzniveau und Nullhypothese	Signifikanzniveau: $\alpha = ?$ Nullhypothese: $H_0 : H(x_j) = F(x_j)$. Die kumulierten relativen Häufigkeiten der Stichprobe $H(x_j)$ stimmen mit den kumulierten Wahrscheinlichkeiten der unterstellten Verteilung $F(x_j)$ überein. Der Index j bezeichnet die j-te Ausprägung oder Klasse, $j = 1, 2, \ldots, m$. Auch hier sollte das Signifikanzniveau mindestens auf 5 % festgelegt werden, um die Wahrscheinlichkeit für einen Fehler 2. Art gering zu halten (vgl. Tabelle 13.1).
Arbeitsschritt 2: Prüfgröße und ihre Verteilung	Prüfgröße (empirischer Wert): $$KS_0 = \max_j \left| H(x_j) - F(x_j) \right|.$$ Berechnet werden also die absoluten Differenzen zwischen den kumulierten Häufigkeiten in der Stichprobe $H(x_j)$ und den kumulierten Wahrscheinlichkeiten $F(x_j)$ der unterstellten Verteilung. Die größte absolute Differenz wird als empirischer Wert ausgewiesen. KS_0 folgt einer speziellen Verteilung für diesen Test (vgl. Tabelle B.8).
Arbeitsschritt 3: Kritischer Wert	Der kritische Wert ist vom gewählten Signifikanzniveau α und vom Stichprobenumfang n abhängig (vgl. Tabelle B.8)[47]: $$k_{1-\alpha;n}.$$
Arbeitsschritt 4: Testentscheidung	• $KS_0 > k_{1-\alpha;n}$: H_0 verwerfen • $KS_0 \leq k_{1-\alpha;n}$: H_0 lässt sich nicht ablehnen.

---

[46] Die Voraussetzungen sind, dass höchstens 20 % der erwarteten Häufigkeiten kleiner als 5 sind und alle erwarteten Häufigkeiten 1 nicht unterschreiten.

[47] Die Abhängigkeit der Verteilung der Prüfgröße von n ergibt sich dabei aus einem Grenzwertsatz, wonach die empirische Verteilungsfunktion mit wachsendem Stichprobenumfang immer besser an die zugrunde liegende theoretische Verteilung angenähert wird.

Beispiel 13.3 (Fortsetzung von Beispiel 13.2)

Im Unterschied zu Beispiel 13.2 gehen wir davon aus, dass nicht n = 100, sondern n = 20 Studierende ihr Einkommen angegeben haben:

Einkommensklasse	<450	450–550	550–650	650–750	750–850	>850
Anzahl der Merkmalsträger	3	4	5	4	3	1

Aufgrund der geringen Stichprobengröße sind die Voraussetzungen zur Anwendung des Chi-Quadrat-Anpassungstests nicht erfüllt (vgl. Tabelle 13.1). Mehr als 20 % der erwarteten Häufigkeiten würden nämlich unter 5 liegen. Deswegen überprüfen wir mit dem Kolmogorov-Smirnoff-Anpassungstest, ob das Einkommen in der Grundgesamtheit normalverteilt ist. $\bar{x}$ sei weiterhin 551 und die Varianz $s^2 = 22.915$.

Arbeitsschritt 1: Signifikanzniveau und Nullhypothese

Signifikanzniveau: $\alpha = 0{,}10$

Nullhypothese: $H_0 : H(x_j) = F(x_j)$. Das Einkommen ist in der Grundgesamtheit normalverteilt.

Arbeitsschritt 2: Prüfgröße und ihre Verteilung

Die Wahrscheinlichkeiten $f(x_j)$ für die Normalverteilung wurden bereits in Beispiel 13.2 bestimmt. Die aufsummierten Häufigkeiten und Wahrscheinlichkeiten sowie deren absolute Differenzen gehen aus der Tabelle hervor:

j	$h(x_j)$	$f(x_j)$	$H(x_j)$	$F(x_j)$	$\left|H(x_j)-F(x_j)\right|$
1	$\dfrac{3}{20}=0{,}15$	0,251	0,15	0,251	$\left|0{,}15-0{,}251\right|=0{,}101$
2	$\dfrac{4}{20}=0{,}20$	0,245	$0{,}15 + 0{,}2$ $= 0{,}35$	$0{,}251 + 0{,}245$ $= 0{,}496$	$\left|0{,}35-0{,}496\right|=0{,}146$
3	$\dfrac{5}{20}=0{,}25$	0,246	$0{,}35 + 0{,}25$ $= 0{,}60$	$0{,}496 + 0{,}246$ $= 0{,}742$	$\left|0{,}60-0{,}742\right|=0{,}142$
4	0,20	0,163	0,80	0,905	0,105
5	0,15	0,071	0,95	0,976	0,016
6	0,05	0,024	1	1	0

Die maximale Differenz zwischen $H(x_j)$ und $F(x_j)$ liegt bei:

$$KS_0 = \max_j \left|H(x_j) = F(x_j)\right| = \left|H(2) - F(2)\right| = 0{,}146 \,.$$

Arbeitsschritt 3: Kritischer Wert

Den kritischen Wert müssen wir in Tabelle B.8 ablesen:

$$k_{1-\alpha;n} = k_{1-0,10;20} = k_{0,90;20} = 0{,}232 \, .$$

Arbeitsschritt 4: Testentscheidung

Weil der empirische den kritischen Wert nicht übersteigt, $(0{,}146 =)KS_0 \le k_{0,90;20}(= 0{,}232)$, lässt sich die Nullhypothese einer Normalverteilung nicht ablehnen. Wir gehen davon aus, dass das Einkommen in der Grundgesamtheit normalverteilt ist.   ◆

13.3 Chi-Quadrat-Unabhängigkeitstest

Der Chi-Quadrat-Unabhängigkeitstest ist ein nichtparametrischer Test, mit dem überprüft werden kann, ob zwei Zufallsvariablen X und Y stochastisch unabhängig sind. Hierfür wird für die beiden Merkmale eine zweidimensionale Häufigkeitstabelle erstellt (vgl. Tabelle 13.3). Die Tabelle enthält die zweidimensionalen Häufigkeiten sowie die Randhäufigkeiten:

- n_{jk} gibt dabei die Anzahl der statistischen Einheiten mit der j-ten Ausprägung beim Merkmal X und der k-ten Ausprägung beim Merkmal Y in der Stichprobe an.

Tabelle 13.3 Zweidimensionale Häufigkeitsverteilung für absolute Häufigkeiten

X \ Y	y_1^*	y_2^*	$\cdots$	y_c^*	$\sum_{k=1}^{c}$
x_1^*	n_{11}	n_{12}	$\cdots$	n_{1c}	$n_{1\bullet} = \sum_{k=1}^{c} n_{1k}$
x_2^*	n_{21}	n_{22}	$\cdots$	n_{2c}	$n_{2\bullet} = \sum_{k=1}^{c} n_{2k}$
$\vdots$	$\vdots$	$\vdots$	$\vdots$	$\vdots$	$\vdots$
x_r^*	n_{r1}	n_{r2}	$\cdots$	n_{rc}	$n_{r\bullet} = \sum_{k=1}^{c} n_{rk}$
$\sum_{j=1}^{r}$	$n_{\bullet 1} = \sum_{j=1}^{r} n_{j1}$	$n_{\bullet 2} = \sum_{j=1}^{r} n_{j2}$	$\cdots$	$n_{\bullet c} = \sum_{j=1}^{r} n_{jc}$	$n = \sum_{j=1}^{r}\sum_{k=1}^{c} n_{jk}$ $= \sum_{j=1}^{r} n_{j\bullet} = \sum_{k=1}^{c} n_{\bullet k}$

- Die Randhäufigkeiten $n_{j\bullet}$ weisen aus, bei wie vielen Stichprobeneinheiten die j-te Merkmalsausprägung des Merkmals X gemessen wurde (Y bleibt unberücksichtigt). Entsprechend informieren die $n_{\bullet k}$ über die Anzahl der Stichprobeneinheiten mit der Merkmalsausprägung y_k^*.

Die allgemeine Vorgehensweise bei Durchführung des Tests geht aus folgender Tabelle hervor:

Tabelle 13.4 Arbeitsschritte zur Durchführung des Chi-Quadrat-Unabhängigkeitstests

Arbeitsschritt	Erläuterung
Arbeitsschritt 1: Signifikanzniveau und Nullhypothese	Signifikanzniveau: $\alpha = ?$ Nullhypothese: Die absoluten Häufigkeiten in der Grundgesamtheit stimmen mit den bei Unabhängigkeit erwarteten Häufigkeiten in der Grundgesamtheit überein. Das bedeutet, dass zwischen beiden Merkmalen in der Grundgesamtheit kein Zusammenhang besteht.
Arbeitsschritt 2: Prüfgröße und ihre Verteilung	Prüfgröße (empirischer Wert): Die bei Unabhängigkeit erwarteten Häufigkeiten in der Stichprobe ermittelt man unter Verwendung der Randhäufigkeiten: $$\widetilde{n}_{jk} = \frac{n_{j\bullet} - n_{\bullet k}}{n}.$$ Die Prüfgröße, $$\chi_0^2 = \sum_{j=1}^{r} \sum_{k=1}^{c} \frac{\left(n_{jk} - \widetilde{n}_{jk}\right)^2}{\widetilde{n}_{jk}},$$ ist dann groß, wenn die beobachteten von den bei Unabhängigkeit erwarteten Häufigkeiten in der Stichprobe deutlich abweichen. χ_0^2 folgt approximativ einer Chi-Quadrat-Verteilung mit $(r-1) \cdot (c-1)$ Freiheitsgraden, sofern die Bedingungen • höchstens 20 % der erwarteten Häufigkeiten sind kleiner als 5, • alle erwarteten Häufigkeiten liegen mindestens bei 1 erfüllt sind.
Arbeitsschritt 3: Kritischer Wert	Da die Differenzen quadriert werden, spricht ein hoher Chi-Quadrat-Wert dafür, dass die Nullhypothese nicht zutrifft. Wir lesen den kritischen Wert deshalb einseitig in Tabelle B.5 ab: $$\chi_{1-\alpha;(r-1)\cdot(c-1)}^2.$$
Arbeitsschritt 4: Testentscheidung	• $\chi_0^2 > \chi_{1-\alpha;(r-1)\cdot(c-1)}^2$: H_0 verwerfen • $\chi_0^2 \leq \chi_{1-\alpha;(r-1)\cdot(c-1)}^2$: H_0 lässt sich nicht ablehnen.

Beispiel 13.4

Im Rahmen einer Marktstudie werden 100 Personen nach der Kaufhäufigkeit sowie dem Geschlecht befragt:

X (Kauf-häufigkeit) \ Y (Geschlecht)	y_1^* (männlich)	y_2^* (weiblich)
x_1^* (einmal)	10	15
x_2^* (zweimal)	30	20
x_3^* (dreimal)	5	20

Den Untersuchungsleiter interessiert, ob zwischen beiden Merkmalen ein Zusammenhang in der Grundgesamtheit besteht. Die Fragestellung soll unter Verwendung des Chi-Quadrat-Unabhängigkeitstests bearbeitet werden ($\alpha = 0{,}05$).

Arbeitsschritt 1: Signifikanzniveau und Nullhypothese
Signifikanzniveau: $\alpha = 0{,}05$
Nullhypothese: Beide Merkmale sind in der Grundgesamtheit unabhängig, die erwarteten stimmen also mit den beobachteten Häufigkeiten überein.

Arbeitsschritt 2: Prüfgröße und ihre Verteilung
Die Randhäufigkeiten werden in einer zweidimensionalen Häufigkeitstabelle bestimmt:

X \ Y	y_1^* (männlich)	y_2^* (weiblich)	$\sum\limits_{k=1}^{2}$
x_1^* (einmal)	$n_{11} = 10$	$n_{12} = 15$	$n_{1\bullet} = \sum\limits_{k=1}^{2} n_{1k}$ $= 10 + 15 = 25$
x_2^* (zweimal)	$n_{21} = 30$	$n_{22} = 20$	$n_{2\bullet} = \sum\limits_{k=1}^{2} n_{2k}$ $= 30 + 20 = 50$
x_3^* (dreimal)	$n_{31} = 5$	$n_{32} = 20$	$n_{3\bullet} = \sum\limits_{k=1}^{2} n_{3k}$ $= 5 + 20 = 25$
$\sum\limits_{j=1}^{3}$	$n_{\bullet 1} = \sum\limits_{j=1}^{3} n_{j1}$ $= 10 + 30 + 5$ $= 45$	$n_{\bullet 2} = \sum\limits_{j=1}^{3} n_{j2}$ $= 15 + 20 + 20$ $= 55$	$n = \sum\limits_{j=1}^{3}\sum\limits_{k=1}^{2} n_{jk}$ $= 100$

Die Randhäufigkeiten werden zur Bestimmung der bei Unabhängigkeit benötigten Häufigkeiten herangezogen:

X \ Y	y_1^* (männlich)	y_2^* (weiblich)	$\sum\limits_{k=1}^{2}$
x_1^* (einmal)	$\tilde{n}_{11} = \dfrac{25 \cdot 45}{100} = 11{,}25$ ($n_{11} = 10$)	$\tilde{n}_{12} = \dfrac{25 \cdot 55}{100} = 13{,}75$ ($n_{12} = 15$)	$n_{1\bullet} = 25$
x_2^* (zweimal)	$\tilde{n}_{21} = \dfrac{50 \cdot 45}{100} = 22{,}50$ ($n_{21} = 30$)	$\tilde{n}_{22} = \dfrac{50 \cdot 55}{100} = 27{,}50$ ($n_{22} = 20$)	$n_{2\bullet} = 50$
x_3^* (dreimal)	$\tilde{n}_{31} = \dfrac{25 \cdot 45}{100} = 11{,}25$ $n_{31} = 5$	$\tilde{n}_{32} = \dfrac{25 \cdot 55}{100} = 13{,}75$ ($n_{32} = 20$)	$n_{3\bullet} = 25$
$\sum\limits_{j=1}^{3}$	$n_{\bullet 1} = 45$	$n_{\bullet 2} = 55$	$n = 100$

Man erhält folgende Prüfgröße:

$$\chi_0^2 = \sum_{j=1}^{3}\sum_{k=1}^{2} \frac{\left(n_{jk} - \tilde{n}_{jk}\right)^2}{\tilde{n}_{jk}}$$

$$= \frac{(10-11{,}25)^2}{11{,}25} + \frac{(15-13{,}75)^2}{13{,}75} + \frac{(30-22{,}50)^2}{22{,}50}$$

$$+ \frac{(20-27{,}50)^2}{27{,}50} + \frac{(5-11{,}25)^2}{11{,}25} + \frac{(20-13{,}75)^2}{13{,}75}$$

$$= 0{,}139 + 0{,}114 + 2{,}500 + 2{,}045 + 3{,}472 + 2{,}841$$

$$= 11{,}111.$$

χ_0^2 folgt einer Chi-Quadrat-Verteilung, deren Freiheitsgrade sich auf $(r-1)\cdot(c-1) = (3-1)\cdot(2-1) = 2$ belaufen.

Arbeitsschritt 3: Kritischer Wert
Der kritische Wert aus Tabelle B.5 lautet:

$$\chi^2_{1-\alpha;(r-1)\cdot(c-1)} = \chi^2_{1-0{,}05;(3-1)\cdot(2-1)} = \chi^2_{0{,}95;2} = 5{,}991.$$

Arbeitsschritt 4: Testentscheidung

Die Nullhypothese einer Unabhängigkeit beider Merkmale in der Grundgesamtheit wird wegen der Beziehung $\left(11{,}111 = \right)\chi_0^2 > \chi_{0{,}95;2}^2 \left(= 5{,}991\right)$ verwiesen. Es ist von einem Zusammenhang zwischen Kaufhäufigkeit und Geschlecht auszugehen.   ◆

13.4 U-Test

Der auf Wilcoxon, Mann und Whitney zurückgehende U-Test stellt eine Alternative zum t-Test für unabhängige Stichproben dar, wenn dessen Verteilungsvoraussetzungen nicht erfüllt sind. Ein weiterer Vorteil liegt darin, dass er bereits für ein ordinalskaliertes Merkmal anwendbar ist. Nachteilig ist bei metrischen Merkmalen, dass nicht alle Informationen genutzt werden. Mit dem U-Test wird überprüft, ob sich zwei Stichproben in ihrer zentralen Tendenz[48] voneinander unterscheiden. Die Arbeitsschritte des U-Tests sind in Tabelle 13.5 aufgeführt.

Beispiel 13.5

Ein Unternehmer möchte wissen, ob sich die Brenndauer von Glühbirnen, die mit zwei unterschiedlichen Produktionsmethoden produziert wurden, signifikant unterscheiden ($\alpha = 0{,}05$). Aufgrund der fehlenden Normalverteilung wird kein t-Test für unabhängige Stichproben durchgeführt, sondern als nichtparametrische Alternative der U-Test. Die 8 Werte der ersten und die 11 Werte der zweiten Stichprobe sind:

- 1. Stichprobe: 1.907, 1.949, 1.906, 1.940, 2.001, 2.018, 1.881, 1.912
- 2. Stichprobe: 2.080, 2.033, 2.042, 1.995, 1.987, 2.022, 2.081, 1.880, 2.004, 2.088, 1.853

Arbeitsschritt 1: Signifikanzniveau und Nullhypothese

Signifikanzniveau: $\alpha = 0{,}05$

Nullhypothese: Die Brenndauer der Glühbirnen unterscheidet sich nicht in beiden Stichproben hinsichtlich der zentralen Tendenz.

Arbeitsschritt 2: Prüfgröße und ihre Verteilung

Zuerst werden die Rangplätze gebildet. Der kleinste Wert ist 1.853, er bekommt deshalb die Eins zugewiesen etc.

---

[48] Parameter der zentralen Tendenz sind die Mittelwerte.

Tabelle 13.5 Arbeitsschritte zur Durchführung des U-Tests

Arbeitsschritt	Erläuterung
Arbeitsschritt 1: Signifikanzniveau und Null-hypothese	Signifikanzniveau: $\alpha = ?$ Nullhypothese: Beide Stichproben unterscheiden sich nicht in der zentralen Tendenz.
Arbeitsschritt 2: Prüfgröße und ihre Verteilung	Die Stichprobe mit weniger Beobachtungen wird als Stichprobe 1 bezeichnet: $n_1 \leq n_2$. Für beide Stichproben vergeben wir Ordnungsnummern (Rang-plätze). Der kleinste Wert bekommt die Nummer 1, der zweitkleins-te die 2 etc. zugewiesen. Anschließend wird für alle Elemente der ersten Stichprobe ermittelt, wie viele Elemente der zweiten Stich-probe größer sind. Insgesamt werden also $n_1 \cdot n_2$ Vergleiche durchgeführt. Die Anzahl der Rangplatzüberschreitungen lässt sich aber auch mit der Beziehung $U = n_1 \cdot n_2 + \dfrac{n_1 \cdot (n_1 + 1)}{2} - T_1$ ($T_1 = \sum\limits_{i=1}^{n_1} R_i$ ist die Summe der Rangplätze R_i von Stichprobe 1) ermitteln. Die Prüfgröße, $Z_0 = \dfrac{U - \mu_u}{\sigma_u}$ mit $\mu_u = \dfrac{n_1 \cdot n_2}{2}$ und $\sigma_u = \sqrt{\dfrac{n_1 \cdot n_2 \cdot (n_1 + n_2 + 1)}{12}}$, folgt asymptotisch (bei $n_1 > 10$ oder $n_2 > 10$) einer Standard-normalverteilung.[49] Liegen verbundene Ränge vor (mehrere Stichprobeneinheiten weisen den gleichen Rang auf), dann muss jeweils der Durchschnitt der in Betracht kommenden Ränge als verbundener Rang ausge-wiesen werden. Die Streuung von U ist bei verbundenen Rängen folgendermaßen zu bestimmen: $\sigma_u = \sqrt{\dfrac{n_1 \cdot n_2}{n \cdot (n-1)}} \cdot \sqrt{\dfrac{n^3 - n}{12} - \sum\limits_{i=1}^{k} \dfrac{t_i^3 - t_i}{12}}$ mit • t_i: Anzahl der Stichprobeneinheiten, die sich Rang i teilen, • k: Anzahl der verbundenen Ränge.
Arbeitsschritt 3: Kritischer Wert	Wir lesen den kritischen Wert bei Zweistichprobentests in der Regel zweiseitig in Tabelle B.4 ab: $z_{1-\alpha/2}$.
Arbeitsschritt 4: Testentscheidung	• $\lvert Z_0 \rvert > z_{1-\alpha/2}$: H_0 verwerfen • $\lvert Z_0 \rvert \leq z_{1-\alpha/2}$: H_0 lässt sich nicht ablehnen.

---

[49] Bei kleinen Stichproben sind die kritischen Werte aus einer speziellen Tabelle zu entnehmen, die beispielsweise bei Bortz (1999, S. 782 ff.) zu finden ist. Kritische Werte sind bis zu Stichprobengrößen n_1 und n_2 von 20 vorhanden.

I	Stichprobe 1		Stichprobe 2	
	Brenndauer	Rangplatz R_i	Brenndauer	Rangplatz R_i
1	1.907	5	2.080	17
2	1.949	8	2.033	15
3	1.906	4	2.042	16
4	1.940	7	1.995	10
5	2.001	11	1.987	9
6	2.018	13	2.022	14
7	1.881	3	2.081	18
8	1.912	6	1.880	2
9			2.004	12
10			2.088	19
11			1.853	1
Σ	-	$T_1 = \sum_{i=1}^{8} R_i = 57$	-	$T_2 = \sum_{i=1}^{11} R_i = 133$

Anschließend ist U zu bestimmen. Jetzt muss für jedes Element von Stichprobe 1 die Anzahl der Elemente von Stichprobe 2 ermittelt werden, deren Brenndauer größer ist, z. B.:

- Wie viele Elemente aus Stichprobe 2 haben eine Brenndauer von über 1.907 [h]? Es sind 9, nämlich 1.987, 1.995, 2.004, 2.022, 2.033, 2.042, 2.080, 2.081, 2.088.
- Ebenfalls neun Elemente aus Stichprobe 2 haben eine Brenndauer größer als 1.949 [h].

Durch eine solche Auszählung für alle acht Elemente der Stichprobe 1 erhält man U:

$U = 9 + 9 + 9 + 9 + 7 + 6 + 9 + 9 = 67$.

U lässt sich jedoch auch mathematisch ermitteln:

$$U = n_1 \cdot n_2 + \frac{n_1 \cdot (n_1 + 1)}{2} - T_1$$

$$= 8 \cdot 11 + \frac{8 \cdot (8+1)}{2} - 57 = 88 + 36 - 57 = 67.$$

Unter Verwendung des Erwartungswertes von U,

$$\mu_u = \frac{n_1 \cdot n_2}{2} = \frac{8 \cdot 11}{2} = 44,$$

und der Standardabweichung,

$$\sigma_u = \sqrt{\frac{n_1 \cdot n_2 \cdot (n_1 + n_2 + 1)}{12}} = \sqrt{\frac{8 \cdot 11 \cdot (8 + 11 + 1)}{12}}$$

$$= \sqrt{\frac{1.760}{12}} = 12{,}111 ,$$

erhält man die Prüfgröße,

$$z_0 = \frac{U - \mu_u}{\sigma_u} = \frac{67 - 44}{12{,}111} = 1{,}899 .$$

Diese ist wegen $(11 =) n_2 > 10$ approximativ standardnormalverteilt.

Arbeitsschritt 3: Kritischer Wert
Der kritische Wert aus Tabelle B.4 lautet:

$$z_{1-\alpha/2} = z_{1-0,05/2} = z_{0,975} = 1{,}96 .$$

Arbeitsschritt 4: Testentscheidung
Aufgrund des relativ niedrigen empirischen Wertes, $(1{,}899 =)|z_0| \le z_{0,975}(= 1{,}96)$, kann die Nullhypothese nicht abgelehnt werden. Unterschiede bei der zentralen Tendenz beider Gruppen lassen sich nicht nachweisen.   ◆

Beispiel 13.6 (Fortsetzung von Beispiel 13.5)
Angenommen, einige Stichprobenwerte wären gleich. Wir haben jetzt zweimal die 1.881 und dreimal die 1.907 vorliegen:

* 1. Stichprobe: 1.907, 1.949, 1.907, 1.940, 2.001, 2.018, 1.881, 1.907
* 2. Stichprobe: 2.080, 2.033, 2.042, 1.995, 1.987, 2.022, 2.081, 1.881, 2.004, 2.088, 1.853.

Wie wäre dann der U-Test durchzuführen ($\alpha = 0{,}10$)?

Arbeitsschritt 1: Signifikanzniveau und Nullhypothese
Signifikanzniveau: $\alpha = 0{,}10$
Nullhypothese: Die Brenndauer der Glühbirnen unterscheidet sich nicht in beiden Stichproben hinsichtlich der zentralen Tendenz.

Arbeitsschritt 2: Prüfgröße und ihre Verteilung
Wir bilden wiederum die Rangplätze. Die Brenndauer beträgt zweimal 1.881 (in Frage kommende Ränge: 2 und 3). Man weist ihnen den Durchschnitt der in Betracht kommenden Ränge zu, also die 2,5. Entsprechend ist mit der 1.907 zu verfahren, wobei hier die Ränge 4, 5 und 6 relevant sind. Das verwendete Mittel beträgt 5.

I	Stichprobe 1		Stichprobe 2	
	Brenndauer	Rangplatz R_i	Brenndauer	Rangplatz R_i
1	1.907	5	2.080	17
2	1.949	8	2.033	15
3	1.907	5	2.042	16
4	1.940	7	1.995	10
5	2.001	11	1.987	9
6	2.018	13	2.022	14
7	1.881	2,5	2.081	18
8	1.907	5	1.881	2,5
9			2.004	12
10			2.088	19
11			1.853	1
Σ	-	$T_1 = \sum_{i=1}^{8} R_i = 56,5$	-	$T_2 = \sum_{i=1}^{11} R_i = 133,5$

U nimmt dann folgenden Wert an:

$$U = n_1 \cdot n_2 + \frac{n_1 \cdot (n_1 + 1)}{2} - T_1$$

$$= 8 \cdot 11 + \frac{8 \cdot (8+1)}{2} - 56,5 = 88 + 36 - 56,5 = 67,5.$$

Während sich beim Erwartungswert nichts ändert,

$$\mu_u = \frac{n_1 \cdot n_2}{2} = \frac{8 \cdot 11}{2} = 44,$$

muss bei der Standardabweichung eine andere Formel verwendet werden,

$$\sigma_u = \sqrt{\frac{n_1 \cdot n_2}{n \cdot (n-1)}} \cdot \sqrt{\frac{n^3 - n}{12} - \sum_{i=1}^{k} \frac{t_i^3 - t_i}{12}}$$

$$= \sqrt{\frac{8 \cdot 11}{19 \cdot (19-1)}} \cdot \sqrt{\frac{19^3 - 19}{12} - \left(\frac{2^3 - 2}{12} + \frac{3^3 - 3}{12} \right)}$$

$$= 0,5073 \cdot \sqrt{570 - (0,5 + 2)} = 0,5073 \cdot 23,8223 = 12,085$$

wegen:

- $t_1 = 2$: Zweimal wird der Rang 2,5 vergeben.

- $t_2 = 3$: Dreimal weisen wir den Rang 5 aus.

Die Prüfgröße liegt dann bei

$$z_0 = \frac{U - \mu_u}{\sigma_u} = \frac{67,5 - 44}{12,085} = 1,945 \, .$$

Aufgrund von $(11 =) n_2 > 10$ ist z_0 approximativ standardnormalverteilt.

Arbeitsschritt 3: Kritischer Wert
Den kritischen Wert bestimmen wir aus Tabelle B.4:

$$z_{1-\alpha/2} = z_{1-0,10/2} = z_{0,95} = 1,645 \, .$$

Arbeitsschritt 4: Testentscheidung
Hier wird die Nullhypothese aufgrund der Beziehung $(1,945 =)|z_0| > z_{0,95}(= 1,645)$ verwiesen. Wir gehen von unterschiedlichen Brenndauern bei beiden Produktionsmethoden aus.   ◆

Anhang A: Rechenregeln für Erwartungswert, Varianz und Kovarianz

Hier werden nur spezielle Rechenregeln des Erwartungswertes, der Varianz und der Kovarianz behandelt. Ergänzend gelten die in Abschnitt 5.6 behandelten Eigenschaften. Dort sind teilweise auch die Beweise für die aufgelisteten Rechenregeln geführt.

A.1 Erwartungswert

Der Erwartungswert $E(X)$ ist ein Durchschnittswert, den die Zufallsvariable X bei häufigem Durchführen eines Zufallsexperiments im Mittel annehmen wird (vgl. Abschnitt 5.5). Für ihn gelten folgende Regeln:

Konstante
Eine Konstante ist eine feste Größe, die nicht variiert wird. Ihr Erwartungswert ist deshalb die Konstante selbst:

$$E(a) = a \,. \tag{A.1}$$

Beispiel A.1
Der Erwartungswert von $a = 5$ ist

$$E(a) = E(5) = 5 \,. \qquad\qquad \blacklozenge$$

Multiplikativer Faktor
Ähnlich wie beim Summenzeichen kann auch beim Erwartungswert ein multiplikativer Faktor vor den Erwartungswertoperator gezogen werden:

$$E(b \cdot X) = b \cdot E(X). \tag{A.2}$$

© Springer Fachmedien Wiesbaden GmbH, ein Teil von Springer Nature 2019
R. Kosfeld et al., *Wahrscheinlichkeitsrechnung und Induktive Statistik*,
https://doi.org/10.1007/978-3-658-28713-9

Beispiel A.2

Gehen wir von folgendem Glücksspiel aus: Ein Los kostet 1 € (Einsatz). In einer Trommel sind 100 Lose, von denen 10 eine Auszahlung von 5 € (Hauptgewinn) und 40 eine Auszahlung von 1 € versprechen. Die übrigen $100 - 10 - 40 = 50$ Lose sind Nieten, führen also zu einer Auszahlung von 0 €.

Unter Beachtung der Definition, dass sich der Gewinn als Differenz zwischen Auszahlung und Einsatz ergibt, erhält man folgende Gewinne:

- Niete: Gewinn = Auszahlung − Einsatz $= 0 - 1 = -1\,[€]$,
- Auszahlung von 1 €: Gewinn = Auszahlung − Einsatz $= 1 - 1 = 0\,[€]$,
- Hauptgewinn: Gewinn = Auszahlung − Einsatz $= 5 - 1 = 4\,[€]$.

Die Wahrscheinlichkeitsfunktion hat dann folgendes Aussehen:

$$f(x) = \begin{cases} \dfrac{50}{100} = \dfrac{1}{2} & \text{für } x = -1 \\[2mm] \dfrac{40}{100} = \dfrac{2}{5} & \text{für } x = 0 \\[2mm] \dfrac{10}{100} = \dfrac{1}{10} & \text{für } x = 4 \\[2mm] 0 & \text{sonst} \end{cases} \quad .$$

Wie groß ist der Erwartungswert, wenn auf den Gewinn 10 % Abgaben zu zahlen sind, also nur 90 % übrig bleiben?

Anwendung von $E(b \cdot X) = E(0{,}9 \cdot X)$	Anwendung von $b \cdot E(X) = 0{,}9 \cdot E(X)$
• Erwartungswert des Gewinns ohne Abgaben: $$E(0{,}9 \cdot X) = \sum_{j=1}^{3} \frac{9}{10} \cdot x_j \cdot p_j$$ $$= \frac{9}{10} \cdot (-1) \cdot \frac{1}{2} + \frac{9}{10} \cdot 0 \cdot \frac{2}{5}$$ $$+ \frac{9}{10} \cdot 4 \cdot \frac{1}{10}$$ $$= -\frac{9}{20} + 0 + \frac{36}{100}$$ $$= -\frac{45}{100} + \frac{36}{100} = -\frac{9}{100}$$ $$= -0{,}09\,[€].$$	• Erwartungswert des Gewinns: $$E(X) = \sum_{j=1}^{3} x_j \cdot p_j$$ $$= (-1) \cdot \frac{1}{2} + 0 \cdot \frac{2}{5} + 4 \cdot \frac{1}{10}$$ $$= -\frac{5}{10} + \frac{4}{10} = -\frac{1}{10} = -0{,}1\,[€]$$ • Erwartungswert des Gewinns ohne Abgaben: $$0{,}9 \cdot E(X) = 0{,}9 \cdot (-0{,}1) = -0{,}09\,[€].$$

♦

Beispiel A.3

Gegeben sei folgende Dichtefunktion

$$f(x) = \begin{cases} 0 & \text{für} & -\infty < x \le 0 \\ 1/2\,x & \text{für} & 0 < x \le 2 \\ 0 & \text{für} & 2 < x \le +\infty \end{cases} \cdot$$

Multipliziert man X mit b = 5, so beträgt der entsprechende Erwartungswert:

$$E(5 \cdot X) = \int_0^2 5x \cdot f(x)\,dx = \int_0^2 5x \cdot \frac{1}{2}x\,dx = \int_0^2 \frac{5}{2}x^2\,dx$$

$$= \left|\frac{5}{6}x^3\right|_0^2 = \frac{5}{6} \cdot 2^3 - \frac{5}{6} \cdot 0^3 = \frac{40}{6} - 0 = 6{,}667\,.$$

Das gleiche Ergebnis erhält man, wenn der einfache Erwartungswert, der in Beispiel 5.12 ermittelt wurde:

$$\mu = E(X) = \int_0^2 x \cdot f(x)\,dx = \frac{4}{3}\,,$$

mit b = 5 multipliziert wird.

$$E(X) \cdot 5 = \frac{4}{3} \cdot 5 = \frac{20}{3} = 6{,}667\,. \qquad\qquad \blacklozenge$$

Lineartransformation

Die beiden Rechenregeln zum Erwartungswert einer Konstanten und zum Erwartungswert einer Zufallsvariablen lassen sich kompakt in der Formel für den Erwartungswert einer lineartransformierten Zufallsvariablen darstellen (vgl. hierzu Abschnitt 5.6):

$$E(Y) = E(a + b \cdot X) = a + b \cdot E(X). \tag{A.3}$$

mit

$$Y = a + b \cdot X. \tag{A.4}$$

Summe

Der Erwartungswert von der Summe zweier Zufallsvariabler X und Y lässt sich durch summandenweises Berechnen der zwei Erwartungswerte bestimmen:

$$E(X \pm Y) = E(X) \pm E(Y). \tag{A.5}$$

Beispiel A.4

Die Rechenregel des summandenweisen Addierens sei nur am Beispiel für den stetigen Fall demonstriert. Gegeben sind folgende Dichtefunktionen:

$$f(x) = \begin{cases} 0 & \text{für} & -\infty < x \leq 0 \\ 1/2\,x & \text{für} & 0 < x \leq 2 \\ 0 & \text{für} & 2 < x \leq +\infty \end{cases} \,,\; f(y) = \begin{cases} 0 & \text{für} & -\infty < y \leq 1 \\ 0{,}04y + 0{,}06 & \text{für} & 1 < y \leq 6 \\ 0 & \text{für} & 6 < y \leq \infty \end{cases} .$$

Unter Verwendung des Erwartungswertes von X,

$$E(X) = \int_0^2 x \cdot f(x)\,dx = \frac{4}{3} = 1{,}333 \,,$$

und Y,

$$E(Y) = \int_1^6 y \cdot f(y)\,dy = \int_1^6 y \cdot (0{,}04y + 0{,}06)\,dy = \int_1^6 \left(\frac{1}{25}y^2 + \frac{3}{50}y \right) dy$$

$$= \left| \frac{1}{75}y^3 + \frac{3}{100}y^2 \right|_1^6 = \frac{1}{75}6^3 + \frac{3}{100}6^2 - \left(\frac{1}{75} \cdot 1^3 + \frac{3}{100} \cdot 1^2 \right)$$

$$= \frac{216}{75} + \frac{108}{100} - \frac{1}{75} - \frac{3}{100} = \frac{215}{75} + \frac{105}{100} = 3{,}917 \,,$$

erhält man:

$$E(X + Y) = E(X) + E(Y) = 1{,}333 + 3{,}917 = 5{,}25 \,. \qquad \blacklozenge$$

A.2   Varianz

Die Varianz $Var(X)$,

$$Var(X) = E\big[(X - \mu)^2\big] = E\big\{[X - E(X)]^2\big\} \,, \tag{A.6}$$

als Streuungsparameter gibt die durchschnittlichen Abweichungen vom arithmetischen Mittel wieder (vgl. Abschnitt 5.5). Für sie gelten folgende Regeln:

Konstante

Eine Konstante als feste Größe besitzt keine Streuung. Ihre Varianz ist deshalb null:

$$Var(a) = 0 \,. \tag{A.7}$$

Beispiel A.5

Die Varianz von a = 5 beträgt

$$\mathrm{Var}(a) = \mathrm{Var}(5) = 0\,.$$

◆

Multiplikativer Faktor

Die Varianz misst die quadrierten Abweichungen. Ein multiplikativer Faktor, der vor den Varianz-Operator gezogen wird, muss deshalb quadriert werden:

$$\mathrm{Var}(b \cdot X) = b^2 \cdot \mathrm{Var}(X)\,. \tag{A.8}$$

Beispiel A.6 (Fortsetzung von Beispiel A.2)

Beim Losbeispiel beträgt die Wahrscheinlichkeitsfunktion für den Gewinn

$$f(x) = \begin{cases} 0{,}5 & \text{für } x = -1 \\ 0{,}4 & \text{für } x = 0 \\ 0{,}1 & \text{für } x = 4 \\ 0 & \text{sonst} \end{cases}\,.$$

Wie groß ist die Varianz, wenn auf den Gewinn 10 % Abgaben zu zahlen sind, also nur 90 % übrig bleiben? Unter Verwendung der Varianz für den Gewinn,

$$\mathrm{Var}(X) = \sum_{j=1}^{3}(x_j - \mu)^2 \cdot p_j = \sum_{j=1}^{3}\left[x_j - (-0{,}1)\right]^2 \cdot p_j = \sum_{j=1}^{3}(x_j + 0{,}1)^2 \cdot p_j$$

$$= (-1 + 0{,}1)^2 \cdot 0{,}5 + (0 + 0{,}1)^2 \cdot 0{,}4 + (4 + 0{,}1)^2 \cdot 0{,}1$$

$$= 0{,}405 + 0{,}004 + 1{,}681 = 2{,}090\,[\text{\euro}^2]\,,$$

erhält man die Varianz des Gewinns ohne die Abgaben:

$$\mathrm{Var}(b \cdot X) = b^2 \cdot \mathrm{Var}(X) = 0{,}9^2 \cdot 2{,}090 = 1{,}693\,[\text{\euro}^2]\,.$$

◆

Lineartransformation

Für die Varianz einer lineartransformierten Zufallsvariablen gilt die aus Abschnitt 5.6 bekannte Rechenregel:

$$\mathrm{Var}(Y) = \mathrm{Var}(a + bX) = b^2 \cdot \mathrm{Var}(X)\,. \tag{A.9}$$

Summe

Im Gegensatz zum Erwartungswertoperator dürfen die Einzelvarianzen der Zufallsvariablen X und Y nicht einfach aufaddiert werden, um die Varianz der Summe

$\text{Var}(X + Y)$ zu berechnen. Berücksichtigt werden muss nämlich noch die Kovarianz zwischen beiden Zufallsvariablen $\text{Cov}(X, Y)$:

$$\text{Var}(X \pm Y) = \text{Var}(X) + \text{Var}(Y) \pm 2 \cdot \text{Cov}(X, Y). \qquad (A.10)$$

$$\uparrow$$

X und Y sind nicht unabhängig

Die Kovarianz ist null, wenn beide Variablen unabhängig voneinander sind. Unter dieser Voraussetzung gilt:

$$\text{Var}(X \pm Y) = \text{Var}(X) + \text{Var}(Y). \qquad (A.11)$$

$$\uparrow$$

X und Y sind unabhängig

A.3 Kovarianz

Die Kovarianz misst den Zusammenhang zwischen zwei Zufallsvariablen X und Y. Ein positiver Wert zeigt einen positiven Zusammenhang an. Mit überdurchschnittlichen Werten der einen Zufallsvariablen gehen dann tendenziell überdurchschnittliche Werte der anderen Zufallsvariablen einher. Eine negative Kovarianz belegt einen negativen Zusammenhang, also dass mit überdurchschnittlichen Werten der einen Zufallsvariablen tendenziell unterdurchschnittliche Werte der anderen Zufallsvariablen korrespondieren. Eine Kovarianz von null zeigt an, dass zwischen zwei Zufallsvariablen kein (linearer) Zusammenhang besteht.

Da die Kovarianz im vorliegenden Lehrbuch nur im Abschnitt 8 vorkommt, seien die Rechenregeln ohne Beispiele kurz angegeben:

$$\text{Cov}(X, Y) = E\left[(X - \mu_x) \cdot (Y - \mu_y)\right] = E\{[X - E(X)] \cdot [Y - E(Y)]\} \qquad (A.12)$$

$$\text{Cov}(X, Y) = 0 \qquad\qquad {}^{50} \qquad\qquad (A.13)$$

$$\uparrow$$

X und Y sind unabhängig

---

[50] Da mit der Kovarianz der lineare Zusammenhang zwischen X und Y gemessen wird, reicht für die Gültigkeit der Beziehung 0 die Unkorreliertheit anstelle der stärkeren Forderung der Unabhängigkeit aus.

$$Cov(X, X) = Var(X) \tag{A.14}$$

$$Cov(a + b \cdot X, c + d \cdot Y) = b \cdot d \cdot Cov(X, Y) \tag{A.15}$$

$$Cov(X + Y, Z) = Cov(X, Y) + Cov(X, Z). \tag{A.16}$$

Anhang B: Tabellen

Tabelle B.1 Binomialverteilung

	p = 0,1		p = 0,2		p = 0,3		p = 0,4		p = 0,5	
	f(x)	F(x)	f(x)	F(x)	f(x)	F(x)	f(x)	F(x)	f(x)	F(x)
n = 1										
x = 0	0,9000	0,9000	0,8000	0,8000	0,7000	0,7000	0,6000	0,6000	0,5000	0,5000
x = 1	0,1000	1,0000	0,2000	1,0000	0,3000	1,0000	0,4000	1,0000	0,5000	1,0000
n = 2										
x = 0	0,8100	0,8100	0,6400	0,6400	0,4900	0,4900	0,3600	0,3600	0,2500	0,2500
x = 1	0,1800	0,9900	0,3200	0,9600	0,4200	0,9100	0,4800	0,8400	0,5000	0,7500
x = 2	0,0100	1,0000	0,0400	1,0000	0,0900	1,0000	0,1600	1,0000	0,2500	1,0000
n = 3										
x = 0	0,7290	0,7290	0,5120	0,5120	0,3430	0,3430	0,2160	0,2160	0,1250	0,1250
x = 1	0,2430	0,9720	0,3840	0,8960	0,4410	0,7840	0,4320	0,6480	0,3750	0,5000
x = 2	0,0270	0,9990	0,0960	0,9920	0,1890	0,9730	0,2880	0,9360	0,3750	0,8750
x = 3	0,0010	1,0000	0,0080	1,0000	0,0270	1,0000	0,0640	1,0000	0,1250	1,0000
n = 4										
x = 0	0,6561	0,6561	0,4096	0,4096	0,2401	0,2401	0,1296	0,1296	0,0625	0,0625
x = 1	0,2916	0,9477	0,4096	0,8192	0,4116	0,6517	0,3456	0,4752	0,2500	0,3125
x = 2	0,0486	0,9963	0,1536	0,9728	0,2646	0,9163	0,3456	0,8208	0,3750	0,6875
x = 3	0,0036	0,9999	0,0256	0,9984	0,0756	0,9919	0,1536	0,9744	0,2500	0,9375
x = 4	0,0001	1,0000	0,0016	1,0000	0,0081	1,0000	0,0256	1,0000	0,0625	1,0000
n = 5										
x = 0	0,5905	0,5905	0,3277	0,3277	0,1681	0,1681	0,0778	0,0778	0,0313	0,0313
x = 1	0,3280	0,9185	0,4096	0,7373	0,3602	0,5282	0,2592	0,3370	0,1563	0,1875
x = 2	0,0729	0,9914	0,2048	0,9421	0,3087	0,8369	0,3456	0,6826	0,3125	0,5000
x = 3	0,0081	0,9995	0,0512	0,9933	0,1323	0,9692	0,2304	0,9130	0,3125	0,8125
x = 4	0,0005	1,0000	0,0064	0,9997	0,0284	0,9976	0,0768	0,9898	0,1563	0,9688
x = 5	0,0000	1,0000	0,0003	1,0000	0,0024	1,0000	0,0102	1,0000	0,0313	1,0000

© Springer Fachmedien Wiesbaden GmbH, ein Teil von Springer Nature 2019
R. Kosfeld et al., *Wahrscheinlichkeitsrechnung und Induktive Statistik*,
https://doi.org/10.1007/978-3-658-28713-9

Tabelle B.1 Binomialverteilung (Fortsetzung)

	p = 0,1		p = 0,2		p = 0,3		p = 0,4		p = 0,5	
	f(x)	F(x)	f(x)	F(x)	f(x)	F(x)	f(x)	F(x)	f(x)	F(x)
n = 6										
x = 0	0,5314	0,5314	0,2621	0,2621	0,1176	0,1176	0,0467	0,0467	0,0156	0,0156
x = 1	0,3543	0,8857	0,3932	0,6554	0,3025	0,4202	0,1866	0,2333	0,0938	0,1094
x = 2	0,0984	0,9841	0,2458	0,9011	0,3241	0,7443	0,3110	0,5443	0,2344	0,3438
x = 3	0,0146	0,9987	0,0819	0,9830	0,1852	0,9295	0,2765	0,8208	0,3125	0,6563
x = 4	0,0012	0,9999	0,0154	0,9984	0,0595	0,9891	0,1382	0,9590	0,2344	0,8906
x = 5	0,0001	1,0000	0,0015	0,9999	0,0102	0,9993	0,0369	0,9959	0,0938	0,9844
x = 6	0,0000	1,0000	0,0001	1,0000	0,0007	1,0000	0,0041	1,0000	0,0156	1,0000
n = 7										
x = 0	0,4783	0,4783	0,2097	0,2097	0,0824	0,0824	0,0280	0,0280	0,0078	0,0078
x = 1	0,3720	0,8503	0,3670	0,5767	0,2471	0,3294	0,1306	0,1586	0,0547	0,0625
x = 2	0,1240	0,9743	0,2753	0,8520	0,3177	0,6471	0,2613	0,4199	0,1641	0,2266
x = 3	0,0230	0,9973	0,1147	0,9667	0,2269	0,8740	0,2903	0,7102	0,2734	0,5000
x = 4	0,0026	0,9998	0,0287	0,9953	0,0972	0,9712	0,1935	0,9037	0,2734	0,7734
x = 5	0,0002	1,0000	0,0043	0,9996	0,0250	0,9962	0,0774	0,9812	0,1641	0,9375
x = 6	0,0000	1,0000	0,0004	1,0000	0,0036	0,9998	0,0172	0,9984	0,0547	0,9922
x = 7	0,0000	1,0000	0,0000	1,0000	0,0002	1,0000	0,0016	1,0000	0,0078	1,0000
n = 8										
x = 0	0,4305	0,4305	0,1678	0,1678	0,0576	0,0576	0,0168	0,0168	0,0039	0,0039
x = 1	0,3826	0,8131	0,3355	0,5033	0,1977	0,2553	0,0896	0,1064	0,0313	0,0352
x = 2	0,1488	0,9619	0,2936	0,7969	0,2965	0,5518	0,2090	0,3154	0,1094	0,1445
x = 3	0,0331	0,9950	0,1468	0,9437	0,2541	0,8059	0,2787	0,5941	0,2188	0,3633
x = 4	0,0046	0,9996	0,0459	0,9896	0,1361	0,9420	0,2322	0,8263	0,2734	0,6367
x = 5	0,0004	1,0000	0,0092	0,9988	0,0467	0,9887	0,1239	0,9502	0,2188	0,8555
x = 6	0,0000	1,0000	0,0011	0,9999	0,0100	0,9987	0,0413	0,9915	0,1094	0,9648
x = 7	0,0000	1,0000	0,0001	1,0000	0,0012	0,9999	0,0079	0,9993	0,0313	0,9961
x = 8	0,0000	1,0000	0,0000	1,0000	0,0001	1,0000	0,0007	1,0000	0,0039	1,0000
n = 9										
x = 0	0,3874	0,3874	0,1342	0,1342	0,0404	0,0404	0,0101	0,0101	0,0020	0,0020
x = 1	0,3874	0,7748	0,3020	0,4362	0,1556	0,1960	0,0605	0,0705	0,0176	0,0195
x = 2	0,1722	0,9470	0,3020	0,7382	0,2668	0,4628	0,1612	0,2318	0,0703	0,0898
x = 3	0,0446	0,9917	0,1762	0,9144	0,2668	0,7297	0,2508	0,4826	0,1641	0,2539
x = 4	0,0074	0,9991	0,0661	0,9804	0,1715	0,9012	0,2508	0,7334	0,2461	0,5000
x = 5	0,0008	0,9999	0,0165	0,9969	0,0735	0,9747	0,1672	0,9006	0,2461	0,7461
x = 6	0,0001	1,0000	0,0028	0,9997	0,0210	0,9957	0,0743	0,9750	0,1641	0,9102
x = 7	0,0000	1,0000	0,0003	1,0000	0,0039	0,9996	0,0212	0,9962	0,0703	0,9805
x = 8	0,0000	1,0000	0,0000	1,0000	0,0004	1,0000	0,0035	0,9997	0,0176	0,9980
x = 9	0,0000	1,0000	0,0000	1,0000	0,0000	1,0000	0,0003	1,0000	0,0020	1,0000

Tabelle B.1 Binomialverteilung (Fortsetzung)

	p = 0,1		p = 0,2		p = 0,3		p = 0,4		p = 0,5	
	f(x)	F(x)	f(x)	F(x)	f(x)	F(x)	f(x)	F(x)	f(x)	F(x)
n = 10										
x = 0	0,3487	0,3487	0,1074	0,1074	0,0282	0,0282	0,0060	0,0060	0,0010	0,0010
x = 1	0,3874	0,7361	0,2684	0,3758	0,1211	0,1493	0,0403	0,0464	0,0098	0,0107
x = 2	0,1937	0,9298	0,3020	0,6778	0,2335	0,3828	0,1209	0,1673	0,0439	0,0547
x = 3	0,0574	0,9872	0,2013	0,8791	0,2668	0,6496	0,2150	0,3823	0,1172	0,1719
x = 4	0,0112	0,9984	0,0881	0,9672	0,2001	0,8497	0,2508	0,6331	0,2051	0,3770
x = 5	0,0015	0,9999	0,0264	0,9936	0,1029	0,9527	0,2007	0,8338	0,2461	0,6230
x = 6	0,0001	1,0000	0,0055	0,9991	0,0368	0,9894	0,1115	0,9452	0,2051	0,8281
x = 7	0,0000	1,0000	0,0008	0,9999	0,0090	0,9984	0,0425	0,9877	0,1172	0,9453
x = 8	0,0000	1,0000	0,0001	1,0000	0,0014	0,9999	0,0106	0,9983	0,0439	0,9893
x = 9	0,0000	1,0000	0,0000	1,0000	0,0001	1,0000	0,0016	0,9999	0,0098	0,9990
x = 10	0,0000	1,0000	0,0000	1,0000	0,0000	1,0000	0,0001	1,0000	0,0010	1,0000
n = 11										
x = 0	0,3138	0,3138	0,0859	0,0859	0,0198	0,0198	0,0036	0,0036	0,0005	0,0005
x = 1	0,3835	0,6974	0,2362	0,3221	0,0932	0,1130	0,0266	0,0302	0,0054	0,0059
x = 2	0,2131	0,9104	0,2953	0,6174	0,1998	0,3127	0,0887	0,1189	0,0269	0,0327
x = 3	0,0710	0,9815	0,2215	0,8389	0,2568	0,5696	0,1774	0,2963	0,0806	0,1133
x = 4	0,0158	0,9972	0,1107	0,9496	0,2201	0,7897	0,2365	0,5328	0,1611	0,2744
x = 5	0,0025	0,9997	0,0388	0,9883	0,1321	0,9218	0,2207	0,7535	0,2256	0,5000
x = 6	0,0003	1,0000	0,0097	0,9980	0,0566	0,9784	0,1471	0,9006	0,2256	0,7256
x = 7	0,0000	1,0000	0,0017	0,9998	0,0173	0,9957	0,0701	0,9707	0,1611	0,8867
x = 8	0,0000	1,0000	0,0002	1,0000	0,0037	0,9994	0,0234	0,9941	0,0806	0,9673
x = 9	0,0000	1,0000	0,0000	1,0000	0,0005	1,0000	0,0052	0,9993	0,0269	0,9941
x = 10	0,0000	1,0000	0,0000	1,0000	0,0000	1,0000	0,0007	1,0000	0,0054	0,9995
x = 11	0,0000	1,0000	0,0000	1,0000	0,0000	1,0000	0,0000	1,0000	0,0005	1,0000
n = 12										
x = 0	0,2824	0,2824	0,0687	0,0687	0,0138	0,0138	0,0022	0,0022	0,0002	0,0002
x = 1	0,3766	0,6590	0,2062	0,2749	0,0712	0,0850	0,0174	0,0196	0,0029	0,0032
x = 2	0,2301	0,8891	0,2835	0,5583	0,1678	0,2528	0,0639	0,0834	0,0161	0,0193
x = 3	0,0852	0,9744	0,2362	0,7946	0,2397	0,4925	0,1419	0,2253	0,0537	0,0730
x = 4	0,0213	0,9957	0,1329	0,9274	0,2311	0,7237	0,2128	0,4382	0,1208	0,1938
x = 5	0,0038	0,9995	0,0532	0,9806	0,1585	0,8822	0,2270	0,6652	0,1934	0,3872
x = 6	0,0005	0,9999	0,0155	0,9961	0,0792	0,9614	0,1766	0,8418	0,2256	0,6128
x = 7	0,0000	1,0000	0,0033	0,9994	0,0291	0,9905	0,1009	0,9427	0,1934	0,8062
x = 8	0,0000	1,0000	0,0005	0,9999	0,0078	0,9983	0,0420	0,9847	0,1208	0,9270
x = 9	0,0000	1,0000	0,0001	1,0000	0,0015	0,9998	0,0125	0,9972	0,0537	0,9807
x = 10	0,0000	1,0000	0,0000	1,0000	0,0002	1,0000	0,0025	0,9997	0,0161	0,9968
x = 11	0,0000	1,0000	0,0000	1,0000	0,0000	1,0000	0,0003	1,0000	0,0029	0,9998
x = 12	0,0000	1,0000	0,0000	1,0000	0,0000	1,0000	0,0000	1,0000	0,0002	1,0000

Tabelle B.1 Binomialverteilung (Fortsetzung)

	p = 0,1		p = 0,2		p = 0,3		p = 0,4		p = 0,5	
	f(x)	F(x)	f(x)	F(x)	f(x)	F(x)	f(x)	F(x)	f(x)	F(x)
n = 13										
x = 0	0,2542	0,2542	0,0550	0,0550	0,0097	0,0097	0,0013	0,0013	0,0001	0,0001
x = 1	0,3672	0,6214	0,1787	0,2337	0,0540	0,0637	0,0113	0,0126	0,0016	0,0017
x = 2	0,2448	0,8662	0,2680	0,5017	0,1338	0,2025	0,0453	0,0579	0,0095	0,0112
x = 3	0,0997	0,9659	0,2457	0,7474	0,2181	0,4206	0,1107	0,1686	0,0349	0,0461
x = 4	0,0277	0,9936	0,1535	0,9009	0,2337	0,6543	0,1845	0,3530	0,0873	0,1334
x = 5	0,0055	0,9991	0,0691	0,9700	0,1803	0,8346	0,2214	0,5744	0,1571	0,2905
x = 6	0,0008	0,9999	0,0230	0,9930	0,1030	0,9376	0,1968	0,7712	0,2095	0,5000
x = 7	0,0001	1,0000	0,0058	0,9988	0,0442	0,9818	0,1312	0,9023	0,2095	0,7095
x = 8	0,0000	1,0000	0,0011	0,9999	0,0142	0,9960	0,0656	0,9679	0,1571	0,8666
x = 9	0,0000	1,0000	0,0001	1,0000	0,0034	0,9994	0,0243	0,9922	0,0873	0,9539
x = 10	0,0000	1,0000	0,0000	1,0000	0,0006	1,0000	0,0065	0,9987	0,0349	0,9888
x = 11	0,0000	1,0000	0,0000	1,0000	0,0000	1,0000	0,0012	0,9999	0,0095	0,9983
x = 12	0,0000	1,0000	0,0000	1,0000	0,0000	1,0000	0,0001	1,0000	0,0016	0,9999
x = 13	0,0000	1,0000	0,0000	1,0000	0,0000	1,0000	0,0000	0,3112	0,0001	1,0000
n = 14										
x = 0	0,2288	0,2288	0,0440	0,0440	0,0068	0,0068	0,0008	0,0008	0,0001	0,0001
x = 1	0,3559	0,5846	0,1539	0,1979	0,0407	0,0475	0,0073	0,0081	0,0009	0,0009
x = 2	0,2570	0,8416	0,2501	0,4481	0,1134	0,1608	0,0317	0,0398	0,0056	0,0065
x = 3	0,1142	0,9559	0,2501	0,6982	0,1943	0,3552	0,0845	0,1243	0,0222	0,0287
x = 4	0,0349	0,9908	0,1720	0,8702	0,2290	0,5842	0,1549	0,2793	0,0611	0,0898
x = 5	0,0078	0,9985	0,0860	0,9561	0,1963	0,7805	0,2066	0,4859	0,1222	0,2120
x = 6	0,0013	0,9998	0,0322	0,9884	0,1262	0,9067	0,2066	0,6925	0,1833	0,3953
x = 7	0,0002	1,0000	0,0092	0,9976	0,0618	0,9685	0,1574	0,8499	0,2095	0,6047
x = 8	0,0000	1,0000	0,0020	0,9996	0,0232	0,9917	0,0918	0,9417	0,1833	0,7880
x = 9	0,0000	1,0000	0,0003	1,0000	0,0066	0,9983	0,0408	0,9825	0,1222	0,9102
x = 10	0,0000	1,0000	1,0000	1,0000	0,0014	0,9998	0,0136	0,9961	0,0611	0,9713
x = 11	0,0000	1,0000	0,0000	1,0000	0,0002	1,0000	0,0033	0,9994	0,0222	0,9935
x = 12	0,0000	1,0000	0,0000	1,0000	0,0000	1,0000	0,0005	0,9999	0,0056	0,9991
x = 13	0,0000	1,0000	0,0000	1,0000	0,0000	1,0000	0,0001	1,0000	0,0009	0,9999
x = 14	0,0000	1,0000	0,0000	1,0000	0,0000	1,0000	0,0000	1,0000	0,0001	1,0000

Tabelle B.1 Binomialverteilung (Fortsetzung)

	p = 0,1		p = 0,2		p = 0,3		p = 0,4		p = 0,5	
	f(x)	F(x)	f(x)	F(x)	f(x)	F(x)	f(x)	F(x)	f(x)	F(x)
n = 15										
x = 0	0,2059	0,2059	0,0352	0,0352	0,0047	0,0047	0,0005	0,0005	0,0000	0,0000
x = 1	0,3432	0,5490	0,1319	0,1671	0,0305	0,0353	0,0047	0,0052	0,0005	0,0005
x = 2	0,2669	0,8159	0,2309	0,3980	0,0916	0,1268	0,0219	0,0271	0,0032	0,0037
x = 3	0,1285	0,9444	0,2501	0,6482	0,1700	0,2969	0,0634	0,0905	0,0139	0,0176
x = 4	0,0428	0,9873	0,1876	0,8358	0,2186	0,5155	0,1268	0,2173	0,0417	0,0592
x = 5	0,0105	0,9978	0,1032	0,9389	0,2061	0,7216	0,1859	0,4032	0,0916	0,1509
x = 6	0,0019	0,9997	0,0430	0,9819	0,1472	0,8689	0,2066	0,6098	0,1527	0,3036
x = 7	0,0003	1,0000	0,0138	0,9958	0,0811	0,9500	0,1771	0,7869	0,1964	0,5000
x = 8	0,0000	1,0000	0,0035	0,9992	0,0348	0,9848	0,1181	0,9050	0,1964	0,6964
x = 9	0,0000	1,0000	0,0007	0,9999	0,0116	0,9963	0,0612	0,9662	0,1527	0,8491
x = 10	0,0000	1,0000	0,0001	1,0000	0,0030	0,9993	0,0245	0,9907	0,0916	0,9408
x = 11	0,0000	1,0000	0,0000	1,0000	0,0006	0,9999	0,0074	0,9981	0,0417	0,9824
x = 12	0,0000	1,0000	0,0000	1,0000	0,0001	1,0000	0,0016	0,9997	0,0139	0,9963
x = 13	0,0000	1,0000	0,0000	1,0000	0,0000	1,0000	0,0003	1,0000	0,0032	0,9995
x = 14	0,0000	1,0000	0,0000	1,0000	0,0000	1,0000	0,0000	1,0000	0,0005	1,0000
x = 15	0,0000	1,0000	0,0000	1,0000	0,0000	1,0000	0,0000	1,0000	0,0000	1,0000
n = 16										
x = 0	0,1853	0,1853	0,0281	0,0281	0,0033	0,0033	0,0003	0,0003	0,0000	0,0000
x = 1	0,3294	0,5147	0,1126	0,1407	0,0228	0,0261	0,0030	0,0033	0,0002	0,0003
x = 2	0,2745	0,7892	0,2111	0,3518	0,0732	0,0994	0,0150	0,0183	0,0018	0,0021
x = 3	0,1423	0,9316	0,2463	0,5981	0,1465	0,2459	0,0468	0,0651	0,0085	0,0106
x = 4	0,0514	0,9830	0,2001	0,7982	0,2040	0,4499	0,1014	0,1666	0,0278	0,0384
x = 5	0,0137	0,9967	0,1201	0,9183	0,2099	0,6598	0,1623	0,3288	0,0667	0,1051
x = 6	0,0028	0,9995	0,0550	0,9733	0,1649	0,8247	0,1983	0,5272	0,1222	0,2272
x = 7	0,0004	0,9999	0,0197	0,9930	0,1010	0,9256	0,1889	0,7161	0,1746	0,4018
x = 8	0,0001	1,0000	0,0055	0,9985	0,0487	0,9743	0,1417	0,8577	0,1964	0,5982
x = 9	0,0000	1,0000	0,0012	0,9998	0,0185	0,9929	0,0840	0,9417	0,1746	0,7728
x = 10	0,0000	1,0000	0,0002	1,0000	0,0056	0,9984	0,0392	0,9809	0,1222	0,8949
x = 11	0,0000	1,0000	0,0000	1,0000	0,0013	0,9997	0,0142	0,9951	0,0667	0,9616
x = 12	0,0000	1,0000	0,0000	1,0000	0,0002	1,0000	0,0040	0,9991	0,0278	0,9894
x = 13	0,0000	1,0000	0,0000	1,0000	0,0000	1,0000	0,0008	0,9999	0,0085	0,9979
x = 14	0,0000	1,0000	0,0000	1,0000	0,0000	1,0000	0,0001	1,0000	0,0018	0,9997
x = 15	0,0000	1,0000	0,0000	1,0000	0,0000	1,0000	0,0000	1,0000	0,0002	1,0000
x = 16	0,0000	1,0000	0,0000	1,0000	0,0000	1,0000	0,0000	1,0000	0,0000	1,0000

Tabelle B.1   Binomialverteilung (Fortsetzung)

	p = 0,1		p = 0,2		p = 0,3		p = 0,4		p = 0,5	
	f(x)	F(x)	f(x)	F(x)	f(x)	F(x)	f(x)	F(x)	f(x)	F(x)
n = 17										
x = 0	0,1668	0,1668	0,0225	0,0225	0,0023	0,0023	0,0002	0,0002	0,0000	0,0000
x = 1	0,3150	0,4818	0,0957	0,1182	0,0169	0,0193	0,0019	0,0021	0,0001	0,0001
x = 2	0,2800	0,7618	0,1914	0,3096	0,0581	0,0774	0,0102	0,0123	0,0010	0,0012
x = 3	0,1556	0,9174	0,2393	0,5489	0,1245	0,2019	0,0341	0,0464	0,0052	0,0064
x = 4	0,0605	0,9779	0,2093	0,7582	0,1868	0,3887	0,0796	0,1260	0,0182	0,0245
x = 5	0,0175	0,9953	0,1361	0,8943	0,2081	0,5968	0,1379	0,2639	0,0472	0,0717
x = 6	0,0039	0,9992	0,0680	0,9623	0,1784	0,7752	0,1839	0,4478	0,0944	0,1662
x = 7	0,0007	0,9999	0,0267	0,9891	0,1201	0,8954	0,1927	0,6405	0,1484	0,3145
x = 8	0,0001	1,0000	0,0084	0,9974	0,0644	0,9597	0,1606	0,8011	0,1855	0,5000
x = 9	0,0000	1,0000	0,0021	0,9995	0,0276	0,9873	0,1070	0,9081	0,1855	0,6855
x = 10	0,0000	1,0000	0,0004	0,9999	0,0095	0,9968	0,0571	0,9652	0,1484	0,8338
x = 11	0,0000	1,0000	0,0001	1,0000	0,0026	0,9993	0,0242	0,9894	0,0944	0,9283
x = 12	0,0000	1,0000	0,0000	1,0000	0,0006	0,9999	0,0081	0,9975	0,0472	0,9755
x = 13	0,0000	1,0000	0,0000	1,0000	0,0001	1,0000	0,0021	0,9995	0,0182	0,9936
x = 14	0,0000	1,0000	0,0000	1,0000	0,0000	1,0000	0,0004	0,9999	0,0052	0,9988
x = 15	0,0000	1,0000	0,0000	1,0000	0,0000	1,0000	0,0001	1,0000	0,0010	0,9999
x = 16	0,0000	1,0000	0,0000	1,0000	0,0000	1,0000	0,0000	1,0000	0,0001	1,0000
x = 17	0,0000	1,0000	0,0000	1,0000	0,0000	1,0000	0,0000	1,0000	0,0000	1,0000
n = 18										
x = 0	0,1501	0,1501	0,0180	0,0180	0,0016	0,0016	0,0001	0,0001	0,0000	0,0000
x = 1	0,3002	0,4503	0,0811	0,0991	0,0126	0,0142	0,0012	0,0013	0,0001	0,0001
x = 2	0,2835	0,7338	0,1723	0,2713	0,0458	0,0600	0,0069	0,0082	0,0006	0,0007
x = 3	0,1680	0,9018	0,2297	0,5010	0,1046	0,1646	0,0246	0,0328	0,0031	0,0038
x = 4	0,0700	0,9718	0,2153	0,7164	0,1681	0,3327	0,0614	0,0942	0,0117	0,0154
x = 5	0,0218	0,9936	0,1507	0,8671	0,2017	0,5344	0,1146	0,2088	0,0327	0,0481
x = 6	0,0052	0,9988	0,0816	0,9487	0,1873	0,7217	0,1655	0,3743	0,0708	0,1189
x = 7	0,0010	0,9998	0,0350	0,9837	0,1376	0,8593	0,1892	0,5634	0,1214	0,2403
x = 8	0,0002	1,0000	0,0120	0,9957	0,0811	0,9404	0,1734	0,7368	0,1669	0,4073
x = 9	0,0000	1,0000	0,0033	0,9991	0,0386	0,9790	0,1234	0,8653	0,1855	0,5927
x = 10	0,0000	1,0000	0,0008	0,9998	0,0149	0,9939	0,0771	0,9424	0,1669	0,7597
x = 11	0,0000	1,0000	0,0001	1,0000	0,0046	0,9986	0,0374	0,9797	0,1214	0,8811
x = 12	0,0000	1,0000	0,0000	1,0000	0,0012	0,9997	0,0145	0,9942	0,0708	0,9519
x = 13	0,0000	1,0000	0,0000	1,0000	0,0002	1,0000	0,0045	0,9987	0,0327	0,9846
x = 14	0,0000	1,0000	0,0000	1,0000	0,0000	1,0000	0,0011	0,9998	0,0117	0,9962
x = 15	0,0000	1,0000	0,0000	1,0000	0,0000	1,0000	0,0002	1,0000	0,0031	0,9993
x = 16	0,0000	1,0000	0,0000	1,0000	0,0000	1,0000	0,0000	1,0000	0,0006	0,9999
x = 17	0,0000	1,0000	0,0000	1,0000	0,0000	1,0000	0,0000	1,0000	0,0001	1,0000
x = 18	0,0000	1,0000	0,0000	1,0000	0,0000	1,0000	0,0000	1,0000	0,0000	1,0000

Ablesebeispiele für B(n = 20; p = 0,2):

- $P(X = 2) = f(2) = 0{,}1369$

- $P(X \leq 2) = F(2) = f(0) + f(1) + f(2) = 0{,}2061$

Tabelle B.1 Binomialverteilung (Fortsetzung)

	p = 0,1		p = 0,2		p = 0,3		p = 0,4		p = 0,5	
	f(x)	F(x)	f(x)	F(x)	f(x)	F(x)	f(x)	F(x)	f(x)	F(x)
n = 19										
x = 0	0,1351	0,1351	0,0144	0,0144	0,0011	0,0011	0,0001	0,0001	0,0000	0,0000
x = 1	0,2852	0,4203	0,0685	0,0829	0,0093	0,0104	0,0008	0,0008	0,0000	0,0000
x = 2	0,2852	0,7054	0,1540	0,2369	0,0358	0,0462	0,0046	0,0055	0,0003	0,0004
x = 3	0,1796	0,8850	0,2182	0,4551	0,0869	0,1332	0,0175	0,0230	0,0018	0,0022
x = 4	0,0798	0,9648	0,2182	0,6733	0,1491	0,2822	0,0467	0,0696	0,0074	0,0096
x = 5	0,0266	0,9914	0,1636	0,8369	0,1916	0,4739	0,0933	0,1629	0,0222	0,0318
x = 6	0,0069	0,9983	0,0955	0,9324	0,1916	0,6655	0,1451	0,3081	0,0518	0,0835
x = 7	0,0014	0,9997	0,0443	0,9767	0,1525	0,8180	0,1797	0,4878	0,0961	0,1796
x = 8	0,0002	1,0000	0,0166	0,9933	0,0981	0,9161	0,1797	0,6675	0,1442	0,3238
x = 9	0,0000	1,0000	0,0051	0,9984	0,0514	0,9674	0,1464	0,8139	0,1762	0,5000
x = 10	0,0000	1,0000	0,0013	0,9997	0,0220	0,9895	0,0976	0,9115	0,1762	0,6762
x = 11	0,0000	1,0000	0,0003	1,0000	0,0077	0,9972	0,0532	0,9648	0,1442	0,8204
x = 12	0,0000	1,0000	0,0000	1,0000	0,0022	0,9994	0,0237	0,9884	0,0961	0,9165
x = 13	0,0000	1,0000	0,0000	1,0000	0,0005	0,9999	0,0085	0,9969	0,0518	0,9682
x = 14	0,0000	1,0000	0,0000	1,0000	0,0001	1,0000	0,0024	0,9994	0,0222	0,9904
x = 15	0,0000	1,0000	0,0000	1,0000	0,0000	1,0000	0,0005	0,9999	0,0074	0,9978
x = 16	0,0000	1,0000	0,0000	1,0000	0,0000	1,0000	0,0001	1,0000	0,0018	0,9996
x = 17	0,0000	1,0000	0,0000	1,0000	0,0000	1,0000	0,0000	1,0000	0,0003	1,0000
x = 18	0,0000	1,0000	0,0000	1,0000	0,0000	1,0000	0,0000	1,0000	0,0000	1,0000
x = 19	0,0000	1,0000	0,0000	1,0000	0,0000	1,0000	0,0000	1,0000	0,0000	1,0000
n = 20										
x = 0	0,1216	0,1216	0,0115	0,0115	0,0008	0,0008	0,0000	0,0000	0,0000	0,0000
x = 1	0,2702	0,3917	0,0576	0,0692	0,0068	0,0076	0,0005	0,0005	0,0000	0,0000
x = 2	0,2852	0,6769	0,1369	0,2061	0,0278	0,0355	0,0031	0,0036	0,0002	0,0002
x = 3	0,1901	0,8670	0,2054	0,4114	0,0716	0,1071	0,0123	0,0160	0,0011	0,0013
x = 4	0,0898	0,9568	0,2182	0,6296	0,1304	0,2375	0,0350	0,0510	0,0046	0,0059
x = 5	0,0319	0,9887	0,1746	0,8042	0,1789	0,4164	0,0746	0,1256	0,0148	0,0207
x = 6	0,0089	0,9976	0,1091	0,9133	0,1916	0,6080	0,1244	0,2500	0,0370	0,0577
x = 7	0,0020	0,9996	0,0545	0,9679	0,1643	0,7723	0,1659	0,4159	0,0739	0,1316
x = 8	0,0004	0,9999	0,0222	0,9900	0,1144	0,8867	0,1797	0,5956	0,1201	0,2517
x = 9	0,0001	1,0000	0,0074	0,9974	0,0654	0,9520	0,1597	0,7553	0,1602	0,4119
x = 10	0,0000	1,0000	0,0020	0,9994	0,0308	0,9829	0,1171	0,8725	0,1762	0,5881
x = 11	0,0000	1,0000	0,0005	0,9999	0,0120	0,9949	0,0710	0,9435	0,1602	0,7483
x = 12	0,0000	1,0000	0,0001	1,0000	0,0039	0,9987	0,0355	0,9790	0,1201	0,8684
x = 13	0,0000	1,0000	0,0000	1,0000	0,0010	0,9997	0,0146	0,9935	0,0739	0,9423
x = 14	0,0000	1,0000	0,0000	1,0000	0,0002	1,0000	0,0049	0,9984	0,0370	0,9793
x = 15	0,0000	1,0000	0,0000	1,0000	0,0000	1,0000	0,0013	0,9997	0,0148	0,9941
x = 16	0,0000	1,0000	0,0000	1,0000	0,0000	1,0000	0,0003	1,0000	0,0046	0,9987
x = 17	0,0000	1,0000	0,0000	1,0000	0,0000	1,0000	0,0000	1,0000	0,0011	0,9998
x = 18	0,0000	1,0000	0,0000	1,0000	0,0000	1,0000	0,0000	1,0000	0,0002	1,0000
x = 19	0,0000	1,0000	0,0000	1,0000	0,0000	1,0000	0,0000	1,0000	0,0000	1,0000
x = 20	0,0000	1,0000	0,0000	1,0000	0,0000	1,0000	0,0000	1,0000	0,0000	1,0000

Tabelle B.2 Poisson-Verteilung

	λ = 0,1		λ = 0,2		λ = 0,3		λ = 0,4		λ = 0,5	
	f(x)	F(x)	f(x)	F(x)	f(x)	F(x)	f(x)	F(x)	f(x)	F(x)
x = 0	0,9048	0,9048	0,8187	0,8187	0,7408	0,7408	0,6703	0,6703	0,6065	0,6065
x = 1	0,0905	0,9953	0,1637	0,9825	0,2222	0,9631	0,2681	0,9384	0,3033	0,9098
x = 2	0,0045	0,9998	0,0164	0,9989	0,0333	0,9964	0,0536	0,9921	0,0758	0,9856
x = 3	0,0002	1,0000	0,0011	0,9999	0,0033	0,9997	0,0072	0,9992	0,0126	0,9982
x = 4	0,0000	1,0000	0,0001	1,0000	0,0003	1,0000	0,0007	0,9999	0,0016	0,9998
x = 5	0,0000	1,0000	0,0000	1,0000	0,0000	1,0000	0,0001	1,0000	0,0002	1,0000

	λ = 0,6		λ = 0,7		λ = 0,8		λ = 0,9		λ = 1,0	
	f(x)	F(x)	f(x)	F(x)	f(x)	F(x)	f(x)	F(x)	f(x)	F(x)
x = 0	0,5488	0,5488	0,4966	0,4966	0,4493	0,4493	0,4066	0,4066	0,3679	0,3679
x = 1	0,3293	0,8781	0,3476	0,8442	0,3595	0,8088	0,3659	0,7725	0,3679	0,7358
x = 2	0,0988	0,9769	0,1217	0,9659	0,1438	0,9526	0,1647	0,9371	0,1839	0,9197
x = 3	0,0198	0,9966	0,0284	0,9942	0,0383	0,9909	0,0494	0,9865	0,0613	0,9810
x = 4	0,0030	0,9996	0,0050	0,9992	0,0077	0,9986	0,0111	0,9977	0,0153	0,9963
x = 5	0,0004	1,0000	0,0007	0,9999	0,0012	0,9998	0,0020	0,9997	0,0031	0,9994
x = 6	0,0000	1,0000	0,0001	1,0000	0,0002	1,0000	0,0003	1,0000	0,0005	0,9999
x = 7	0,0000	1,0000	0,0000	1,0000	0,0000	1,0000	0,0000	1,0000	0,0001	1,0000

	λ = 1,1		λ = 1,2		λ = 1,3		λ = 1,4		λ = 1,5	
	f(x)	F(x)	f(x)	F(x)	f(x)	F(x)	f(x)	F(x)	f(x)	F(x)
x = 0	0,3329	0,3329	0,3012	0,3012	0,2725	0,2725	0,2466	0,2466	0,2231	0,2231
x = 1	0,3662	0,6990	0,3614	0,6626	0,3543	0,6268	0,3452	0,5918	0,3347	0,5578
x = 2	0,2014	0,9004	0,2169	0,8795	0,2303	0,8571	0,2417	0,8335	0,2510	0,8088
x = 3	0,0738	0,9743	0,0867	0,9662	0,0998	0,9569	0,1128	0,9463	0,1255	0,9344
x = 4	0,0203	0,9946	0,0260	0,9923	0,0324	0,9893	0,0395	0,9857	0,0471	0,9814
x = 5	0,0045	0,9990	0,0062	0,9985	0,0084	0,9978	0,0111	0,9968	0,0141	0,9955
x = 6	0,0008	0,9999	0,0012	0,9997	0,0018	0,9996	0,0026	0,9994	0,0035	0,9991
x = 7	0,0001	1,0000	0,0002	1,0000	0,0003	0,9999	0,0005	0,9999	0,0008	0,9998
x = 8	0,0000	1,0000	0,0000	1,0000	0,0001	1,0000	0,0001	1,0000	0,0001	1,0000

	λ = 1,6		λ = 1,7		λ = 1,8		λ = 1,9		λ = 2,0	
	f(x)	F(x)	f(x)	F(x)	f(x)	F(x)	f(x)	F(x)	f(x)	F(x)
x = 0	0,2019	0,2019	0,1827	0,1827	0,1653	0,1653	0,1496	0,1496	0,1353	0,1353
x = 1	0,3230	0,5249	0,3106	0,4932	0,2975	0,4628	0,2842	0,4337	0,2707	0,4060
x = 2	0,2584	0,7834	0,2640	0,7572	0,2678	0,7306	0,2700	0,7037	0,2707	0,6767
x = 3	0,1378	0,9212	0,1496	0,9068	0,1607	0,8913	0,1710	0,8747	0,1804	0,8571
x = 4	0,0551	0,9763	0,0636	0,9704	0,0723	0,9636	0,0812	0,9559	0,0902	0,9473
x = 5	0,0176	0,9940	0,0216	0,9920	0,0260	0,9896	0,0309	0,9868	0,0361	0,9834
x = 6	0,0047	0,9987	0,0061	0,9981	0,0078	0,9974	0,0098	0,9966	0,0120	0,9955
x = 7	0,0011	0,9997	0,0015	0,9996	0,0020	0,9994	0,0027	0,9992	0,0034	0,9989
x = 8	0,0002	1,0000	0,0003	0,9999	0,0005	0,9999	0,0006	0,9998	0,0009	0,9998
x = 9	0,0000	1,0000	0,0001	1,0000	0,0001	1,0000	0,0001	1,0000	0,0002	1,0000

Tabelle B.2 Poisson-Verteilung (Fortsetzung)

	λ = 2,1		λ = 2,2		λ = 2,3		λ = 2,4		λ = 2,5	
	f(x)	F(x)	f(x)	F(x)	f(x)	F(x)	f(x)	F(x)	f(x)	F(x)
x = 0	0,1225	0,1225	0,1108	0,1108	0,1003	0,1003	0,0907	0,0907	0,0821	0,0821
x = 1	0,2572	0,3796	0,2438	0,3546	0,2306	0,3309	0,2177	0,3084	0,2052	0,2873
x = 2	0,2700	0,6496	0,2681	0,6227	0,2652	0,5960	0,2613	0,5697	0,2565	0,5438
x = 3	0,1890	0,8386	0,1966	0,8194	0,2033	0,7993	0,2090	0,7787	0,2138	0,7576
x = 4	0,0992	0,9379	0,1082	0,9275	0,1169	0,9162	0,1254	0,9041	0,1336	0,8912
x = 5	0,0417	0,9796	0,0476	0,9751	0,0538	0,9700	0,0602	0,9643	0,0668	0,9580
x = 6	0,0146	0,9941	0,0174	0,9925	0,0206	0,9906	0,0241	0,9884	0,0278	0,9858
x = 7	0,0044	0,9985	0,0055	0,9980	0,0068	0,9974	0,0083	0,9967	0,0099	0,9958
x = 8	0,0011	0,9997	0,0015	0,9995	0,0019	0,9994	0,0025	0,9991	0,0031	0,9989
x = 9	0,0003	0,9999	0,0004	0,9999	0,0005	0,9999	0,0007	0,9998	0,0009	0,9997
x = 10	0,0001	1,0000	0,0001	1,0000	0,0001	1,0000	0,0002	1,0000	0,0002	0,9999
x = 11	0,0000	1,0000	0,0000	1,0000	0,0000	1,0000	0,0000	1,0000	0,0000	1,0000
	λ = 3,0		λ = 3,5		λ = 4,0		λ = 5,0		λ = 6,0	
	f(x)	F(x)	f(x)	F(x)	f(x)	F(x)	f(x)	F(x)	f(x)	F(x)
x = 0	0,0498	0,0498	0,0302	0,0302	0,0183	0,0183	0,0067	0,0067	0,0025	0,0025
x = 1	0,1494	0,1991	0,1057	0,1359	0,0733	0,0916	0,0337	0,0404	0,0149	0,0174
x = 2	0,2240	0,4232	0,1850	0,3208	0,1465	0,2381	0,0842	0,1247	0,0446	0,0620
x = 3	0,2240	0,6472	0,2158	0,5366	0,1954	0,4335	0,1404	0,2650	0,0892	0,1512
x = 4	0,1680	0,8153	0,1888	0,7254	0,1954	0,6288	0,1755	0,4405	0,1339	0,2851
x = 5	0,1008	0,9161	0,1322	0,8576	0,1563	0,7851	0,1755	0,6160	0,1606	0,4457
x = 6	0,0504	0,9665	0,0771	0,9347	0,1042	0,8893	0,1462	0,7622	0,1606	0,6063
x = 7	0,0216	0,9881	0,0385	0,9733	0,0595	0,9489	0,1044	0,8666	0,1377	0,7440
x = 8	0,0081	0,9962	0,0169	0,9901	0,0298	0,9786	0,0653	0,9319	0,1033	0,8472
x = 9	0,0027	0,9989	0,0066	0,9967	0,0132	0,9919	0,0363	0,9682	0,0688	0,9161
x = 10	0,0008	0,9997	0,0023	0,9990	0,0053	0,9972	0,0181	0,9863	0,0413	0,9574
x = 11	0,0002	0,9999	0,0007	0,9997	0,0019	0,9991	0,0082	0,9945	0,0225	0,9799
x = 12	0,0001	1,0000	0,0002	0,9999	0,0006	0,9997	0,0034	0,9980	0,0113	0,9912
x = 13	0,0000	1,0000	0,0001	1,0000	0,0002	0,9999	0,0013	0,9993	0,0052	0,9964
x = 14	0,0000	1,0000	0,0000	1,0000	0,0001	1,0000	0,0005	0,9998	0,0022	0,9986
x = 15	0,0000	1,0000	0,0000	1,0000	0,0000	1,0000	0,0002	1,0000	0,0009	0,9995
x = 16	0,0000	1,0000	0,0000	1,0000	0,0000	1,0000	0,0000	1,0000	0,0003	0,9998
x = 17	0,0000	1,0000	0,0000	1,0000	0,0000	1,0000	0,0000	1,0000	0,0002	1,0000

Ablesebeispiele für λ = 2:

- $P(X = 1) = f(1) = 0{,}2707$
- $P(X \leq 1) = F(1) = f(0) + f(1) = 0{,}4060$

Tabelle B.3 Verteilungsfunktion der Standardnormalverteilung

z	0,00	0,01	0,02	0,03	0,04	0,05	0,06	0,07	0,08	0,09
0,0	0,5000	0,5040	0,5080	0,5120	0,5160	0,5199	0,5239	0,5279	0,5319	0,5359
0,1	0,5398	0,5438	0,5478	0,5517	0,5557	0,5596	0,5636	0,5675	0,5714	0,5753
0,2	0,5793	0,5832	0,5871	0,5910	0,5948	0,5987	0,6026	0,6064	0,6103	0,6141
0,3	0,6179	0,6217	0,6255	0,6293	0,6331	0,6368	0,6406	0,6443	0,6480	0,6517
0,4	0,6554	0,6591	0,6628	0,6664	0,6700	0,6736	0,6772	0,6808	0,6844	0,6879
0,5	0,6915	0,6950	0,6985	0,7019	0,7054	0,7088	0,7123	0,7157	0,7190	0,7224
0,6	0,7257	0,7291	0,7324	0,7357	0,7389	0,7422	0,7454	0,7486	0,7517	0,7549
0,7	0,7580	0,7611	0,7642	0,7673	0,7704	0,7734	0,7764	0,7794	0,7823	0,7852
0,8	0,7881	0,7910	0,7939	0,7967	0,7995	0,8023	0,8051	0,8078	0,8106	0,8133
0,9	0,8159	0,8186	0,8212	0,8238	0,8264	0,8289	0,8315	0,8340	0,8365	0,8389
1,0	0,8413	0,8438	0,8461	0,8485	0,8508	0,8531	0,8554	0,8577	0,8599	0,8621
1,1	0,8643	0,8665	0,8686	0,8708	0,8729	0,8749	0,8770	0,8790	0,8810	0,8830
1,2	0,8849	0,8869	0,8888	0,8907	0,8925	0,8944	0,8962	0,8980	0,8997	0,9015
1,3	0,9032	0,9049	0,9066	0,9082	0,9099	0,9115	0,9131	0,9147	0,9162	0,9177
1,4	0,9192	0,9207	0,9222	0,9236	0,9251	0,9265	0,9279	0,9292	0,9306	0,9319
1,5	0,9332	0,9345	0,9357	0,9370	0,9382	0,9394	0,9406	0,9418	0,9429	0,9441
1,6	0,9452	0,9463	0,9474	0,9484	0,9495	0,9505	0,9515	0,9525	0,9535	0,9545
1,7	0,9554	0,9564	0,9573	0,9582	0,9591	0,9599	0,9608	0,9616	0,9625	0,9633
1,8	0,9641	0,9649	0,9656	0,9664	0,9671	0,9678	0,9686	0,9693	0,9699	0,9706
1,9	0,9713	0,9719	0,9726	0,9732	0,9738	0,9744	0,9750	0,9756	0,9761	0,9767
2,0	0,9772	0,9778	0,9783	0,9788	0,9793	0,9798	0,9803	0,9808	0,9812	0,9817
2,1	0,9821	0,9826	0,9830	0,9834	0,9838	0,9842	0,9846	0,9850	0,9854	0,9857
2,2	0,9861	0,9864	0,9868	0,9871	0,9875	0,9878	0,9881	0,9884	0,9887	0,9890
2,3	0,9893	0,9896	0,9898	0,9901	0,9904	0,9906	0,9909	0,9911	0,9913	0,9916
2,4	0,9918	0,9920	0,9922	0,9925	0,9927	0,9929	0,9931	0,9932	0,9934	0,9936
2,5	0,9938	0,9940	0,9941	0,9943	0,9945	0,9946	0,9948	0,9949	0,9951	0,9952
2,6	0,9953	0,9955	0,9956	0,9957	0,9959	0,9960	0,9961	0,9962	0,9963	0,9964
2,7	0,9965	0,9966	0,9967	0,9968	0,9969	0,9970	0,9971	0,9972	0,9973	0,9974
2,8	0,9974	0,9975	0,9976	0,9977	0,9977	0,9978	0,9979	0,9979	0,9980	0,9981
2,9	0,9981	0,9982	0,9982	0,9983	0,9984	0,9984	0,9985	0,9985	0,9986	0,9986
3,0	0,9987	0,9987	0,9987	0,9988	0,9988	0,9989	0,9989	0,9989	0,9990	0,9990
3,1	0,9990	0,9991	0,9991	0,9991	0,9992	0,9992	0,9992	0,9992	0,9993	0,9993
3,2	0,9993	0,9993	0,9994	0,9994	0,9994	0,9994	0,9994	0,9995	0,9995	0,9995
3,3	0,9995	0,9995	0,9995	0,9996	0,9996	0,9996	0,9996	0,9996	0,9996	0,9997
3,4	0,9997	0,9997	0,9997	0,9997	0,9997	0,9997	0,9997	0,9997	0,9997	0,9998
3,5	0,9998	0,9998	0,9998	0,9998	0,9998	0,9998	0,9998	0,9998	0,9998	0,9998

Ablesebeispiele:

- $F_z(1,96) = 0,975$
- $F_z(-1,96) = 1 - [F_z(1,96)]$

  $= 1 - 0,975 = 0,025$

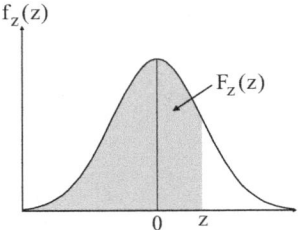

Tabelle B.4 Quantile der Standardnormalverteilung

α	$1-\alpha$	$z_{1-\alpha}$	$z_{1-\alpha/2}$
0,9000	0,1000	−1,282	0,126
0,8000	0,2000	−0,842	0,253
0,7000	0,3000	−0,524	0,385
0,6000	0,4000	−0,253	0,524
0,5000	0,5000	0,000	0,674
0,4000	0,6000	0,253	0,842
0,3173	0,6827	0,475	1,000
0,3000	0,7000	0,524	1,036
0,2000	0,8000	0,842	1,282
0,1336	0,8664	1,109	1,500
0,1000	0,9000	1,282	1,645
0,0750	0,9250	1,440	1,780
0,0500	0,9500	1,645	1,960
0,0455	0,9545	1,690	2,000
0,0250	0,9750	1,960	2,242
0,0200	0,9800	2,054	2,326
0,0100	0,9900	2,326	2,576
0,0050	0,9950	2,576	2,807
0,0027	0,9973	2,782	3,000
0,0010	0,9990	3,090	3,291

Ablesebeispiele:

- $z_{0,975} = 1,96$

- $z_{0,025} = -z_{0,975} = -1,96$

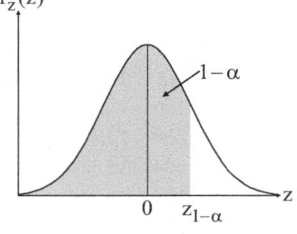

Tabelle B.5 Quantile der Chi-Quadrat-Verteilung bei v Freiheitsgraden

$1-\alpha$ \\ v	0,005	0,010	0,025	0,050	0,100	0,900	0,950	0,975	0,990	0,995
1	0,000	0,000	0,001	0,004	0,016	2,706	3,841	5,024	6,635	7,879
2	0,010	0,020	0,051	0,103	0,211	4,605	5,991	7,378	9,210	10,597
3	0,072	0,115	0,216	0,352	0,584	6,251	7,815	9,348	11,345	12,838
4	0,207	0,297	0,484	0,711	1,064	7,779	9,488	11,143	13,277	14,860
5	0,412	0,554	0,831	1,145	1,610	9,236	11,070	12,832	15,086	16,750
6	0,676	0,872	1,237	1,635	2,204	10,645	12,592	14,449	16,812	18,548
7	0,989	1,239	1,690	2,167	2,833	12,017	14,067	16,013	18,475	20,278
8	1,344	1,647	2,180	2,733	3,490	13,362	15,507	17,535	20,090	21,955
9	1,735	2,088	2,700	3,325	4,168	14,684	16,919	19,023	21,666	23,589
10	2,156	2,558	3,247	3,940	4,865	15,987	18,307	20,483	23,209	25,188
11	2,603	3,053	3,816	4,575	5,578	17,275	19,675	21,920	24,725	26,757
12	3,074	3,571	4,404	5,226	6,304	18,549	21,026	23,337	26,217	28,300
13	3,565	4,107	5,009	5,892	7,041	19,812	22,362	24,736	27,688	29,819
14	4,075	4,660	5,629	6,571	7,790	21,064	23,685	26,119	29,141	31,319
15	4,601	5,229	6,262	7,261	8,547	22,307	24,996	27,488	30,578	32,801
16	5,142	5,812	6,908	7,962	9,312	23,542	26,296	28,845	32,000	34,267
17	5,697	6,408	7,564	8,672	10,085	24,769	27,587	30,191	33,409	35,718
18	6,265	7,015	8,231	9,390	10,865	25,989	28,869	31,526	34,805	37,156
19	6,844	7,633	8,907	10,117	11,651	27,204	30,144	32,852	36,191	38,582
20	7,434	8,260	9,591	10,851	12,443	28,412	31,410	34,170	37,566	39,997
21	8,034	8,897	10,283	11,591	13,240	29,615	32,671	35,479	38,932	41,401
22	8,643	9,542	10,982	12,338	14,041	30,813	33,924	36,781	40,289	42,796
23	9,260	10,196	11,689	13,091	14,848	32,007	35,172	38,076	41,638	44,181
24	9,886	10,856	12,401	13,848	15,659	33,196	36,415	39,364	42,980	45,558
25	10,520	11,524	13,120	14,611	16,473	34,382	37,652	40,646	44,314	46,928
26	11,160	12,198	13,844	15,379	17,292	35,563	38,885	41,923	45,642	48,290
27	11,808	12,878	14,573	16,151	18,114	36,741	40,113	43,195	46,963	49,645
28	12,461	13,565	15,308	16,928	18,939	37,916	41,337	44,461	48,278	50,994
29	13,121	14,256	16,047	17,708	19,768	39,087	42,557	45,722	49,588	52,335
30	13,787	14,953	16,791	18,493	20,599	40,256	43,773	46,979	50,892	53,672
40	20,707	22,164	24,433	26,509	29,051	51,805	55,758	59,342	63,691	66,766
50	27,991	29,707	32,357	34,764	37,689	63,167	67,505	71,420	76,154	79,490

Ablesebeispiel:

- $\chi^2_{0,975;2} = 7,378$

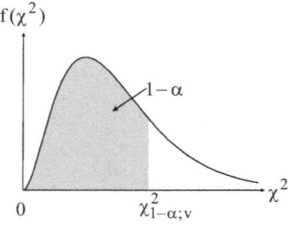

Tabelle B.6 Quantile der t-Verteilung bei v Freiheitsgraden

1−α \ v	0,9000	0,9500	0,9750	0,9900	0,9950	0,9995
1	3,078	6,314	12,706	31,821	63,657	636,619
2	1,886	2,920	4,303	6,965	9,925	31,598
3	1,638	2,353	3,182	4,541	5,841	12,941
4	1,533	2,132	2,776	3,747	4,604	8,610
5	1,476	2,015	2,571	3,365	4,032	6,859
6	1,440	1,943	2,447	3,143	3,707	5,959
7	1,415	1,895	2,365	2,998	3,499	5,405
8	1,397	1,860	2,306	2,896	3,355	5,041
9	1,383	1,833	2,262	2,821	3,250	4,781
10	1,372	1,812	2,228	2,764	3,169	4,587
11	1,363	1,796	2,201	2,718	3,106	4,437
12	1,356	1,782	2,179	2,681	3,055	4,318
13	1,350	1,771	2,160	2,650	3,012	4,221
14	1,345	1,761	2,145	2,624	2,977	4,140
15	1,341	1,753	2,131	2,602	2,947	4,073
16	1,337	1,746	2,120	2,583	2,921	4,015
17	1,333	1,740	2,110	2,567	2,898	3,965
18	1,330	1,734	2,101	2,552	2,878	3,922
19	1,328	1,729	2,093	2,539	2,861	3,883
20	1,325	1,725	2,086	2,528	2,845	3,850
21	1,323	1,721	2,080	2,518	2,831	3,819
22	1,321	1,717	2,074	2,508	2,819	3,792
23	1,319	1,714	2,069	2,500	2,807	3,767
24	1,318	1,711	2,064	2,492	2,797	3,745
25	1,316	1,708	2,060	2,485	2,787	3,725
26	1,315	1,706	2,056	2,479	2,779	3,707
27	1,314	1,703	2,052	2,473	2,771	3,690
28	1,313	1,701	2,048	2,467	2,763	3,674
29	1,311	1,699	2,045	2,462	2,756	3,659
30	1,310	1,697	2,042	2,457	2,750	3,646
40	1,303	1,684	2,021	2,423	2,704	3,551
60	1,296	1,671	2,000	2,390	2,660	3,460
120	1,289	1,658	1,980	2,358	2,617	3,373
∞	1,282	1,645	1,960	2,326	2,576	3,291

Ablesebeispiele:

- $t_{0,975;2} = 4,303$

- $t_{0,025;2} = -t_{0,975;2} = -4,303$

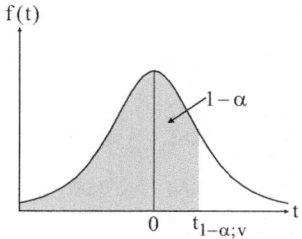

Tabelle B.7   Quantile der F-Verteilung bei v Zähler- und w Nennerfreiheitsgraden

v / w	1−α	1	2	3	4	5	6	7	8
1	0,950	161	200	216	225	230	234	237	239
	0,990	4052	4999	5403	5625	5764	5859	5928	5981
2	0,950	18,5	19,0	19,2	19,2	19,3	19,3	19,4	19,4
	0,990	98,5	99,0	99,2	99,2	99,3	99,3	99,4	99,4
3	0,950	10,1	9,55	9,28	9,12	9,01	8,94	8,89	8,85
	0,990	34,1	30,8	29,5	28,7	28,2	27,9	27,7	27,5
4	0,950	7,71	6,94	6,59	6,39	6,26	6,16	6,09	6,04
	0,990	21,2	18,0	16,7	16,0	15,5	15,2	15,0	14,8
5	0,950	6,61	5,79	5,41	5,19	5,05	4,95	4,88	4,82
	0,990	16,3	13,3	12,1	11,4	11,0	10,7	10,5	10,3
6	0,950	5,99	5,14	4,76	4,53	4,39	4,28	4,21	4,15
	0,990	13,7	10,9	9,78	9,15	8,75	8,47	8,26	8,10
7	0,950	5,59	4,74	4,35	4,12	3,97	3,87	3,79	3,73
	0,990	12,2	9,55	8,45	7,85	7,46	7,19	6,99	6,84
8	0,950	5,32	4,46	4,07	3,84	3,69	3,58	3,50	3,44
	0,990	11,3	8,65	7,59	7,01	6,63	6,37	6,18	6,03
9	0,950	5,12	4,26	3,86	3,63	3,48	3,37	3,29	3,23
	0,990	10,6	8,02	6,99	6,42	6,06	5,80	5,61	5,47
10	0,950	4,96	4,10	3,71	3,48	3,33	3,22	3,14	3,07
	0,990	10,0	7,56	6,55	5,99	5,64	5,39	5,20	5,06
12	0,950	4,75	3,89	3,49	3,26	3,11	3,00	2,91	2,85
	0,990	9,33	6,93	5,95	5,41	5,06	4,82	4,64	4,50
15	0,950	4,54	3,68	3,29	3,06	2,90	2,79	2,71	2,64
	0,990	8,68	6,36	5,42	4,89	4,56	4,32	4,14	4,00
20	0,950	4,35	3,49	3,10	2,87	2,71	2,60	2,51	2,45
	0,990	8,10	5,85	4,94	4,43	4,10	3,87	3,70	3,56
30	0,950	4,17	3,32	2,92	2,69	2,53	2,42	2,33	2,27
	0,990	7,56	5,39	4,51	4,02	3,70	3,47	3,30	3,17
60	0,950	4,00	3,15	2,76	2,53	2,37	2,25	2,17	2,10
	0,990	7,08	4,98	4,13	3,65	3,34	3,12	2,95	2,82
120	0,950	3,92	3,07	2,68	2,45	2,29	2,18	2,09	2,02
	0,990	6,85	4,79	3,95	3,48	3,17	2,96	2,79	2,66
∞	0,950	3,84	3,00	2,60	2,37	2,21	2,10	2,01	1,94
	0,990	6,63	4,61	3,78	3,32	3,02	2,80	2,64	2,51

Tabelle B.7 Quantile der F-Verteilung bei v Zähler- und w Nennerfreiheitsgraden (Fortsetzung)

v / w	1−α	9	10	12	15	20	30	60	120	∞
1	0,950	241	242	244	246	248	250	252	253	254
	0,990	6023	6056	6106	6157	6209	6261	6313	6340	6366
2	0,950	19,4	19,4	19,4	19,4	19,5	19,5	19,5	19,5	19,5
	0,990	99,4	99,4	99,4	99,4	99,4	99,5	99,5	99,5	99,5
3	0,950	8,81	8,79	8,74	8,70	8,66	8,62	8,57	8,55	8,53
	0,990	27,3	27,2	27,1	26,9	26,7	26,5	26,3	26,2	26,1
4	0,950	6,00	5,96	5,91	5,86	5,80	5,75	5,69	5,66	5,63
	0,990	14,7	14,5	14,4	14,2	14,0	13,8	13,7	13,6	13,5
5	0,950	4,77	4,74	4,68	4,62	4,56	4,50	4,43	4,40	4,37
	0,990	10,2	10,1	9,89	9,72	9,55	9,38	9,20	9,11	9,02
6	0,950	4,10	4,06	4,00	3,94	3,87	3,81	3,74	3,70	3,67
	0,990	7,98	7,87	7,72	7,56	7,40	7,23	7,06	6,97	6,88
7	0,950	3,68	3,64	3,57	3,51	3,44	3,38	3,30	3,27	3,23
	0,990	6,72	6,62	6,47	6,31	6,16	5,99	5,82	5,74	5,65
8	0,950	3,39	3,35	3,28	3,22	3,15	3,08	3,01	2,97	2,93
	0,990	5,91	5,81	5,67	5,52	5,36	5,20	5,03	4,95	4,86
9	0,950	3,18	3,14	3,07	3,01	2,94	2,86	2,79	2,75	2,71
	0,990	5,35	5,26	5,11	4,96	4,81	4,65	4,48	4,40	4,31
10	0,950	3,02	2,98	2,91	2,84	2,77	2,70	2,62	2,58	2,54
	0,990	4,94	4,85	4,71	4,56	4,41	4,25	4,08	4,00	3,91
12	0,950	2,80	2,75	2,69	2,62	2,54	2,47	2,38	2,34	2,30
	0,990	4,39	4,30	4,16	4,01	3,86	3,70	3,54	3,45	3,36
15	0,950	2,59	2,54	2,48	2,40	2,33	2,25	2,16	2,11	2,07
	0,990	3,89	3,80	3,67	3,52	3,37	3,21	3,05	2,96	2,87
20	0,950	2,39	2,35	2,28	2,20	2,12	2,04	1,95	1,90	1,84
	0,990	3,46	3,37	3,23	3,09	2,94	2,78	2,61	2,52	2,42
30	0,950	2,21	2,16	2,09	2,01	1,93	1,84	1,74	1,68	1,62
	0,990	3,07	2,98	2,84	2,70	2,55	2,39	2,21	2,11	2,01
60	0,950	2,04	1,99	1,92	1,84	1,75	1,65	1,53	1,47	1,39
	0,990	2,72	2,63	2,50	2,35	2,20	2,03	1,84	1,73	1,60
120	0,950	1,96	1,91	1,83	1,75	1,66	1,55	1,43	1,35	1,25
	0,990	2,56	2,47	2,34	2,19	2,03	1,86	1,66	1,53	1,38
∞	0,950	1,88	1,83	1,75	1,67	1,57	1,46	1,32	1,22	1,00
	0,990	2,41	2,32	2,18	2,04	1,88	1,70	1,47	1,32	1,00

Ablesebeispiel:

- $F_{0,95;2;5} = 5{,}79$

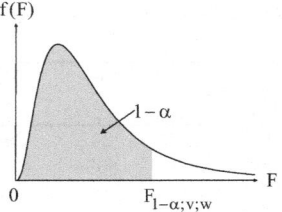

Tabelle B.8 Kritische Werte beim Kolmogorov-Smirnoff-Anpassungstest

n	$k_{0,90;n}$	$k_{0,95;n}$	n	$k_{0,90;n}$	$k_{0,95;n}$
1	0,900	0,950	21	0,226	0,259
2	0,684	0,776	22	0,221	0,253
3	0,565	0,636	23	0,216	0,247
4	0,493	0,565	24	0,212	0,242
5	0,447	0,509	25	0,208	0,238
6	0,410	0,468	26	0,204	0,233
7	0,381	0,436	27	0,200	0,229
8	0,358	0,410	28	0,197	0,229
9	0,339	0,387	29	0,193	0,221
10	0,323	0,369	30	0,190	0,218
11	0,308	0,352	31	0,187	0,214
12	0,296	0,338	32	0,184	0,211
13	0,285	0,325	33	0,182	0,208
14	0,275	0,314	34	0,179	0,205
15	0,266	0,304	35	0,177	0,202
16	0,258	0,295	36	0,174	0,199
17	0,250	0,286	37	0,172	0,196
18	0,244	0,279	38	0,170	0,194
19	0,237	0,271	39	0,168	0,191
20	0,232	0,265	n≥40	$1{,}07/\sqrt{n}$ [51]	$1{,}22/\sqrt{n}$ [52]

Ablesebeispiele:

- $k_{0,95;5} = 0{,}509$

- $k_{0,90;38} = 0{,}170$

- $k_{0,95;60} = 1{,}22/\sqrt{60} = 0{,}158$

---

[51] Approximative Berechnung.

[52] Approximative Berechnung.

Literaturverzeichnis

Zitierte Literatur

Bortz, Jürgen/Christof Schuster 2016: Statistik für Human- und Sozialwissenschaftler, 7. Aufl., Springer, Berlin, Heidelberg.

Bortz, Jürgen/Gustav A. Lienert/Klaus Boehnke 2008: Verteilungsfreie Methoden in der Biostatistik, 3. Aufl., Springer, Berlin, Heidelberg.

Clauß, Günter/Falk-Rüdiger Finze/Lothar Partzsch 2011: Statistik für Soziologen, Pädagogen, Psychologen und Mediziner, 6. Aufl., Harri Deutsch, Frankfurt am Main.

Cohen, Jacob 1988: Statistical Power Analysis for the Behavioral Sciences, 2. Aufl., Hilsdale.

Feller, William 1968: An Introduction to Probability Theory and Its Applications I, 3. Aufl., New York.

Feller, William 1971: An Introduction to Probability Theory and Its Applications II, 2. Aufl., New York.

Fisz, Marek 1989: Wahrscheinlichkeitsrechnung und mathematische Statistik, 11. Aufl., Berlin.

Kosfeld, Reinhold unter Mitarbeit von Martina Schüßler 2018: Klausurtraining Deskriptive und Induktive Statistik, 2. Aufl., Springer Gabler, Wiesbaden.

Kosfeld, Reinhold/Hans-Friedrich Eckey/Matthias Türck 2016: Deskriptive Statistik. Grundlagen – Methoden – Beispiele – Aufgaben, 6. Aufl., Springer Gabler, Wiesbaden.

Schwarze, Jochen 2013: Grundlagen der Statistik II, Wahrscheinlichkeitsrechnung und induktive, 10. Aufl., NWB, Herne, Berlin.

Ausgewählte Lehrbücher zur Wahrscheinlichkeitsrechnung und Induktiven Statistik

Bamberg, Günter//Franz Baur/Michael Krapp 2017: Eine Einführung für Wirtschafts- und Sozialwissenschaftler, 18. Aufl., de Gruyter, Berlin.

© Springer Fachmedien Wiesbaden GmbH, ein Teil von Springer Nature 2019
R. Kosfeld et al., *Wahrscheinlichkeitsrechnung und Induktive Statistik*,
https://doi.org/10.1007/978-3-658-28713-9

Bleymüller, Josef/Rafael Weißbach/ Günther Gehlert/Herbert Gülicher 2015: Statistik für Wirtschaftswissenschaftlicher, 17. Aufl., Vahlen, München.

Bourier, Günther 2018: Wahrscheinlichkeitsrechnung und schließende Statistik: Praxisorientierte Einführung — Mit Aufgaben und Lösungen, 9. Aufl., Springer Gabler, Wiesbaden.

Dürr, Walter/ Horst Mayer 2017: Wahrscheinlichkeitsrechnung und Schließende Statistik, 8. Aufl., Carl Hanser, München.

Fahrmeir, Ludwig/Christian Heumann/Rita Künstler/Iris Pigeot/Gerhard Tutz 2016: Statistik. Der Weg zur Datenanalyse, 8. Aufl., Springer, Berlin, Heidelberg.

Hartung, Joachim/Bärbel Elpelt/Karl-Heinz Klösener 2002: Statistik : Lehr- und Handbuch der angewandten Statistik, 13., unwesentlich veränd. Aufl., München/Wien.

Hassler, Uwe 2018: Statistik im Bachelor-Studium: Eine Einführung für Wirtschaftswissenschaftler, Springer Gabler, Wiesbaden.

Hatzinger, Reinhold/Kurt Hornik/ Herbert Nagel/Marco J. Maier 2014: R: Einführung durch angewandte Statistik, 2. Aufl., Pearson, München.

Hedderich, Jürgen/Lothar Sachs 2018, Angewandte Statistik: Methodensammlung mit R Taschenbuch, 16. Aufl., Springer, Berlin, Heidelberg.

Mosler, Karl/Friedrich Schmid 2011: Wahrscheinlichkeitsrechnung und schließende Statistik, 4. Aufl., Springer, Berlin, Heidelberg.

Schuster, Thomas/Arndt Liesen 2017: Statistik für Wirtschaftswissenschaftler: Ein Lehr- und Übungsbuch für das Bachelor-Studium, 2. Aufl., Springer Gabler, Wiesbaden.

Stocker, Toni C./Ingo Steinke 2016: Statistik: Grundlagen und Methodik, De Gruyter Oldenbourg, Berlin.

Wevel, Max 2014: Statistik im Bachelor-Studium der BWL und VWL, 3. Aufl.., Pearson, Hallbergmoos.

Stichwortverzeichnis

© Springer Fachmedien Wiesbaden GmbH, ein Teil von Springer Nature 2019
R. Kosfeld et al., *Wahrscheinlichkeitsrechnung und Induktive Statistik*,
https://doi.org/10.1007/978-3-658-28713-9

The manufacturer's authorised representative in the EU is Springer
Nature Customer Service Centre GmbH, Europaplatz 3, 69115 Heidelberg,
Germany. If you have any concerns regarding our products, please
contact ProductSafety@springernature.com

Printed and bound by CPI Group (UK) Ltd, Croydon, CR0 4YY
23/04/2026
02095650-0002